U0938994

皮书系列

皮书系列

广视角·全方位·多品种

皮书系列

皮书系列

皮书系列

皮书系列

皮书系列

皮书系列

皮书系列
皮书系列

皮书系列
皮书系列

权威·前沿·原创

皮书系列
皮书系列
皮书系列
皮书系列
皮书系列

深圳社会发展报告
（2011）

主　编／吴　忠　余智晟
副主编／马　宏　乌兰察夫（常务）
杨春生　杨立勋　侯伊莎

ANNUAL REPORT ON SOCIAL DEVELOPMENT OF SHENZHEN (2011)

社会科学文献出版社
SOCIAL SCIENCES ACADEMIC PRESS (CHINA)

深圳社会蓝皮书编委会

摘　要

《深圳社会发展报告（2011）》是深圳市社会科学院和深圳市民政局共同组织编撰，由业内专家、理论工作者、教学科研人员和社会实践者共同撰写的关于深圳社会建设和社会发展形势的最新成果。本报告通过收集第一手资料和实地调研等实证研究方法，分析了深圳社会发展相关领域的特征、相关问题以及变化趋势，探索了深圳社会管理、社区建设、社会福利、社会事业、社会组织等领域的基本规律和发展模式，并通过趋势预测和对比分析，提出有针对性的对策建议。

对于深圳市社会发展来说，2010 年是极不寻常的一年，既是深圳经济特区成立 30 周年，也是“十一五”规划的收官之年。同年，深圳市首次召开专题社会建设大会，把社会建设摆到与经济建设同等重要的位置。对此，总报告立足深圳经济特区 30 年发展道路，从社会建设的角度，回答广东省委书记汪洋提出的三大命题：而立之年，深圳立起来什么？因何而立？迎接 30 周年，深圳要做什么？未来 30 年，深圳还要干什么？报告还针对深圳社会建设领域的重点内容、重点对象、重点工作进行了系统分析。社会建设的主体方面，报告从承接政府职能、购买服务、税收管理等多方面深入分析社会组织在推进深圳社会建设中的重要作用。社会建设的载体方面，报告从基础教育均衡发展、卫生事业发展、医疗保障制度、人口均衡发展、社会福利服务、慈善事业发展、低保家庭收入核定、社工制度建设、社会治安等方面探讨深圳市普惠型社会福利体系的建设。社会建设的重点群体方面，报告重点关注了原住居民生活质量、妇女儿童事业发展、军队离退休干部服务管理社会化等工作。报告还从深莞惠民政事业和社会保障一体化建设的可能性、现状和发展趋势方面，提出加快区域社会建设一体化的发展思路。

报告认为，2011 年是“十二五”规划启动之年，也是深圳市社会建设跨越式发展的关键之年，解决民生问题的力度将进一步加大，但同时社会矛盾和社会问题的压力也进一步增加，未来深圳社会建设工作的重点应当是：寻找和跟踪社会风险源，通过建立健全群众诉求表达机制、利益协调机制、矛盾调处机制和权益保障机制，将社会矛盾和社会问题化解在萌芽状态、解决在基层，为促进科学发展提供良好的社会环境。

Abstract

"Annual Report on Shenzhen Social Development (2010)" was jointly arranged and compiled by Shenzhen Municipal Academy of Social Sciences and Shenzhen Municipal Bureau of Civil Affairs. It is an annual report written by experts, theorists, teaching staffs and social practitioners, on the achievements of social construction and development newly attained in Shenzhen. The writers collected the first hand data, practiced field survey and utilized empirical method. By these methods, the report analyzes the features, problems and trends of social development in Shenzhen, further it explores the basic rules and development mode of social management, social construction, social welfare, social undertakings and social organizations in Shenzhen. Besides, it addresses targeted countermeasures by trend prediction and comparative analysis.

The year of 2010 is the 30 anniversary of Shenzhen Special Economic Zone and also the ending year of 11th Five-year Plan which means more for social development of Shenzhen. In the same year, the Shenzhen municipal government held the first Social Development Meeting in which attached equal importance to both social development and economic development. In this sense, on the basis of the 30 years development of Shenzhen, the general report answers three propositions brought about by Governor Wang Yang which was what Shenzhen has done, for what and what Shenzhen should do. The report also systematically analyzes the concepts, objects and tasks of social development in Shenzhen. On the aspect of organizations of social construction, it studies the important roles social organizations play in the process of social development in Shenzhen, including undertaking the functions of the government, buying public services and tax management. On the aspect of carriers of social construction, it analyzes the construction of Pratt & Whitney type social welfare system from the perspective of balanced development of elementary education, development of public health, medical insurance system institution, balanced development of population, social welfare service, development of philanthropy, low-income families income verification, establishment of system of community workers and public security. On the aspect of focused group in social construction, it focuses on life quality of original residents, development of the cause of women and children and socialization of military retirement service management. Further, the report suggests boosting integration regional social development among Shenzhen, Dongguan and Huizhou from the perspective of possibility, situation and trend of integration of civil affairs and social security.

The year of 2011 is the very beginning of the phase of 12th Five-year Plan; it is also a critical period of leaps-and-bounds development on the side of social construction in Shenzhen. In this period, the pressure of tackling social conflicts and social problems will be harder. In the future, the focus of social construction in Shenzhen is to seek and trace the origins of social conflicts, solve it by transparency, coordination and supervision, create a better social environment to push forward scientific development in Shenzhen.

目录

ⅭⅠ 总报告

ⅭⅡ 社会事业篇

ⅭⅢ 社会组织与社区服务篇

BⅣ 社会福利与保障篇

BⅤ 专题篇

CONTENTS

ⅠB Ⅰ General Report

ⅠB Ⅱ Reports on Social Undertakings

BⅢ Reports on Non-government Organization and its Social Service

BⅣ Reports on Social Welfare and Social Security

B V Special Report

总 报 告

General Report

B.1

深圳 30 年社会建设的探索与前瞻

杨立勋 *

摘 要：作为经济特区的深圳，30 年来，在经济体制改革方面对全国发挥了辐射、示范和带动作用，在经济建设上创造了举世瞩目的“深圳速度”。然而，在这巨大的经济建设成就背后，离不开社会建设的默默奉献与支撑。本文旨在总结深圳 30 年社会建设的成就与经验，分析深圳当下社会建设的现状与问题，思考进一步推进深圳社会建设的路径与措施。

关键词：社会建设　社会管理　民生幸福城市

在深圳经济特区成立 30 周年庆祝大会上，中共中央总书记胡锦涛要求深圳努力当好推动科学发展、促进社会和谐的排头兵。中共中央政治局委员、广东省委书记汪洋在深圳经济特区成立 30 周年之际提出了让深圳人思索的三大命题：

---

* 杨立勋，深圳市社会科学院。

而立之年，深圳立起了什么？因何而立？迎接30周年，深圳要做什么？未来30年，深圳还要干什么？回答好第一个问题，总结好深圳30年发展成绩与经验，深圳将获得巨大精神财富。回答好第二个问题，能够使深圳人头脑更清醒，将激励深圳人为再创辉煌多做打基础的务实性工作。回答好第三个问题，再造30年高速发展奇迹，深圳将创造60年的长周期高速发展传奇，到那时，深圳才有资格坐上“中国特色社会主义示范市”这把交椅，才有资格成为“中国模式”、“中国经验”、“中国道路”的缩影与诠释者。本文试图从社会建设的角度思考汪洋书记提出的三大命题，总结深圳30年社会建设之成就，分析社会建设之现状，思考社会建设之未来。

一　而立之年，深圳要把昔日贫穷落后的边陲小镇初步建设成为一座文明、和谐、幸福之城

而立之年，深圳社会建设立起了什么？社会建设因何而立？深圳人依靠科教强市、文化立市、人才兴市、民生稳市等方略，不断改革社会建设体制，创新社会管理模式，加大社会建设投入，初步探索出一条具有中国特色、切合深圳实际、符合社会发展规律的社会建设之路，把昔日贫穷落后的边陲小镇初步建设成为一座文明、和谐、幸福之城。

1. 始终坚持以民为本的理念，着力保障和改善民生，民生幸福城市建设取得较大进步

深圳特区成立30年来，历届市委、市政府以加快发展为第一要务，以改善民生为第一责任，不断扩大民生建设投入，创新公共服务供给方式，完善公共服务体系，率先实行政府公共服务白皮书制度，连续多年实施“十大民生工程”。市委、市政府出台了由21个指标构成的民生净福利评价体系，从2006年起每年发布深圳市民生净福利指数，并与干部政绩挂钩，确保了民生福利事业建设的科学化、制度化、精细化和长效化。笔者连续10年对“居民人均可支配收入”、“恩格尔系数”、“人均住房使用面积”、“人均道路面积”、“万人拥有公交车辆数”、“每5万人配备急救车辆数”、“社区健康服务中心数”、“万人医生数”、“万人医院床位数”等11个民生指标进行跟踪与测评，2000～2010年深圳市民生幸福指数年均递增3.05%，各项民生福利指标连续10年保持正增长，说明以民

为本的执政理念已经转化为民生福祉，GDP（国内生产总值）正在转化为GNH（国民幸福指数），以保障和改善民生为重点的社会建设已经取得明显效果。

2. 率先探索社会立法实践，尝试为社会行为立规，爱心城市、文明城市建设成效显著

社会建设离不开法律的支撑。深圳充分利用特区立法权，在全国开爱心立法之先河，市人大相继制定了《深圳经济特区公民无偿献血及血液管理条例》、《深圳经济特区人体器官捐献移植条例》、《深圳市义工服务条例》、《深圳经济特区欠薪保障条例》等法律法规，构建了义务献血、器官捐献、义工服务等道德建设长效机制，相继涌现了爱心市民丛飞、一心为民的好医生郭春园、中英街上活雷锋陈观玉、“爱心一族”曾柳英等道德楷模。无论是平日还是节假日，数万“红马甲”遍布城市每个角落，成为深圳市一道最亮丽的风景线。一年一度的“关爱行动”已成为深圳市的爱心品牌和道德符号，成为深圳人的集体荣耀。200多个慈善组织、30多万名志愿者、百万人次无偿献血、200吨血浆、数亿元善款……让深圳人的爱心跨越千山万水。“我不认识你，但我谢谢你”、“用爱拥抱每一天，用心感动每个人”、“赠人玫瑰，手有余香”已成为深圳人的行为方式和时尚追求。2005年深圳荣获国家首批文明城市，2009年深圳蝉联国家文明城市。笔者连续10年对“福利彩票销售额”、“法律援助人次”、“注册志愿者人数”、“安排残疾人就业人数”、“公共场所无障碍设施普及率”、“社会救助人次”、“百名老人福利床位数”、“刑释解教人员安置率”、“社会保险基金征缴率”、“垫付欠薪员工数”、“办理收养登记”、“无偿献血人次”、“志愿无偿捐献眼角膜人数”、“志愿无偿捐献遗体人数”等14个爱心指标进行跟踪与测评，2000～2010年深圳市爱心指数年均递增4.95%，文明指数年均递增8.82%，其中，无偿献血、捐献器官、垫付欠薪、社会救助、法律援助、志愿服务等指标已成为深圳市一张张闪亮的名片，说明持续多年的“关爱行动”已经开花结果，深圳这座移民之城正在升华为极具精神感召力的爱心之城。

3. 持续深入开展平安创建活动，人民群众的安全感逐步提高，平安城市建设不断取得新进步

平安是福，平安是人民群众的基本需求，是社会发展的基本前提，是社会建设的重要内容。深圳特区成立30年以来，不断健全社会安全网络，着力构建“大安全”工作格局。在社会治安方面，实施社会治安综合治理责任倒查制度。

实施网格化布警，在城中村推广“院区式”、“物业式”、“旅业式”管理模式，实现“以屋管人”；在信访维稳方面，畅通民意表达机制，在市、区两级成立信访大厅，在街道成立信访综治维稳中心，在社区建立党代表、人大代表、政协委员工作室，建立劳动关系三方协调机制；在安全生产方面，严格执行安全生产责任制，着力加强交通、防火、防爆安全监管，重点抓好城中村等高危区域安全管理。深入开展“基层基础年”和“城市管理年”活动，开展“安全生产宣传咨询日”、“安全生产执法警示日”、“千人安全生产基层服务”等主题活动，使安全知识进学校、进机关、进社区、进企业、进家庭；在食品药品安全方面，在全国率先探索“大监管”格局，组建市场监督管理局，构建以法律为依据、监督网络为基础、信用体系为载体、信息技术为支撑、行政监督与技术监督紧密结合、行政执法与行业自律相结合、舆论监督与群众监督相结合的食品药品监管体系。全面启动食品安全“五大工程”：豆制品加工生产基地建设工程、生猪定点屠宰与肉制品流通体制改革工程、工业区食堂整顿与建设工程、食品流通现代化工程、农产品基地建设工程。整治坐堂行医、医疗器械、药品广告。笔者连续10年对“治安案件受理数”、“刑事案件立案数”、“交通事故发生数”、“火灾事故发生数”、“甲乙型传染病发病率”、“食品药品安全事故率”等11个安全指标进行跟踪与测评，2000～2010年深圳市平安指数年均递增2.89%，连续10年保持“小步快跑”的良好发展态势，平安城市建设取得初步成效。

4. 实施文化立市战略，不断丰富人民群众的精神文化生活，文化强市建设取得丰硕成果

深圳特区成立30年以来，历届市委、市政府高度重视文化软实力和智慧城市建设，不断深化文化管理体制改革，大力扶持文化精品创作，引进和培养文化人才，健全公共文化服务体系，市民基本文化需求不断得到满足。《春天的故事》、《走进新时代》、《走向复兴》等文化精品唱响全国，“读书月”培育了市民的读书习惯，城市书香日益浓郁。“市民文化大讲堂”、“24小时自助图书馆”获国家文化创新奖。全市获中宣部“五个一工程”奖项占全省一半。深圳先后荣获“全国文化体制改革先进地区”、“全国未成年人思想道德建设工作先进城市”等称号。在文化事业获得大繁荣的同时，文化产业也得到了大发展。市委、市政府先后出台了一系列加快文化产业发展的配套政策，文化产业产值占GDP的比重不断提高，“文博会”交易额不断刷新历史纪录，文化产权交易所使“文

化+资本”成为现实，“设计之都”“1+6”品牌运营正式启动，大剧院、音乐厅、保利剧院三大“演出旗舰”使深圳成为继京沪穗之后又一演出重镇。笔者连续10年对“科教文卫事业费占财政支出比重”、“全社会教育支出占GDP比重”、“人均科普经费支出”、“文化产业产值占GDP比重”、“人均教育文化娱乐消费支出”、“高中毕业生升学率”、“人均公共馆藏图书数”、“百人互联网用户数”、“人均公共体育设施面积”、“科学技术研究成果数”、“每万人口专利申请数”、“万人大专以上文化人口数”等12个人文指标进行跟踪与测评，2000~2010年深圳市人文发展指数年均递增16.17%，其中，“科学技术研究成果数”、“每万人口专利申请数”等指标每年更是呈现两位数的高速增长，说明深圳的发展资源从主要依靠有形资源向主要依靠无形资源转变，发展动力从主要依靠硬实力驱动向主要依靠自主创新等软实力驱动转变，说明深圳转变经济发展方式取得了较大进步。

5. 率先构建征信评估管理体系，着力培育契约文化，诚信城市建设迈出新步伐

市场经济是信用经济，为了促进市场经济发展，深圳率先探索企业信用和个人信用征信评估管理办法，建立政府公共诚信服务平台，开通企业信用信息服务网，集成30多个政府部门，涵盖70多万个市场主体。个人信用信息系统与全国公民身份证查询中心、政府部门、商业银行、全国信用卡中心联网。出台《深圳市“阳光工程”实施意见》，实行党务、政务、法务、校务、医务、居务、企务“七公开”，全力推进诚信党组织、诚信政府、诚信法院、诚信学校、诚信医院、诚信居委会、诚信企业建设。深入持久开展“百城万店无假货”、“打假专项整治”等诚信教育活动。笔者连续10年对“万人不正当竞争立案数”、“万人制售假冒伪劣商品查处数”、“万人海关查获走私案件数”、“万人商标侵权查处数”、“万人无证诊所查处数”、“食品卫生合格率”、“万人劳动争议案件仲裁立案数”、“欠薪案件查处数”、“追回欠薪”、“万人交通违法查处数”、“地税国税共清理欠税款”等11个诚信指标进行跟踪与测评，2000~2010年深圳市诚信指数年均递增5.46%，连续10年保持正增长，诚信城市建设走出新路子。

6. 建立健全反腐保廉预防体系，保证公权力始终用来为人民谋利益，廉洁城市建设取得初步成效

坚持教育、制度、监督并重，在全市实施“责任风暴”、“治庸计划”，出台加强执政能力建设“1+6”文件，让权力在阳光下运行，确保公权运行到哪里，监督就在哪里；财政资金用到哪里，审计就在哪里；公共服务提供到哪里，绩效评估就到哪里。在全国率先开展政府绩效评估，使政府成为可评的政府、官员成为可考的官员。设立行政服务大厅，简化行政审批手续，实行“一个窗口对外”、“一站式办公”和“一条龙服务”。组织万人评议机关作风，开发使用行政许可电子系统，对行政许可实行全程监督。出台《深圳市建立健全教育、制度、监督并重的惩治和预防腐败体系实施意见》和《关于进一步加强廉政文化建设的意见》，在全社会形成“人人思廉、人人保廉、人人促廉”的氛围。重大民生问题务必举行听证会，重大决策务必举行专家论证会，重大项目务必实行公示，上项目、搞改革、定政策务必进行社会风险评估，通过决策的科学化和民主化，从源头预防腐败。笔者连续10年对“公职人员检察院立案贪污贿赂案件数”、“公务员检察院立案渎职侵权案件数”、“公务员法院受理行政纠纷案件数”、“公职人员纪检监察机关立案数”、“公职人员纪检监察机关政纪党纪处分人数”、“公务员行政过错和行政效能查处数”等6个指标进行跟踪与测评，2000～2010年深圳市廉洁指数年均递增4.35%，廉洁城市建设初见成效。

7. 坚持把建设资源节约型、环境友好型社会放在工业化、城市化、现代化战略的突出位置，生态城市建设开创新局面

坚持节约资源和保护环境基本国策，相继出台了一系列环境保护的地方性法规，制定基本生态控制线管理规定，编制建设生态示范市规划，将全市近一半土地划定为生态控制线并严加保护，严打毁林种果、非法采石、违法开发、过度开发、违法搭建等破坏生态环境的行为，铁腕治污，铁律拒污，铁线保护。全面加强森林公园、郊野公园、生态风景林建设，实施市容环境提升行动计划，美化人居环境。组建人居环境委员会，构建大环保格局。市委、市政府出台《关于提升城市发展质量的决定》。30年来深圳先后荣获“国家卫生城市”、“国家园林城市”、“国家绿化模范城市”、“国家环保模范城市”、“国际花园城市”、“全球环境500佳”等称号，福田创建生态区通过国家考核验收，罗湖和南山创建生态区通过省考核验收，全市“绿色社区”达305个、“生态街道”达49个。笔者连续10年对“建成区绿化覆盖率”、“人均公共绿地面积”、“环境保护投资指数”、“垃圾无害化处理率”、“生活污水集中处理率”、“工业废水排放达标率”、“空气质量达到国家一级二级标准天数占全年比例”、“工业烟尘排放达标率”、“噪声达标率”、“饮用水源水库水质达标率”等10个指标进行跟踪与测评，

2000～2010 年深圳市生态指数年均递增 2.96%。30 年来，深圳创造了世界工业化和城市化的奇迹，但生态环境却年年有进步，这是更了不起的奇迹。

二 社会建设与人民幸福安康息息相关，是建设中国特色社会主义的重大战略任务，它涉及范围广、工作战线长、关键环节多，是一项巨大的系统工程

30 年来，深圳人依靠敢闯敢试、敢为人先的改革创新精神，不断探索社会建设新路子和社会管理新方式。

1. 积极探索指数化监测新机制，促进了社会建设的科学化、指标化和精细化

出台深圳市民生净福利指标体系，通过 21 个指标对全市民生净福利进行测评，每年发布民生净福利指数，并把它与干部政绩和干部任用挂钩；制定文明指数评价体系，通过关爱指数、诚信指数、人文指数、幸福指数、平安指数、廉洁指数、生态指数等 7 个一级指标和 75 个二级指标监测文明发展水平，跟踪文明发展轨迹，评价文明创建成效，预测文明发展趋势，研究文明发展规律，促进文明创建活动可持续发展；出台政府绩效评估体系，每年对政府各部门绩效进行科学测评，使政府成为可评的政府、官员成为可考的官员；制定建设和谐深圳的评价体系，定期开展市民幸福感和社情民意调查，及时掌握社会发展动态和市民需求，为党委政府提供决策参考。指数化的社会建设监测机制，促进了社会建设的科学化，是落实科学执政理念的具体体现。

2. 积极探索立法保障新机制，促进了社会建设的规范化、制度化和长效化

自从 1992 年获得立法权以来，深圳市充分用活、用好、用足“特区立法权”和“较大市立法权”这两个法律武器，通过立法不断将社会建设的创新实践和成功经验用法律形式固定下来，有力促进了社会建设的持续、快速、健康发展。比如社会保障、劳动就业、人才人事、教育培训、义务献血、器官捐献、义工服务、欠薪保障、劳动关系、控制吸烟、医疗救助、人口管理、改革创新等立法都是在全国具有开拓性的社会立法。深圳率先为社会建设立规，为社会行为立法，为促进全国的社会建设发挥了辐射、示范、带动作用。

3. 积极探索基层管理新模式，夯实了社会建设的微观载体

深圳特区成立 30 年以来，不断创新基层行政管理体制和基层社会管理体制，

先是将宝安区一分为二、组建新的宝安区和龙岗区；进入21世纪，针对宝安和龙岗两区管理面积过大、流动人口过多、社会管理难度过大等问题，2008年和2009年又分别设立光明管理新区和坪山管理新区；为了剥离社区居委会行政职能，夯实基层社会管理和基层公共服务平台，在各街道成立社区工作站，专门承接政府在社区治安、卫生、人口、计生、文化、法律、环境、科教、民政、就业、维稳综治和离退休人员管理等方面的行政性服务工作。目前，全市已基本形成了以社区党组织为领导、以社区工作站为主体的行政性服务体系，以社区居委会为主体的基层自治体系，实现了政府行政管理与基层群众自治的有效衔接，推动了政府与社会的良性互动，推进了“固本强基”工程，夯实了社会建设的基础。

4. 积极探索社区治理新模式，加快了公民社会建设进程

为了适应流动人口日益增多的新形势，根据移民城市的特点，深圳市及时将居民委员会更名为社区居民委员会，将辖区流动人口纳入社区管理服务范围。为了提高流动人口的归属感和自豪感，充分调动他们参与特区建设的积极性，加快他们融入深圳的步伐，深圳市率先实行社区居委会成员全部直选，并且赋予辖区非户籍人口选举权和被选举权；为了推进企社分开，深圳市积极推进社区集体股份公司与社区居民委员会脱钩，让社区集体股份公司专心发展经济，社区居委会专心从事社区自治和社区服务；为了探索社区行政权与自治权的有效分离，专门成立了社区工作站，将行政权交给社区工作站，将自治权交给社区居委会，将服务权交给社区服务站；为了完善社区治理结构，妥善处理社区“议”与“行”的关系，将社区议事权、监事权交给居委会，将执行权交由社区工作站，社区工作站事业化、社区居委会兼职化；为了妥善处理社区工作人员选与聘的关系，类似于政务官的居委会成员全部直选产生，类似于事务官的社区工作站人员全部通过考试，持证上岗，合同聘用。将社区工作站、居委会、业主委员会、物业管理公司、辖区企业、义工、辖区社会组织等纳入社区治理网络，共商社区、共建社区、共享社区，促进了社区自治和公民社会的发展。2009年全市被评为省、市“六好”平安和谐社区的社区分别达到55%和66%，涌现了一批全国和谐社区建设示范区（街道、社区）、国际安全社区、国家安全社区。

5. 积极探索社会组织管理新体制，促进了社会建设主体的多元化

构建和谐社会，提高公民有序参与，扩大公共服务，化解社会矛盾纠纷，都离不开社会组织的参与。深圳特区成立以来，不断加大社会组织登记管理制度改

革力度，先是实行行业协会直接登记制度、行业协会无主管单位，实现了行业协会的民间化。随后又对社会福利类和公益慈善类社会组织实行直接登记制度，并出台异地商会登记暂行办法。2009年深圳市社会组织登记管理改革荣获第五届“中国地方政府创新奖”。不断拓宽政府与社会组织的沟通平台，积极组织社会组织参加各种听证会、论证会。建立社会组织孵化平台和孵化实验基地，探索先孵化后登记管理模式。大力推进社会组织承接政府转移的职能，政府通过购买社会组织服务，扩大了公共服务供给，也拓展了社会组织发展空间，促进了社会组织的发展壮大。截至2010年底，全市社会组织达4100家，近年来社会组织数量更是实现了年均15%的高速增长。

6. 积极探索促进社会平安和谐新机制，营造了社会建设的良好氛围

构建多层次社会安全网，健全养老、医疗、失业、工伤、生育医疗保险体系，使百姓安生；加强食品药品安全监管，使百姓安心；健全公共卫生防疫体系，使百姓安康；加强社会治安综合治理，使百姓安宁；强化安全生产监管，使城市安全；建立突发事件预警应急体系，使社会安稳。构建多渠道社会协商网，建立大调解机制、劳动关系三方协商机制、社区协商机制、公共决策咨询机制、重大民生项目听证机制、改革和立法的风险评估机制，突出从源头化解社会矛盾纠纷。构建全方位社会救助网，完善最低生活保障、医疗救助、教育救助、流浪人员救助、法律援助等机制，实现多层次跨部门联合救助。

三　率先探索一条建设社会主义和谐社会的新路

未来30年，必须认真贯彻落实胡锦涛总书记要求深圳“努力当好促进社会和谐的排头兵”的指示精神，大力推进社会体制改革，不断创新社会管理，力争在建立健全人民群众诉求表达机制、利益协调机制、矛盾调处机制和权益保障机制方面取得新进展，率先探索一条建设社会主义和谐社会的新路子。

从一定意义上说，经济建设主要是把“蛋糕”做大，社会建设主要是把“蛋糕”分好。社会建设的最终目的是保障和改善民生，促进社会公平正义，使经济发展成果惠及全体人民，使全体人民学有所教、劳有所得、病有所医、老有所养、住有所居、乐有所娱，使全体人民过上更加幸福、更有尊严的生活，确保社会和谐稳定。

深圳特区成立30年来，历届市委、市政府高度重视社会建设工作，各项社会事业迅速发展，基本满足了人民群众的基本公共服务需求，但从基本公共服务供给的数量、结构、方式和水平等方面来看，与人民群众的期望和经济社会发展的要求还有较大的差距，经济建设与社会建设还存在“一条腿长一条腿短、一条腿硬一条腿软”的现象，社会体制与社会管理的改革力度还需进一步加大，社区治理与社区服务还需进一步完善，社会组织的发展与规范还需进一步推进，人口管理与服务还需进一步加强，综治维稳、贫富差距和某些社会群体幸福感偏低等问题还需引起高度重视。过去30年，深圳创造了经济发展的奇迹。未来30年，深圳应当创造社会建设的奇迹。要以改革创新精神不断推进社会体制改革和社会管理创新，要像当年抓经济体制改革一样抓社会体制改革，像当年抓经济建设一样抓社会建设。

1. 认真贯彻市委、市政府关于加强社会建设的决定，为社会建设提供良好的社会环境

加强社会建设是深圳经济特区新时期的重大战略任务和历史使命，是贯彻落实科学发展观的本质要求。要以突出改善民生推进社会建设，以创新社会管理推进社会建设，以加强社区服务推进社会建设，以发展社会组织推进社会建设，以提升市民素质推进社会建设，以深化改革推进社会建设，以强化组织领导推进社会建设，以严格落实社会建设考核指标体系推进社会建设，走出一条以民生为导向的科学发展新路。

2. 健全配套政策措施，构建社会建设工作新格局，形成推动社会建设的巨大合力

加强市社会建设工作领导小组职能，尽快制订社会建设五年规划和年度实施计划，每年召开全市社会建设工作会议，建立全市社会建设网站，发布社会建设白皮书（官方版）和蓝皮书（民间版），定期开展社情民意调查，发布社会发展年度指数，每年召开社会建设高峰论坛，组建社会建设专家咨询委员会，评选社会建设改革创新奖，颁发社会建设功勋奖。多管齐下，多策并举，形成合力，推进社会建设的共商、共建、共享格局的形成。

3. 健全公共财政体制，完善公共服务体系，构建社会建设制度化的投入保障机制

社会建设要立足于为群众提供更多更好的公共产品和公共服务，要强化政府社会建设职能，调整财政支出结构，扩大社会建设投入，完善政府购买公共服务

政策，加大公共服务采购力度。制定财政补贴、特许经营、贷款贴息等政策，落实税收优惠政策，大力支持社会组织承接政府公共服务项目，鼓励民间资本投资社会建设项目，切实解决与人民群众生活密切相关的教育、医疗、就业、住房、交通、环境等问题。

4. 优化社区治理结构，创新基层社会管理，夯实社会建设的基层基础

加强社区党组织、社区居委会、社区工作站的建设，充分调动社会组织、驻社区单位、社区居民的积极性，把社区建设成为管理有序、服务完善、文明祥和的社会生活共同体。以维护居民合法权益和社区共同利益为核心，增强社区自治功能，保障群众知情权、参与权、选择权、监督权，提高社区居民自我管理、自我服务、自我教育、自我监督的能力。社区工作站是政府派出机构，更是基层公共服务平台，要按照依法、公开、高效、便民的原则为居民提供优质服务。坚持社区共商共建共享原则，积极引导社会单位向社区居民开放内部生活服务设施和文化设施。充分发挥社区党组织的政治优势，加强社区组织与社会单位的横向联系，共做思想工作、共建公益设施、共上服务项目、共办文化活动、共商社区事务、共享社区资源、共建社区家园、共保社区稳定。

5. 加快发展各类社会组织，壮大社会建设力量，增强社会建设的活力

社会组织在参与社会管理、提供公共服务、收集社会舆情、反映群众诉求、化解矛盾纠纷、促进和谐稳定等方面具有不可替代的作用。要进一步改革创新社会组织管理制度，支持发展公共服务类、公益慈善类、工商经济类、社会福利类、公民教育类社会组织。有序发展基金会，培育社区组织，公益型、社区服务型社会组织实行登记备案双轨制。充分发挥人民团体等枢纽型社会组织的作用，确认一批枢纽型社会组织，构建一批新的枢纽型社会组织。积极支持民生性社会组织、调解性社会组织、符合产业发展方向的行业性社会组织的发展壮大，鼓励发展教育、科技、文化、卫生、体育、社会福利等公益性社会组织，积极培育社区民间组织。搭建社会组织服务平台，为社会组织提供公共服务产品推介、信息发布、政策咨询、培训交流等服务。落实税收优惠政策，健全公共财政对社会组织的资助奖励机制。

6. 创新社会工作管理体系，推广“社工＋义工”模式，促进社会工作专业化与社会化的良性互动

制定社会工作量化考核标准，完善社会工作队伍的培养、评价、使用、激励机制，规范社会工作岗位设置、薪酬待遇和权益保护机制，坚持职业培训和专业教育并重，构建一支结构合理、素质优良、与特区社会建设相适应的社会工作人才队伍。鼓励机关、企事业单位工作人员和广大群众积极加入志愿者组织，建立志愿者动员协调机制，满足社会对应急志愿服务的需要。建设各种类型的专业化志愿服务队伍，满足社会对特色化、个性化志愿服务的需求。通过公开招聘、合同管理、资质考试、专业培训等手段，整合和规范社会建设专兼职队伍。鼓励高校毕业生、社会工作者、退休党员干部、企业管理人员和热心社会公益事业的社会贤达参加社区居民委员会选举。大力推进社工机构向项目化、实体型方向发展，扩大社工服务覆盖面，提高基层社会工作专业化水平。构建社工机构和义工组织资源共享、互帮互助、区域联动的机制，搭建社工、义工联动平台，形成“社工引领义工、义工带动各方”的良性循环服务链。

四　及时消除社会风险，着力解决建立健全社会和谐长效机制

深圳社会建设工作的重点应当是：寻找和跟踪社会风险源，通过建立健全群众诉求表达机制、利益协调机制、矛盾调处机制和权益保障机制，将社会矛盾和社会问题化解在萌芽状态、解决在基层，为促进科学发展提供良好的社会环境。

经过30年工业化、城市化和现代化的高速发展，深圳也积累了一些社会矛盾和社会问题。

1. 跟踪并及时消除六大社会风险源

一是政治风险源，它主要发端于腐败，其后果是损害群众对党和政府的认同度和公信力，导致核心价值和信仰缺失；二是经济风险源，它主要发端于失业与通胀，其后果是提高社会成员痛苦指数，催生社会动荡；三是社会风险源，它主要发端于贫富分化，其后果是社会成员产生相对剥夺感以及由此产生的心理危机；四是区域风险源，它主要发端于“一市两法”所衍生的原特区内外发展差距，其后果是激化了二元社会结构以及由此产生的区域冲突；五是人口结构风险源，它主要发端于户籍人口与非户籍人口长期倒挂，其后果是造成户籍群体和非户籍群体冲突；六是劳动关系风险源，它主要发端于几百万外来打工者因同工不同酬、同工不同时、同工不同权所引发的群体性事件。上述六种风险源的任何一种都直接影响深圳

的和谐稳定，更可怕的是这六种风险源叠加所产生的乘数放大效应而引发的严重社会危机。因此，近期深圳社会建设工作的重点就是要及时跟踪和重点消除这些社会风险源。

2. 着力解决十大社会问题

一是加快特区一体化进程，着力解决区域发展差距问题；二是关爱外来工劳动权益与生活状态，平等友善对待外来工；三是关爱弱势群体的生产生活，利用财政和福利杠杆撬动社会公平正义，减少贫困和低收入群体规模；四是消除社会流动的体制与政策障碍，通过畅通垂直社会流动为人们提供升迁机会，通过畅通水平社会流动为人们提供更大的发展空间；五是优化社会结构，扩大中等收入阶层比重，变两头大的“哑铃形”社会结构为两头小中间大的“橄榄形”社会结构；六是改革以户籍为核心的二元就业制度、二元教育制度和二元福利制度，消除影响社会和谐的制度性和政策性障碍；七是加快发展社会组织，推进“小政府、大社会”的形成，充分利用社会组织的服务、协调、纽带、监督、稳定等功能，化解社会矛盾，削减社会震荡；八是完善分配结构，一次分配注重效率，二次分配注重公平，三次分配要注重人道，实现权利公平、机会公平、规则公平、分配公平与人道主义的有机统一，让全体人民共享改革发展成果；九是处理好自律与他律、私权与公权、社会管理与行政管理、核心价值凝聚力与多元文化包容力的关系，建立多元、规范、长效的社会治理机制；十是建设和谐的劳动关系，健全工会组织，发挥工会在维护职工合法权益、协调劳资关系、化解社会矛盾、构建和谐社会、促进社会稳定等方面的不可替代作用，防止因劳资纠纷诱发重大群体性事件。

3. 建立健全社会和谐稳定长效机制

一是建立开放平等的社会流动机制，缩小社会成员之间的政治地位、经济地位和社会地位的差距，缓解社会成员因各种地位差距所引起的不满、隔阂、摩擦、冲突；二是健全利益协调机制、诉求表达机制、矛盾调处机制，使各阶层之间的矛盾、各利益集团之间的冲突、各群体之间的摩擦能及时得到协调与处理，促进社会和谐稳定；三是建立人道的社会保障机制，收入分配要讲公平，社会保障要讲人道，要特别关注原特区外、贫困地区、困难行业的发展，高度重视弱势群体的生产生活，因为他们缺少社会资源和话语权，缺少与强势群体博弈的能力与资本，政府要通过公共权力、公共资源和社会保障体系为弱势群体编织一张社会安全网；四是建立有效的社会控制机制，通过法治严格规范政府官员和社会强势群体的行为，通过德治提高他们的自律能力；五是建立灵敏度高的社会预警机制、舆情汇集分析机制和社会危机应急机制，提高保障公共安全和处置突发事件的能力。科学制定和定期发布深圳和谐指数，并把它作为观察社会良性运行、协调发展和社会稳定的“晴雨表”以及制定公共政策的重要依据；六是建立有效的矛盾疏导调处机制，综合运用法律、经济、行政、教育、协商、调解等方法，防止自发的、零散的、轻微的人民内部矛盾转化成自觉的、有组织的、严重的、大规模的群体性对抗事件，要把社会矛盾化解在基层、解决在萌芽状态。

社会事业篇

Reports on Social Undertakings

B.2

2010～2011 年深圳市人居环境建设与保护发展现状和展望

深圳市人居环境委员会课题组*

摘　要：2010 年深圳人居环境建设与保护事业全面展开，构建人居环境工作顶层设计，开展生态文明创建和宜居城市创建，完成“十一五”期间污染减排任务，优化环境影响评价、环境执法、环境监测和综合管理的质量，实现了全市环境质量持续好转和人居环境影响力进一步提升，人居环境事业取得了良好开局。针对深圳人居环境“十二五”面临的形势，提出了未来五年发展的主要对策和2010 年重点措施建议。

关键词：深圳市　环境保护　人居环境　对策建议

一　2010 年深圳市人居环境建设与保护的主要进展

2010 年深圳市人居环境顶层设计取得突破性进展，生态文明建设和宜居城

* 执笔人：汪斌，深圳市人居环境委员会。

市建设齐头并进，“十一五”污染减排任务圆满完成，在改善生态环境、提升宜居水平等方面取得实效。

（一）新型人居环境工作体系初步形成

1. 初步建立人居环境顶层设计和三级实施体系

深圳市政府于2010年10月正式颁布实施《深圳市人居环境工作纲要》（以下简称《纲要》）。该《纲要》对人居环境的内涵、外延和工作边界进行了界定，结合深圳的实际提出了独具特色的人居环境六大理念，即绿色增长理念、服务发展理念、生态优先理念、城市宜居理念、环境建设理念和区域联动理念，并明确了人居环境工作的五大主要目标、六项重点任务，成为全市人居环境工作的纲领性文件，为统筹全市人居环境规划建设提供了有力依据。全面推进人居环境“十二五”规划编制工作，与国民经济和社会发展“十二五”规划实现对接，完成了全市“十二五”重点环境问题及对策研究，梳理了一批“十二五”人居环境建设与保护项目，探索构建了人居环境工作纲要、“十二五”规划、“十二五”建设项目的三级实施体系。

2. 逐步建立健全跨部门合作机制

举行多部门参与的环境形势分析会，探索建设部门间环境形势分析机制；加强环境质量预警的跨部门合作，针对灰霾等恶劣气候情况，建立跨部门的环境空气质量异常预警机制，2010年12月20日首次发布了环境空气质量异常预警信息。

3. 全力打造生态文明创建和宜居城市创建平台

全面推进生态文明试点工作，福田区通过了“国家生态区”全国公示，罗湖区、南山区顺利通过了环保部组织的“国家生态区”技术评估和考核验收，宝安区桃花源科技创新园等4家生态工业园区完成了建设规划的评审和考核验收；40所学校和5个社区荣获省级“绿色学校”和“绿色社区”称号；坪山新区建设以发展低碳经济、生态工业园区为亮点的生态新城，光明新区探索以绿色建筑、绿色出行为特色的生态发展模式。宜居城市建设取得良好开端，全市有65个社区获广东省“宜居社区”称号，4个项目获省“宜居环境范例奖”，“南山商业文化中心区中水、雨水综合利用项目”被评为全省仅有的两个“中国人居环境范例奖”之一；完成了“中国人居环境奖”复查。绿道网建设成果斐然，

在全省创新性提出区域绿道、城市绿道和社区绿道三级模式，确定每平方公里拥有一公里绿道的特色目标，2010 年全市的 335 公里区域绿道实现全线贯通，超额完成了“一年基本建成”的任务。

4. 全面推进住宅产业化

市政府出台了《关于推进住宅产业现代化提升住宅品质的若干规定》；选定 25 个项目大力培育、建设住宅产业现代化示范基地和项目；完成了推进保障性住房标准化、系列化研究设计的前期工作；成功举办第七届深圳“住博会”，大力开展住宅产业现代化的培训宣传。

（二）污染防治水平显著提高

1. 环保倒逼机制逐步形成

深入推进环评管理制度改革创新，着力做好“环评机构、技术审查、环评审批”和“竣工验收”的“3＋1”工作，以环评审批引导经济结构调整，逐渐形成“倒逼”机制。实行最严格的环境影响评价制度，2010 年全市共受理建设项目环评审批 28890 项，否定其中不符合环保要求的 2658 项，否定率 9.2%。积极运用经济手段保护环境，在逐步深化绿色信贷、绿色采购等政策的同时，利用环保专项资金重点对电镀、线路板、养殖等重污染行业的污染整治和升级改造开展了扶持，并持续开展“鹏城减废行动”和强制清洁生产审核，促进污染企业削减废弃物 66771.8 吨，节水 2631 万吨，节电 40086 万度，31 家企业获广东省清洁生产企业称号。

2. 环境综合整治加速推进

以治污保洁工程为平台，以环保实绩考核为约束，不断加大污染治理力度和生态恢复重建力度。一是以跨市河流水质达标管理为重点，全面推进河流污染综合整治，多条河流污染程度有所减轻。二是开展饮用水源地排污口整治和“雨季行动”，有效保障饮用水源水质安全。三是全面推进大气污染综合整治，妈湾电厂 1 号、2 号机组顺利完成低氮改造，年削减氮氧化物约 4000 吨；全市所有燃机电厂全部改用天然气；在全省率先完成油气污染治理任务；先后关停燃煤、重油和木柴锅炉 240 台，60 台锅炉完成“油改气”，折合减排二氧化硫约 3000 吨/年；实现机动车及车用燃油标准升级，自 2010 年 9 月 1 日起对轻型汽油车和重型燃气汽车新车上牌执行国 IV 标准，自 2011 年 1 月 1 日起，全面推广国 IV 车用汽油。

3. 环境监督执法力度明显加大

按照最严格的环保执法标准，厉行“铁腕治污”，维护群众的环境权益，确保环境安全。开展全市整治违法排污专项行动，重点查处重金属排放企业、重点流域、水源保护区存在的环境违法问题，并开展高污染排放车辆、建筑施工噪声、饮用水源、核与辐射整治工作。全年共出动环境执法人员179034人次，检查企业74926厂次，下达处罚决定1648宗，限期整改企业1889家，促成企业28家关停。环境信访处理率100%，办结率92%，回访群众平均满意率88.2%，保障了群众环境权益。

（三）人居环境建设与保护成果显著

1. 人居环境质量持续好转

深圳市2010年环境空气质量优良天数356天，二氧化硫浓度较上年下降15.4%，灰霾天数从2005~2009年的平均146天下降到2010年的115天；饮用水源水质达标率保持在100%；深圳河、观澜河、龙岗河等8条河流污染有所减轻，地表水环境功能区水质达标率上升5.55个百分点，达到83.33%；东部近岸海域水质稳定达到二类标准，西部水质有所改善；区域环境和城市交通干线噪声为56.7和69.2分贝，分别比上年下降0.1和0.3分贝。

2. “十一五”污染减排成效突出

深圳市2010年度化学需氧量和二氧化硫排放量分别较2009年减排1.45万吨和0.10万吨，两项指标均超额完成污染减排任务量的20%以上。“十一五”期间，在GDP增长86%的前提下，取得了主要污染物排放下降1/3的成果。通过污染物减排，“十一五”至今全市实施各项治污工程405项，完成工程185项，重点工程项目投资总额超过260亿元，环境建设实现了跨越式发展。

二 “十二五”人居环境形势与挑战

“十二五”期间，深圳市人居环境事业面临着难得的发展机遇。珠三角环保一体化的推进，促进各城市同步治污、联防联治，为环境改善提供了良好的外部保障；特区一体化进程的推进将极大地消除原特区内外环境“二元”现象，促进全市人居环境均衡提升；深圳市确定了低碳发展战略，相关部门全力推进低碳

生态创建工作，形成了人居环境齐抓共建的良好氛围。但是，深圳市环境形势比以往任何时候都更为严峻，经过短短 30 年的发展，深圳完成了国外发达城市数百年的发展历程，资源环境问题先期遇到、渐趋严重，“十二五”期间，化解经济发展对环境的巨大压力，顺应市民对改善环境质量的新期待，深圳人居环境建设与保护任重而道远，突出体现在以下五个方面。

1. 环境承载难以持续

“十二五”期末，深圳市 GDP 要达到 15000 亿元，在 2010 年基础上增长近 60%，按照深圳市“十二五”确定的万元 GDP 能耗、水耗下降 8% 和 30% 估算，2015 年深圳市总能耗、水耗将增长 55% 和 42%，大气、水污染物产生量也将同步增长。在目前环境容量已被过度消耗甚至透支使用的情况下，环境容量如何承载今后 GDP 的大幅增长，成为影响可持续发展的瓶颈问题，对人居环境建设构成最大的挑战。

2. 生态资源捉襟见肘

扣除基本生态控制线 974 平方公里和建成区面积 813 平方公里，深圳市未来可用建设用地面积不足 200 平方公里。特区建立 30 年来，深圳城镇用地总量迅速增加，农林用地总量持续减少，城市生态资源不断减少。尽管今后深圳市土地利用将从开发增量转向利用存量，但是过度紧张的土地资源不可避免地会带来建设用地与生态用地的消长，“保发展”与“保生态”面临两难境地。

3. 治污任务十分繁重

“十二五”时期，深圳市旧的环境问题将进一步升级扩大，新的环境问题会不断涌现。生活污水和工业废水、生活垃圾和建筑垃圾、机动车尾气等产生量不断增加，重金属、土壤、持久性有机污染物（POPs）污染防治被提到重要议事日程。城市更新区域污染土壤修复、废旧电子电器处理处置需要尽快开展。突发环境事件时有发生，防范环境风险的压力增大。

4. 污染减排形势严峻

“十二五”期间，国家实行总量控制的污染物由原来的两项（二氧化硫、化学需氧量）增加到四项（新增氮氧化物、氨氮），都作为“十二五”约束性指标，必须完成。当前，深圳市二氧化硫减排潜力非常小，氮氧化物则因机动车数量加速增长减排难度非常大，要完成国家下达的深圳市“十二五”减排目标，任务十分艰巨。

5. 民生需求持续提升

环境问题是民生问题，保护环境就是保障民生。随着社会结构的日趋复杂，市民环境权利意识、法制意识进一步增强，社会各阶层的人居环境需求日趋多样，对改善环境质量的要求不断提高，加大了人居环境工作的难度和紧迫性。同时如何引导和扶持民间环境组织和社会团体参与人居环境建设也成为一个崭新的课题。

三　2011 年人居环境工作的几点对策建议

2011 年是“十二五”规划的起始之年，也是人居环境工作统筹谋划、系统推进的关键之年。人居环境工作既要谋划好“十二五”期间总体策略，还要打好开局，开创人居环境建设与保护事业的崭新局面。

（一）“十二五”人居环境发展思路和对策

“十二五”人居环境工作应按照“四个转变、四个并重”的基本工作思路，即：坚持从重经济轻环境转变为经济增长与环境保护并重，一手抓环境，一手抓经济；从环境保护转变为环境保护与环境建设并重，一手抓保护，一手抓建设；从主要用行政方法保护环境转变为行政、市场两个手段并重，一手抓行政，一手抓市场；从主要依靠环保监管转变为环保监管与环保技术并重，一手抓环保监管，一手抓环保技术。重点要做好以下五方面的工作。

1. 提升环境承载力，以环境优化经济发展

“保增长，调结构”双管齐下，营造经济和环境“双赢”局面：一方面，通过污染减排、环境建设、区域合作，腾容量、建容量、借容量；通过生活污染和传统工业污染治理，为战略性新兴产业、资源节约型环境友好型产业提供环境容量空间，支持深圳更大规模、更高层次的发展。另一方面，提高环保准入门槛，淘汰、治理污染型行业、企业，推动排污权有偿使用与交易试点，促进产业结构优化和经济发展方式转变。

2. 建设生态文明示范市，提升生态文明水平

继续深入推进生态区、生态街道、生态工业园区、绿色社区等生态创建活动，率先建成国家生态市。切实承担起生态文明建设的统筹工作，完善深圳生态

文明建设指标体系，制定生态文明建设行动计划方案，建立生态文明建设考核办法，分步实施，分阶段考核。积极支持开展国家低碳试点城市、低碳生态示范城市等创建工作。

3. 突出抓好环境建设，改善生态环境质量

环境建设是指通过工程或项目建设，推进治污减排、生态恢复与建设、环境文化建设等，达到保护环境的目的。“十二五”要通过治污保洁、污染减排、环保实绩考核等机制和平台，加快推动环境基础设施建设、污染治理和生态恢复，完成10座污水处理厂、两座污泥处理设施、6座生活垃圾无害化处理设施的建设，加快污水干管、支管及与排污口的接驳工作；基本完成“四带六廊”生态安全体系建设，维护自然生态系统的连续性和完整性。

4. 解决重点难点环境问题，防范环境风险

制定机动车数量加速增长条件下的排气污染控制对策，并付诸实施，确保氮氧化物减排目标实现；加强酸雨、灰霾、臭氧、挥发性有机物（VOC）等复合型污染的控制和协同治理；切实推进重金属污染、持久性有机污染物、危险废物、危险化学品污染等的控制，着力解决影响群众身体健康的重点环境问题。加强电子废物污染和土壤污染防治，统筹考虑电子废物拆解回用设施的建设，开展土壤重金属污染防治与修复，妥善应对城市基础设施更新、土地功能转换过程中的环境风险。

5. 创建宜居城市，打造宜居宜业环境

宜居城市创建有利于提升群众的民生幸福感、生活质量和家园意识，是新形势下人居环境保护与建设的新目标和新要求。宜居城市建设涉及城市规划、住房建设、环境保护、社会管理和公共服务等多个方面，是人居环境建设与保护的重要工作平台。“十二五”期间，要加紧落实《深圳市创建宜居城市工作方案》，重点在宜居社区创建方面取得显著成效。同时，积极推进绿道网建设，建成约300公里区域绿道、约500公里城市绿道、约1200公里社区绿道，形成结构合理、功能完善、惠及市民的绿道网体系。

（二）2011年的主要措施

1. 建立环保倒逼机制，促进经济发展方式转变

举行全市环境形势分析会，从环境要素、污染治理、环境管理等多个方面，分析环境承载力变化状况，核算经济社会发展的环境资源账户，提出以环境容量和污染物排放总量为依据来优化产业发展布局的实施方案，分解落实具体任务，建立“目标倒逼任务、时间倒逼进度、督察倒逼落实”决策机制。

深入开展规划环评，制订规划环评具体实施办法，加强重点区域、流域和行业的规划环评，完善规划环评与项目环评的联动机制，探索政策环评，从决策源头倒逼产业结构布局优化调整。

严格实施环保准入制度。制定敏感区域、流域的环保准入产业导向目录，研究制定低碳项目指标体系，引导新项目按低碳要求进行建设；实施最为严格的建设项目环评制度，把主要污染物总量指标列为新建项目环评审批前置条件，实行等量置换、减量置换。

力推重污染企业优化升级。以宝安、龙岗两区为重点，强力推动落后产能和重污染企业淘汰；出台排污权有偿取得和交易管理办法和配套文件，启动排污权交易试点，以市场机制优化环境资源配置，调整产业结构；组织100家以上企业开展优化升级工作；稳步推进鹏城减废工作；全面推行强制性清洁生产审核。

2. 围绕大运会环境保障，办好“绿色大运”

重点保障优良空气质量。全市所有燃机电厂在3月底前全面实现天然气发电；淘汰或改造全市4蒸吨以下和使用8年以上10蒸吨以下的高污染燃料锅炉。对全市VOC排放重点企业开展专项污染整治行动，推进家具行业涂装工艺升级改造。推进全市饮食服务经营场所全面使用清洁能源，并安装油烟净化设施。加强机动车和船舶污染控制，推广使用国IV燃油，机动车检测全面实施简易工况法。采用视频监控工地扬尘治理，及时完成施工工地生态复绿，严格控制扬尘污染。

显著改善水环境质量。在采取长效的常规措施对全市水环境进行全面综合整治的基础上，采取必需的临时性应急措施，倒排治污工程的工期，落实大运会应急状态时的污染源管制、河涌水闸管制、水资源环境优化调度等综合应急预案；推进海洋环境保护，开展陆源入海排污口调查，全面监控重点海域排海工程和海洋环境状况，保障区域水环境质量满足大运会成功举办的要求。

全力保障环境安全。强化突发环境事件的事前预防，完成重点行业企业环境风险普查，摸清环境风险源基本状况；组织开展环境安全隐患排查治理，建立健全企业环境风险管理台账，推行污染源环境安全管理“一厂一策”。开展大运会突发环境事件应急演练，健全突发环境事件应急预案体系，完善环境应急工作机

制和资金保障机制，显著提升应急保障能力。

3. 大力开展环境建设，提升环境承载能力

强力推进环保工程建设。重点推进龙华、观澜、沙田、龙田、燕川等在建污水处理厂和配套管网工程建设，协调推进部分脱氮除磷和深度处理工程建设。全力推进龙岗河、坪山河、观澜河“三河”流域综合整治工程建设，加快推进福田河、布吉河、大沙河、茅洲河等河道综合整治工程建设。继续推进妈湾电厂低氮燃烧器改造工作，完成 4 号、5 号、6 号机组的改造。完成盐田港、蛇口港两个港口码头岸电设施建设示范工程，加快港口内拖车“油改气”进程，推进轮胎式龙门起重机“油改电”。

重点推进“四带六廊”建设。编制《深圳市关键节点生态恢复规划》，制定恢复规划和详细的设计方案，保证陆域范围内大型植被斑块能够直接或间接地连通，确保生态安全格局体系的基本建立。按照统一部署、分期恢复、示范先行的策略，先期对 7 个关键节点中易于实施的 6 号、7 号节点进行生态恢复的规划设计，并启动恢复建设，推动重点水库生态修复和涵养林工程建设。

启动湿地生态示范区建设。推动坪山河流域湿地生态园等湿地的建设，研究湿地管理系统建设工程，为削减污染负荷，保护和修复区域。保护流域的生态环境，打造水质优良、生态良好的水廊道。

加速绿道网建设。加快推进区域绿道的绿化提升及配套服务设施建设，确保在大运会开幕前完成区域绿道的全部建设任务。继续推动城市绿道、社区绿道的规划建设，全面启动城市绿道、社区绿道与区域绿道的衔接工程，年内新增城市绿道、社区绿道 300 公里。加强绿道网的宣传推介，编制绿道网使用手册，组织系列绿道文体活动，让广大市民了解绿道、使用绿道。

4. 开展“环保执法年”行动，促进环境监管再上新台阶

污染源管理全面覆盖。实施“三控一核算”监管，充分运用在线监测监控、视频监控、“环保黑匣子”和自动采样仪等现代化监控手段和物料衡算方法，准确把握企业的排污状况，实现日常检查向全天候执法监控的转变，逐步完善污染源全方位、全过程科学长效管理机制。进一步强化执法监督，完善稽查工作并逐步转换稽查模式，抓住个案，深入挖掘，以点触面，促进全市环境监察和查处环境违法行为力度的巩固提高。

执法力度持续增强。要进一步加大对废气、废水、市政等污染源的监管力度，严格控制企业排污。保持较高的巡查频率，对企业的污染设备设施进行严格检查，保证污染设施的规范运行。重点打击“未批先建”、未执行“三同时”等违法行为，重点整治电镀、线路板行业的重金属、氨氮、磷酸盐的超标排放行为，进一步推进氨氮、磷酸盐治理工艺的完善。对环境污染的主要问题和群众反映强烈的环境污染投诉实行“后督查”，加强企业违法违规行为后续整改的跟踪落实。

处罚手段全面运用。积极运用《深圳经济特区环保条例》赋予环保部门的对夜间违法建筑施工的查封扣押权、危险废物物料衡算执法权，以及对违法排污行为按日计罚、关闭停业等执法手段，提高环保执法的威慑力和警示性，进一步加大环境违法的成本，提高执法效果。

5. 狠抓污染减排工作，打好“十二五”开局战

编制污染减排“十二五”规划，重点针对新增氮氧化物、氨氮污染减排指标，提出有效对策和措施。建立污染减排企业责任制，将主要污染物总量减排的责任落实到企业。建立与相关职能部门节能减排工作的沟通协调机制，健全主要污染物总量减排问责制，把减排工作开展情况作为考核政府及企业的重要依据，形成以政府为主导、企业为主体、全社会共同推进的新格局。

6. 全面推进宜居创建，提高城市宜居水平

创新宜居城市创建手段。创建“宜居深圳奖励基金”，通过奖励提高社区、市民、物业等单位的参与积极性；编制《深圳宜居城市年度报告》，加强市民、企业、政府间的信息沟通；委托第三方开展宜居城市民意调查，为创建宜居城市提供参考；开展专题宣传活动，对社区工作人员进行培训，吸引市民自觉参与宜居创建。

加速住宅产业化进程。以贯彻落实《关于推进住宅产业化提升住宅品质的若干意见》为中心，全面推进住宅产业现代化工作，加快住宅产业生产方式的转变；加速构建住宅产业现代化技术标准体系；以保障性住房为突破口，开展住宅性能认定和部品认证，培育住宅产业现代化示范基地和项目；加强技术规范引导和示范建设，推动深圳由住宅产业化国家综合试点城市向示范城市的转变。

7. 扎实做好规划立法和宣传教育工作，增强人居环境工作软实力

完善人居环境规划法规体系。编制实施人居环境保护与建设“十二五”规划，出台特区环境噪声管理条例和服务行业环保管理办法，开展《深圳经济特区排污许可证管理办法》修订工作，以人居建设为重点，完成固体废物污染防治、土壤污染防治的立法调研。

做大人居环境宣传。建立健全人居环境宣传教育工作统筹联动机制，多途径开展生态文明宣传，全力打造具有深圳特色的环境宣传教育品牌。重点举办大运会生态环境保障专项宣传、国家环保模范城第三次复核专项宣传活动，抓住契机向全国和全世界展示低碳、生态、宜居的深圳城市形象。

强化公众参与。继续开展市民环保奖表彰和奖励活动，引导单位和个人主动参与人居环境工作，实现政府部门、市民、媒体的良性互动，提高社会各界的环保责任感和生态文明意识。完善政务公开制度，定期公布环境质量状况，实行企业环保诚信档案公开和重点污染企业环境信息强制公开。继续实施环境污染举报有奖制度和对严重违法排污企业的曝光制度，发动群众参与环境监管。

8. 强力推进环保产业发展，增强环保创新能力

要进行高质量的环境建设，必须有高度发达的环保产业。只有环保产业高度发达，才能为环境建设提供强大的技术支持，丰富环境建设的内涵，因此要专门制定“十二五”环保产业规划及其配套文件，进一步加大政策扶持力度，加大体制和机制创新，引导和扶持环保产业向深圳市战略新兴产业发展，成为继高科技、物流、金融和文化产业之后的第五大产业。

重点发展产业园区。要将环保科技进步作为发展环保产业的第一推动力，积极推进中匈环保产业创新基地、南山区环保产业园、环保技术研究院等环保产业园和研发加工基地的建设，鼓励中外有实力的环保、能源、生态公司总部及科研机构入园，并对入园企业进行财政补助。积极引进、吸收国外先进技术，进一步增强环保技术的自主创新能力，加快环保产业关键技术与装备的国产化进程。

优先支持创新能力强的企业。要加大环保行业整合力度，重点扶持一批具有技术创新能力的大中型环保企业集团，形成行业带头作用，提高这些企业的规模效益和市场竞争力，使其成为深圳市环保产业的骨干力量。积极引导中小型环保企业向专业化方向发展，形成中小型环保企业“专、精、特、新”的发展格局，为大企业集团和环境工程总承包公司提供专业化配套服务。

加大技术扶持力度。要建立环保技术咨询评估机构，组织推动环保高新技术、产品和设备的开发、认定、推广和应用，以及对率先运用先进技术治污的企业和工程项目的评定，及时向社会发布鼓励推广的环保技术、产品和设备目录指引，支持企业发展。要加大环保技术研发、推广和新技术引进、消化、吸收的企业的资金扶持力度，对率先运用先进技术治污的企业和工程项目予以表彰和奖励。

B.3

2010～2011年深圳市卫生事业发展报告

江捍平*

摘　要：2010年是深圳市深化医药卫生体制改革的启动年。深圳市医疗卫生事业围绕完善基本医疗保障制度、促进基本公共服务均等化等重点工作，在增加卫生资源总量、提高医疗服务质量、提升服务效率，更好地满足市民群众安全、有效、方便、价廉的医疗卫生服务需求方面取得了新的进展。本文结合深圳城市发展、人口规模及全国的发展状况，分析了深圳市医疗卫生事业发展现状、存在问题及面临的新形势、新任务，提出了"十二五"期间卫生事业改革发展的新思路、新对策。

关键词：深圳　卫生事业　改革现状　对策建议

一　2010年医疗卫生改革发展取得的成效

（一）医疗卫生体制改革全面启动

一是医改近期重点任务落地开花。推进了基本药物制度建设，795种基本药物在社康中心实行"零加成"销售。制定了基本公共卫生服务规范，以社康中心为平台为市民提供9类基本公共卫生服务项目，新增了4项重大公共卫生服务项目，促进了公共卫生服务均等化。推进了社康中心分类管理、标准化建设，着力提高适宜设备等配置水平，累计招聘规范化全科医师近300名，落实高级专家

* 江捍平，深圳市卫生和人口计划生育委员会。

到社区服务制度，推行家庭医生责任制，推动了中医药服务进社区，提升了社康中心诊疗能力。社康中心诊疗量占全市总诊疗的 35.8%。二是公立医院改革稳步推进。反复修改、论证公立医院改革方案。同时，本着边制订方案边推动改革的原则，一年来，深圳市卫生和人口计划生育委员会建立了医院领导班子任期目标责任制度，进一步明确了卫生部门和公立医院的责权利关系。以公推公选的方式选拔了 10 名学历和职称较高、管理经验较丰富的新班子成员。完善了以公益性为核心的绩效考核评价标准，重新启动了医院等级评审，南山医院作为全省第一家区级医院接受省级评审。推动了滨海医院、深圳肿瘤医院和龙岗区中医院等合作项目的开展。启动了“住院医师规范化培训项目”，面向重点医学院校招考了一批学员。以卫生信息化建设推动医院服务流程重组，在 7 个医院试点启用“居民健康卡”，在两家医院试用了全市统一开发的“数字化医院管理系统”。专家门诊预约服务制全面推进，进一步缓解了大医院看病排长队的问题。2010 年，全市公立医院医生日均担负 16.2 诊疗人次，相当于全国平均水平的 2 倍。公立医院每门诊人次费用 121 元，低于全国 2009 年 159.5 元的平均水平；每住院人次费用 6403 元，略高于全国 2009 年 5951.9 元的平均水平。

（二）医疗卫生事业发展有新的突破

一是重大卫生项目建设取得新进展。迁址新建的市第三人民医院、市疾病预防控制中心顺利启用。市人民医院、市滨海医院基础装修基本完工。市宝荷医院、新安医院、北大深圳医院外科住院大楼、市第二人民医院新建综合楼开工建设。市孙逸仙心血管医院迁址新建项目方案、健宁医院建设项目方案确定。市职业病防治院迁址改造、市慢性病防治中心扩建、市医学科学院已获得立项，正在进行前期工作。二是认真谋划未来五年发展蓝图。按照市政府加快转变经济发展方式、推动特区一体化发展，以及加强社会建设的总体部署，对卫生事业如何实现转型发展、科学发展、和谐发展作了战略性研究，编制了卫生事业“十二五”规划草案，印发了 2010~2015 年医疗机构设置规划，提出了加快引入社会资本发展卫生事业的思路，对今后五年各城市功能组团的卫生资源配置作了均衡性安排。

（三）医疗卫生行业管理更加规范

一是全市的公共卫生服务管理态势良好。法定传染病发病率较上年有所下降。孕产妇死亡率、婴儿死亡率、新生儿破伤风发生率等继续控制在国内最好水平。开展了私宰生猪、违法添加非食用物质和滥用食品添加剂、地沟油、“问题乳粉”等食品安全专项整治。全年无食品安全事故发生。制定了2011～2015年职业病防治规划，开展了粉尘与高毒物品、正己烷等重点职业病危害专项整治行动。二是医疗服务行业管理和监督力度加大。出台了《药品零售企业监督管理办法》、《医疗纠纷处理暂行办法》、《深圳经济特区中医药条例》。推动常见疾病标准化服务，规范了医疗服务行为。建立了医患纠纷第三方调处机制。启动了医学检验、医学功能检查和医学影像检查质量认证和结果互认制度研究。制定了本市无证行医卫生监督执法工作指南、打击无证行医和无证采供血投诉举报奖励办法等制度，取缔非法行医场所717处。三是完善了大运会卫生保障体系。成立了大运会卫生保障工作领导小组办公室，编制大运会医疗急救、食品安全、公共卫生、突发公共卫生事件处置等保障方案，组建各专业的人员队伍。基本完成大运会场馆医疗保健中心运行的准备工作。

二 深圳卫生事业改革发展情况分析

（一）过去五年的主要成效

2010年是“十一五”规划的收官之年。过去五年来，在深圳市委、市政府的高度重视和大力支持下，深圳市卫生和人口计划生育委员会紧紧围绕解决群众看病就医难题这一核心任务，认真打好改革、发展、管理三张牌，实施了卫生事业“一大一小”发展战略，全面启动了深化医药卫生体制改革工作，在满足群众健康需求方面取得了扎实的成果。

一是基本解决市民就近就医的问题。“十一五”期间，深圳市进一步完善了以二、三级医院为主体的区域医疗中心和以一级医院、社康中心、门诊部、诊所和医务室为主体的基层医疗服务网络，新型城市二级医疗服务体系架构初步确立。过去五年，深圳市卫生资源总量大幅度增加。2010年末，全市共有各级各类卫生机构2376家，比2005年末增加946家，增长66.2%。全市医疗机构床位总数22679张，每万人口病床数由2005年的20.3张增加到2010年的22.3张（按常住人口1017万人计算，下同）。全市共有卫生工作人员70068人。其中，

执业（助理）医师 22012 人，每万人口执业医师数由 2005 年的 18.5 人增加到 2010 年的 21.6 人。医疗机构形成了“社区 15 分钟医疗服务圈”，社区健康服务水平全国一流，初步实现居民“小病不出社区”。二是医疗卫生资源配置效率国内领先。2010 年，全市医疗机构完成诊疗量 7914.3 万人次，比 2005 年增长 82.7%，年递增 12.8%；完成住院量 86.1 万人次，比 2005 年增长 57.9%，年递增 9.6%。2010 年，深圳市医疗机构出院者平均住院日 8.0 日，低于全国同期 10.2 日的平均水平。公立医院病床使用率 94.4%，高于全国同期 91.7% 的平均水平。三是整体医疗服务能力达到计划单列市平均水平。全市目前有省级以上重点专科建设项目、重点实验室、特色专科 29 个，市级医学重点学科 53 个。深圳市社区健康服务水平稳步提升，医院诊疗整体水平处于计划单列市平均水平。2009 年，深圳市基本医疗保险参保人员异地就医比例为 1.3‰（比 2008 年下降 18.7%）。2010 年，公立医院收治 CD 型（急危重症）病例的比重从 2005 年的 32.8% 提高到 42.4%，初步实现居民“大病不出深圳”。四是医疗费用得到了较好控制。2010 年，全市各级各类医疗机构平均门诊人次费用 128.7 元（全国同期 165.1 元）；平均住院人次费用 6167.1 元（全国同期 6246.6 元）。以上两者收费水平低于广东全省医疗机构的平均水平，居民医疗支出占可支配收入比重连续五年保持在全国副省级城市的最低水平。五是公共卫生服务进入国内前列。深圳市已经建立健全卫生监督、疾病预防控制、慢性病防治、健康教育、妇幼保健、职业病防治、精神病防治、医疗急救、采供血、计生技术服务等专业公共卫生服务机构，基层公共卫生服务平台（社区健康服务中心）已经覆盖所有社区，初步建成了比较完善的公共卫生服务体系和卫生应急体系。“十一五”期间，政府免费为不同的目标人群提供包括妇女儿童保健、计划免疫、老年保健、心理卫生、社区康复等内容在内的 9 大类基本公共卫生服务项目和结核病控制、预防和控制艾滋病母婴传播、出生缺陷干预、宫颈癌和乳腺癌筛查等 10 项重大公共卫生服务项目。居民平均期望寿命由 76.75 岁提高到 78.01 岁，常住人口孕产妇死亡率由 17.81/10 万下降到 15.41/10 万，婴儿死亡率由 4.30‰下降到 2.35‰。急救车平均出车反应时间低于 1 分钟。食品安全事故呈逐年下降趋势，无重大、特大公共卫生事件发生。六是卫生系统行业作风显著好转。根据深圳市万人调查公司的调查结果，市民对全市医疗机构的满意度从 2004 年的 86.04 分提高到 2009 年的 87.99 分。广东省省情调查研究中心近期发布的《2009 广东三级甲等医院满意度调查报告》显示，深圳市有四家医院参加广东省50家三甲医院服务满意度调查，全部进入前8名；“医德医风”单项排名前5名中，深圳市占了第1、2、3、5位。

（二）当前卫生服务体系的主要问题

1. 优质卫生资源总量不足

虽然深圳市的社区健康服务中心已经实现社区全覆盖，但是“三甲”医院仅有4家，远远低于京（48家）、津（36家）、沪（35家）、穗（27家）的规模。而且三级医院都在福田、罗湖两区，配置不够均衡。2010年，深圳市每万人医生数、床位数分别为17.82名、17.83张，还远远低于京（分别为35.81名、51.34张）、津（22.47名、37.75张）、沪（27.6名、51.9张）、穗（34名、46张）的水平。医疗人员的紧缺，导致医生工作负荷加重，大医院看病排长队。为解决资源紧缺的问题，过去5年，我们通过改革医院收入分配制度，充分调动医务人员的积极性，使深圳市在卫生人力资源仅增加38%、床位数仅增加42%的情况下，实现门诊总量增长82.7%、住院总量增长57.9%。2010年，深圳市公立医院医生日均担负的诊疗人次，相当于全国平均水平的2倍以上。

2. 科学就医体系尚未健全

由于医疗条件、技术手段、收费水平等诸多因素，不同级别的综合医院收费差异明显，市、区、街道综合医院门诊病人次均医药费用分别为217.8元、130.2元、80.8元，住院病人人次均医药费用分别为11257.9元、6752.2元和3859.5元。社康中心门诊人次费用49元。很多一般的常见疾病，都可以在基层的医疗机构就近解决。过去几年，我们实施了劳务工医保首诊绑定社康中心，综合医保社区首诊“七折优惠”，以及降低基层医疗机构收费标准等举措，使基层医疗服务网络完成的门诊量占全市总量的65%左右，特别是社康中心的门诊量占到了全市总量的36%，这是一个很大的进步。但是，大医院看病排长队、医疗费用相对较高的现象依然存在。这说明基层医疗服务水平有待提升。

3. 卫生标准体系不够完善

医疗服务是个性化、技术强度较高的行业，每个人的身体状况不同，往往同一种疾病会有不同的表现，需要采取不同的诊疗方式，而医生在决定病人的诊疗

方案中起着主导性的作用。只有把医疗服务做成一种标准化、便于群众测量和监控的产品，才能有效地解决医疗服务信息不对称的问题，提高医疗服务的透明度，发挥患者对医生处方权的监督作用。为此，过去五年，我们先后出台《深圳市常见疾病基本诊疗规范》、《深圳市中医常见病症基本诊疗规范》、《深圳市常见疾病诊疗指南》，在二级以上 39 家医院开展临床路径管理试点工作，率先探索常见疾病的标准化服务，在促进合理用药、合理诊疗方面取得了一定的成效。"十二五"期间，我们要重点强化医疗服务标准体系的研究，并通过电子处方、临床路径电子化的方式促进基本医疗服务的标准化。

4. 服务体系内涵有待提升

医院服务水平的提升，需要人才的融合、技术的积淀，是一个相对漫长的过程。过去五年，我们通过实施"一大一小"发展战略，初步完成卫生服务体系架构的搭建和服务网点的布局工作。基本医疗服务能力达到国内一流水平，整体医疗服务能力达到全国计划单列市平均水平。但是，深圳市医疗机构的内涵建设还亟待提升，特别是在提高社康中心诊疗一般常见疾病的能力以及推动大医院医疗、教学、科研协调发展方面。总体来讲，医疗服务整体水平与京、津、沪、穗相比还有一定的差距。"十二五"期间，我们要把更多的精力投入医疗服务体系的内涵建设中，加强重点学科建设，提高社康中心的服务水平，建设几家国内能够叫得响的一流医院、一流专科。

5. 体制机制改革需要深化

当前，医药卫生体制改革已经进入深水区。政府部门之间对医院管理体制、合作办医机制、编制管理制度、工资分配制度、"以药补医"机制等重点领域研究还不够透彻，关于一些核心问题尚未达成共识，影响了医改的整体推进速度。特别是当前公立医院在编人员与临聘人员各占半边天的二元结构矛盾突出，临聘人员工资水平和社会保障待遇较低，影响了这部分医务人员的士气，也制约了队伍素质的整体提升。另外，随着新建医院的陆续开业，深圳市亟须引进大量的医务人员。而近年来各单位公开招考的录取率较低。这些问题，已经成为推动公立医院改革、发展的一大障碍。

（三）医疗卫生改革发展的新形势

我国已经进入了第十二个五年规划期。"十二五"是加快发展社会事业和改善民生，提高人民群众生活水平的重要时期，随着人口结构的变化、社会建设转型、经济模式转轨、发展方式转变，卫生工作承担着越来越重要的角色。应该说，挑战与机遇并存。

一是面临新的挑战。随着市民群众生活水平的进一步提高，以及群众健康消费观念的转变，群众必然提出多层次、多样化、综合性、系统性的优质医疗服务需求。我们已经解决了市民的基本医疗卫生服务问题，但是现有的能力还远未满足群众的医疗服务需求，必须采取多种手段、多种途径有效增加资源供给、提高资源配置质量，转变卫生服务模式，提高医疗服务水平。二是面临新的要求。今后五年，将是深圳全面开创新的 30 年改革发展新局面的关键时期。深圳市委、市政府提出，要实现医疗服务能力与建设现代化、国际化先进城市的目标相匹配，把深圳建设成为珠三角东岸地区乃至华南地区重要的区域医疗中心。“十二五”时期，深化医药卫生体制改革，加快建设基本医疗卫生制度将继续成为卫生工作的主要任务，而且将进入攻坚克难阶段。深圳市虽然基本完成医改近期五项重点任务中的四项基本制度改革，但是国家规定的基本动作，比如基本药物制度还有待逐步完善，还要抓紧、加快推进公立医院重大体制机制改革。“十二五”期间，我们要顺应发展新趋势、新要求，勇当深化医药卫生体制改革的排头兵，促进卫生服务模式的转型提升，早日将深圳市建设成为区域医疗中心城市。三是面临新的机遇。目前，《珠江三角洲地区改革发展规划纲要》、《深圳市综合配套改革总体方案》正在全面实施，深港合作、深莞惠一体化、特区一体化发展正在加快推进，为加快建设区域性中心城市提供新的机遇。深圳市委、市政府在全国率先召开社会建设工作大会，提出建设“民生幸福城市”。这对加快发展卫生事业，将是新的利好消息。此外，2009 年以来，党中央国务院全面启动了深化医药卫生体制改革工作，取得了初步的成效。过去几年，我们会同市有关部门围绕突破管理体制、人事编制、工资分配、财政补助、社保支付等重要体制机制问题，在医改的基本原则、基本思路和一些重大举措方面达成共识，市政府已经出台人事制度、分配制度改革方面的突破性制度安排，包括推行员额管理制度、职业年金制度，近期将出台《完善政府卫生投入政策实施方案》。社保部门提高了市民的医疗保障待遇，对定点医疗机构实行了单病种限价结余奖励制度，为深圳市推动医药卫生领域的重大体制机制改革创造了较好的政策环境。

三　深圳市医疗卫生事业改革发展的对策建议

贯彻落实深圳提出的全面推进“深圳质量”和“民生幸福城市”建设的目标，深化医药卫生体制改革，实施提质增效战略，加快建设与现代化国际化先进城市相匹配的新型卫生服务体系，全面提升为人民群众健康服务的水平。

1. 完善卫生投入机制

一是完善政府卫生投入机制。坚持政府卫生投入与经济社会发展和政府财力水平相适应，与发挥市场机制作用相结合，逐步提高政府卫生投入占卫生总费用的比例，落实好国家公共卫生服务项目、国家基本药物制度，加强基层医疗服务体系建设，完善基本医疗保障制度，着力保障市民的公共卫生和基本医疗服务，有效降低居民个人基本医疗卫生费用的自付比例。二是鼓励社会资本举办卫生事业。积极引导社会资本发展具有专科特色和高端服务的医疗机构，建立由政府提供基本医疗卫生服务，市场提供个性化、高端化服务的多元办医政策体系。严格控制公立医院的发展规模，社会资本举办新增医疗机构给予优先准入。到 2015 年，公立医院占全市医疗资源的总量控制在 70% 以内，将民营医疗机构占全市医疗服务市场份额提高到 30%。

2. 均衡配置医疗服务资源

一是加快推进区域医疗中心建设。完善区域卫生规划和医疗机构设置规划，加快建设好已经开工或立项的大型医院，加快推进资源薄弱区域的卫生建设项目，完善以城市功能组团为单元的三级公立医院的布局。二是提高社康中心服务水平。实施社康中心分类管理，按照标准化建设要求配置业务用房、医务人员、适宜设备。实施全科医学服务标准，推进家庭医生责任制，提高社康中心诊疗一般常见疾病的能力和对居民的健康管理水平。三是实施信息互联互通工程。完善区域卫生数据中心、卫生共享平台、各类专业应用系统，并实现数据集成、信息共享，推进医疗机构、社康中心、公共卫生机构、医疗保险机构、金融服务机构等机构之间的信息系统互联互通。加快建设“深圳数字化医院管理系统”，建成全市医院集成平台，年内基本完成统一共享的“数字化医院”信息系统建设并覆盖所有公立医院，逐步在民营医院推广应用。加快推进“居民健康卡”工程，年内“居民健康卡”系统覆盖全市所有公立医院，并逐步在民营医院推广应用。

3. 构建科学合理就医体系

一是推行医疗机构联网运行。以各城市功能组团内的综合性三级医院为中心，推动组团内的各级各类医疗机构联网运行，联网医院实现差别化服务，医生多点执业，卫生资源共享、检验检查结果互认。二是完善“院办院管”的社康中心管理体制。从经费补助、考核奖惩、责任追究等方面促进举办医院落实责任，强化医院对社康中心的人员培训、技术指导、管理支撑等方面的作用。推广宝安区社康管理体制改革经验，在举办医院建立社康管理中心，作为二级法人统一管理医院所举办的社康中心，更好地提高社康中心人员、设备、经费等配套资源的供给水平。三是推动分片转诊、分级诊疗、社区首诊。选择若干家医院开展专科门诊与普通门诊分离试点。在所有二级以上医疗机构实行预约诊疗服务。按照与医疗机构联网运行制度相衔接的原则，进一步明确分片转诊标准和责任，疏通上下级医院之间转诊的“绿色通道”。从完善分级医疗收费制度、社会医疗保险偿付机制，以及提高医疗服务适宜度等方面，进一步推动社区首诊。

4. 加快推进公立医院改革

一是维护医院的公益性。改革医院财政补助方式，对各级各类医疗机构按政府指导价提供的基本医疗服务，实行按工作数量、服务质量等因素核定补助的办法。改革医疗收费制度，会同省、市物价部门合理测算医疗服务的成本，提出体现医务人员劳务价值的医疗服务项目价格。完善医疗机构分级收费制度，促进市民合理分流到基层医疗机构就医。改革医保支付方式，大力推行单病种付费、定额包干预付制度等支付方式改革，对医保定点医院实行单病种限价、结余奖励制度。以付费制度改革为切入点，研究公立医院取消药品加成后，其政策性亏损的补偿渠道和补偿标准问题。继续严格管控医院“两费”增长幅度。“十二五”期间，将公立医院“两费”继续控制在全省同类机构的平均水平。二是完善医院法人治理结构。建立分级决策机制，深入研究和推进在市政府层面成立公立医院管理委员会，负责履行有关公立医院改革、发展和管理的重大决策职能。在市直属各医院建立董事会制度，负责行使医院经营管理决策权。完善多元监管制度，卫生部门除了为公立医院提供行政服务和实施行业管理外，不干预医院的其他任何事务；完善医院职工代表大会、院务公开制度，发挥职工的内部监督作用，完善医务公开和医院新闻发言人制度，发挥社会和新闻媒体的监督作用。保障医院自主经营管理，编制《公立医院综合目标管理责任书》，明确医院综合管理目

标，界定卫生行政部门与医院领导班子之间的责任和义务，进一步强化政府对公立医院运营保障职能，增强医院领导班子的经营管理自主权。建立绩效考核体系，完善奖惩激励和责任追究制度，确保医院经营管理目标的实现。三是满足群众看病就医需求。根据人民群众对健康服务的新需求，进一步完善多元化办医体系，健全多层次医疗保障制度，提高各级各类医疗机构的质量，丰富医疗服务产品和服务内涵，满足不同层次、不同群体对健康服务的需求。组织公立医院学习推广民营医院节约管理成本、精细化管理、感动式服务理念。加大实施临床路径力度，提高医疗服务适宜性。加强医院成本核算与控制，严格监控医药费用增长幅度，减轻医疗服务成本。大力推进专科门诊与普通门诊分离，全面实施“居民健康卡”，推进优质护理服务。四是提高医务人员满意度。深化医院分配制度改革，建立体现医务人员劳务价值的薪酬标准，强化医院的内部分配自主权，职医务人员的绩效工资与工作量、工作质量和考核结果紧密挂钩，向业绩优、贡献大、效率高、风险大和社会效益好的岗位倾斜，为医务人员营造医教研方面的良好职业发展环境。重点提高临床一线护士、全科医师的收入水平，让一流的医生获得一流的报酬。以滨海医院为试点单位，打破在编人员、临聘人员、雇员的身份界限，实行员额管理制度，医院对所有在岗人员实行合同管理，推行以社会基本养老保险和职业年金为主要内容的社会保障制度，把单位人变成社会人。完善医患纠纷调解机制，扩大医疗责任险的覆盖面。

5. 全面提升卫生服务水平

一是全面提高医疗服务水平。全面实施全科医师、住院医师、高级专科医师和学科带头人培训项目，提高本市医务人员的整体素质。打破人才引进、聘用和工资分配机制，以良好的职业发展平台和丰厚的工资报酬，面向国内外招聘一流的医学人才，为实施优势重点学科群建设奠定一流的人才梯队。实施科教兴医工程，建立科技教育责任制、医学科研成果奖励机制、新技术新方法应用奖励机制，鼓励各级各类医疗机构、公共卫生机构提高科研、教学水平，以高端研究能力带动高端技术水平的提高，以教学示范制度带动基本诊疗技术的提高。深化医学交流与合作，加强院校合作，积极推进与香港大学合作共建共管滨海医院以及委托中山大学管理市肿瘤医院合作项目，以合作推动制度创新、转变管理和服务理念、复制和引进先进的诊疗技术，使两家医院在开业后达到国内一流、国际先进的水平。加强院际合作，集中全市优质资源，实施优势重点学科群建设规划，争取10年内建成一批在国内具有领先地位的重点学科群。发挥帮扶带动作用，实施新、老三级医院集团化管理模式，利用老医院成熟的管理团队、管理制度和成规模的技术力量带动新建医院快速发展。推动医院等级评审，全面推进公立医院等级评审工作，扶持民营医院达标上等，以等级规范促进医院内涵提升。到“十二五”期末，市级医院和各区人民医院（中心医院）全部通过三级甲等医院评审。二是提高公共卫生服务水平。根据本市主要公共卫生问题、卫生经济学评价结果和财政支付能力，逐步增加公共卫生服务项目，整合基本公共卫生和基本计生技术服务项目。完善市民健康管理模式，以家庭医生责任制为基本制度架构，以本市基本公共卫生服务项目和社区慢性病综合防治项目为基本服务内容，与基本公共卫生服务财政补助制度、社会医疗保障补偿机制有效衔接，制定不同层次的“深圳市民健康管理包”，为居民提供多层次的、套餐式的健康管理服务。推动医疗卫生机构、计生服务机构职能配置一体化，发挥各自优势，共同提高对市民的健康管理水平。引导医疗卫生机构、社会组织建立多种形式的健康管理俱乐部，提高慢性病等疾病康复期患者互助、自助能力。

6. 提高行业整体管理水平

一是提升行业监督管理效能。逐步建立健全医药卫生标准体系，加快建设覆盖医疗卫生机构的行业监管网络，建设医疗服务整体管理与质量控制评估信息管理系统。完善公共卫生监管领域的多部门联防、联控、联调机制，全面推动卫生监督网格化管理模式，落实片区包干责任制，把公共卫生防控责任落实到具体的单位和责任人员，提高公共卫生监管精细化水平。加强医疗服务行业社会组织建设，完善行业信息披露制度，提高行业监管法制化、信息化、综治化、社会化水平。二是提高医德医风建设水平。广泛开展创建“构建和谐医患关系示范岗”和“三好一满意”（服务好、质量好、医德好、群众满意）活动。扩大医药卫生领域的国际交流与合作，通过“走出去、请进来”的方式，让医务人员更好地学习境外先进的服务理念、服务模式，提高职业修养和业务水平。三是加大行业纠风治乱工作。总结完善医患纠纷第三方调解机制，加大推行医疗责任保险和医疗意外保险力度，培育医疗服务行业的社会组织，提高医疗服务质量鉴定公信力。深入治理医药购销领域商业贿赂行为，落实好药品和医用耗材集中招标采购制度。加强对卫生服务体系的正面宣传报道。深入开展“平安医院”创建活动，严厉打击“医闹”、“医托”，维护良好的医疗服务秩序。

B.4

2010～2011年深圳市城市管理回顾与展望

邱金平*

摘　要：2010年，深圳城市环境质量显著提升，城市管理水平迈上新台阶。2011年，是“十二五”规划的开局之年，也是深圳举办大运会的一年。在新的一年里，城市管理工作要按照深圳市委、市政府“办赛事，办城市，新大运，新深圳”的工作要求，以市容环境提升行动为工作主线，全面加大工作力度，全面优化城市环境，为大运会成功举办增添光彩，为把深圳打造成全国最干净的城市，最美丽的城市，最有序的城市作出新贡献。

关键词：深圳　城市管理　回顾　展望

一　2010年城管工作的简要回顾

2010年是深圳经济特区建立30周年，也是迎接第26届世界大学生运动会关键的一年，深圳市委、市政府提出了“办赛事，办城市，新大运，新深圳”的口号，在30周年这个重要历史节点和新的起点上，深圳城市管理工作迎来了双重的发展机遇，也迎来了双重挑战。在市委、市政府的正确领导下，我们抓住机遇，坚定信心，迎难而上，顽强拼搏，以庆祝深圳经济特区建立30周年为重点，以市容环境提升行动为主线，以打造中国最干净、最美丽、最有序的城市为目标，加快城市一体化的发展步伐。广大城管系统干部职工，上下齐动员、市区同努力，各项工作取得了显著成效，使城市净化、绿化、美化、有序化。

* 邱金平，深圳市城市管理局。

（一）圆满完成了特区建立30周年庆典任务

深圳特区建立30周年庆典，是全市的一项重大工作，城管部门承担了营造优美市容环境以及会场布置等主要保障任务。深圳市城市管理局利用短短4个月的时间，昼夜加班，埋头苦干，建成了深圳特区改革开放纪念园，迎来了胡锦涛总书记的亲临视察，并在纪念园种下了纪念树。为营造庆典的喜庆气氛，我们以最干净、最美丽为标准，全面进行美化、净化，在重要路段和景观节点摆放鲜花300多万盆，充分彰显了深圳“花园城市”的特色，受到国内外嘉宾的一致好评。同时，成功举办了建市以来第一次大规模的焰火晚会，花最少的钱使市民群众欣赏到了精彩的焰火表演，受到社会各界的好评和市政府的通报表彰。这项重大工作，体现了精心、精细、精品的工作要求。

（二）市容环境提升行动取得超预期的效果

围绕市容环境提升行动这一中心工作，周密组织，严格要求，措施得力，使城市景观水平显著提升，初步展现出“新大运、新深圳”的崭新景象。全市已完成建筑立面刷新和屋顶改造面积约2500万平方米，总体工程进度已超过80%；基本完成了对交通设施和主、次干道两侧公共设施的清洗粉刷和修缮翻新；广深铁路、广深高速公路沿线和一线口岸环境得到有效治理；景观节点绿化升级改造进展顺利。新一轮城中村综合整治成果显著，三类项目1335个已全部开工，其中930个已竣工，795个已通过验收。273个综合整治二类项目，有73个已基本完工，其他项目正在展开。

（三）提前并超额完成区域绿道建设任务

绿道网建设任务是省政府下达的硬指标。深圳市城市管理局作为深圳绿道网建设和运营管理的责任单位，全力做好督促、指导和协调工作。在时间紧、任务重的压力下，科学安排，迎难而上，不断创新工作方法，高标准推进。至2010年底，已累计完成区域绿道建设335公里，超过省计划的11.7%。多次组织市民和记者“绿道行”活动，让市民亲身感受绿道网建设的成果。

（四）严格文明执法，市容环境秩序进一步改善

2010年来，在迎接大运会各项基础工程建设多，市容环境秩序管理难度大

的情况下，全市综合执法发挥了重要作用，保持了市容秩序的稳定。一年来，全市没有发生一起严重的不文明执法和暴力抗法事件。户外广告专项整治效果明显，全市拆除违法大型户外立柱广告 254 块，拆除不规范的广告招牌 1.2 万块。加大了对乱张贴、乱涂写的治理力度，全市共清理乱张贴广告纸 767 万张，清理乱涂写、乱刻画 228 万处，对 2.1 万个违法电信号码采取了停机措施，对 549 个违法电信号码采取了短信扣费，有效维护了市容秩序。

（五）注重日常管理，各项工作齐头并进

城管工作千头万绪，我们在抓住重点、抓好亮点的同时，注重提高日常管理水平。

——强化各级班子和队伍建设管理。始终注重把党委（支部）班子和干部队伍建设摆在重中之重的位置，在全局系统开展了为期半年的“加强党性、纪律、职业道德教育，深化作风建设提高执行力”活动，使领导班子和队伍的作风建设得到进一步加强。深入开展创先争优活动，有力增强了党组织的生机活力。认真落实党委理论学习中心组学习制度，干部的思想理论水平有了新提高。加强干部培训，完成了全市 200 余名执法人员的学习培训任务，组织了 55 人（次）赴港澳培训和交流考察。同时，认真抓好党风廉政建设责任制的落实，针对个别单位干部出现的问题，组织纪律教育与整顿，树立干部队伍的良好形象。

——公园建设管理进入发展新时期。2010 年 4 月 29 日，公园管理中心正式挂牌成立。将管理公园的 18 家法人单位变为 1 家，一次性直接减少人员 78 名，成为大部制改革在城市管理方面的有益探索。公园管理中心成立以来，各项工作稳步推进，在资源整合、人力调配、统筹规划等方面已体现出明显优势。全市 21 家公园成功举办了第五届公园文化节。

——城市环境卫生水平稳步提高。全市环卫工作一年比一年深入，以“鹏城市容环卫杯”竞赛活动为抓手，推进各项任务的落实。建立了环卫管理以奖代补的投入新机制，促进各区加大环卫投入和管理力度。环卫机械化作业明显提升，在全市范围内推广使用道路清洗新设备，一级以上的道路、广场、景区等重要场所基本达到路面见本色。完成了全市 242 个省市卫生村的复查工作。病媒生物密度得到有效控制，全年无重大传染病流行。

——加强了野生动植物保护，大力发展城市林业。重点开展打击破坏野生动

植物资源违法犯罪活动50次。全民义务植树超额完成了计划，共植树65.1万株。积极做好林业有害生物的监测和防治工作，加强森林防火，全市没有发生较大、重特大森林火灾和人员伤亡事故。

——灯光夜景建设有了新的提升，解决了131条小区道路的无灯问题；完成了彩虹桥灯光修复工程和星光大道试验段建设；深南大道、滨河—滨海大道景观照明提升项目已进入施工招标阶段。

——数字化城市服务管理提效显著。共受理各类城管案件突破100多万宗，立案率达99%，结案率为95.47%。此外，在安全生产、宣传信息、计划生育、共青团建设和后勤保障等方面也做了大量的工作，取得了长足的进步。

二 新形势下城管工作的目标定位与工作思路

深圳市五次党代会提出了建设现代化国际化先进城市的目标，王荣书记提出了“好、快、特、新、干”的五字原则。新形势下深圳城管工作应该如何定位，怎样发展？经过反复思考，我们提出的目标是，努力将深圳打造成中国最干净的城市，中国最美丽的城市，中国最有序的城市，中国最高效的城管！我们之所以亮出这个旗帜，不是一时的心血来潮，而是对城管工作的形势进行科学分析后定下的决心。

（一）打造最干净的城市深圳具有良好的基础

目前，深圳环卫管理整体保持全国领先水平，创造了全国同行业的多项第一。不仅有完善的环卫管理体制，有全覆盖的清扫保洁机制，有国际先进的垃圾收运系统，有全国最高的垃圾无害化处理率（超过94%），而且环卫作业市场化程度全国最高，市政道路清扫保洁市场化率达90%，垃圾清运市场化率达75%，垃圾处理市场化率达64%，整个环卫行业基本形成了专业化、市场化、产业化的运营与管理。同时，环卫改革创新一直领先国内，获得过多项国家和省市科技奖，表明我们有高水平的环卫管理与技术骨干队伍。这些都是打造中国最干净的城市的基础所在，优势所在。当然，目前环卫管理上的矛盾问题还不少，特别是关外四个区环境卫生整体水平不高，发展不均衡，保洁标准不落实。另外，一些老的基础设施不堪重负，新的基础设施建设又遇到选址困难，这些都是我们要正

视的问题。只要认真查找差距，找准薄弱环节，提出解决的办法措施，随着特区一体化的实施，这些问题都会逐步得到解决。

（二）打造最美丽的城市深圳具有较强的优势

深圳的园林绿化不仅在国内享有很高的美誉度，国外的评价也很高，先后获得国际花园城市、全国绿化模范城市、国家生态园林示范城市和中国十佳绿色城市等荣誉。全市森林覆盖率为44.6%；绿化覆盖率为50%；建成区绿化覆盖率为45%；建成区绿地率为39.1%；人均公共绿地面积达16.2平方米，居全国各大城市前列，而且城市公共绿地管养95%以上实现了市场化。同时，我们是全国公园最多的城市，有各类公园653个，还在继续建设。另外，2009年大部制改革又将林业管理职能划归园林部门，实现了园林与林业的统一管理，从而给城市绿化美化创造了更有利的条件，这在全国绝无仅有。不过我们绿化美化的标准还不高，精细化还不够，特别是关外与关内的差距较大。下一步主要是改进、完善的问题。

（三）打造最有序的城市深圳具有一定的条件

城市秩序包括交通秩序、市场秩序、治安秩序等多方面，有序是指市容环境管理的有序。目前市容环境管理总体上是好的。在流动人口多、执法环境差、基础设施超负荷运转的情况下，保持了市容环境良好。但离“最有序”这个目标差距还不小，特别是户外广告泛滥、乱张贴、乱摆卖、乱搭建等问题仍然突出，在关外地区更为严重，成为影响实现最有序的城市目标的最大障碍。深圳不仅拥有特区立法权，同时也是全国最早开展相对集中行政处罚权的试点城市，经过多年改革实践，已经积累了不少经验。现在的关键，是要在执法体制改革上进行突破，进而强化执法手段，推进最有序城市目标的实现。

为实现最干净、最美丽、最有序的城市目标保驾护航的是我们的城管部门，有了他们高效的工作，推进工作目标落实的步伐就会加快。应该说，目前深圳城管工作也是非常高效的，因为大部制的管理体制本身起到了积极的作用。但用国际先进的城市管理模式来衡量，我们无论从体制机制到工作方式方法，都还有很大的提升空间。

为了尽快朝着“四最”目标迈进，最近我们已经研究制定了两个“1+4”

文件。一个是打造最干净、最美丽、最有序城市的具体工作方案，分为一个总方案和四个分方案。这个方案主要解决一个标准问题，也就是说，对什么样的标准是中国最干净、最美丽、最有序的城市，有一个可以规范和科学量化评估的指标体系。另外一个是进一步理顺和完善城市管理体制机制的建议，也是一个总报告加四个具体建议，已提交深圳市委、市政府决策，主要是解决目前城市管理体制机制上存的一系列问题，期望通过进一步的改革创新来理顺市、区、街道的管理与事权，提高工作效率，强化执行力。

三 2011 年城市管理工作的主要任务

2011 年，是“十二五”规划的开局之年，是举办世界大学生运动会的体育盛事之年，所以注定要成为深圳历史上不平凡之年，大干之年，做好今年的工作至关重要。元月 5 日，深圳市委、市政府已经召开了动员大会，发出了大干 200 天的动员令，印发了《迎大运创全国文明城市标兵 200 天行动纲要》，明确了各单位部门的具体责任，城市管理局系统也连续两次召开大会，专门进行动员部署。

2011 年的中心任务就是：要为迎大运进行百米冲刺，为创建全国文明城市标兵再立新功，为“十二五”的开局打好基础。为了保障今年的工作圆满完成，2011 年定名为“城市管理提效提质年”，要以倒计时、高标准的要求实现城市管理又好又快地发展。

2011 年要重点抓好五方面的工作。

（一）要全速推动市容环境提升行动进行“百米”冲刺

作为市容环境提升行动指挥部办公室，要认真组织、协调、指导、督促各区及各相关部门、单位，大力推进市容环境提升行动各项工作任务的落实；全面贯彻市委、市政府提出的“办赛事、办城市，新大运、新深圳”的战略思想，严格按照《深圳市市容环境提升行动计划》和《迎大运　创文明 200 天行动计划》抓好各项工作的落实。大运会召开前要全力冲刺，力争在 8 月初将一个干净美丽、富有现代活力的深圳呈现给国内外来宾。一是全力攻克难点。针对市容环境方面存在的突出问题，集中力量，采取切实有效的措施予以解决。通过加大经费

投入、提高保洁力度、强化检查监督，彻底解决城中村的环境脏乱差问题；通过实行弹性工作时间、加强执法力量调配，有效解决特定时间、特定区域的乱摆摊、乞讨等市容秩序问题；提前筹划并制定详细的工作方案，力争在最短的时间内解决因地铁施工等带来的道路、绿化恢复问题。二是精心打造亮点。在按照既定要求推进并完成市容环境提升行动各项工作任务的基础上，着重打造一批城市景观亮点：按照回归自然的理念和手法，以开敞、通透、大气为目标，通过对深南大道中央绿化带进行美化提升，将深南大道打造成为终年鲜花盛开、缤纷多彩的城市花园大道；要通过对市民中心广场、莲花山公园和深圳机场范围的绿化和灯光进行改造提升，将其打造成美观、典雅、时尚的城市特色景点；要通过提前筹划、精心组织，解决好因地铁施工等带来的道路、绿化恢复问题。各区要根据各自的实际情况，着力打造一些景观亮点，营造崭新的市容环境。三是全面提升水平。通过加强督查督办和协调力度，督促工作落后的区、部门和单位加快进度，确保按时完成市容环境提升行动工作任务。通过巡查，将城市主次干道和高快速路两侧，主要公共场所、大运场馆和运动员住地周边影响市容环境的问题登记造册，逐一安排责任单位解决，做到不留死角，全面提升。同时，巩固和保持市容环境提升行动成果，着手研究后续管理措施，探索建立长效机制。

（二）要全力推进城市管理的各项工作提效提质

围绕迎大运和创全国文明城市标兵的要求，深圳城市管理局制定了《市城管局迎大运创全国文明城市标兵200天行动实施方案》和出台的园林绿化、灯光建设、环境卫生、综合执法四个专项工作方案。全体职工要提神、提效、提质，对上述方案不折不扣地组织实施，着重做好以下几个方面的工作。

1. 提升城市绿地系统的生态功能和景观效果，精心打造中国最美丽的城市

构筑植物丰富、色彩优美、功能强大的生态园林景观。按照大运会的花卉布置总体架构，精心组织，周密实施，营造出花团锦簇、热烈祥和的城市景观。实施景观节点绿化改造升级，认真组织实施皇岗口岸、福田口岸、滨河路、红岭路、福龙路、香梅路、罗沙路及市民中心广场 8 个路段（区域）的绿化升级改造。加大城市公园、森林公园、自然保护区建设力度，进一步改善城市生态环境。加快深圳湾 15 公里滨海休闲带、布心山公园、安托山公园、银湖山公园等 7 个城市公园建设。大力推进三洲田等 4 个森林公园和内伶仃岛等 3 个自然保护区的建设。全力以赴，争取国家首批生态园林城市申报成功。

2. 重点提升景观照明，打造特色灯光夜景

建设和完善深南、滨河—滨海灯光长廊，完成深南上步路、文锦路两个灯光景区建设工程和宝安立交桥、人民桥灯光建设工程，完成滨河—滨海大道35座立交桥、人行天桥的景观照明工程，营造深圳独具特色的“双龙起舞”的城市灯光夜景。完成深南大道、北环大道、滨海大道、笋岗路等6条“星光大道”的建设。

3. 全面实施环卫管理精细化作业，保障大运会环境卫生质量

强化重点场馆清扫保洁工作力度，实行20小时巡回保洁，切实提高特级、一级及二级道路冲洗频次，确保路面见本色。进一步提高机扫作业水平，确保2011年全市机扫率达到80%的工作目标。尽快落实市政府对全市清扫保洁经费预算指导价格，统一标准，缩小关内外各区环境卫生水平差距。理顺公路环卫管理职责，逐步将全市公路清扫保洁纳入现行市政道路清扫保洁管理范围。积极配合有关部门尽快制定出台建筑废弃物处理收费实施办法，余泥渣土受纳场收费标准。全面推进余泥渣土受纳场市场化改革工作。加快环卫基础设施建设。尽快开展龙华部九窝余泥渣土受纳场扩容工程及新屋围、下围岭受纳场前期工作，积极促进征地问题的解决，力争2011年底开工。做好塘朗山环境园布局规划工作，并争取纳入控制线范围内。力争2011年2月完成水径余泥渣土受纳场建设。继续督促落实下坪固体废弃物填埋场和市政环卫综合处理厂环保改造，提升清水河区域环境质量。大力推进东部垃圾焚烧发电厂建设工作，力争完成环评并开工建设。继续协调坪山环境园建设工作，督促推进老虎坑垃圾卫生填埋厂二期扩建工程、老虎坑垃圾焚烧厂二期扩建工程、老虎坑垃圾渗滤液处理厂、白鸽湖垃圾焚烧处理厂、南山垃圾焚烧厂二期扩建工程建设。认真做好“国家卫生城市”复审的各项准备工作，强化病媒生物防制工作。

4. 加大市容秩序整治力度，确保市容整洁、文明有序

按照《迎大运创全国文明城市标兵城市管理行政执法工作方案》，力争通过集中整治，使深圳市容秩序水平在短期内得到明显提升。全市范围内划定了79条严管路和11个严管区，全天候禁止任何影响市容秩序的违法行为，加大有序化管理力度。按照教育与处罚并重的原则，坚决查处乱摆摊和占道经营，严厉打击乱张贴、乱涂写、乱刻画行为，进一步推进户外广告专项整治行动，大力整治

乱搭建，规范沿街各类临时设施，治理违法养犬现象，营造良好市容秩序。鼓励各区、街道采取购买服务的方式，通过引入市场机制，解决执法人手不足的问题。继续推进城中村综合整治，切实改善城中村的落后面貌。

5. 要加快城市绿道建设

不断完善区域路绿道的有关配套设施，按照《深圳市绿道网规划建设总体实施方案》的部署，重点推进城市绿道与社区绿道建设，使深圳的城市绿道与社区绿道实现无缝衔接，串联成网。同时加强绿道的管理，实施《深圳市区域绿道运营管护方案》，形成政府主导、市场运作的长效管理机制，保障绿道建设的有序推进和可持续发展。

6. 要大力推进林业管理和野生动植物保护工作

狠抓林业有害生物防控，加大虫情监测和检疫执法力度，加快推进松材线虫病疫区改造。重点做好薇甘菊防治工程管理工作。进一步加强森林公安战斗力，严厉打击破坏森林资源的违法犯罪行为，确保林区社会治安秩序稳定。加快野生动植物救护中心建设。积极推进科技城管、效能城管建设。进一步升级完善数字化城管系统，扩展和提升平台管理效能。加强系统评价的硬约束力建设，充分发挥评价的杠杆作用，提升责任单位处置效率，加大案件的快速反应和及时处置力度。

加强城市管理宣传教育，广泛吸引市民参与城市管理。提高市民的文明素质和文明意识，引导市民自觉抵制损害市容环境的行为，营造全社会关心、支持、参与城市管理的浓厚氛围。要统筹兼顾，树立安全第一的思想，切实采取有效措施抓好安全生产工作和维稳工作。同时，要完善各项制度，加强内部管理，做好各项后勤保障工作，为推进迎大运和创全国文明城市标兵工作提供有力的支持。

（三）要全面实施市容环境综合考核

必须坚持发挥市、区、各部门的工作积极性，既强调统一思想、顾全大局，又鼓励因地制宜、探索创新，形成共同进退的强大合力。学习借鉴天津、重庆的成功经验，在全市范围内建立并实施市容环境综合考核制度：考核对象包括各区和与城市管理工作密切相关的市属部门；考核范围包括所有与市容环境相关的事项；考核结果逐月公布，根据结果实施奖罚。通过建立和实施市容环境综合考核制度，调动各级、各部门做好城市管理工作的积极性，有效治理城市管理工作中的顽疾，使市容环境长期稳定在较高水平，达到精细化管理和长效管理的目的。

（四）要全心完善城市管理的体制机制

由于历史原因，深圳关内外城市管理水平差距较大，已成为制约城市一体化发展的突出瓶颈。园林绿化、路灯管理发展不平衡，呈现多头管理状态，而且标准各异，市场化程度不高，经费投入不一，造成了建设管理水平落差很大，与深圳的城市地位和发展水平很不匹配。这些问题都需要在新的制度创新中予以解决和理顺。深圳地域空间狭小，现代化城市化发展水平较高，更需要高度集中管理，方能发挥集约效能。因此，加快实现城市管理一体化是深圳建设现代化国际化先进城市的迫切要求。下一步我们将按照大部制的改革要求和城市一体化发展的需要，逐步将原特区内的管理模式和经验推广到全市，逐步实现城市管理规划、标准、经费、设计、考核的五个统一。在此基础上，积极稳妥地推进全市的统一管理，以消除全市绿化、灯光管理的“二元”现象，实现全面、均衡发展。制度创新是提高行政效率的关键所在，我们要不断加大改革力度，切实转变职能，为打造中国最高效的城管创造条件。

（五）要全力打造高素质的城管队伍

加强干部队伍建设，教育各级领导干部做善于学习、解放思想、求真务实、艰苦奋斗、廉洁自律的表率。“廉洁城市”是市委、市政府在新的发展阶段做出的重要决策和部署。我们要按照市委、市政府的要求，结合城管实际工作，进一步整合管理资源，优化管理要素，规范管理行为，完善运作方式，切实解决执行效能、工作作风中存在的状态不佳、效率不高等突出问题，使全系统的干部职工在履行职责和改革创新上有新的突破，在服务质量和办事效率上有新的改进，在人民群众对机关工作的满意度上有新的提高。要坚持论德才、讲实绩、重基层、凭公认的用人导向，形成“让想干事的人有机会，能干事的人有舞台，干成事的人有地位”的良好用人环境。坚持抓人促事不放松，进一步加强领导班子和干部队伍建设，着力打造奋发有为、亲力亲为、敢作敢为的“三为”干部团队。要健全完善绩效考核办法，进一步激发干部的工作积极性，不断提升工作效率。激励干部弘扬新风尚，树立新形象，争创新业绩。

B.5 2010～2011年深圳市社会治安形势分析与对策

深圳市公安局

摘　要：2010年，全市社会治安情况总体保持平稳可控状态，110总接报警量同比下降，其中，严重暴力和“两抢”等警情大幅减少，治安警情和消防警情同比下降，但交通警情同比上升，治安区域不平衡问题仍然比较突出，原特区外社会治安压力仍然大于原特区内，刑事警情总量和各分项警情基本占到全市60%以上。2011年，全市社会治安既面临许多有利条件也面临新的挑战，进一步健全完善社会治安立体防控体系，加强流动人口的服务与管理，深入开展“创平安、迎大运”严打整治行动，全面落实公正廉洁、文明执法要求，努力提升执法办案水平，是2011年社会治安工作的主要任务与工作重点。

关键词：社会治安　立体防控体系　警情

一　2010年深圳社会治安总体情况

（1）110总接报警量同比下降，警情结构变化不大。2010年，全市110共接报警56.4万起，同比下降2.8%，连续第二年同比下降，达到2007年以来110接报警的年度最低值。其中，刑事、治安、交通、消防警情，共占总量的36.8%。

（2）110刑事警情同比微降，达到一个相对稳定的常量。2010年110刑事警情同比下降0.8%，保持稳定。从警情趋势看，自2009年受国际金融危机影响刑事警情大幅下降31.3%以后，刑事警情进入相对稳定期。随着经济回暖、人口存量增加，自2010年5月开始，刑事警情月同比开始上升，全年虽然保持了同比下降，但警情上行的走势明显，2011 年社会治安防控将面临更大的压力。从警情结构看，侵财类警情所占比重较大，其中盗窃类占 61.5%，所占比例同比上升 9.1%；诈骗类占 20.1%，下降 19.6 个百分点。从警情时段看，全年刑事警情多发时段为 9 时至 12 时、18 时至 21 时，高峰时间分别为中午 12 时和晚 20 时左右。

（3）严重暴力、“两抢”等警情大幅减少，占比进一步降低。2010 年，全市严重暴力警情同比下降 25.5%；“两抢”警情同比下降 33.8%，其中抢劫下降 38.0%、抢夺下降 31.1%。从立案上看，命案同比下降 9.0%；严重暴力案件同比下降 18.8%，占全部刑事案件的 6.4%，下降 4.4 个百分点。数据表明，深圳市刑事犯罪的暴力程度进一步降低，社会治安秩序进一步好转，市民群众的生命财产安全得到了一定保障。值得注意的是，相比国内同级城市，深圳市严重暴力案件绝对数和比例仍然偏高，社会治安进一步改善还有很大空间。

（4）治安警情同比下降，“黄赌毒”警情同比上升。2010 年，全市治安警情同比下降 23.0%。从警情时段看，治安警情的高发时段为 20 时至 0 时。“黄赌毒”警情同比上升 10.7%，主要发生在宝安（占 32.9%）、龙岗（占 22.7%）、罗湖（占 14.2%）、福田（占 11.8%）、南山区（占 10.1%）。

（5）交通警情同比上升，保畅通压力增加。2010 年交通警情同比上升 24.9%。近年来，深圳市机动车保有量不断增加，加之道路施工多，交通压力明显增加。全市交通事故数、死亡数、受伤数、直接经济损失数同比分别下降 12.1%、6.9%、8.7%、18.5%。

（6）消防警情同比下降，火灾事故同比上升。2010 年消防警情同比下降 2.3%。全市火灾事故数、直接经济损失数同比分别上升 26.9%、20.0%，死亡数、受伤数同比分别下降 83.3%、60.0%。

二　2010 年深圳社会治安主要特点和动向

（一）深圳市 110 刑事警情在经过连续 16 个月同比下降后，压力明显增大，社会管理创新为维护 2010 年社会治安稳定发挥了突出作用

2008 年下半年以来，国际金融形势急剧恶化，深圳市经济发展相应受到影响，部分企业经营困难，一些企业甚至倒闭、破产，造成大量劳动力过剩，不少

职工下岗失业，大量外来人口离开深圳。与此同时，深圳公安机关积极应对金融危机冲击，一手抓“创平安、迎国庆”严打整治工作，一手抓“三项建设”固本强基，自2009年1月起至2010年4月止，深圳110刑事警情同比连续16个月大幅下降，月同比平均降幅为28.5%。

深圳是全国最早受到金融危机冲击的城市之一，也是最早走出金融危机、经济回暖的城市之一。以进出口总额为例，从2009年11月起，深圳进出口总额停止负增长。2010年1～11月份，全市规模以上工业增加值同比增长13.9%，已经超过金融危机前2008年全年的增长水平；外贸进出口总额、港口货物吞吐量和集装箱吞吐量规模等主要经济指标，均已超过金融危机前2008年同期水平。受此影响深圳外来人口也大量回流，从2010年上半年“流动人口信息采集大会战”情况看，深圳实有人口已超过1400万人，全面超过2008年。与此相应，社会治安防控的压力持续加大，自2010年5月份起，110刑事警情月同比开始出现正增长。

为积极应对后金融危机时期出现的警情反弹压力，从2009年底开始，深圳市公安机关深入开展社会管理创新工作，狠抓社会治安基础信息采集、社会面排查清理和社会治安立体防控体系建设，对违法犯罪分子的生存和活动空间形成全方位的压迫，有效遏制了刑事警情激增，全年实现110刑事警情同比下降0.8%，保持了总警情与刑事警情“双下降”。

（二）小额盗窃警情和案件延续了2009年的多发势头，非接触类诈骗警情来势迅猛，成为2010年110刑事警情和刑事案件仍在高位运行的主要因素

从2009年开始，深圳盗窃警情虽然同比下降，但小额盗窃警情出现多发势头。2010年，全市接报盗窃警情同比上升16.4%，总量已超过2008年；盗窃立案同比上升52.9%，其中5000元以下的盗窃案件同比上升67.0%，占全部盗窃案件的78.0%。从警情内容看，主要是三个方面案件的增长：一是涉及电脑的盗窃警情同比上升78.8%；二是盗窃电动摩托车警情同比上升62.3%；三是入室盗窃警情同比上升11.5%，也已超过2008年的水平。由于盗窃警情和盗窃案件在刑事警情与案件中占比较高（2010年分别为61.5%、66.1%），盗窃警情与案件已经成为左右110刑事警情和刑事案件走势的主要因素。

2010年，全市诈骗警情同比下降49.8%。但非接触类诈骗警情来势迅猛，

已成为危害市民群众财产安全的热点犯罪。违法犯罪分子通过电话、手机短信、互联网等渠道，向社会大量散布各类虚假信息，意图诈骗，出现了多起较大数额的非接触类诈骗案件。由于犯罪分子与受害人并不接触，许多案件是跨地区作案，甚至一些犯罪分子隐身于境外地区，给防范和打击工作带来很大难度。虽然通过联合电信、银行等机构加强宣传防范，取得了一定效果，但此类犯罪在今后相当长一段时期仍然难以得到有效遏制，需要重点关注。

（三）治安区域不平衡问题仍然较为突出，原特区外地区社会治安压力仍然大于原特区内地区，刑事警情总量和各分项警情基本占到全市60%以上

2010年，深圳原特区外地区110刑事警情和刑事案件仍占全市主要部分，其中110刑事警情、刑事立案分别占全市总量的58.2%和64.4%，同比分别上升4.4个、3.7个百分点，说明原特区外地区治安水平落后于特区内地区。从各分项警情占全市总量比例看，除“两抢”、严重暴力警情占比略有下降外，各类警情占比基本呈全面上升态势。

（四）敏感性案件增多，处置难度进一步加大，社会治安防控压力凸显

2010年，国内经济大环境的波动，也对社会公众心理和行为产生了深刻影响，折射在社会治安上，造成不少敏感的案件，维护社会稳定的工作难度加大。比如，深圳富士康公司连续发生了多起员工跳楼自杀事件，引起了国内外关注；全国部分城市接连发生针对校园学生的恶性案件，在社会公众中引发了心理恐慌；一些容易受经济波动冲击的行业，在金融危机影响下，群体性不稳定因素增多。社会公共危机事件、个人极端行为、有组织群体性维权行为已经成为影响社会稳定的新课题和热点课题，维护社会和谐稳定的要求越来越高。

（五）巨量外来人口无序增长，大量无业人员长期滞留，特别是严重危害社会治安的违法犯罪嫌疑人员混迹其中，仍然是影响深圳社会治安稳定的深层次、根本性因素

随着经济复苏，大量外来人员回流深圳，除了占主体的来深建设者以外，深

圳还容纳了大量无业人员以及违法人员。据市出租屋综管部门统计，截至 2010 年 10 月 15 日，全市外来流动人口中无业人员约为 117 万人。同时，公安部门抽取 10 月 15 日至 10 月 19 日在深圳的外来流动人口 5651 人进行调查，其中无业流动人员 932 人，占总数的 16.5%；对租住在出租屋内的无业人员进一步分析发现，失业 6 个月以上的占 63.89%。为数众多的外来无业人员长期在深圳滞留，在下岗失业、生活拮据、人地生疏等不利情形下，很容易铤而走险，形成以地缘、血缘关系为纽带的违法犯罪团伙，对社会治安构成直接威胁。2010 年全市看守所收押人员中，无业人员占 98.7%，同比上升 7.5%，无业人员参与违法犯罪的人数进一步增多。

三　2011 年社会治安形势预测

2011 年，是中国共产党建党 90 周年，是我国“十二五”规划实施的第一年，也是第二十六届世界大学生夏季运动会的举办年，社会治安工作仍将面临诸多困难和挑战。

从不利的因素看，一是 110 刑事警情上升的压力明显增大。随着“十二五”规划开始实施，经济将进一步回暖加速，物流、人流、资金流、信息流规模将不断扩大。举办大运会对城市的整体环境提升作用，将使深圳对外来人口的吸引力进一步增强，实有人口有可能进一步增多，社会治安管理将面临更大的挑战。二是大运前后可能出现阶段性警情高发现象。预计 2011 年深圳 110 刑事警情总体将呈“V”字形发展。在大运会举办前的 1～4 月，春节前违法犯罪分子大多想“捞一把回家过年”，春节后外来人口大量返深，违法犯罪分子想着“捞一把留下生存”，受这两个因素影响，预计 110 刑事警情将会出现阶段性高发；5～8 月，深圳将全面进入大运会安保的防护期和决战期，预计 8 月份大运会举办期间将成为全年 110 刑事警情的最低点；在大运会后的 9～12 月，刑事犯罪经过前一阶段的严打高压，可能会出现明显反弹。三是社会治安的关注点和“炒作点”将会增多。举办大运会将对深圳社会治安形成多方面的严峻考验。除了艰巨繁重的安保工作任务外，由于境内外媒体的聚焦，深圳社会治安的关注点和“炒作点”将会明显增多，特别是在全市开展大规模清理整治的过程中，暴力抗法、个体极端事件可能增多，需要公安机关参与处置的社会事件也会相应增多，引发涉警事件的可能性增大。

从有利的因素看，一是市委、市政府明确提出了实现社会治安根本好转的要求。各级党委、政府对社会治安工作的重视程度和投入力度将会进一步加大，社会各界和人民群众对社会治安的关心程度和参与力度也将相应加大，有利于社会治安根本好转的社会大环境将会逐步形成和巩固。二是深圳社会治安基础环境将会得到改善。随着公安大情报系统、社会治安立体防控体系建设工作深入推进，以及治安基础环境治理行动深入开展，深圳社会治安将会得到明显的改善。三是大运会安保工作全方位运行。深圳直接用于社会治安防控和严打整治的力量将会大幅增加，尤其是在大运会举办期间，“严查、严治、严管、严打”的浓厚氛围将会进一步形成，违法犯罪分子作案空间将会受到进一步挤压。

基于以上因素，预计 2011 年全市 110 刑事警情虽有可能产生一定幅度的波动，但总体仍将保持平稳，严重暴力、“两抢”等犯罪继续保持全面下降的势头，深圳社会治安仍将处于持续好转的发展态势。

四　对策措施

面对严峻的社会治安形势和巨大的社会治安压力，深圳公安机关将根据市委、市政府和上级公安机关的决策部署，以“社会治安根本好转”为总目标，以社会管理创新、社会治安立体防控体系建设、治安基础环境治理为主要抓手，不断加大对突出违法犯罪和治安重点地区的打击、整治力度，最大限度地控制、减少诱发犯罪增长的不利因素，确保社会治安大局的持续稳定，确保世界大学生夏季运动会安全顺利举行。

（1）逐步健全完善社会治安立体防控体系，着力提高对动态社会的管控能力。根据市委、市政府的统一部署要求，进一步构建“专群结合、点线面结合、管防控打结合、网上网下结合、人防技防物防结合”的动态化、信息化、全时空、全覆盖的社会治安立体防控体系。紧紧抓住公安信息化，积极推进情报信息一体化建设，着力提高情报信息的汇总研判能力，最大限度地实现预知、预警、预防。要以情报信息为纽带，努力在防范管理中发现打击重点、在打击整治中发现防控漏洞，实现打防控一体化运作，最大限度地减少防范盲区，最大限度地挤压犯罪空间，最大限度地减少犯罪机会。

（2）以加强流动人口服务与管理为突破口，推进社会管理创新工作。在各级党委政府的领导下，各职能部门齐抓共管，广泛发动社会各方面力量，深入开展针对长期滞留、无合法收入来源、有违法犯罪嫌疑人员的管控工作，健全滚动排查和动态管控工作机制，全面掌握其活动轨迹、现实状况，最大限度地挤压违法犯罪空间，有效预防和减少违法犯罪活动。

（3）深入开展“创平安、迎大运”严打整治行动，切实增强打击违法犯罪的针对性和实效性。着眼于实现社会治安根本好转和圆满完成大运安保工作，紧密结合本地治安实际，按照“哪里治安问题突出，就重点整治哪里；什么治安问题最突出，就集中解决什么问题；老百姓最痛恨什么犯罪，就重点打击什么犯罪”的原则，集中排查影响本地社会治安的突出问题和群众反映强烈的治安乱点，因地制宜地组织开展区域性打击整治行动。进一步突出打击重点，严厉打击为害一方的黑恶势力犯罪，严厉打击绑架、杀人、抢劫等严重影响群众生命财产安全的严重暴力犯罪，严厉打击入室盗窃、盗抢机动车、飞车抢夺、电信诈骗等多发性侵财犯罪，严厉打击侵害人身权利的拐卖儿童妇女犯罪，严厉整治影响恶劣的“黄赌毒”等丑恶现象，确保社会治安大局持续稳定，确保人民群众安全感明显增强。

（4）进一步落实公正廉洁文明执法的要求，全面提升执法办案水平。按照公安部执法规范化要求，创新执法理念，改进执法方式，深入治理“不作为”、“乱作为”问题，坚持公正、廉洁执法和理性、平和、规范执法，不断提高执法公信力，切实维护社会公平正义，促进社会和谐稳定。紧紧围绕案件处置、治安管理、消防管理、道路交通管理等领域容易发生问题的环节，逐步完善各项执法制度，健全执法程序，切实提高规范执法水平。深入组织开展大走访爱民实践活动，创建倾听群众呼声，解决群众诉求，接受群众监督的机制和桥梁，使“执法为民”真正在基层群众中落地生根，结出累累硕果。

B.6 深圳市基础教育均衡发展研究

李朝晖*

摘　要： 过去十年深圳基础教育发展迅速，教育规模不断扩大，教育水平不断提高。但基础教育在均衡发展方面仍存在一些问题，如在条件均衡的基础上如何实现质量均衡，公办、民办学校如何均衡发展，不同办学阶段学校的均衡发展，等等。本文分析了存在上述问题的原因，介绍了美国在教育均衡发展方面的做法，针对推进基础教育均衡发展提出以下对策建议：根据城市规划和发展现状加强学位规划和配置工作；加大教育投入；加大民办教育扶持力度；加大学前教育投入等。

关键词： 基础教育　均衡发展　对策

一　深圳过去十年基础教育发展迅速

2001～2010年，深圳教育事业获得巨大发展，基础教育发展迅速。在这十年里，深圳高质量普及了12年教育，并全面普及了九年免费义务教育。

1. 建成教育强市，基础教育规模不断增大

2004年，全市各区在全面建成广东省教育强区的基础上，率先建成了全省首个教育强市。原特区外的宝安和龙岗两区的各镇街在2005年全部建成教育强镇，并在两区农村城市化后实现教育城市化，全部村小转变为公办小学，基本完成标准化改造，全市基础教育整体逐渐趋于均衡优质发展。教育投入逐年稳步增长，各类办学规模逐年稳步增大。2010年，全市国家财政性教育经费达155.88亿元，全市共有各级各类学校1705所，在校学生136.04万人。其中中小学校总

* 李朝晖，深圳市社会科学院。

数从2000年的447所增加到2010年的656所，增加209所，增幅为46.76%，在校生从42.07万人发展到95.33万人，市一级以上中小学所占比例从10.9%增加到58.9%。

2. 普及九年免费义务教育，义务教育学校基本实现条件均衡

深圳义务教育阶段办学规模和办学水平都有较大提高，全市小学由2000年的325所发展到340所，在校生由31.38万人发展到61.85万人；全市初中学校从不到100所增加到200多所，在校生由不到10万人增加到23万人。针对原特区外公办义务教育学校比例偏低，个别街道辖区范围内多年没有新建公办中小学校的状况，2007年，宝安、龙岗两区新建小学4所、初中3所、九年一贯制学校3所，完中1所。2008年开始对96所原村小进行改造，市财政下拨了原村办小学标准化改造设备设施配置补助经费1.65亿多元，安排政府投资1亿元用于原村办小学校舍改扩建补助。这些新建扩建项目的完成，大幅度增加了原特区外义务教育阶段优质学位。2008年深圳普及了九年免费义务教育，符合人口“1+5”文件的非户籍常住人口子女也能够在深圳享受九年免费义务教育。2010年市财政用于实施免费义务教育的投入就达4.3亿元，其中2.72亿元是用于保障27万符合“1+5”文件的非深圳户籍学生的免费义务教育。

3. 高中教育规模快速扩大，基本满足入学需求

由于高中适龄学生的急剧增加，深圳在21世纪初曾出现高中学位供应严重不足的问题。在过去十年里，深圳根据人口发展特点，加大了高中学校的建设步伐，2001~2010年，全市新建公办普高12所，新建成高中学位3.6万个。2010年全市普高在校学生98536人，其中公办普高为77757人。与2001年相比，普高学位增加了66803个，增长了211%，其中公办普高增加48649人，增长了167%，基本满足了适龄学生对优质高中学位的需求。

4. 学前教育办学规模成倍增长，办学水平不断提高

幼儿园总数从2000年的562所增长到2010年的1040所，增加了478所，增幅达85%；幼儿园学位增加了16.7万个，在园幼儿增长到26.09万人，增加了一倍多。市一级以上幼儿园所占比例从8.5%增加到22.59%。深圳市先后出台了《关于学前教育发展的若干意见》、《深圳市学前教育管理暂行办法》、《深圳市幼儿园规范化建设标准》等文件，推进学前教育的规范和发展，提高办学水平。

二　深圳基础教育均衡发展方面存在的问题

深圳儿童教育事业在得到较大发展的同时，也存在一些问题。特别是在基础教育普及之后，广大市民有了更高的发展要求，教育均衡发展成为公众关注的重要问题之一。

1. 区域教育发展不均衡仍不同程度存在

尽管深圳市已经采取措施不断缩小不同区域之间教育发展差距，但不可否认，整个城市教育资源存在分布不均问题。一是部分区教育资源相对丰富，原特区外教育资源相对匮乏。福田、罗湖、南山公办学校比重大、名校多，民办学校的整体办学水平也较高；原特区外教育质量则相对较低，公办学校不到一半，民办学校办学水平普遍偏低。二是同一个区域内不同地段之间教育资源分布不均，有的地段名校云集，有的地段没有令市民满意的好学校。

2. 公办中小学办学质量不均衡仍不同程度存在

在教育资源极度短缺问题得到解决、基本教育需求能够满足，以及公办教育基本实现办学条件均衡之后，不同区域之间、同一区域不同学校之间的质量不均衡成为突出问题。教学质量不均衡导致家长普遍存在择校倾向，在就近入学政策下，即使在教育资源相对丰富的区域也普遍存在因择校而进行的购房、租房、迁户等行为，少数名校更为市民趋之若鹜，名校周围房价高企。而在原特区外，由于公办学校比重明显偏低，许多儿童只能在条件较差的民办学校就学。即使是公办学校，通过近年的村小改造硬件设施逐渐达到省里标准，但办学水平仍有待提升。

3. 公办、民办学校办学水平不均衡现象突出

为了满足大量外来人口对教育的需求，深圳鼓励民间资本进入教育领域，兴办民办学校。截至2010年9月，深圳共有民办中小学252所，占全市中小学校总数的39.44%；就读民办中小学学生371965人，占全市中小学学生总人数的39.02%。其中，义务教育阶段学生352053人，占全市同类学生总人数的41.19%。[①] 截至2010年底，全市1040所正规幼儿园中，有981所是民办幼儿园，占全市所有正

① 《进一步完善民办教育财政扶持政策　深圳民办学校补贴拟向公校看齐》，人民网，http://society.people.com.cn/GB/1062/13677366.html，2011年1月7日。

规幼儿园的94%。但是由于管理上的一些问题以及办学资格审查未能严格按标准执行，各类民办学校办学水平相差甚远，很多学校存在“标准偏低、用地不足、选址较差”的问题，严重阻碍了整体教学质量的提高。而民办学校收费低的现状也导致教师队伍素质不高、待遇偏低、流动率高，办学水平和教育教学质量有待提高。目前民办学校中，等级学校、幼儿园所占的比例较低，与公办学校、幼儿园相比，差距很大。

4. 不同办学阶段发展不均衡问题突出

相对而言，深圳在义务教育阶段和高中阶段政府财政投入较多，发展较好，而学前教育由于政府财政投入少，主要依靠民间投资，发展中存在较多问题。一是学前教育收费高，家长负担偏重。目前，绝大多数幼儿园的保教费每月都在1000元以上，有的高达数千元。市民普遍感觉学前教育收费偏高，一些低收入家庭无法承受学前教育费用。二是学前教育办学规模偏小，不能满足适龄儿童入园需求。根据2003年制定的《深圳市城市规划标准与准则》，2～5岁儿童占全市总人口的39‰，就近入园率90%的基本情况，确定幼儿园的学位水平为47座/千人。根据这一学位水平标准，按2010年底深圳常住人口为1035.79万计算，深圳需要超过48万个幼儿园学位，目前幼儿园学位缺口达22万个。事实上近年来一些幼儿教育资源匮乏的区（如光明新区），大量适龄儿童没有入园。

三　基础教育发展不均衡的原因分析

深圳基础教育发展不均衡有复杂的原因，但主要原因是以下几个方面：

1. 历来教育分级管理的体制是造成教育发展不均衡的主要原因

由于历来实行教育分级管理体制，导致因为各区、各街道、各社区经济社会发展水平不同、教育投入不一、教育管理理念差异以及人口结构不同，教育发展不均衡。

原特区内经济发展水平较高，财力充裕，各区教育投入近年一直保持较高水平，教育发展水平较高，义务教育阶段公办学校占到学校总数80%左右，优质学位所占比例很高。相对而言，盐田区属于后发展地区，教育水平相对于福田、罗湖、南山要落后些，但与原特区外的宝安、龙岗相比较高。同时，由于原特区内城市化较早，较早实现教育由区一级统一管理，因此各学校办学条件和水平已经比较均衡，大多已经通过市级、省级学校评估。

相比较而言，原特区外经济发展水平较低，教育投入方面整体水平相对较低。特别是在城市化以前，教育管理层级过多，21 世纪初村小还主要由当时的村财政负责投入；城市化后的最初几年，村小改由街道负责投入和管理，直到 2008 年城市化三年过渡期完成，村小才改由区一级政府投入和管理。在这种分级管理体制下，教育的投入管理受各区、各街道、各社区经济发展水平的影响很大，经济发展水平较高的区、街道、社区，教育投入一般相对较多，教育发展水平较高；而经济发展水平较低的区、街道、社区，教育投入一般较少，教育发展水平较低。随着城市化步伐的加快，教育管理中分级管理层级的缩短，以及市政府加大对原特区外教育的投入，硬件设施差距缩小在最近几年能够完成，而由于历史原因形成的办学质量差距可能需要更长时间才能消除。

2. 社会事业发展跟不上城市和人口发展速度是基础教育发展不均衡的重要原因

深圳是一个快速发展的城市，在不到 30 年时间里从一个边陲小镇发展成为现代化大都市，建成区面积翻了几番。由于规划建设上，过去不够重视新建住宅区配套教育设施的同时建设和交付使用，大量新开发区域出现学位紧张问题。

与此同时，深圳特区成立 30 年来人口迅速膨胀，2010 年底，深圳常住人口已达 1035.79 万，是 1980 年的 30 多倍，比 2000 年也增长了 300 多万人。人口的急速膨胀导致基础设施和社会事业不能满足市民的需求，教育资源的不足是其中一个方面。而且，随着深圳城市的发展，宜居指数越来越高，许多创业者选择在深圳安家；同时年轻的深圳，人口平均年龄也很年轻，早年到深圳创业的年轻市民，到 20 世纪末 21 世纪初都进入婚育年龄，适龄儿童数量在人口增长中逐年增加（见图 1）。事实上，深圳适龄儿童数量远多于人口统计，统计局公布的 2010 年全市 0～17 岁人口为 131 万人，而当年全市在校中小学生和在园幼儿总数已经超过这个数字，教育局统计的中学生人数比统计局公布的 2009 年底适龄青少年多 77%，在园幼儿比统计局公布的 2009 年底适龄儿童多 55%。因此，尽管政府近些年新建了大批学校，但学位紧张局面没有彻底改变。而且，在 20 世纪末 21 世纪最初几年，就学难的重点在小学，随着这些儿童升入初中高中，就学难问题转为初中、高中。最近几年，由于新生儿数量不断攀升（见图 2），学前教育又出现学位紧张问题。

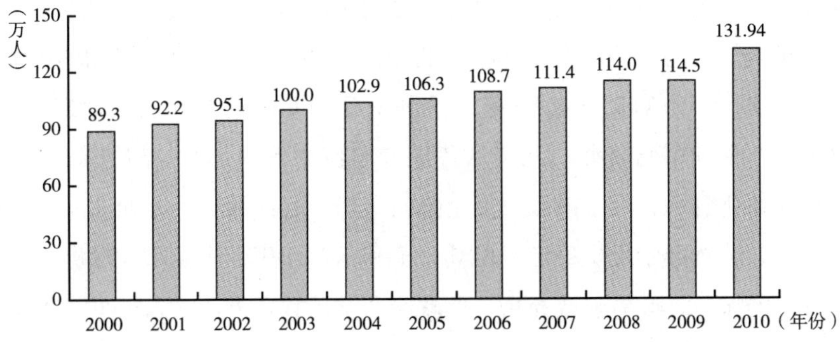

图 1　2000～2010 年深圳市儿童人口发展情况

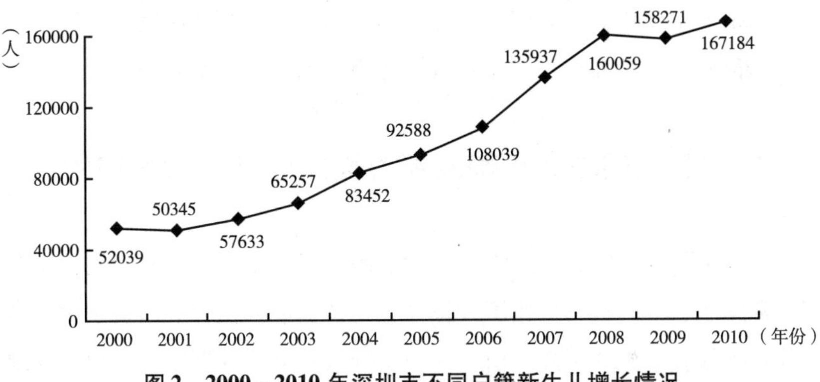

图 2　2000～2010 年深圳市不同户籍新生儿增长情况

深圳作为新兴的移民城市，在人口结构上还有一个特点是非户籍人口比重大，占常住人口的 2/3，而目前深圳义务教育阶段学生中，非户籍学生占到 68%。但是，由于历史上公办教育资源的配置主要依据户籍人口，最近几年虽然已将非户籍常住儿童纳入教育发展规划和工作计划，但受财力、规划以及建设周期的限制，多年来深圳的公办教育资源相对于城市的常住人口而言非常匮乏。特别是流动人口集中的原特区外各区，义务教育阶段公办学校提供的学位严重不足，目前公办学校学生不到全部学生的一半，公办幼儿园儿童不到全部入园幼儿的 5%，在个别幼儿教育资源匮乏的区，大量适龄儿童不能入园。这一状况需要一定的时间才能逐步解决。

（三）学前教育定位不明确是学前教育发展滞后的重要原因

过去相当长一段时间，深圳市政府没有认识到学前教育的重要性和政府在发展学前教育中应当担负的职责，将学前教育完全推向市场。这一问题直接反映在深圳近几年的公立幼儿园改革、学前教育投入等方面。目前深圳全市1000多家正规幼儿园中，公办幼儿园仅59家，不到全部幼儿园的6%。在深圳市第七轮机构改革中，深圳市属公办幼儿园从各主管单位中脱离出来，资产被划入国资委，实行企业化管理，将学前教育完全推向市场。目前深圳公办幼儿园所占的比重越来越小，虽然办学质量稳定，但其骨干和示范作用越来越小。深圳虽然是一个经济发达的城市，政府财政充裕，但政府在学前教育方面投入很少，每年只有1亿多元，占全部政府教育投入1%左右。而且这些经费主要投到少数公办幼儿园，占幼儿园总数94%的民办幼儿园极少有政府的财政支持。由于政府投入少，学前教育的发展主要依靠民间资本，加之幼儿园管理体制和制度上的原因，幼儿园经营成本很高，这种高经营成本直接转化为学前教育的高收费。

四　美国在基础教育均衡发展方面的改革及对我们的启示

美国是一个发达国家，也是教育发达的国家，但是美国的教育发达主要是高等教育非常发达，其高校培养出了大量社会精英，成为世界各国留学生竞逐的目标；而其基础教育水平并不高。由于美国实行教育分级管理制，各州的要求差异很大，导致各州基础教育水平相差甚远。同时，由于长期以来美国并没有对每个人都抱以高期望，为学生设计的考试、测验过于简单，并根据这种过于简单的评价认为学生学得不错，导致许多中小学学生的读写算能力低下，少数民族学生尤其如此。国际学生评价项目（PISA）2006年测试结果显示，美国学生的科学、阅读和数学水平并不在世界前列，远低于我国，也低于亚欧许多国家。① 为此，美国近年不断推出法案推进基础教育改革，其中最突出的当属《不让一个孩子掉队法》（No Child Left Behind，简称NCLB）。

美国小布什总统任期内的教育部认为，学校应当关注到每一个孩子，才能适应21世纪的社会需要。因此，美国国会2002年通过了《不让一个孩子掉队法》。该法的主要内容包括：①建立中小学教育责任制；②给地方和学校更大的自主

① 高靓：《考试不是为了惩罚学校——美国联邦教育部前任副部长眼中的美国基础教育改革》，2008年11月25日《中国教育报》第4版。

权；③给孩子父母更多的选择；④保证每一个孩子都能阅读；⑤提高教师质量；⑥检查各州学生的学习成绩；⑦提高移民儿童的英语水平。这几个方面又集中体现在中小学教育责任制上，通过对学校进行外部测验来检验教育质量，督促学校不断提高教育质量，并通过一套帮助差生的措施，不让一个孩子掉队。

由于该法的实施，许多州加强了教师进修，或以高薪聘请优秀老师，以提高教学水平。大多数美国民众支持 NCLB 法的高标准、缩小差距、强制性考试和责任制原则。NCLB 法也得到处于不利经济地位的少数民族民众的支持。但教育界人士则批评 NCLB 法要求过高，惩罚的规定让很多学校压力很大，过分强调标准化考试，造成了应试教育，课程窄化。①

虽然 NCLB 法在实施过程中困难重重，但不能阻挡美国教育改革的步伐。奥巴马总统上台后不久，即公布了教育改革大政方针，包括加大教育投入、加强儿童早期教育、提升教师质量、提高教育质量、加强教育问责、扩大教育公平、加强高等教育等。在教育质量上，要求各州提高课程标准；在教育经费上，力争使联邦政府所有承诺过的教育经费兑现，弥补《不让一个孩子掉队法》的资金缺口，联邦教育年度支出将增加 180 亿美元，同时努力使美国在教育研究和发展上的投入翻倍；在幼儿教育上，推出“0 至 5 岁儿童教育计划”，使各州在创建和扩大儿童托管与教育方面展开竞争，鼓励各州自愿普及幼儿教育，扩展非营利性的幼儿教育项目，提供经费可承受的高质量服务；在特许学校方面，认同家长为子女择校的权利，承诺创办一批可供选择的公立特许学校，对特许学校的财政投入翻倍，并且支持关闭长期表现不佳的特许学校；在教师待遇方面，推行教师绩效工资，教师的绩效将通过同行评议、学生的考试成绩、课堂评估或其他途径确定，不能胜任工作的教师将被替换，而帮助学生提高学业成绩的教师将获得更多奖励；在教师招募方面，大力吸引优秀人才到中小学从教，帮助学校每年招聘 3 万名教师，同时，创建面向大学毕业生的“教师服务奖学金”，在师资极度匮乏的学科领域或地区任教满 4 年的大学生，可获得相当于研究生两年学费的资助。在学生责任方面，要求学生更加勤奋努力地学习，准时上学、专心听讲、远离麻烦，以及延长学习时间。②

---

① 余强：《美国〈不让一个孩子掉队法〉的实施近况和问题》，《世界教育信息》2004 年第 11 期。

② 胡乐乐：《奥巴马教育政策概览》，2009 年 5 月 11 日《中国教育报》第 3 版。

美国教育改革及其实施过程中出现的问题对我们有多方面的启示。第一，教育发展的道路是永无止境的，即使是教育已经很发达的美国，教育发展仍有很大空间，仍有许多方面需要完善。第二，教育均衡发展是一个国家或地区必须考虑的问题，推进教育均衡发展是政府应尽的职责。第三，教育分级管理是发展不均衡的重要原因，教育均衡发展需要更高一级行政机构的推动。第四，在教育发展到一定阶段，促进每个人发展将成为教育的目标。这是在地区之间、学校之间教育均衡发展之后的更进一步目标。第五，教育改革要有一定的财力支持，帮助学校和教师适应教育理念转变带来的教学方法、能力的转变。

五　进一步推进深圳教育均衡发展的对策建议

1. 加强基础教育学校规划建设工作，满足适龄儿童入学需求

从总体上看，深圳目前已经走过了教育资源极度匮乏的阶段，总体学位已经基本满足适龄儿童的就学需求。但由于深圳城市发展处于快速变动之中，局部区域的学位不足一直存在，在未来几年也仍将存在。特别是一些后发展地区，由于教育基础较差，在经济社会快速发展过程中，因人口的迅速集中导致学位不足或缺少优质学位等问题比较突出。因此，应当坚持教育优先发展原则，把教育发展作为经济社会发展总体规划的重要内容，对符合教育发展规划的建设项目优先立项、优先安排投资计划，把教育用地规划纳入城市空间专项规划，城市发展中实行教育规划在先、学校建设在先，加强学位规划和配置。同时未来深圳教育发展也应当根据城市规划的调整及时调整教育发展规划，改变区域教育发展落后于经济社会发展的现状，紧紧跟上城市发展的步伐。根据这样的原则，大型房地产项目开发建设的同时，应当完成相应的学校配套建设，尽可能实现新增学位提供与新房交付使用同步，缓解新住宅区学位紧缺问题的压力。

与此同时，教育基础设施规划建设要有发展眼光，不能停留于低标准的满足，而要向高标准的充足发展；不能只看到总人口的发展趋势，而应当根据适龄人口发展状况进行规划，提前完善相关配套建设。受深圳人口总量控制以及对人口未来发展趋势判断的影响，近几年深圳义务教育阶段学校建设的步伐已经放缓，新建项目较少，主要是特区外村小的改扩建。高中学位持续紧缺及根据预测未来需求的增加，使目前教育资源配置的重点放到高中。但是要看到，作为经济

发达城市，相对而言，深圳的义务教育阶段的教育资源还是比较匮乏的，在国家提倡小班制上课已经多年的情况下，深圳义务教育阶段各公立学校普遍存在大班超员的问题，部分学生在大班制教育下“掉队”了。因此，如果按照小班制计算，义务教育阶段学位缺口仍较大，学位扩充仍是长期的任务。而且，尽管近年来深圳人口增速有所放缓，但户籍人口增长较快，这部分人对学位的需求较非户籍人口要高。而且，近年来深圳新出生人口持续增多，这些人口步入学龄后，将造成新一轮学位不足问题。因此，未来几年，深圳在加大学前教育、高中学位供给步伐的同时，还应当根据人口发展的新特点，以及教育发展本身的需求，继续扩大义务教育阶段学位的供给，并在学位较充足的区域，逐步实行小班制，以实现教育发展水平的稳步提高。

2. 加大基础教育的财政投入，为基础教育均衡发展提供充足的物质保障

要确保教育经费逐年增长。认真落实国家关于教育投入的“三个增长”和“两个提高”的要求，建立健全公共财政体制下教育投入的稳定增长机制。使本级财政中教育事业经费的支出比例每年提高 1 ~ 2 个百分点，生均预算内教育经费逐年增长和生均预算内公用经费逐年增长，达到全国大城市平均水平；教育经费支出在财政预算中单独列支，优先保障。重点是确保教育经费投入随着经济发展同步增长，并力争经常性教育经费支出占 GDP 比重达到全国平均水平。特别要加大教育薄弱地区、薄弱环节的投入。例如，原特区外宝安、龙岗、光明新区、坪山新区教育相对落后，在教育经费的增长方面应当高于全市平均水平，市财政应当加大转移支付的力度，尽快给特区外补上教育落下的课。又如，近期要特别重视加大学前教育投入，快速提高学前教育政府投入占政府教育支出的比重，争取在未来几年使学前教育政府投入占政府教育支出的比重达到 5% 或以上，大幅提高公共财政投入占学前教育成本的比重，以减轻家长负担，满足市民对优质、廉价学前教育的快速增长的需求。

3. 采取扶持措施，推进义务教育公办学校由条件均衡向质量均衡发展

由于市、区政府这几年加大了对义务教育阶段学校的改扩建投入，义务教育阶段公办学校的硬件设施已经得到很大提升，基本实现了分布均衡。但是，由于学校管理和师资差异，各学校的办学质量有较大差距，令市民满意的好学校仍较少，义务教育的择校现象仍较严重存在。为了实现由教育条件均衡向质量均衡发展，必须有针对性地采取扶持措施，例如，实施名校带动工程，建立省级学校、市级学校与其他学校“一对一”结对帮扶关系的制度，同时建立教师在不同学校之间的交流制度，不断提高后进学校的管理水平和师资水平，逐步缩小校际差距。

4. 加大对民办学校的扶持力度，推进民办教育的优质发展

加大对民办学校的扶持力度，逐步推进民办学校学位的优质化，实现公办学校与民办学校的平衡发展。一是继续鼓励和引导社会资源投入教育事业，走社会力量办学公益性和市场化运作结合的道路。二是加强对民办学校的指导，提高民办学校管理水平；设立专项资金用于民办学校教师的培训，建立对民办学校教师的继续教育制度，逐步提高民办学校教师的教学水平。三是设立民办学校发展专项基金，表彰奖励对民办教育事业作出突出贡献的组织和个人，重点对义务教育阶段公益性民办学校予以资助，为民办学校标准化改造提供一定的资金支持，帮助民办学校尽快提高办学水平。四是探索政府购买服务方式向民办学校购买义务教育阶段学位，对于民办学校接收户籍学生或符合人口“1+5”文件的学生的，按接收学生数量拨付生均经费；也可探索民营公助的办学方式。五是加大公办学校与民办学校的交流、帮扶力度，建立公办学校对民办学校“一对一”帮扶制度。六是赋予民办教师与公办教师同等的权利，其业务进修、培训、评职、晋级、教龄计算、评优等与公办教师一视同仁，纳入同级教育和人事部门统一管理。

5. 理顺教育管理体制，为基础教育均衡发展提供制度保障

转变目前“两级办学、三级管理”的教育管理体制，整合市、区、街道教育资源，实行一级办学、一级管理。目前分散在市、区、街道的教育资源整合到市一级，实行教育经费市级财政统筹，由市财政负责全市教育的投入。同时进行教育管理机构和人员的整合，将目前区和街道教育管理机构整合到市教育局，缩短教育管理链条，加强市教育局的管理力量，市教育局根据需要设立分局。整合全市的教研机构，将各区、街道的教研中心整合到市教育科学研究院，壮大教研力量。通过实行一级办学、一级管理，均衡各区域教育资源和教育管理水平，推进教育的均衡发展。

B.7

深圳“十二五”期间人才形势嬗变与对策

王福谦*

摘　要： 进入“十二五”时期，全国人才格局发生了巨大变化，受人才价值观、择业观变化以及与内地大城市的开放与发达程度差异缩小等因素影响，深圳的人才吸引力开始减弱。这给深圳人才政策提出许多新的问题。深圳人才面临着生活成本高、教育医疗等服务设施配套不足、文化氛围不够等问题。认清形势、重新定位，制定新的人才发展战略十分必要。新时期的人才战略要有创新思维。要优化人才机制、调整人才政策，抓好人才载体建设；提高工作执行力，确保人才政策落实；借鉴国内外发达地区的先进经验和做法，大力改善人才环境；做好人才服务工作，落实人才激励政策。

关键词： 深圳人才　形势　对策

一　深圳“十二五”期间人才总体形势分析

深圳经济特区建立30年来，经济社会发生了巨大变化，迅速成长为一个新兴城市。来自国内外大量高素质人才的集聚，是城市发展的动力、活力的源泉。进入“十二五”时期，深圳面对的人才形势发生变化，虽然有地理位置独特、毗邻港澳、信息发达，接近国际市场的优势，也有创业环境宽松、创新型人才集中、机制灵活的特点，但面临着生活成本高、教育医疗等服务设施配套不足、文化氛围不够等问题，深圳的人才吸引力开始减弱。

* 王福谦，深圳人才研究会。

（一）深圳人才形势的总体表现

深圳在全国大城市人才吸引力的排名逐步落后，滑落到这些城市中的末位，由全国人才中心变成为区域人才中心。这个变化有一个过程，主要表现在各方面情况发生变化，人才有了更多的选择，深圳的人才环境相对不再具有优势，深圳生存成本的加剧使人才望而却步，吸引力在逐步下降。

经济特区和沿海开放城市的品牌是深圳在国内人才竞争中所具有的优势之一，这是由多年先行一步的改革开放形成的较为成熟的市场经济环境决定的。毗邻港澳的独特区位和地缘条件是深圳以外的其他周边城市无法比拟的比较优势，这也是凝聚人才的重要因素之一。深圳经济发展总体速度一直位列国内大中城市之首，再加之自然生态环境优良，使定居在深圳的人们可以获得较高的城市生活品质，这是吸引各类人才的重要因素。随着全国改革开放格局的全面铺开，经济社会发展已呈现百舸争流的局面，20 世纪 90 年代形成的“孔雀东南飞”不再是人才流动的唯一特征，全国各大经济区域人才流向已趋向多元选择。深圳市在未来人才竞争中面临着挑战。现在北京、上海生源的毕业生基本上不到深圳就业；天津、大连、青岛等已成为华北、东北地区的人才首选地；华东人才的首选地则是以上海为中心的长三角各中心城市；重庆、成都、西安、武汉等城市正在成为这些地区的人才集聚地。广东省以及珠江三角洲发达地区的专业技术人员基本上不会调到深圳工作，也包括广州、珠海、中山、顺德周边地区。

20 世纪 90 年代中期，国家改革开放政策普及所有地区之后，深圳基本完成改革开放的试验田作用。21 世纪之初，中央召开首次全国人才工作会议，发出加强人才工作的决定。各地重视引进人才、培养人才、使用人才蔚然成风。深圳作为吸引人才的主要城市地位发生变化。内地大中城市的开放程度和经济发展上一个台阶之后，在改善人才环境、提高人才待遇上下工夫，使深圳与内地大城市原有的开放程度与发达程度差异缩小甚至持平。

与此同时，深圳开始出现少量人才调出，到外地工作的现象。调出人员包括政府机关、高等院校、文化医疗等部门管理和专业技术人员，改变了深圳人才不外流的纪录。深圳生源大学毕业生也有到外地工作的，主要是到北京、上海等大城市。广州在十年前曾经专门组织人员研究高素质人才外流的现象，分析原因，

找出解决的办法。看来，面对新情况，深圳也有必要专门研究人才外流问题，以找出真实原因，提出解决对策。

（二）城市竞争优势趋弱的原因分析

全国人才竞争的形势加剧，主要表现在人才环境和人才待遇的竞争。人才环境改善是一个系统工程，它涉及城市综合配套服务体系的改善，包含城市的硬件环境和软件环境，硬件环境包括人才关注的城市规划、住房、交通、教育、医疗等，软件环境包括城市的文化氛围、学术交流、信息传播、人际关系、政府服务、法制环境、社会管理等。

在地理位置与总体环境、教育、医疗、治安、文化氛围等方面，深圳与北京、上海相比较已经不具有优势。表现在对于应届大学毕业生吸引力减弱、内地专业技术人员来深圳望而却步、高级技工以上人才调动难。以深圳人才大量引进院校毕业生为例。改革开放初期为第一阶段，深圳吸引院校毕业生来就业的，大多为国家重点院校毕业生。20 世纪末期为第二阶段，来深圳就业的国家重点院校与地方院校毕业生各占一半。21 世纪初期为第三阶段，基本是到外地就读的广东周边省份生源，或者是欠发达地区生源来深圳就业。

与北京、上海等大城市人才竞争力比较深圳有明显差距。北京是政治中心、信息中心、交通中心，具有吸引人才独特的、不可替代的作用。北京人才济济、总部林立，有 70 多所大学，是中国院士集聚地，还有教育文化医疗优势。但是北京仍然对于人才采取物质精神两个方面的奖励激励政策，吸引跨国公司落户，吸引高素质人才建立工作室、实验室，争取留京人才扎根。上海城市历史悠久，辐射功能强大，服务功能配套，学术气氛浓厚，人才队伍壮大，创新力量强，又是经济中心、人才中心、高素质人才之都。上海的人才激励奖励政策动手早，层次分明，落实到位，处于领先地位。广州有 40 多所大学，是华南政治经济信息交通中心，也是珠江三角洲的中心城市。广州对于海外留学生、博士后工作站扶持力度大，出台种种优惠政策，并且想方设法留住广州需要的创新型人才。广州的城市功能配套，服务设施良好齐全，加上交通因素，对于人才具有较大的吸引力。北京、上海、广州的特点是大专院校多、研究机构多、高素质人才多、载体多、人才集中、学术气氛浓郁，有大都市的环境和氛围，有文教卫资源以及服务配套设施。它们的人才激励奖励政策力度大、落实快，充分发挥大都市的吸引人才作用。

北京、上海、广州是历史悠久、功能齐全、服务配套的大城市，在土地面积、经济容量、发展前景、影响力、辐射力上有巨大的潜力。与深圳相比有不可比拟的实力，深圳是新兴的中等城市，外来人口多，城市负担重。上述情况表明，深圳作为一个发展中的城市，是创新创业、连接国内外市场的桥梁，具有人才活力。深圳与北京、上海、广州在城市竞争力方面近年显示出来的差距逐步拉大。因此，要客观地分析自己的优势与劣势，适当定位。

（三）人才价值观、择业观因素的影响

随着改革开放的步伐加快，由于人才对于户籍观念的淡化、对于工作流动性的追求，以及职业生涯设计的观念提升，人才价值观、人才择业观发生转变。

独生子女现象因素。现在出生于城市的院校毕业生基本上是独生子女，独生子女在选择就业地的时候，往往受家庭因素影响。在大城市、省会城市的院校毕业生如今在选择就业地的时候，出于家庭互相照顾的原因，趋向于在家庭所在城市或者离家比较近的城市就业。近年来东北、华北、华东、西南生源地的毕业生，纷纷选择就近择业，到深圳来的院校毕业生大多是中南、华南地区的生源。深圳吸引人才的情况由于独生子女因素，发生了巨大变化。

深圳生活成本较高因素。体现在高物价、高房价以及香港购买力渗透方面。深圳是全国房价最高的城市，其原因是土地稀少。住房支出在人才收入中占30%不足为奇，而在其他城市，住房仅占人们收入的20%以下，二者的差别等于收入减少了。与此同时，国内省会以及发达的地级市的专业技术人员对于调到深圳工作望而却步，其主要原因是承受不了深圳的高房价。深圳新建的医院与学校难以吸引发达地区的优秀专业技术人员，原因也是深圳的实际物质待遇比不上当地。深圳的名义收入并不低，可以与北京上海相比，但是，在高房价、高物价抵消之后，还要多支付交通、通信、交际等费用，人才实际收入偏低。就连部分打工者也选择离开深圳，到其他地方就业。以上因素使得高科技研发机构外迁、研发人才外流。据统计，华为、中兴通讯公司均在上海、南京、西安等地设立研发机构，在深圳的一些研发人员报名到这些城市去。由此可见，深圳的城市竞争力在下降。

特区内外服务配套的差异的影响，体现在教育、医疗以及整体文化氛围等方面。30年前划定的特区面积仅仅为327.5平方公里。原特区内早已没有发展空间。企业纷纷迁往二线之外，大量创新人才在特区外。但是，多年来，原特区内

大量投资建的教育、卫生、文化、体育设施，以及服务配套设施，二线之外不可比拟。在文化氛围、治安交通条件上也与原二线之内差距较大。服务资源的严重不均衡，使处于原特区之外的人才，好像没有在大城市的感觉。特区内外的住房价格也有巨大差别，住宅价格相差一到两倍。因此出现人们愿意到特区内工作，但不得不到特区外居住的情况。由此带来巨大的交通压力，每天堵车使奔波的人苦不堪言。与此同时，优质的教育资源大多数又建在特区内，为子女取得九年制义务教育就近入学的权利及优质学位技术人才不得不在学校附近高价购买临时住房。

北京、上海同样是高物价、高房价、竞争激烈，为什么人才还愿意向那里集聚？主要是交通便利、信息发达、服务配套。交通便利回家方便，照顾老人方便，适合独生子女要求，节省时间和交通费用等于提高了收入；信息发达机会多，开阔视野、扩大交际平台便于交流，吸收新的知识、技术，提升自身素质、以便寻找新的职业途径，实现自身价值；服务配套可以节省成本、节省费用，方便工作和生活，也等于提高了收入。这三个方面原因不容忽视，深圳不可比拟。因此，北京、上海从地域上辐射了华东、华北、东北、华中的高校毕业生以及高素质人才。

（四）人才环境综合配套功能相对落后

深圳的城市综合配套服务功能不理想，以前总是归因于深圳是新兴城市。现在深圳已经发展 30 年，不能再说是一个年轻城市了。深圳开创时是一张白纸，没有旧城市改造的高成本，应该有科学合理的规划，应该有最好、最新的、最先进的服务配套设施。但是，近年来深圳注重经济发展速度、忽视了社会事业的发展；注重了外延发展、忽视了内涵的发掘；注重了人才引进、忽视了人才培养；注重了人才使用、忽视了人才激励。种种迹象表明，深圳在当前经济社会发展目标实现中，面临土地资源紧缺、环保形势严峻，社会发展综合环境不理想。如今出现高素质人才资源供给紧张，这是建立特区以来前所未有的局面。深圳需要在深入了解人才的工作与生活状况、人才需求与管理状况的基础上，针对人才相关政策现状，梳理分析存在的问题。

深圳“十一五”人才规划提出改善人才环境的若干目标，实现效果差强人意。在此仅以人才公寓与国际学校的建设为例分析执行力问题。

深圳的人才公寓长期建不起来，已经影响到人才引进，如今错过良机，补救相当困难。深圳的人口结构是户籍人口占 1/3 到 1/4，来深圳投身建设的人才无论有没有户籍总是要有居住的地方。刚刚到深圳工作的人，急需一个安身之所，这就是人才公寓。在住房问题没有正式解决之前，建设留学生公寓、外国专家公寓，博士后公寓以及普通大学生公寓的问题，政府不解决，企业解决不了，只有租住农民房。因此，违章建筑农民房大量出现。政府为什么没有建立各类公寓？实际上这个问题从2001年就开始提出，一直没有落实。当时深圳派人去看了上海、大连等地建的人才公寓，后来提出深圳建人才公寓，依然是由各个部门推来推去，计划只能停留在纸面上。从2001年到2005年，仅仅建设少量经济适用房。从2005年深圳“十一五”人才发展规划提出建设人才公寓，到房价飞涨，各类商品房大量建设，挤占土地，使得建人才公寓不仅失去了时机，连选择合适地理位置的土地都失去了机会。因此，深圳住房问题成为吸引人才的拦路虎。

深圳提出建设国际化城市，国际化城市需要国际化的人才，在大量外资引进之后，境外人士的子女就读问题凸显出来。在深圳的外国专家，香港地区、台湾地区投资者，留学回国人员的子女越来越多，设立国际学校的呼声不断高涨。在广州，政府建好学校低价租给国际教育集团开办国际学校；在北京、上海都有数量较多的国际学校，香港的国际学校也有许多。在需求增加的情况下，深圳的国际学校姗姗来迟，不少在深境外人士不得不把子女送到上海、香港读书。这样不但要承受高昂的学费，还要使家庭成员往来奔波。因此，深圳的韩国子弟学校、台湾子弟学校、日本子弟学校，以及国际子弟幼儿园、国际学校高中部迟迟建不起来。

（五）人才激励政策未达预期效果

深圳的人才激励机制在全国有着示范作用。30年来，深圳吸引大量来自国内外的人才，主要依靠行之有效的激励因素。深圳应经常研究自身的吸引力在哪里，对于人才的精神激励和物质激励是否发挥作用，实际效果是否达到预期的目的，是否需要调整，根据情况变化及时出台新的对策措施。

深圳市近十年持续研究的人才政策中，激励和奖励的措施起到一定作用，但是也存在一些问题，主要表现在激励机制不完善、激励措施不到位、激励手段滞后、激励操作程序不规范。此外，政府部门之间协调落实的措施迟迟不到位。

最近检讨、梳理人才激励政策后发现，从财政拿出的奖金，并没有达到预期的效果。例如对于产业发展的资助、对于企业项目的资助、对于专利发明的资助、对于博士后、留学人员的资助、对于创新型人才的奖励均需要评估使用效果。

激励人才的环境投入中，科技奖励类型中给企业多，给个人少。其作用如何要认真反思。如果现有激励政策无优势，引进领军人才就比较难。城市的科技进步状况、核心技术的掌握程度、专利发明的数量，都靠人才聪明才智的发挥。因此，要构建多元化、全覆盖的奖励体系，建立起长效激励机制。拓展政府激励制度的覆盖面，改变目前科技奖励的导向，从政府层面建立起面向各个领域的创新创业奖励机制，使各类人才都能得到应有的激励。对于保障性激励与奖励性激励的区分、创新型激励与创业型激励的区别，对于研发项目与创业项目的激励形式、物质性激励与精神性激励的作用，以及科学区分激励对象，发挥实物性激励与货币类激励的不同作用等，都要进行深入研究，制定科学的政策。

二　深圳“十二五”期间改变人才局面的主要对策

面对激烈的人才竞争，以往的人才战略正接受考验，如果不深入研究人才战略问题、加快制度创新，深圳逐渐形成的凝聚人才、吸引人才的优势将会进一步弱化。如何重新开创人才新局面，深圳需要正视所面临的种种人才问题，深刻思考。围绕人才引进、培养、使用和激励等环节，解放思想，找出差距，提出新形势下人才发展针对性、可操作性强的对策。

（一）认清形势、准确定位，制定新的人才战略

深圳“十二五”期间的目标是提高人才竞争力，这就要重视人才战略研究，重视战略规划制定。不断地分析新情况，解决新问题，经常听取专家的意见，重视人才专家的作用。新时期的人才战略要有创新思维，要重新定位、准确定位。

城市的发展，经济社会的运行，要求各种研究机构的存在、研究人员的存在、研究功能的存在，这是经济运行与社会发展规律的要求，也是常识性的要求。在发达国家，没有一个政府不重视人才战略、人才规划、人才政策的制定。有专职从事人才研究的机构，长期、系统性跟踪研究国内外人才形势，提出问题，提出对策，提出方案。有与国内外人才研究对话的专家和平台，是一个发达的城市应具备的基本要素。

北京与上海一直有专门的人才研究机构、研究人员、研究经费。这两个城市的人才战略、人才政策始终走在全国的前列，这是有目共睹的事实。深圳是一个

千万以上人口的城市，必然要有人才政策研究方面的专门机构。要认真研究总结全国人才工作会议召开以来的深圳人才战略、人才规划的制定情况、落实情况，出现的问题，采取的对策，有什么失误，要总结经验教训。

十年来，深圳的人才形势越来越严峻，人才竞争力日益削弱。这与国内外总体形势有关，与人才大趋势有关。但是，不可否认，深圳这些年的人才战略、人才规划、人才政策的制定与执行中有许多值得反思的地方。在人才专项基金的设立、人才公寓建设、国际学校的建设、人才规划的落实、人才政策的推行等方面都错过了最好的时机。

没有科学的人才战略，就不会有清醒的认识，没有清醒的、客观的认识，就难以正确指导实践，从而得不到预期的效果。分析人才形势不能盲目、错误地估计形势、分析形势。在其他城市大力改变人才环境的同时，深圳的步伐落后了。这些教训，如果不认真总结，不及时调整，势必会使“十二五”期间的人才工作再次受到影响。

（二）优化、调整人才政策，抓好人才载体建设

深圳“十二五”期间人才发展战略中需要认真处理几个关系。包括人才增量与人才存量的关系、人才引进与培养的关系、高素质人才与一般技术人才的关系。

正确处理人才增量与人才存量的关系。大力引进人才是存在缺口的情况下的必要措施，但是不能单纯着眼于引进。重增量、轻存量是目前深圳市人才发展中存在的误区。深圳人才存量方面，20 世纪 90 年代引进人才的黄金时期已经聚集了一大批来自国内外的优秀人才，要研究怎样充分发挥人才存量应有的作用。要改变用人机制，改善工作环境，用好现有人才。要重视每年本地生源 3 万大学毕业生的作用。深圳每年高中毕业生到外地上大学 1.5 万人，在本市上大学 1.5 万人。这些本地生源在大学毕业之后，基本上在深圳工作。此外，每年到国外上大学近 2000 人，也有相当一部分回到深圳工作，要发挥他们的作用。

正确处理人才引进与人才培养的关系。既要重视人才引进又要重视人才培养，培养是为了更好地使用，引进与培养要并重。要加大政府对教育投入，培养现有人才，培养高层次的技术和管理人才。建立人才培养平台。在教育平台上，要抓好继续教育、学历教育、加速人才的培养与国外大学联合培养研究生，互派访问学者，聘请客座教授等，以直接有效地汲取科学技术知识和研究成果。在实

训平台上，发挥政府培训机构的对于技术工人、技术人员的培训作用。行业研发平台要在传统产业升级中发挥作用，充分调动企业研发与培训的积极性。

既重视高素质人才又重视一般技术人才。现在由于国内竞争因素，选择性空前活跃。高素质人才引进难、海外人才引进难、人才供给短缺。要重点引进高素质人才、重点引进高新技术产业急需的人才，特别是“领军型”人才。对于高职称、高学历专业技术人员要重视。与此同时，还要重视引进技能人才，技能人才是人才队伍的重要组成部分，与研发人才、管理人才要成一定比例。用人单位应该不再盲目追求高职称、高学历，以及名牌院校人才效应，破除唯学历论或者唯职称论的人才鉴别模式。

要加强人才载体建设。深圳的人才规模小，与人才载体偏小有关联。深圳的大专院校少，科研机构少、大型企业少，也影响到人才职业转换的选择性，这是短时间难以改变的。深圳在高科技研发，高新技术产业方面有优势，要适时抓住提升产业结构的时机，对企业实行“引大扶小”策略。“引大”就是引进大公司、大企业、大机构，只有大的单位才有大的人才载体，才能容纳大量的人才，才能吸引高素质人才。“扶小”就是扶持小企业、小单位、小项目的成长，任何企业都有一个从小到大的过程。当年的招商银行、平安保险公司都是从小单位发展起来的，当年的华为、中小通讯公司也是从小项目做起来的。现在扶持小企业、小项目，有可能从中成长起来大公司。因此，“引大扶小”策略应该成为深圳的人才载体发展方向。

（三）提高工作执行力，确保人才政策落实

深圳人才形势严峻的主要问题之一是对于人才的政策措施落实不到位，涉及多部门协调措施步子慢，坐失良机。建议要从两个方面落实。

1. 抓督导问责，解决执行力问题

人才领导小组是全市人才工作的权威部门，由市委领导负责，成员由人事、财政、劳动、教育、卫生、公安、外事等部门领导组成。它的职责是对人才工作牵头抓总、制定工作规划、落实重要任务、协调综合事项。负责专项资金、专项课题、监督检查，组织力量研究重要问题。

中央组织部有人才工作局，深圳组织部有人才工作处。这样的机构对人才工作领导有权威、有力度。实践证明，对于人才工作的软环境、硬环境建设，涉及多个部门的工作职责，协调起来有难度，落实任务也有难度，只有充分发挥党的

组织部门对人才工作的领导、监督作用，才能落实好有关人才的各项任务。

执行力是落实工作的关键问题。人才政策提出、落实、检查、修正、完善，一环扣一环。要使政策形成一个闭环，通过督导问责，检验现有的政策措施的实施情况。发现哪个环节出问题，及时修补漏洞。

人才政策的执行过程中，需要一定的督导问责手段，事实说明，缺少这个环节，一切都会落空。这是一个链条中断的问题。例如，人才发展基金没有落实，此后所有的计划都无法实现，那么，开始制订计划时，就要指定机构落实人才发展基金。这个机构有没有去落实，阶段目标是什么？也要事先定好。如果没有落实就要启动问责程序。诸如此类的问题，在落实上要有手段、有措施、有监督。人才公寓的建设也是如此，国际学校的建设也是如此。

2. 抓项目落实、解决政策效力递减问题

有了规划，布置了任务，就要抓落实。各部门要各司其职，把阶段成果向上级报告，向社会公告。以往政府职能部门执行力不够，对于人才规划中的任务没有认真落实或者不落实。说明需要强有力的督导机制发挥作用。要重点督察阶段性的进度目标完成情况，认真查找原因，区分责任，加强监督，建立问责制度，尤其是住房、学位、医疗、交通、文化设施建设等任务的落实方面。

政策效力递减问题是深圳市近十年来人才政策制定中出现的不容忽视的主要特征。表现在不断出台政策、提出措施，每次都落实不到位，致使效力递减。从中央人才工作会议召开，发出加强人才工作的决定，到深圳召开人才工作会议，落实中央人才工作决定精神；从深圳 2005 年制定“十一五”人才发展规划，提出人才引进、培养、使用、激励的长期发展规划，到 2006 年提出深圳建设创新型城市，提出改善人才环境的若干意见；从 2008 年提出“1 + 6”文件，进一步落实此前提出的人才政策，到 2009 年分析人才环境恶化的梳理政策报告。近十年来，出台了不少好的政策。但是，由于落实不力，人才政策效率递减、难以发挥实效。今后，应采取措施杜绝此类问题。

（四）借鉴先进经验和做法，大力改善人才环境

政府在改善环境方面要加大力度，可以研究国外发达城市人才机制及政策。对深圳人才环境及相关政策进行分析，作深圳人才环境需求研究。要改善医疗、教育、科技文化基础条件等配套环境，使各类人才在深圳能够乐业，也能安居。

还要注重人文社会项目的开展，形成城市学术氛围。这个方面的工作不能仅仅靠一个部门来推动，要齐抓共管。

深圳与发达国家和地区有三大区别。一是发展时期不同，深圳在成型期，具有政策的不稳定性。二是整体环境不同，深圳的制度正在形成，环境有待改善。三是主要问题不同，深圳的主要问题在科学的决策，以及执行力。深圳在与发达国家和地区人才政策之比较中要虚心学习、吸取同类政策优点。

要借鉴台湾地区的做法。在经济发展过程中，台湾体会到人才的吸引力与人均 GDP 水平有关，如果水平与发达国家和地区差距较大，就难以吸引人才。以留学生为例，当台湾人均 GDP 超过 8000 美元时，海外留学生纷纷回到台湾。要研究香港特区的制度。香港是国际大都市，具有公平与效率精神，供求规律充分发挥作用，其法律制度完善、操作流程清晰。政府吸引人才并没有额外奖励政策，人才由政府或者企业分别按市场规律完全调节供求。香港人才的待遇以及吸引力体现在货币收入上，住房采用基本保障政策。要学习新加坡的经验。其人才回流率已超过 60%，是亚洲人才回流率最高的国家之一。新加坡在海外设立“接触新加坡”联络处，负责海外宣传和招聘联络工作。

近十年来，深圳对于人才战略不断研究、对于人才形势不断分析、对于人才政策不断制定。但是，真正落实的少。根据深圳目前的情况，适合采取大量吸引流动人才的做法，欢迎高素质人才来深圳研究、开发、创业，短期工作、定期交流，用其所长、用其智力。今后要由引才向引智转变，重视引进智力的同时，有关部门必须提供专项资金给予支持。

（五）做好人才服务工作，落实人才激励政策

在人才工作的各个环节中，最重要的是人才服务。要使人才留得住、用得好，就要加强服务。深圳在人才引进服务、人才供给服务、高素质人才服务具体措施方面有待加强。

在人才引进服务方面，要定期制定更新人才目录，向社会提供便利的人才供求平台。在人才供给服务方面，要大力扶持猎头业务、提高人才流动服务的档次，建立社会化的多样性服务项目。在高素质人才服务方面，要充分建立专家服务、留学人员服务的专门机构。开展一站式服务，包括开展有偿与无偿的工作和生活方面的多种服务形式，使深圳的高素质人才服务配套措施系列化。台湾对于

外出到发达国家留学生的统计和跟踪联系，吸引本土留学人才回来工作的做法值得学习。要按照简捷的要求，制定各项政策便于操作的流程细则。

人才如何发挥重要作用。政府有效地调动人才的积极性、创造性，是当前的主要工作。起到有效的激励作用，才是根本目的。激励机制发挥得好，才能把人才留得住、用得好。对于深圳人才激励政策的缺失、完善问题，要结合深圳特点，就人才队伍建设中激励政策存在问题的原因进行针对性分析。在国内各个大中城市纷纷加大力度出台人才激励措施的情况下，深圳需要面对挑战，认真完善人才激励奖励的措施。

深圳今后需要解决人才政策激励机制三个方面的问题。

1. 激励体制内与体制外研发人才

长期以来，传统固有观念认为，地方财政供养的机构才是政府财力扶持的对象。实际上，公共财政由全社会全民积累，应该站在一定高度认识这个问题。深圳在建设创新型城市过程中，对于提供资助的对象，不管是财政供养的体制内还是体制外，都应该运用统一标准分析是否应该提供资助。这方面，要看财政支出资金的投入产出比。地方财政对于企业人才、社会人才的资助，要分析内容，要看项目，在看社会效果上要一视同仁。

2. 激励自然科学与社会科学人才

注意文教体卫项目与技术创新类项目的区别。深圳的研发机构90%在企业，科技开发人才90%在企业，政府有专门支持企业的研发基金。但是，不可忽视社会科学研发的项目和作用。应该同等对待，否则就会影响社会科学人才的积极性。在当今社会，软科学的设计、规划、措施是社会进步的重要推动力。深圳的社会科学研究落后，依然会影响城市的发展。

3. 激励短期与长期研发项目人才

深圳是一个移民城市，也是一个人才大量流动的城市。引进智力，开展短期研究项目，是工作的需要。无论是否具有深圳户籍，专家、高素质人才，来到深圳区域内从事科研、开发，都应该得到支持和尊重，并且由相应的部门提供研究条件和物质保障。政府机构、事业单位的短期研发项目可以用购买服务的方式。企业的研发项目也可以申请政府资助。这方面应该体现对于知识的尊重、人才的尊重。今后激励措施要向短期科研、学术补助、人才驿站倾斜，在用好人才激励政策上下工夫，据此改进深圳人才激励机制，完善政策操作体系。

B.8
深圳妇女儿童事业发展情况分析

李俊文*

摘　要： 由于深圳社会经济基础更加坚实，文教卫生经费不断增加，深圳市有关部门高度重视妇女儿童发展和权益保障工作，深圳妇女儿童事业在促进妇女平等就业，扩大社会保险覆盖面，保障妇女儿童合法权益等方面取得了较大成效。但仍存在领导班子中女干部配备率不足，妇幼保健工作供需矛盾突出等问题。为此要进一步提高妇女决策人数比例，提高妇女就业水平，努力搞好妇女儿童的保健工作。

关键词： 深圳妇女儿童　发展情况　对策建议

一　规划实施和进展情况分析

（一）妇女儿童事业的社会经济基础更加坚实

（1）经济持续快速增长为妇女儿童事业提供保障。2009 年全年本市实现生产总值 8201.23 亿元，比上年增长 10.7%。按常住人口计算，全市人均生产总值 92771 元，同比增长 8.9%。全年地方财政一般预算收入 880.82 亿元，同比增长 10.1%。

（2）教育、医疗卫生和人口计生事业经费投入不断增加。2009 年，深圳市教育、卫生和人口计生经费的投入达 198.45 亿元，同比增长 37.1%。此三项经费占财政收入的比重由 2008 年的 18.09% 上升到 2009 年的 22.53%。其中，国家财政性教育经费的投资额达 139.61 亿元，比上年增长 28.8%。卫生经费的投入

* 李俊文，深圳市统计局。

也不断加大，全年投入医疗卫生经费54.99亿元，比上年增长68.6%。其中，妇幼保健经费为14776.0万元，疾病预防控制经费29750.0万元，分别比上年增长13.6%和18.7%。人口与计划生育事业费38525.0万元，同比增长3.5%。不断增加的教育和医疗卫生经费投入，对深圳市人口素质的提高及妇幼卫生事业提供了较强的经济保障。

表1 近6年深圳市教育、卫生和计划生育经费投入情况

单位：亿元，%

指标名称	2005年	2006年	2007年	2008年	2009年
全市一般预算财政收入	412.38	500.88	658.06	800.36	880.82
其中:教育、卫生、计生经费合计	87.41	100.49	122.15	144.76	198.45
教育、卫生、计生经费合计增速	13.60	15.00	21.60	18.50	37.10
国家财政性教育经费	70.69	79.37	93.78	108.43	139.61
医疗卫生经费	15.03	19.14	25.47	32.61	54.99
其中:妇幼保健经费	0.62	0.41	0.85	1.30	1.48
疾病预防控制经费	2.16	2.48	2.25	2.51	2.98
人口与计划生育事务经费	1.69	1.98	2.90	3.72	3.85
教育、卫生、计生经费占财政收入的比重	21.20	20.06	18.56	18.09	22.53

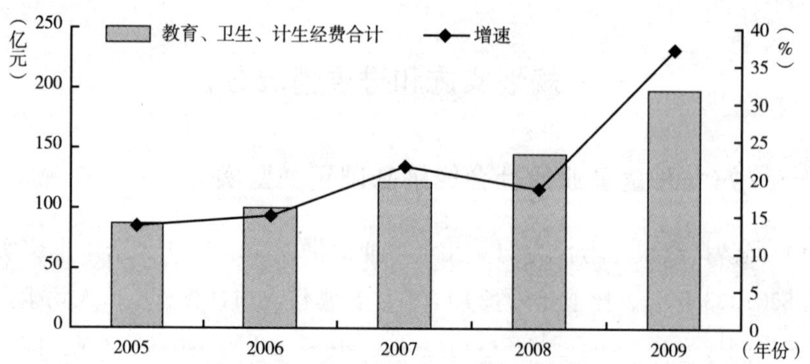

图1 2005~2009年教育、卫生、计生经费合计及增速

（二）规划中的主要指标已有84.5%提前达标

（1）2009年“深圳市妇女和儿童发展规划”中的110项指标中，有93项提前达标，占84.5%；有13项可望达标，占11.8%；有4项难以达标，占3.7%（见表2）。

表 2 “深圳市妇女和儿童发展规划”主要定量目标达标情况

单位：个，%

领　域	主要定量目标总数	提前达标	可望达标	难以达标
妇女发展规划	50	37	10	3
儿童发展规划	60	56	3	1
合　计	110	93	13	4
比　例	100	84.5	11.8	3.7

注：主要定量指标实为 115 个，其中 5 个数据缺失（它们分别是：区级党政领导班子后备干部队伍女干部比重、初中女生毛入学率、学前教育毛入园率、初中阶段毛入学率、高中教育普及率）。

（2）“深圳市妇女发展规划”的 50 项可监测指标中，有 37 项提前达标，占 74.0%；有 10 项可望达标，占 20.0%；有 3 项难以达标，占 6.0%（见表 3）。

表 3 “深圳市妇女发展规划”主要定量目标达标情况

单位：个，%

领　域	主要定量目标总数	提前达标	可望达标	难以达标
参与经济	4	4		
参与管理	23	14	7	2
提高素质	12	11	1	
增进健康	8	7	1	
依法维权				
优化环境	3	1	1	1
合　计	50	37	10	3
比　例	100	74.0	20.0	6.0

（3）“深圳市儿童发展规划”的 60 项可监测指标中，有 56 项提前达标，占 93.3%；有 3 项可望达标，占 5.0%；有 1 项难以达标，占 1.7%（见表 4）。

表 4 “深圳市儿童发展规划”主要定量目标达标情况

单位：个，%

领　域	主要定量目标总数	提前达标	可望达标	难以达标
儿童与健康	19	16	2	1
儿童与教育	11	11		
儿童与法律	6	6		
儿童与环境	24	23	1	
合　计	60	56	3	1
比　例	100	93.3	5.0	1.7

（三）妇女就业再就业工作成效显著，参与养老和生育保险人数大幅增加，权益维护有所加强

2009年，深圳市有关部门高度重视妇女儿童发展和权益保障工作，在促进妇女平等就业、扩大社会保险覆盖面、保障妇女儿童合法权益等方面取得了较大成效。

1. 妇女就业再就业工作进展顺利

2009年末，深圳市共促进16281名女性失业人员实现再就业，占失业人员就业总数的52.88%。在经济形势急剧变化的2009年，深圳市开展了多种形式的促进妇女就业的工作。

（1）全面创建充分就业社区活动。深圳市继续把创建充分就业社区工作全面纳入就业再就业工作总体计划和目标责任制中，创建活动以促进就业困难人员实现就业再就业和“零就业”家庭动态归零为核心内容，对“零就业”家庭出现一户，解决一户。2009年实现就业的“零就业”家庭成员女性有167人，占实现就业人员总数的59.43%，让更多的女性实现了再就业。

（2）“春风行动”关爱女性劳动者。深圳市提前启动了以“进城务工，帮您解难”为主题的“春风行动2009”活动，共派发30万册“春风卡”，在春风卡的温馨提示里特别强调“女性求职者要注意人身安全”。截至2009年底，深圳市已举办1169场农民工免费招聘会，进场企业达11.31万家，提供195万个就业岗位，累计进场求职达193万人次，达成就业意向56万人，有力缓解了深圳市就业压力。

（3）创新女性就业援助机制。确立了就业困难人员援助机制、零就业家庭“灭零”机制、农民工免费基本公共就业服务制度等公共就业管理与服务制度。对登记失业女性实行分类管理，多渠道开发就业岗位，结合女性自身特点和就业愿望，开发合适岗位，实行重点帮扶。全年在全市公共就业服务机构进行求职登记人次中，女性比例达41.92%，推荐成功就业中的女性比例达60%以上。

2. 妇女参与基本养老保险和生育医疗保险人数大幅增加，少儿医保更为规范

2009年深圳市妇女依法参加基本养老保险、医疗保险、工伤保险、失业保险和生育医疗保险，享受各项社会保险待遇，女性参加社会保险的覆盖面继续加大，各险种参加人员较上年稳步增长。其中，户籍职工生育医疗保险覆盖率为98.0%，已提早完成规划任务。

表 5　妇女参与社会保险人数情况

单位：万人，%

参保人数	2009 年	2008 年	同比增长
基本养老保险	353.7	265.4	33.27
医疗保险	415.5	407.3	2.01
工伤保险	364.6	371.4	-1.83
失业保险	95.0	100.5	-5.47
生育医疗保险	146.4	74.1	97.57

（1）强化生育保险工作队伍建设。针对生育保险工作的变化，深圳市多次召开专题研究会，研究生育保险工作，充实生育保险业务力量。各区人力资源和社会保障部门补充了 2 名生育保险业务专职人员，设立了对应的业务科室。

（2）扩大生育保险覆盖面。2009 年，深圳市生育保险的覆盖面从原来的仅限于综合医疗保险人扩大到住院保险参保人，参保人数大幅度增加。全年生育保险就诊人次 103 万，记账费用 1.84 亿元；现金报销人数 5962 人次，报销金额 1335 万元，共有 104 万人享受了生育保险待遇。

（3）建立《少儿医疗保险现金报销操作规程》等制度，规范少儿医保。全年少儿医保全市住院总人数为 30809 人次，记账费用 7273 万元。办理现金报销 3721 人次，报销费用为 1338 万元，办理市外转诊 217 人，门诊大病登记 56 人。共有 34530 人享受了少儿医疗保险待遇。

3. 妇女儿童权益得到维护

在落实进一步消除就业性别歧视、健全和完善女职工特殊劳动保护措施、落实男女同工同酬原则等目标过程中，深圳市开展了多方面的工作。

（1）政策法规保障体系不断完善，各级部门加强了法规宣传力度。全面落实《深圳经济特区和谐劳动关系促进条例》、《深圳经济特区欠薪保障条例》、《深圳市员工工资支付条例》，形成了较为完善的劳动关系法规体系，为切实维护劳动者和用人单位的合法权益，提供了有力的依据。同时，有关部门实行分类指导，正面宣传，重点面向基层、企业和劳动者，通过各种通俗易懂的方式全面介绍《劳动合同法》、《劳动合同法实施条例》，增强宣传培训工作的针对性，推动企业正确理解法律的立法宗旨和具体内容。

（2）规范企业裁减人员行为，帮助困难企业稳定就业岗位。为规范用人单位裁员行为，增强劳动行政部门对企业裁员行为的监督，出台了《关于加强企业裁员报告工作的意见》，明确了用人单位裁员的条件、向劳动行政部门报告的程序及劳动行政部门的监督管理和内部通报制度。积极引导企业不裁或者少裁员工，依法支付经济补偿，妥善安置员工；阶段性降低深圳市部分社会保险费率，给予困难企业在一定时期内暂缓缴纳社会保险费的优待，扩大失业保险基金使用范围，帮助困难企业稳定就业岗位。

（3）加大劳动监察力度，努力保护妇女儿童各项合法权益。有关部门在日常巡视检查、处理信访举报案件及专项检查过程中，对用人单位女职工和未成年工的特殊劳动保护情况进行监督检查。全年共检查用人单位46729家次，涉及劳动者516.72万人次；摸排用人单位信息108995家，同比上升141.8%，有效预防与化解了大量劳资纠纷，减少了投诉举报案件。群体性劳资纠纷上升势头得到遏制。

（四）妇女参政议政人数有所增加，质量提高

1. 妇女参政议政人数继续增加，比重上升

参与国家政治生活及管理国家的社会事务是体现妇女事业进步与发展的高层次内容和关键领域。全年深圳市党政机关局、处级女干部人数继续增加，其中局级干部女性的人数由2008年的106名增加到114名；处级干部的女性人数由1174名增加到1190名。市级党委、政府、人大、政协、纪委五套班子及全市六个区党委、政府、人大、政协领导班子女干部配备率均达到100%，以上9个指标均提前达到2010年目标。市级党政工作部门领导班子女干部配备率由51.02%上升到78.05%，区级党政工作部门领导班子女干部配备率由49.32%上升到54.86%。45岁以下局级女干部的比例由12.9%上升到18.68%。社区党组织成员中女性的比重由30.17%上升到35.17%。

2. 女政协委员提出了许多富有建设性的提案，为深圳政治、经济、社会、文化事业的发展起到了很好的促进作用

据统计，至2009年第四届政协五次会议期间，市政协女委员数占总数的比例达到16%，区政协女委员数占总数的比例达到15.5%。女委员特别关注民生、妇女儿童权益等相关问题，在帮助领导决策方面起到了积极作用。2009年度，深圳市女政协委员提案数为108件，占总提案数的16%；获表扬的女政协委员提案数为14件，占获表扬提案总数的13%。

（五）妇女儿童接受各个层次教育的机会显著增加，办学水平有所提高

1. 各类中小学校稳步增长，幼儿园人数大幅增加

2009 年全市共有公办、民办普通中小学校 631 所，其中公办中小学 375 所，比上年增加了 5 所，民办中小学校 256 所；中小学在校学生 90.5 万人，比上年增加了 2 万人；特殊学校 1 所，在校生 1043 人，比上年增加 61 人；学前教育机构 974 所，比上年增加 109 所；在园幼儿 22.1 万人，比上年增加 3 万人。全市各类教育规模继续扩大，办学水平有所提高。

2. 基础教育绝大多数指标稳定，并达到终期目标

2009 年小学适龄儿童净入学率为 100%，小学五年级巩固率为 94.63%，九年义务教育普及率为 100%；初中毕业生升学率为 92.77%；高中学生毛入学率为 116.4%，辍学率为 0.36%；3 岁以上儿童接受安全教育率和中小学生普法教育率均达 100%；幼儿园教学设备设施配备合格率为 95%，中小学教学设备设施配备合格率为 100%；中小学、幼儿园体育设施安全达标率为 100%。

3. 成人教育和高等教育继续发展

成人高等学校在校学生 2.5 万人，其中女生 1.7 万人；成人中等学校在校学生 0.3 万人，其中女生 0.1 万人；普通高等学校在校学生 58607 人，比上年增加了 1715 人，其中女生 26815 人，比上年增加了 282 人；在学研究生 8345 人，比上年增加了 562 人，其中女生 3139 人，比上年增加了 286 人；高等教育毛入学率达到 45.65%。

4. 妇女职业培训力度加大，能力显著提高

妇女职业培训主要以实现就业再就业和提高妇女综合素质为目标，深圳市有关部门根据经济发展的现状和妇女需求，重点加强对女性劳动者职业技能培训，使之适应高新技术产业及新兴服务业发展的需要，为女性劳动者提供更大的发展空间。全年全市职业培训机构培训妇女学员 25 万人次，参加再就业培训的失业女性 4435 人，培训后实现就业人数 1940 人，参加创业能力培训女性有 2247 人，实现成功创业 270 人，实现自谋职业 267 人。同时加强高技能人才培训基地和失业人员培训基地建设，对培训学员平等对待，目前，全市高技能人才培训基地 87 家，再就业培训基地 70 家，为培训工作提供了良好的条件。

（六）妇女儿童保健规模扩大、质量提高，大部分指标提前达标

1. 医疗卫生规模继续扩大，人员不断增加

2009年底，全市拥有各类卫生机构2588家，比上年增加157家。其中，医院101家，妇幼保健院7家，专科防治院7家，社区健康服务中心625家，门诊部356家，私人诊所和企事业内部医务室1438家，其他卫生机构54家。全市医疗机构床位总数达21399张，比上年增加1486张，增长7.5%。其中，妇幼保健院床位1317张，增加60张，增长4.8%。全市拥有卫生工作人员67028人，比上年增长5.6%。政府办医疗卫生单位共有医疗设备106563台/套，总额48.49亿元，分别比上年增长6.9%、10.2%。

2. 妇幼保健主要指标绝大部分提前达标

深圳市卫生保健领域共有42个指标，除“低出生体重发生率”未达到2010年终期目标要求外，其他各项卫生保健和社会、生活环境指标均提前达到2010年终期目标。其中，全市常住人口孕产妇系统管理率82.04%，比上年上升2.31个百分点；儿童保健管理率为95.76%，与上年同期基本持平；孕产妇死亡率16.10/10万，比上年下降0.06个十万分点；婴儿死亡率2‰，比上年下降1.43个千分点。围产儿、5岁以下儿童死亡率分别为4.3‰、3.08‰；新生儿破伤风发生率0.04‰，继续控制在1‰以下；儿童各种疫苗接种率均达到96%以上；已婚育龄妇女综合避孕率91.80%；计划生育手术并发症发生率0.02‰。

3. 与广东省及广州市相比，深圳市八大妇幼指标优于全省水平

由于深圳市人口结构特殊，常住人口中非户籍人口的比重大，深圳市常住人口孕产妇死亡率高于全省和广州市水平，孕产妇系统管理率低于全省和广州市水平，其他各项卫生保健和社会、生活环境指标均优于全省平均水平。部分妇女儿童发展规划指标对比数据，见表6。

表6　2009年深圳市与广东省、广州市妇幼卫生监测指标比较

指 标 名 称	深圳市 年报数据	广东省 年报数据	广州市 年报数据
孕产妇死亡率(1/10万)	16.10	13.67	11.68
住院分娩率(%)	99.93	95.95	99.95
孕产妇保健管理覆盖率(%)	97.73	94.89	98.51

续表

指 标 名 称	深圳市 年报数据	广东省 年报数据	广州市 年报数据
孕产妇系统管理率(%)	82.04	85.53	93.27
妇女病普查率(%)	48.45	36.63	66.89
婴儿死亡率(‰)	2.00	4.28	4.46
5 岁以下儿童死亡率(‰)	3.08	5.35	5.92
5 岁以下儿童中、重度营养不良患病率(%)	0.69	1.14	0.61
7 岁以下儿童保健管理率(‰)	95.76	90.75	99.13
低出生体重发生率(%)	4.04	3.34	4.62

4. 大力开展生育关怀行动，努力打造计生服务平台

有关部门积极实施“预防艾滋病宣传教育”国际合作项目，共争取投入项目实施资金64万元；举办“同伴教育者培训班”12期，参与式宣传教育目标人群16万人。亲情桥俱乐部、四点半学校、快乐亲子坊、生育关怀再就业基地、青春与生育关怀援助工程、关爱劳务工生殖健康、心灵港湾俱乐部等11个项目陆续推行，避孕药具发放的覆盖面不断扩大。至2009年底，全市建成社区生育文化中心611个，占全市社区总量的98%。社区生育文化中心成为受群众欢迎的人口计生宣传服务阵地。

5. 妇女参与体育锻炼的人数有所增加，体质达标率恢复性上升

据有关部门抽样调查，2009年深圳市成年妇女每周参加三次及以上体育锻炼的比例为16.2%，较2008年12.16%上升了4.04个百分点，连续5年处于较高水平（见表7）。根据《国家体质测定标准》，深圳市2009年成年妇女体质达标率为89.1%，比2008年上升2.2个百分点。

表7 深圳市成年妇女参加三次以上锻炼的比例和体质达标率情况

单位：%

指 标 名 称	2005 年	2006 年	2007 年	2008 年	2009 年
成年妇女每周参加三次及以上锻炼比例	15.40	15.50	15.74	12.16	16.2
成年妇女体质测定标准达标率	88.50	88.20	90.50	86.90	89.1

（七）妇女儿童的法律保护工作稳步推进

1. 破获涉及妇女的犯罪案件大幅增长

深圳市公安机关精心组织，对于各类侵害妇女权益的违法犯罪活动，采取严厉打击，坚持将日常工作与专项斗争相结合，依法严惩犯罪分子，有效地保障了妇女的合法权益。据统计，2009 年共破获强奸案件 489 宗，比 2008 年增长 14%；破获拐卖妇女案件 36 宗，增长 414%；破获组织、强迫、引诱、容留妇女卖淫案 471 宗，增长 62%；全年共查处“黄赌毒”案 74621 起，共 82289 人，比 2008 年分别增长 172% 和 71%。这些工作有效地打击了犯罪分子的嚣张气焰，对挤压违法犯罪活动空间、巩固社会治安起到了明显作用。

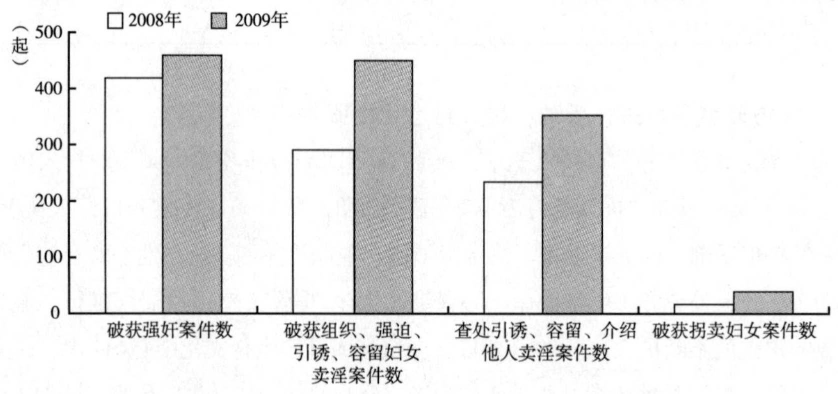

图 2　2008～2009 年法律保护妇女权益中四个指标数据对比

（1）充分发挥拳头作用，严厉打击侵犯妇女权益的刑事犯罪活动。市公安部门建立了打拐专业队伍和专业小组，全年保持严打高压态势，全力以赴开展破案攻坚，成功侦破了一批有影响的案件，解救被拐妇女 40 名，取得了较佳战绩。

（2）积极采取有效措施，加大各项治安整治力度。以桑拿按摩场所、休闲足疗场所、歌舞厅、美容美发店、旅店、出租屋、“城中村”为重点，深入开展扫除“黄赌毒”行动。为深度打击“黄赌毒”活动，创新“异地用警”特别工作机制，多警联动，多管齐下，精确打击，相继破获了一批有影响力的重特大“黄赌毒”案件。

（3）充分利用收教阵地，帮教挽救失足妇女。有关部门认真贯彻“教育、感化、挽救”六字方针，充分利用现有的收教所、戒毒所等阵地，对失足妇女进行科学文明的管理。据统计，2009 年深圳市公安部门共收拘、收教女学员 4833 名；戒毒所共收教女学员 370 人次，掌握操守期 2 年以上的女学员 20 多人。

2. 保护儿童的人身权益工作成效显著

在保护儿童的人身权益方面，2009 年深圳市破获拐卖儿童案件 11 宗，比 2008 年增长 120%；侵害儿童刑事案件破案率为 73.3%，上升了 10.8 个百分点；未成年人犯罪率为 0.3%，下降了 0.1 个百分点；青少年帮教对象帮教率达 99%；中小学警校共建率和中小学交通安全宣传受教育率均达到了 100%；交通设施完好率为 98%，基本按计划要求达标。

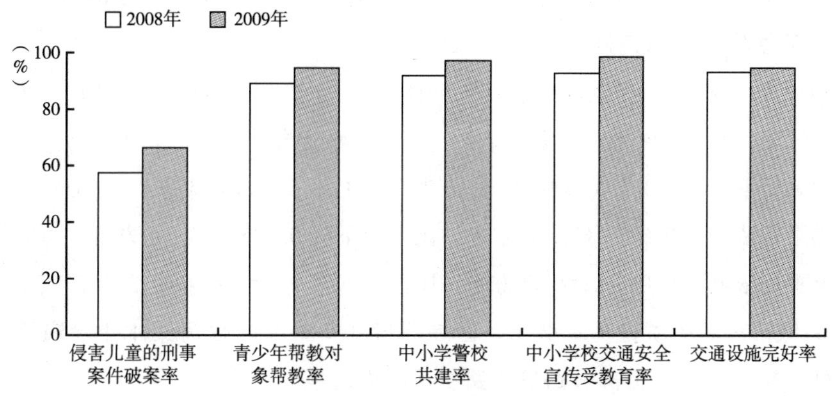

图 3 2008～2009 年法律保护儿童中五个指标数据对比

（1）建立了深圳市处置拐卖儿童警情的快速反应机制。公安部门规定接报 14 岁以下儿童失踪警情后，要及时反应，迅速开展调查，判明案（事）件性质以及为事主查找失踪儿童，打破以往人员失踪 24 小时才立案的常规。

（2）完善深圳市被拐卖儿童父母血样采集工作，充实 DNA 数据库。一方面清理了 2003～2009 年 5 月涉及打拐行动的 DNA 鉴定书 80 份；另一方面通过排查 1990 年以来的案件，新增采集 9 宗案件的失踪儿童父母 DNA 数据并上报省公安部门入库。对全市的福利院、救助站等场所的救助儿童进行 DNA 采集，目前已采集儿童血样信息 709 份。

（3）加强校园安全工作。组织开展警校共建平安校园“五个一”和学校及周边社会文化环境专项整治行动。全年共召开校园联席会议 596 次，开展周边整治行动 822 次，破获各类案件 44 宗；清查校园周边出租屋 22000 间、黑网吧 490 多家、无牌小店 1700 多家、游戏机室 280 多家；缴获非法书刊、音像制品 6700 多册，校园周边治安秩序得到进一步改善。

（八）各项环境指标状况总体良好

2009年，深圳市环境保护工作取得实质性进展。各项环境指标总体实施情况良好。优化环境的27个指标有24个提前达标，2个可望达标。全年城市生活污水集中处理率为80.17%，比上年提高5.14个百分点；自来水水质综合合格率为99.86%；学校、幼儿园、医院周边道路标志率、交通设施完好率大幅提高。安全饮用水覆盖率、城中村卫生厕所普及率、3岁儿童接受安全教育率等5个指标均为100%。

1. 环境空气质量良好

2009年，达到国家环境空气质量一级标准（优）和二级标准（良）的天数为近年来最多，共计364天，占总天数的99.7%，比上年增加了0.2个百分点。全市二氧化硫年平均浓度为0.013毫克/立方米，比上年下降0.003毫克/立方米；二氧化氮年平均浓度为0.042毫克/立方米，比上年下降0.005毫克/立方米；可吸入颗粒物年平均浓度为0.057毫克/立方米，比上年下降0.006毫克/立方米。

2. 城市声环境质量基本稳定，区域环境噪声处于轻度污染水平，道路交通噪声处于良好水平，但部分路段道路交通噪声超标

2009年全市区域环境噪声平均值56.8分贝，与上年相比上升0.4分贝，达标率89.1%，比上年上升1.1个百分点。城市交通干线噪声平均值69.5分贝，与上年相比上升0.3分贝，达标率58.6%，比上年上升5.4个百分点。

3. 全市集中式饮用水源地水质达标率为100%

松子坑水库、梅林水库、罗田水库、清林径水库、赤坳水库、径心水库、铜锣径水库和枫木浪水库水质为优，达到国家地表水Ⅱ类标准，其中松子坑水库达到Ⅰ类标准，其他水库水质良好，达到Ⅲ类标准。

4. 儿童食品质量产品合格率有所提高

2009年，深圳市有关部门在生产领域抽查儿童食品365批次，合格349批次，儿童食品质量产值合格率为95.6%，比上年提高了1.5个百分点。

5. 儿童用大型游乐设施检验合格率连续四年达到100%

2009年，深圳市采取了四大举措，切实做好全市241台（套）大型游乐设施安全监管工作：一是继续推行安全标准化工作，提高企业安全管理水平。二是加大防患治理力度，切实消除安全隐患。三是不断强化安全监督检查，落实重点监测措施。四是组织开展应急救援演练，提高应急处置能力。

二　存在问题及原因分析

（一）对比规划要求，仍有4个指标难以达标，必须引起有关部门的高度重视

第一，2009年低出生体重发生率为4.04%，高于2006年的3.77%和2007年的3.92%以及2008年的3.83%，距2010年低于3%的目标有较大差距，预计难以达标。发生低出生体重的原因复杂，目前主要是由于早产引起的，与深圳妇女压力大、高龄初产妇逐年增加以及环境污染、感染等因素有关。

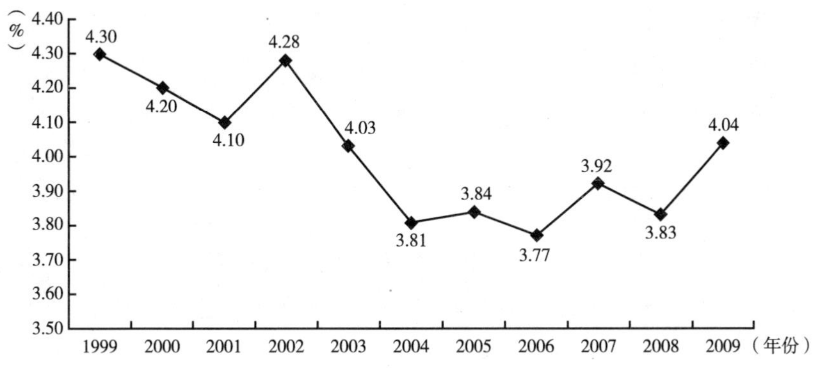

图4　深圳市低出生体重发生率

第二，区级纪委领导班子的女干部配备率2006～2009年分别为50%、50%、66.67%、66.67%，与100%的目标值有差距。

第三，居民委员会中女性的配备率2008年为91.69%，2009年仍为91.69%。受换届周期影响，预计要达到2010年的100%难度较大。

第四，城市生活垃圾无害化处理率难以达标。主要是垃圾场建成周期长，建设过程中遇到周边居民的反对。随着深圳市人口增长和垃圾数量的增加，在新项目未投入使用前，估计难以达到2010年95%的目标。

（二）妇幼保健工作供需矛盾突出，质量亟待提高

近年来，深圳市妇女儿童卫生保健服务量持续大幅度增长，妇幼保健任务异

常繁重，一些基础妇幼保健和公共卫生问题逐步显现出来，如早孕建卡率偏低、孕产妇系统管理率提高缓慢、控制孕产妇低死亡率、预防出生缺陷等还没得到社会和广大市民的共同关注。形势较为严峻，其原因集中表现在：一是妇幼保健服务资源配置增长跟不上人口数量的快速增长，特别是基层单位从事群体保健的工作人员不足，已在一定程度上影响了全市妇幼保健工作的进一步发展。二是外来流动人口因经济能力差、自我保健意识弱，加之逃避计划生育等因素影响，有些孕产妇不愿意接受正规医疗机构的医疗保健服务，不做产检，院外分娩导致的母婴伤害甚至死亡的案件时有发生。三是深圳白领高龄初产妇逐年增加，再加上环境污染、生活习惯、药物、感染等因素影响，且婚前医学检查率不高使预防出生缺陷的第一道防线作用大大削弱；流动人口孕产妇由于经济原因，孕期不做产前检查和产前筛查，出生缺陷的第二道防线薄弱。四是外来务工妇女病普查普治仍无配套政策支持。妇女病普查在外来女劳务工中缺乏保障制度，不能定期进行妇女病普查，又受收入和观念的制约，自觉接受检查人数较少，妇女病的普查率仍处于较低水平。

（三）婚前医学检查率虽有上升，但总体来说仍然处于较低水平

自2003年10月新修订的《婚姻登记条例》实施后，深圳市的婚检率从2002年的99.99%下降到2004年的4.75%。近6年来，此指标虽有一定的增长（见图5），但总的来说2009年婚检率只有31.53%，仍然偏低。婚检率的下降，必将影响到新出生人口质量的提高，导致出生缺陷发生率的上升，造成难以弥补的损失，必须引起政府、社会、个人的高度重视。

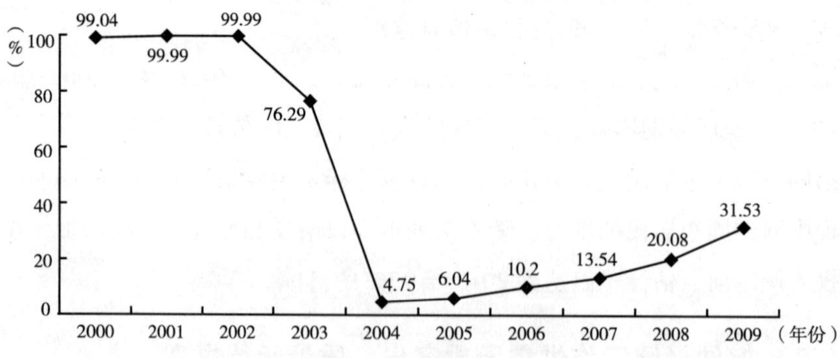

图5　2000～2009年深圳市婚前医学检查率趋势

（四）机动车辆大幅增长，道路等基础设施所承受的压力难以为继，区域环境噪声平均值有所上升

近年来，深圳市机动车辆大幅增加，至2009年底，全市机动车拥有量达145.26万辆，致使大气环境所受的污染压力越来越大，加之大量基础设施建设项目的开工，致使深圳市交通堵车现象经常发生，严重地影响着人们的身心健康和生活质量。与之相联系的是近年来深圳市区域环境噪声平均值上升至56.8分贝，已接近57分贝的目标值（而同期广州市仅为55.0分贝），在全省中为最高值。与此同时，妇女环境保护知识普及率仅达88.5%，与“规划”目标高于90%有一定差距，必须引起有关部门的足够重视。

三　对策与建议

（一）推陈出新，努力搞好妇女儿童的保健工作

要以优化妇幼保健与计划生育技术服务资源配置和利用为目标，全面推进深圳市妇幼安康工程以及相关的公共卫生服务项目的开展。强化孕产妇系统管理工作，提高孕产妇保健管理水平；建立妇幼保健与计划生育技术服务在技术上、科研上资源共享、优势互补、互联互动的工作机制，以加强“三道防线”为重点，实施“优生优育优教”促进工程，建立一体化的公共服务平台；加强和完善妇幼保健机构的二级网络建设、制度建设、人才队伍建设、科研能力建设，以深入开展“降消”项目、妇女生育项目检查为推进点，确保母婴安康；积极开展关爱女孩行动，营造良好的社会环境；充分发挥社区生育文化中心作用，全面拓展生育关怀行动，探索多样化服务方式。

（二）以提高妇女就业水平为重点，更好地保障妇女儿童权益

一是要实施更加积极的就业政策，实施扩大就业和创业带动就业的发展战略，逐步完善促进就业创业政策体系，鼓励发展有利于就业的传统优势产业和服务业，扩大就业规模，对女性求职者实行分类指导，创建特色帮扶工作模式，提高女性就业比例。二是探索建立深圳生育保险制度，提高生育保险待遇，增加少儿医疗保险

普通门诊待遇，扩大门诊大病病种范围，提高少儿医疗保险基金支付比例。三是积极加强技能培训，建立妇女终身教育体系，积极开展适应女性特点的技能培训，充分发挥职业培训为就业服务，提升妇女自身素质和就业竞争力。四是推进劳动合同法及其实施条例的贯彻落实，做好企业工资分配指导工作，认真做好欠薪保障各项工作，强化劳动监察两网化、标准化建设。五是坚持男女平等原则，严格规范用人单位职位设置。除对性别有特殊要求的职位外，其他职位不得限定为“男性”。

（三）努力提高妇女决策人数及其比例，为妇女参政议政提供更为广阔的空间

大力培养选拔女干部，是党和国家工作大局的战略性任务，也是一项长期性的工作。良好的社会管理需要男女两性共同参与、优势互补。为更好地促进妇女参政议政工作，一是积极采取有效措施，坚持男女平等原则，为女性提供平等的竞争机会，促进优秀女性进入决策层和管理层。二是加大培养选拔女干部的力度，加强对后备女干部队伍的建设，建立健全培养选拔女干部的工作管理机制。三是鼓励和推动妇女参与讨论和决定基层公共事务，保证妇女直接行使民主权利，鼓励女职工参与企业的民主管理，保证职工代表大会中女性的合理比例。

（四）要把环境保护工作提高到更为突出的位置

大力推进大气污染的防治工作，着力搞好电力行业污染整治、扬尘污染治理和机动车排气污染整治工作，不断提高大气能见度。加强噪声监管，严厉打击违法施工行为；实施建筑施工环境监理制度；推广先进的噪声污染防治技术；加快推进北环路等路段的降噪改造工程建设。强化饮用水源保护力度，力争完成深圳市主要饮用水库水源一级保护区隔离管理和水源保护林建设工作。加快污水处理厂及配套管网建设。加强环保宣传教育，组织开展“绿色家园系列创建”活动，引导和鼓励广大妇女儿童参加各种节水、节电等节约资源以及降低消耗等活动。以“六·五”世界环境日为契机，推动了广大妇女儿童参与环境宣传和环保实践，进一步提高对环境保护科学知识的知晓率。

（五）进一步加强社区服务建设

一是完善服务设施和信息服务网络，积极开展社会救助和社会福利服务。二

是积极开展以医疗、保健、健康教育和计划生育技术服务等为主要内容的社区卫生服务，发挥社区卫生服务机构的作用，逐步完善社区卫生保障网络。三是组织开展群众性的文化、体育、教育、科普活动，繁荣社区文化。四是通过社区机构对妇女广泛宣传，加强对性病防治知识的宣传教育，努力提高妇女和高危人群预防性病知识的知晓率，增强妇女自我保护能力。

（六）认真做好关爱妇女儿童的宣传教育工作，依法保护妇女儿童的合法权益

进一步加大宣传力度，采取普遍宣传和重点宣传的形式，通过报刊、广播、电视、标语、文艺演出等群众喜闻乐见的形式或以举办学习班、培训班的形式，向群众开展法制教育。大力营造妇女儿童发展舆论氛围，以构建和谐社会为目标，从关注民生的角度出发，严厉打击各类侵害妇女儿童权益的违法犯罪活动，努力营造一个关心妇女、爱护儿童的良好社会氛围，让公平和正义惠及广大妇女儿童。

（七）加强统计监测队伍建设

深圳市妇女儿童规划指标共有259个，涉及政治、经济、社会各个方面和部门的工作。但有的部门没有专门的统计人员，统计基础相当薄弱。因此，要提高对妇儿发展规划统计监测的认识，高度重视，充实人员，加强统计基础建设，提高统计业务水平，为妇儿事业的发展做好配套工作。

B.9
深圳民政事业“十一五”发展状况及“十二五”展望

深圳市民政局*

摘　要：“十一五”以来，深圳注重民政工作的理念更新、制度创新和体系完善，突出为民解困、依法行政和自身能力建设，各项民政工作都取得了新的进展，呈现出前所未有的良好发展态势，同时民政工作越来越得到党委政府的重视和社会各界的关注，民政的地位有了极大提升，民政的作用愈发凸显，民政的影响更加广泛。展望“十二五”，民政事业面临前所未有的发展机遇，民政部门要把民政工作的职责与任务置于社会建设和管理的大格局中来谋划，找准服务科学发展、促进经济发展方式转变的切入点，着力提高民生保障水平，大力发展社会服务，全面激发社会活力，增强服务社会功能，发挥民政工作在社会建设中的基础作用。

关键词：深圳　民政　发展状况与展望

一　深圳民政事业“十一五”发展状况

（一）社会组织管理体制改革成效显著

深圳在全国率先实现行业协会、商会民间化，率先对工商经济类、社会福利类和公益慈善类社会组织实行民政部门直接登记制度，启动基金会、异地商会登记试点。建立社会组织培育实验基地，完善社会组织监管体系，建立向社会组织

---

* 执笔人，傅建文，深圳市民政局。

购买服务机制，社会组织成为政府职能和工作事项转移的主体。社会组织作为不同利益主体的代表和社会各阶层利益表达的载体，架起了政府和社会之间的沟通桥梁，扩大了有序的社会参与，在社会建设和社会管理中发挥越来越重要的作用。“十一五”时期，社会组织年均增长 15%，期末全市社会组织共有 4110 个，其中社会团体 1662 家，民办非企业单位 2441 家，基金会 7 家，基本形成了与经济社会发展相适应的社会组织建设格局。“深圳市社会组织登记管理体制改革”荣获第五届“中国地方政府创新奖”。

（二）社区体制改革和基层民主建设稳步推进

全面推行“居站分设”、“一站多居”和“居企分离”为主要内容的社区管理体制改革，从体制上解决了以往居委会存在的社区自治功能与政府行政职能难以兼顾的问题，理顺了政府基层管理和居民自治的关系，提升了居民对社区事务和基层民主建设的参与热情，居委会直接选举率实现了从 2005 年的 47% 到 2008 年的 92.82% 的飞跃，有力推进了基层民主政治发展。实施“固本强基”社区建设项目工程，每年由市、区财政各投入 2 亿元，社区办公和服务设施明显改善，同时积极探索社区资源共享机制，在“城中村”和老城区的社区服务中推行物业化管理。以“邻里互助”计划为载体，增强社区居民的自我服务功能，努力营造和谐邻里关系，社区居民的认同感和归属感不断增强。省、市“六好”平安和谐社区达标率分别达 76% 和 92%，同时涌现了一批全国和谐社区建设示范区（街道、社区）。

（三）基本民生保障水平显著提升

实现了社会救助从生存型救助到发展型救助，从单项救助向建立体系的转变。低保标准从 344 元提高至 450 元，并为低保对象发放临时物价补贴。建立第二条保障线，救助范围扩大至低保标准 1.5 倍的低收入群众，实现对低保对象和低收入困难群众的全覆盖，并首次对非户籍困难居民救助做出制度性安排。实行流浪乞讨人员分类救助，五年来救助流浪乞讨人员 13 万人次。制定孤残儿童养育标准，建立儿童大病救助制度、残疾儿童报告制度。建立高龄老人津贴制度，实施“老有所乐”、“老有所学”等为老服务项目。开展居家养老服务，初步形成一个覆盖全市又适度竞争的社区居家养老服务体系。加快养老服务设施建设，

“十一五”期末，每千名户籍老人拥有福利机构老年床位数达到24.8张。开展流浪精神病人、孤残儿童跨地区委托安置机制，开展深莞惠三市老年人优待证互认项目试点。

（四）优抚安置工作持续加强

深圳市连续4次荣获全国“双拥模范城”称号，连续6次荣获省“双拥模范城”称号，全市6个行政区全部被评为省“双拥模范区”。建立和实施了优抚对象抚恤补助标准自然增长机制，建立了优抚医疗保障体系。退役士兵安置改革、军休服务社会化、军供保障体系建设扎实推进，退役士兵、军休人员安置任务圆满完成，服务管理水平显著提升。

（五）社工人才队伍建设取得重大突破

在全国率先出台了《关于加强社会工作人才队伍建设推进社会工作发展的意见》及七个配套文件，积极开展社工队伍建设试点，创造了“政府主导发展、民间独立运作”的社会工作发展模式，成为社工专业化、职业化建设的试点典型，有力推动了全国社会工作人才队伍建设发展。“十一五”期末，全市提供社工服务的专业机构43家，全市社工师和助理社工师达2529人，其中，政府购买服务的社工达1300多名，覆盖十多个领域，服务社会各阶层50余万人次。

（六）慈善事业和福利彩票事业蓬勃发展

实施“慈善教育计划”，提出了“慈善教育从娃娃抓起”、“少年慈善则中国慈善”等理念，大力普及慈善文化。设立“鹏城慈善奖”、“深圳慈善榜”等激励机制。积极发展慈善组织，全市各区成立了慈善会，各街道和社区成立了600多个慈善捐赠网点，市、区、街道、社区四级捐赠网络基本形成，慈善工作延伸到全市的各个角落。市慈善会五年来培育了“劳务工关爱基金”等系列慈善品牌项目，策划实施了50多个专项慈善项目，救助各类困难群众百万人次。“十一五”期间，募集善款超过22亿元，物资1356.44万件，其中全市慈善系统在汶川地震、玉树地震中募集资金均居全国城市慈善会之首。福利彩票五年销量79亿元，年均增幅达到28.70%，筹集社会公益金25亿元，资助公益项目2200多个，有力地促进了深圳市社会福利事业的发展。

（七）公共事务管理服务水平显著提升

建立行政区域界线委托管理制度和界线管理应急机制。推行婚姻、收养登记规范化管理和人性化服务，结婚、收养登记合格率均达100%。推出以“绿色殡葬”为主题的殡葬改革措施和惠民殡葬政策，遗体火化率继续保持100%，骨灰撒海、树葬和网上拜祭蔚然成风。

总体上看，“十一五”期间，深圳民政事业实现了快速发展，为深圳的经济社会发展提供了有力支持，为保障和改善基本民生、扩大基本公共服务、发展基层民主、维护社会公平正义、促进社会和谐稳定作出了重要贡献，同时也为“十二五”时期民政事业进一步发展奠定了良好的基础。

二　深圳民政事业发展“十二五”展望

“十二五”时期，是深圳新30年的第一个五年，是深圳经济特区推动科学发展、加快转变经济发展方式、促进社会和谐、建设现代化国际化先进城市的关键时期，也是进一步推进民政事业改革发展的重要时期。

（一）民政事业面临前所未有的发展机遇和挑战

1. 机遇和条件

一是党和政府高度重视民生，民政工作在保障民生和改善民生中的地位和作用更加突出，将为民政事业的发展创造良好的条件。

二是全面加强社会建设，创新社会管理，打造民生幸福新特区，民政工作在其中将发挥重要的基础作用，为民政事业发展提供了广阔的舞台。

三是深圳综合实力显著增强，全国经济中心城市的地位日益强化，为民政事业的发展提供了可靠的物质保障。

四是经过多年的发展，深圳民政事业已初步形成了比较健全的工作体系、法制体系和资金保障机制，为民政事业发展创造了可持续的动力和支撑。

2. 挑战和问题

一是深圳处于改革开放的前沿，发展起步早，深层次矛盾和问题更早出现。随着改革不断深化，民生领域的热点、难点、重点问题更加复杂、突出，增加了民政工作的难度。

二是深圳毗邻港澳，开放程度高，兼具多元的移民文化，公民意识强，社会需求更加多样化、多层化，人们的心理预期更高、利益诉求更多，也对民政工作提出了更高的要求。

三是户籍人口与非户籍人口比例严重倒挂，城市人口结构复杂，以户籍人口为基准的传统民政政策面临巨大的挑战，迫切需要在政策上加以突破创新。

四是民政公共基础设施建设总体滞后，养老服务实际需求和供给不足的矛盾日益突出，难以满足人民群众日益增长的社会福利需求。

（二）民政工作要在社会建设中发挥重要的基础作用

民政工作具有基础性、群众性的特点，相对于其他部门而言，民政部门联系的社会成员更加广泛，扶助的困难群体更为集中，与人们的利益关系更为密切，在推进社会管理重心下移、促进政府和社会互动方面具有许多优势。加强社会建设，基础在民政，很多工作也在民政。首先，社区是社会的单元，直接联系、服务人民群众，社区建设是加强社会建设的基础工程和切入口，直接影响着社会建设成效。其次，社会组织是公共服务的重要提供者。经过多年的培育发展，深圳市社会组织数量稳步增长，实力不断增强，作用日益凸显，正逐步成为社会建设的重要载体。作为社会组织的登记管理机关，民政部门的责任重大。再次，社会工作在社会管理和公共服务中的作用已被广泛认同，作为社会建设的一支重要力量，民政部门承担着为社会工作人才发展创造良好环境的责任。最后，民政部门是弱势群体和困难群体的代言人，具有良好的群众基础，社会救助、社会福利、慈善事业、优抚安置等事关民生的基本问题，都是社会建设的重要内容。民政部门，已经成为社会建设和管理不可或缺的中坚力量。

在全市社会建设大局中，已初步形成以社区为基础平台，以社会组织为重要载体，以社工为基本力量的格局。目前这几项民政工作已经有了很好的基础，大部分走在全国前列。未来的五年，完善这三个领域的体制机制尤为重要。

1. 建立基层社区管理服务平台

一是探索整合街道和社区行政管理和公共服务资源，缩短管理链条，实现扁平化管理。理顺基层管理主体的职能及相互关系，建立有效的基层组织工作机制，规范各职能部门执法和服务行为。二是推进基层民主建设。全面推动居委会

直接选举，力争全市居委会全面实现直接选举。积极探索非户籍居民有序参与居民自治的新途径。制定社区事务议事规则，健全民主决策和民主管理机制。借助社区党风廉政信息平台，积极拓展政府与居民的互动功能。三是健全社区服务体系。以1.5万~2万人为基本单元，建立700个社区服务中心，完善社区服务设施网络。推进社区服务市场化改革，形成以政府购买服务为支撑的社区服务机制，构建跨部门、综合性的社区服务模式。

2. 健全社会组织发展体系

一是按照循序渐进、分类实施的原则，逐步扩大社会组织直接登记的范围，推动社区社会组织登记和备案双轨制，进一步规范异地商会、基金会登记管理，探索社会组织登记事前评估制度。“十二五”期末，实现每万人拥有社会组织数量8个左右。二是创新财政扶持社会组织的方式，完善社会组织培育机制，加快社会组织基地建设，定期举办中国·深圳公益项目交流展示会，拓宽社会组织参政议政的渠道。三是实施社会组织人才分类培训计划，全面提升社会组织从业人员的专业化和职业化水平。健全政府向社会组织购买服务制度，支持社会组织承接政府转移职能，扩大社会组织参与社会管理和公共服务。四是建立健全政府各职能部门的分工合作机制，健全预测预警和执法联动机制，形成市、区、街道联动的监管体系。综合运用年检、评估、专项治理等手段，建立社会组织信息披露平台，健全社会组织自律机制，加强社会组织的动态管理。

3. 建立现代社会工作制度

一是完善社工注册管理、资格鉴定、教育培训、薪酬标准、专业晋升等职业规范制度。二是发展社工职业组织和专业机构，到2015年，全市社工服务机构总数达到80家，初步形成地域分布均衡、专业特色突出、竞争有序的社工机构群。三是打造社工人才高地。建立全国社会工作专业研究评估中心、全国性的社会工作研究、试验和训练示范基地。到2015年，全市拥有专业社工5000人以上，所有执业社工具备初级社工师以上资格，其中，中级社工师达20%~30%。四是推进社工服务项目化，鼓励和引导社工机构整合社会资源，开发服务项目，全市新增社工服务实现以项目为主、岗位为辅的实体化方向发展。五是深化社工在社会领域的专业服务，扩大社会工作服务范围，在公共服务基础性领域全面引入社工服务，加大重点领域社工服务覆盖面，适度开创新兴领域的试点工作。

（三）民政工作要在建设民生幸福城市中发挥重要的保障作用

让人民过上好日子，生活得更幸福，是经济社会建设发展最终的落脚点，也是立党为公、执政为民的本质要求。顺应人民群众过上美好生活的新期待，市委、市政府提出到2015年初步建成民生幸福城市，到2020年基本建成民生幸福城市。

民生问题的解决是建设民生幸福城市的基础和前提。民政工作的基本主线是维护民利、解决民生、落实民权，民政部门负责承担“最基本”的民生服务。虽然，表面上看民政部门主要是为弱势群众服务，但是实质上是为经济社会持续、协调发展提供良好的保障条件，事关改革稳定的大局。因此，民政部门要着力解决人民群众最关心、最直接、最现实的利益问题，扎扎实实办好一批民生实事，把“民生幸福城市”变成人民群众看得见、摸得着、享受得到的成果。“十二五”时期，要着重发展以基本福利保障为核心的社会服务，实现基本公共服务均等化，让改革发展成果普惠共享。

1. 建立普惠型社会福利制度体系

未来五年，将由实现传统的补缺型福利向普惠型福利的制度转型。根据深圳经济社会发展状况，在模式选择上可以香港为蓝本，在巩固提高各项现金救助津贴项目的基础上，以发展社会服务作为创新点和突破点，重点建设较为全面的综合性社会服务体系。一是构建社会福利综合管理平台，建立由多部门组成的社会福利联席协调机制，统筹推进社会福利体系建设，打破由各部门自行订制和推出福利产品的格局。二是以居家养老为基础、社区服务为依托、机构养老服务为补充，逐步形成“9064”的养老格局（90%的老人在家养老，6%在社区养老，4%在机构养老）。到2015年，实现机构养老床位数翻一番，每千名户籍老人拥有养老床位数40张。三是采取政府引导、社会参与、市场化运作方式，多渠道筹集社会资金发展社会福利服务设施，着力扶持和推进非营利性、普通档次、护理型养老服务机构的发展。四是建立老年人基础数据库和养老服务需求评估系统，完善高龄老人津贴制度、居家养老服务制度，探索建立老年护理保险制度。加强养老服务专业化机构建设和专业人才的培养。五是加强以孤儿为主体的困境儿童的保障工作，完善孤儿和残疾儿童分类津贴制度、儿童大病医疗救助制度。

2. 完善综合性社会救助体系

一是完善社会救助联席会议制度，协调、整合各部门救助政策和救助资源，加强社会救助与再就业、社会福利、社会保险、最低工资制度的政策配套和工作衔接。二是建立困难群众生活保障与物价波动挂钩的联动机制，完善困难群众分类施保措施，完善低保对象退出机制。三是加强对低收入群体经济状况的监测，建立贫困预警机制，完善第二条保障线，制定居民收入核查比对管理办法。四是完善流浪乞讨人员分类救助管理制度。成立由四部门组成的联合执法大队，加大街头巡查、劝返和主动救助工作力度。五是完善各级救灾应急预案，健全救灾物资紧急调拨和配送制度。规范避险场所管理，完善避险场所服务功能。建立覆盖社区的常备的专业化灾害应急救援志愿者队伍。

3. 发展全民慈善事业

一是加快完善慈善事业发展的领导、协调和指导机制，切实推进全民慈善事业发展。二是健全促进慈善事业发展的法律法规和相关优惠政策，完善财政资金支持慈善事业发展政策，完善政府对慈善公益事业褒奖激励机制，规范、引导、扶持慈善事业发展。三是建立健全慈善工作的规则和标准，完善慈善信息统计和发布制度，规范各类经常性慈善募捐活动。四是创新慈善组织形式，重点培育和扶持一批规模较大、影响力强、公信度高、具有示范和辐射作用的慈善机构。五是建立慈善资金募集、使用、监督适度分离又有效衔接的制度。拓宽慈善救助领域，推动慈善救助项目化。六是加强慈善文化建设，推进慈善教育进校园、进社区、进企业，培育全民的慈善意识和社会责任感。

4. 深化优抚安置改革

一是以双拥模范城创建活动为主线，建立和完善社会化拥军工作机制，完善军地协调机制，推进军地互办实事工作常态化、规范化。二是健全优抚对象定期抚恤补助标准科学增长机制，探索优抚制度与各项社会保障制度相结合的多元化保障模式，完善重点优抚对象新型优抚医疗保障制度。三是建立和完善安置工作多部门联动机制，加强安置工作制度建设，完善退役士兵职业技能培训促进就业的配套政策。四是依托军休服务机构与社区服务平台两个载体，探索国家保障与社会化服务相结合的军休服务管理新模式。

5. 提升专项事务水平

一是加强福彩文化建设，提高福彩文化软实力。充分发挥深圳设计创新和彩票产业聚集的优势，探索销售新方式和彩票销售机构现代化运营新模式。二是加强婚姻（收养）登记机关服务设施和登记员队伍建设，探索在婚姻登记机关提供婚姻指导、心理辅导等服务，拓展婚姻登记公共服务，建立收养家庭评估机制。三是完善行政区划设置和管理模式，建立行政区划界线信息管理系统，健全边界纠纷应急预案、边界双方联席会议制度，创造稳定和谐的边界环境。四是推进殡葬管理体制改革，加快形成基本殡葬服务政府供给、选择性服务市场化运作的殡葬服务格局。继续推行惠民殡葬政策，完善多元化的殡葬救助机制。加强公墓规划和管理，推行生态环保绿色殡葬。

（四）增强民政工作的核心竞争力，提升民政事业的发展质量

深圳市民政工作还有不少薄弱环节，要进一步夯实基础，全面提升民政工作水平。

1. 注重整体战略和系统研究

加强民政事业的发展规划，发挥规划的引领作用，以规划拓展空间；加强民政政策理论研究，充分发挥理论研究的基础作用、先导作用和战略作用；加强政策法规之间的协调整合、衔接配套、细化实化，逐步形成完整的民政政策体系。根据民政事业的发展需要，“十二五”时期，要加快制定或修订《深圳经济特区非营利组织条例》、《深圳经济特区行业协会商会条例》、《深圳市经济特区社会救助条例》、《深圳经济特区捐赠公益事业管理条例》、《深圳经济特区殡葬管理条例》、《深圳经济特区社会工作促进办法》和《深圳市经济特区慈善促进条例》。同时，还要加强“深莞惠”区域联动，加快经济特区民政事业一体化发展，实现基本公共服务均等化。

2. 注重民政事业发展的质量

强化品牌意识、质量意识、绩效意识、服务意识，推动服务质量标准化，服务设施网络化，服务手段信息化，服务主体多样化，服务队伍专业化、职业化，全面提升民生服务质量。“十二五”时期，要抓紧建立民政设施标准、服务标准、考核标准，推进民政事业单位规范化建设，全面提升民政系统的服务水平；建立健全民政基础数据和业务软件系统，打造统一标准的民政业务综合信息平台，扎实推进信息技术在民政工作中的普及应用，为广大市民提供更加便利的服务；要健全干部培训制度，提高民政干部的能力素质，特别是要制订各类民政专

业技术人才评价标准和激励机制，加强民政专业技术人才队伍建设。

3. 注重人民群众的实际需求

以民生需求为出发点，立足于基本的保障和政策的公平性，优先发展与困难群体、特殊群体、优抚群体生活密切相关的社会服务。要让人民群众拥有更大的参与决策的空间，积极推动自下而上的民间需求和自上而下的政府决策有机结合，当前特别要正视网络信息化发展的趋势，推行网络问政、问计、问需，可通过网站、微博、电子邮箱等多种手段，充分听取社情民意，使决策更加科学，人民群众得到更多、更好的公共服务。

4. 注重发挥社会参与的作用

在充分发挥各级政府在民政事业发展中的主导作用的基础上，积极培育多元的公共服务主体，拓宽服务供给渠道，通过购买服务等方式，形成适度竞争、多元并存、共同发展的民政公共服务供给格局，进一步提高公共服务质量、效率和水平。“十二五”时期，要发挥市场和社会的作用，探索建立多层次、多元化的社会投入机制，完善社会捐赠和社会互助的动员机制，鼓励和引导社会力量参与民政事业发展，健全民政公共服务设施网络，满足不同层次群众的服务需求。

社会组织与社区服务篇

Reports on Non-government Organization and its Social Service

B.10

2010年深圳社会组织发展情况报告

马宏　黄菁　罗思颖*

摘　要： 2010年，深圳社会组织的发展有许多亮点，主要表现在社会组织发展的体制机制有新突破、社会组织培育扶持更为有力、社会组织监管有新举措、完善社会组织内部管理有新思路。为加快培育发展和规范社会组织，就必须进一步深化社会组织登记体制改革，提升对社会组织的管理服务水平、执法监管水平和社会组织的内部管理水平。

关键词： 社会组织　发展　管理

2010年，深圳市民间组织管理局（以下简称民管局）围绕《民政部、深圳

* 马宏、黄菁、罗思颖，深圳市民间组织管理局。

市人民政府推进民政事业综合配套改革合作协议》和中共深圳市第五次党代会的精神，充分利用作为全国、全省社会组织“改革创新综合观察点”的有利机遇，结合市政府、市民政局的重点工作，按照“政策落实年”的工作思路，完善运行机制，抓好政策落实，有序开展各项工作。

一 2010 年社会组织发展的主要特点

（一）社会组织发展的体制机制有新突破

1. 深化登记体制改革

2010 年 3 月，市政府办公厅出台了《深圳市社会组织发展规范实施方案(2010~2012 年)》，完善鼓励发展和规范管理的政策体系。10 月出台了《深圳市社区社会组织登记与备案管理暂行办法》，全面推动社区社会组织登记备案双轨制。制定《深圳市工商经济、社会福利、公益慈善类社会组织登记指南》，规范直接登记流程，并大力推进异地商会、基金会的登记试点。截至 2010 年底，深圳市登记的社会组织 4110 家，其中社会团体 1662 家，民办非企业单位 2441 家，基金会 7 家。市级社会组织 1269 家，区级社会组织 2841 家。2010 年登记的 99 家市级社会组织中，有 48 家社会组织是直接登记的，直接登记率达到了 48.5%。从分类上来看，经济类社会组织占 8%，科学研究类社会组织占 6.9%，社会事业类社会组织占 55.9%，慈善类社会组织占 19.2%，综合类社会组织占 9.8%。登记深圳壹基金公益基金会，被誉为“中国公益慈善领域的里程碑式事件”。另外，诸如深圳市新能源行业协会、深圳市恩派非营利组织发展中心等一批具有生机活力、符合社会需要的、在旧体制下难以获得合法地位的社会组织得以批准成立。

2. 推进政府职能转移

出台《深圳市推进政府职能和工作事项转移委托工作实施方案》（以下简称《实施方案》），明确了政府职能转移的原则、范围和程序要求，提出以竞标和购买服务的方式进行有序对接。按该《实施方案》要求，市民管局对各相关部门推进转移委托工作情况进行调查，形成专题报告上报市政府，通过市政府发文督促各相关单位加快转移委托进程及规范程序。据统计，市编办核定的第一批转移

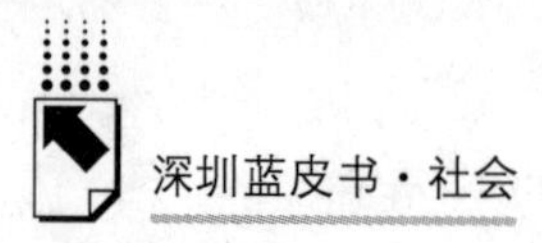

委托的86项政府职能和工作事项中有69项进行了转移委托，占80%。其中社会组织成为承接主体。

3. 建立社会组织培育实验基地

2010年3月，市民管局设立“社会组织培育实验基地”，培育公益组织，研发公益项目，形成公益事业规模效应。对从事环保、助残、儿童服务等6家草根公益组织提供为期10个月的场地设备、小额补贴、能力建设、管理咨询、财务托管、成长评估、信息共享、协助注册等免费培育服务。2010年12月底，其中5家在市民管局成功注册。同时，还为4家社工机构提供上门服务。

4. 推动社会组织参政议政

在2010年党代表、人大代表和政协委员换届中，市民管局作为单独的推荐单位推荐代表、委员。新换届的党代表、人大代表和政协委员中，社会组织专职工作人员人数成倍增加，其中党代表4位，人大代表5位，政协委员10位，社会组织兼职人员的代表委员人数达221名，比上一届增长了176%。

市民管局在社会组织登记管理体制上的改革，得到了社会各界的肯定。2010年1月，市民管局申报的“深圳市社会组织登记管理体制改革”项目，从全国358个申报项目中脱颖而出，荣获第五届“中国地方政府创新奖”优胜奖。中央政治局委员、广东省委书记汪洋同志批示：“深圳的经验值得重视。”“中国地方政府创新奖”奖杯及获奖证书被市博物馆收藏并作为“深圳改革开放成就展”展品。12月，《南风窗》杂志评出“2010为了公共利益”年度榜，市民管局与全国总工会一起获得“年度组织奖”。体制机制的创新也促进了社会组织的发展。由深圳市郑卫宁慈善基金会和深圳残友集团组织实施的“残疾人社会企业孵化模式”项目，荣获首届“中国社会创新奖”优胜奖。深圳市钟表行业协会等五家社会组织被评为全国先进社会组织。

（二）社会组织培育扶持有新发展

1. 召开全市社会组织建设管理工作会议

会议总结过去五年深圳市社会组织建设与管理工作情况，全面部署当前和今后五年的工作任务。国家民间组织管理局副局长杨岳、深圳市副市长张文出席会议并讲话。

2. 完善社会组织政策法规体系

在2008年深圳市委办公厅和市政府办公厅出台《关于进一步发展和规范我市社会组织的意见》的基础上，2010年，出台了《深圳市社会组织发展规范实施方案（2010～2012年）》、《深圳市推进政府职能和工作事项转移委托工作实施方案》等文件，为社会组织的规范发展提供了制度保障。充分利用特区立法权，积极推进《深圳经济特区行业协会商会条例》的立法工作，完善了草案稿；正式启动《深圳经济特区非营利组织条例》的立法调研，形成《条例》初稿。开展社会组织发展“十二五”规划课题调研，草拟了《深圳市社会组织发展十二五规划》。

3. 以项目资助方式向社会组织购买服务

将福利彩票公益金作为向社会组织购买服务的“种子基金”，探索公益金培育项目，财政预算资金承接成熟项目的机制。通过委托第三方审核评估、专家评审、民政部门把关、社会公示等流程，2010年以公益金为种子基金共向社会组织资助75个公益项目3500多万元。

4. 加强社会组织税收服务

一是市民管局与国税、地税部门签订了《合作框架协议》，确立“三方合作机制”，联合发挥资源互补优势，共同促进对社会组织的纳税服务与管理，共同协调推进社会组织税收优惠政策的落实，协商解决社会组织在办理税收优惠政策过程中遇到的困难和问题。二是落实公益捐赠税前抵扣政策，协同市财政委、国税局和地税局做好第二批申报的10家社会组织公益性捐赠税前扣除资格审查。三是协助税务部门开展第二批非营利组织免税资格认定，引导社会组织享受税收优惠政策。

5. 推进社会组织人才建设

一是市民管局举办了第五期“深圳市社会组织管理人才职业化研修班”，对全市140多家公益性社会组织和部分行业协会进行了培训。二是市民管局与中国国际民间组织合作促进会举办社会组织内部治理与发展研讨会，为社会组织介绍最前沿的政策动态和社会组织内部治理理论。三是组织大学生到社会组织实习。与深圳大学建立联系，推荐实习生到公益组织进行实习，为社会组织储备后备人才。

6. 加强对社会组织的宣传力度

深圳市委、市政府编印了《深圳行业协会状况及行业协会报告·2009》。与《深圳商报》合作，刊登“社会组织视窗”40 期。

（三）社会组织监督管理有新举措

1. 部门联动，形成管理合力

一是市民管局和市公安局加强协作，共同出台了《关于深化我市社会组织管理服务的通知》，进一步明确了民政、公安部门的职责，成立了市社会组织管理服务领导小组和协调联络工作组，建立了执法联动等七项工作机制。二是市民管局联合市纪委、监察局、财政委、审计局，深入开展社会团体“小金库”专项治理。对全市 503 家社会团体开展了专项检查，确定 40 家为重点检查单位，委托会计师事务所进行审计，根据发现的问题督促整改。三是市民管局与市发改委、财政委和市场监督管理局，开展社会团体收费治理规范工作，对社会团体收费情况进行了全面清查。四是市民管局与市场监督管理局、市监察局、市纠风办联合下发《关于开展市场中介组织防治腐败工作的实施方案的通知》，对社会团体开展防治腐败工作。

2. 深入开展社会组织评估

经过前期准备、自我评估、现场考察和评定审核等多个阶段和环节的工作，完成对 22 家全市性行业协会的评估工作。评出 5A 级 4 家，4A 级 5 家，3A 级 7 家，2A 级 4 家，无 A 级行业协会商会 2 家。组织了复核评估委员会，对 5 家申请复议的行业协会完成了复核工作，确保评估公开、公正、公平。为扩大社会组织评估范围，草拟了全市公益性、学术性社会团体及科技类民办非企业单位的评估指标体系。

3. 创新社会组织年检制度

结合深圳市机构改革，按照职能转移的要求，将社会组织年检材料的受理和初审工作委托社会组织办理。严格年检标准，对年检中发现问题的及时要求整改，共对 370 家年检合格但需改正、97 家年检基本合格、7 家年检不合格的社会组织发出了改正意见书，大大提高了社会组织年检效力。同时，将年检结果进行了公告，在社会上引起了广泛关注，加强了社会监督。

4. 加大查处力度

2010 年共对深圳 28 家社会组织依法进行撤销登记。对深圳市化学化工行业协会等9家社会组织进行了警告、责令改正。对相关社会组织的处罚在《深圳特区报》上进行了公告，收缴了相关社会组织的登记证书、副本及印章，同时将撤销结果抄送人民银行和组织机构代码中心，防止其继续从事违法活动。

5. 做好市民投诉社会组织的信访处理工作

热情解答有关法律问题，耐心接受有关事项询问。接待群众来信来访70多人次。依法依规处理对物业管理协会、巾帼居家养老服务社、四季花城“青年中心”等投诉；对市电子商务协会等社会组织存在的问题下发了整改意见书，监督协会做好整改工作；指导家政服务业协会等社会组织做好换届选举工作。

（四）完善内部管理有新思路

1. 理顺管理流程

一是配合大部制改革，重组了内部管理流程，调整了内设处室，提高管理效能。二是根据进驻市行政服务大厅的要求，继续对社会组织登记流程进行梳理，使审批流程更加规范、简捷、科学。2010年，接受社会组织登记咨询来访近5千人次，平均每日电话咨询70多人次。市行政服务大厅民政局窗口负责全市社会组织登记工作，为社会组织提供优质的服务。

2. 完善内部管理制度

一是制定《民办非企业单位名称预核准有关规定》、《深圳市社会组织举报投诉案件处理规定》、《深圳市民管局执法监察手册》等文件，制定了规范的执法文书，规定了行政执法时限。二是着手制定《社会组织登记工作指引手册》。

二　发展思路和主要对策

2011年是“十二五”的开篇之年，刚刚结束的全市社会建设大会，要求以“四个加快”推动社会建设全面发展，“加快培育发展和规范社会组织”是一个十分重要的抓手；市委“十二五”规划建议也提出，要积极发展社会组织，规范社会组织运作，支持引导社会组织参与社会管理和公共服务。2011年，市民

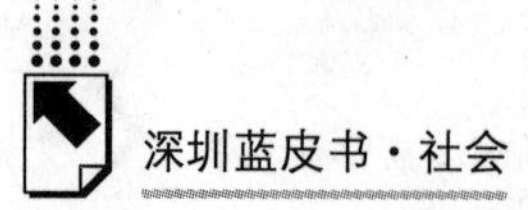

管局将工作主题定位为“质量提升年”，将积极推进管理的规范化和服务的精细化，提升社会组织质量，深化一项改革，提升三个水平。

（一）工作思路

（1）抢抓新机遇。过去30年，深圳已成功构建以效率优先为主要特征的市场经济体制。在未来30年，深圳有责任、有能力构建以公平正义为主要特征的社会建设体制。社会组织是公民有序参与社会管理的渠道，是提供公共产品的载体，在社会建设中具有主体地位，发展前景广阔。

（2）探索新模式。按照突出重点、分类实施的原则，重点扶持工商经济类、公益慈善类、社会福利类社会组织，大力培育社区社会组织，探索社会组织发展新模式。

（3）实现新跨越。要解放思想，改革创新，发展一批公信力强、功能完备、运作规范、作用显著的社会组织，形成布局合理、结构优化、功能到位、作用突出的新型社会组织发展体系，初步形成市场、社会、政府分工明确、协调运作、和谐发展的善治格局。

（二）主要对策

1. 深化社会组织登记体制改革

（1）推进社会组织直接登记改革。继续扩大和完善工商经济类、社会福利类、公益慈善类社会组织直接登记的范围和操作细则，探索开展社会组织登记业务事前评估。

（2）结合社区服务发展规划和《深圳市社区社会组织登记与备案管理暂行办法》，大力推动社区社会组织登记备案双轨制。

（3）按照“部市协议”的要求，继续规范基金会、异地商会登记试点。

2. 提升管理服务水平

（1）加强社会组织内部规范管理。一是出台社会团体换届选举及加强财务管理的工作指引。二是联合市住建局，以住建类社团为切入点，探索与业务指导单位对社会组织管理的联动机制。

（2）全面推进社会组织评估工作。制订《深圳市社会组织评估工作实施办法》；扩大社会组织评估范围，对社工机构、科技类民办非企业单位和公益性、学术性社会团体开展评估。

（3）搭建公益组织培育平台。一是举办首届“中国·深圳公益项目交流展示会”。通过举办展会和论坛，为政府、企业和社会组织搭建有影响力的交流、洽谈和对接平台，吸引更多社会资源参与公共服务，让公益资源发挥更大的效用。二是与香港社联签订共同推进社会服务公益慈善事业的合作备忘录，提升社会服务公益慈善事业水平。三是运作好“社会组织培育实验基地”，组织好第二批入壳民间公益组织筛选。

（4）借助第26届夏季大学生运动会在深圳举办的机遇，深入广泛发动社会组织开展“迎大运，创文明，社会组织在行动”主题活动。

（5）加强社会组织人才队伍建设和党建工作。一是对社会组织管理人员实施分类培训，全面提升社会组织队伍的专业化和职业化水平。二是加强社会组织党建工作，实现社会组织党建工作与业务工作相结合，相促进。

（6）加快社会组织立法。推进《深圳经济特区行业协会商会条例》和《深圳经济特区非营利组织条例》立法工作。

（7）优化社会组织发展环境。一是配合相关部门推动政府职能转移，在民政领域率先实行相关业务向社会组织购买服务，并积极推动各区向社会组织转移委托政府职能。二是协调市财委出台《深圳市扶持社会组织发展实施方案》，建立政府向社会组织购买服务、奖励的机制。三是启动两批福彩公益金购买服务项目，监管好福彩公益金购买服务项目实施的情况。

（8）加强信息化建设。完善社会组织信息披露平台，完善社会组织登记申请、受理及年检的网上申报系统，加强对社会组织登记数据分析工作。

3. 提升执法监管水平

（1）加大对社会组织的执法查处力度，推进社会组织专项治理工作。重点查处与年度检查相结合，提高执法办案的数量和质量。

（2）推动社会组织执法监察工作规范化建设。规范执法行为，完善执法制度，健全执法档案管理。

（3）探索与相关部门建立社会组织综合监管体制。发挥与国税、地税、公安等部门建立的综合监管平台作用，与公安部门共同建立社会组织管理服务领导小组和联络员制度，形成社会组织监管合力。

（4）规范社会组织的对外交往活动，探索对境外非政府组织的规范化管理。

4. 提升内部管理水平

（1）推进社会组织登记窗口服务建设。编制业务手册，明晰岗位职责分工，提供规范化和精细化服务。

（2）优化内部管理制度。进行工作流程再造，建立科学高效的工作管理体制，提高工作效能。

（3）强化业务学习。一是根据业务需要开展专题调研。二是建设学习型队伍，通过举办业务研习会等多种形式，提高业务办理效率和水平。

B.11 深圳政府向社会组织购买服务问题及对策研究

深圳市民政局课题组

摘　要：深圳的政府向社会组织购买服务主要有三种模式：政府转移和委托、政府采购、政府资助。政府购买服务作为一种政府履行公共服务职能的创新型机制和方法，其实施效果是显著的，但也存在购买服务事项范围不明、财政预算制度不健全、社会组织资质标准不统一等问题，尚需从政策取向、购买范围、购买方式、监管评估、配套改革等方面予以完善。

关键词：政府　社会组织　购买服务

一　深圳向社会组织购买服务的情况

政府购买公共服务作为政府提供公共服务的新理念、新机制、新方法，近年来已被各级地方政府广泛应用。由于各地的经济、社会发展水平不同，需要解决的突出问题不同，政府购买服务的主导部门不同，地缘条件不同，各地形成了各具特色的政策模式。从 20 世纪 90 年代中期，深圳首先从城市环境卫生领域开始，政府向社会组织购买服务的尝试并取得了成功。此后，政府购买公共服务逐步向其他领域推广，内容扩展至行业服务、教育、医疗、养老、纠纷调解、社区服务等大部分公共服务领域。经过多年的探索实践，形成了较为成熟的政府向社会组织购买服务模式。

（一）主要模式

1. 政府转移和委托

深圳的社会组织特别是行业协会比较活跃，在很早以前就开始较为规范地承担了政府赋予的部分行业协调管理的职能和事项。但是，社会组织真正大规模、规范化地承接政府职能和转移事项是在2009年深圳大部制改革之后。此次改革，有31个政府部门共取消、调整、转移284项职责及行政审批事项。为做好委托转移工作，深圳市政府于2010年3月出台了《深圳市社会组织发展规范实施方案（2010～2012）》和《深圳市推进政府职能和工作事项转移委托工作实施方案》。

此次转移职能或委托事项可分为两类：第一类是政府部门不再承担，转由社会和市场自行办理的职能和工作事项；第二类是政府部门继续提供，但委托社会和市场办理的职能和工作事项。对第一类职能和事项，政府部门主动退出，社会组织可以自行决定参与和提供服务，政府各部门按各自职能依据法律、法规、规章进行监管；对第二类职能和事项，由政府各相关部门通过转变工作方式，以政府购买服务和政府资助的方式委托社会组织办理。

实施的主要程序如下。

（1）政府各部门编制《政府职能和工作事项转移委托表》，逐项列明受托单位应具备的具体标准、条件和要求，并通过本部门网站统一向社会发布，接受社会组织申请。

（2）社会组织根据委托事项的性质和本组织的实际，向发布信息的政府部门提出承接申请，并填写《社会组织承接政府工作事项申请表》。

（3）专家评审小组进行资格审查，并根据转移委托工作事项的性质，以及承接主体的实际，采用单一来源采购或按照公平和择优的原则，通过公开招标或竞争性谈判等方式确定受托单位。

（4）政府各相关部门与受托单位签订《委托协议书》。民政部门的调查发现，提出意向的社会组织有197家，占调查对象的92.5%，并有69.3%的提出具体意见和建议，表明社会组织对承接政府职能积极性很高。截至2010年底，第一批核定的从17个局委办削减出的政府工作事项共有87项，其中，69项进行了转移委托，将近80%，社会组织成为承接职能转移的主体。

2. 政府采购

公共服务难于量化和用准确的价格来衡量，是其始终未能纳入政府采购系列的主要因素。深圳在这方面做了探索，并在社工岗位招投标上取得突破，为在其他公共服务领域推广积累了经验。深圳社工服务招投标有以下特点：①引入竞争性谈判的方式，由市政府采购中心统一组织实施，方案由市社工主管部门与财政部门、政府采购部门协同制定；②社工岗位按照所属领域及数量划分为若干大项目和标段，由全市具备资质的注册社工机构选择竞标；③由采购人代表与专家库中随机抽选的社工、财务、法律等方面专家一同组成评标委员会；④评标采用综合评分法，按照各机构上年度评估结果占70%、机构标书及答辩情况占30%的比例评分，根据最终得分高低选择中标机构。深圳政府购买社工服务的方式完全参照政府招投标的程序，体现了一定的公平性和规范性。“社会工作服务纳入政府采购”被评为“2009年度中国社会政策十大创新”。

3. 政府资助

政府资助实际上也是一种购买服务方式，政府不直接生产公共产品，而是利用社会组织的资源和渠道，通过资助形式，由社会组织提供公共产品。深圳借鉴香港等地的经验和做法，对政府资助购买服务进行探索，逐步实现“费随事转”，形成“补对象、补服务、补项目”的公共财政供给方式。

（1）补贴制。按照“公办民营、民办公助、政府出钱购买服务”的思路，扩大供给，提升水平。如刚刚出台的《深圳市民办社会福利机构资助试行办法》，设立专项资金，对民办养老服务机构运营经费，按护理的等级给予100～200元不等的补贴，对新增床位给予资助1.5万元，每年3000元，资助期限为5年，以此实现对入住老人的服务资助。

（2）服务券制。这种模式的最大特点是将服务对象和服务机构通过服务券联系起来。深圳居家养老就是实行服务券资助方式。服务券由市民政局统一印制，区民政局或街道办事处与服务机构签订协议，截至2010年底，全市有66家服务机构，188家服务网点，覆盖所有街道、社区。通常，接受委托的服务机构应与接受服务的对象签订服务协议，按照与区民政局、街道办事处协议约定的项目进行服务。市、区民政局对社区居家养老服务补助的申请、管理使用情况、服务机构的质量进行定期或不定期的检查与监督。与之相似，残联对自闭症的资助，也是给自闭症患者每年1万元的资助额度，由患者选择服务机构，残联直接将资助额转到服务机构，而不是补贴给患者家庭，确保资助款专项用于康复治疗，同时扶持服务机构发展。

（3）项目制。政府直接资助服务项目。2007年深圳市从公益金中拿出50万元，支持社会组织开展以“关注诚信自律、关怀服务对象、关切民生福利、关心社区公益、关爱弱势群体”为内容的“五关行动”，共资助16个项目。2008

年起，设立专项经费，公开向社会征集服务项目，征集了400多个社会公益项目，经评审从中选取了75个公益项目，资助了3500万元。深圳连续举办了二届“公益创意项目电视选拔大赛”，大赛由深圳市民政局和深圳广播电影电视集团联合主办，通过社会申报、评委专家评议、公众网络投票、电视现场展示和选拔及媒体公示等环节，共征集到300多个公益项目。此举改变了传统被动的公益慈善理念和模式，有力地传播了公益理念，发掘了一批优秀的公益慈善项目，并初步构建起政府与民间互动、社会广泛参与和监督的公益发展机制，提升了深圳公益机构的专业水准，推动了深圳公益事业的发展。

（二）主要成效

政府购买公共服务作为一种政府履行公共服务职能的创新型机制和方法，其实施效果是显著的。从深圳的实施情况来看，政府购买公共服务推动了服务型政府的建设，增加了社会福利供给，提高了市民生活质量和水平，促进了社会组织的发展，为公民社会的成长创造了良好的政策环境和支持。

1. 推动了政府职能的转变

长期以来，公共服务主要由政府直接提供，不仅要投入大量的人力、物力、财力，还导致政府职能“越位”与“缺位”并存。深圳市着眼于公共服务体制与机制的创新，将部分公共服务交由社会组织提供，政府则全力投入到公共服务的规划、资金安排和监管中去，促进了政府职能的转变。通过政府购买服务，政府与社会组织之间建立起了相互合作的“伙伴关系”，实现了公共治理主体的多元化，充分发挥了社会组织在公共治理中的作用，加快了服务型政府和行政民主化建设的步伐。

2. 提高了公共服务的效率和质量水平

深圳市通过政府购买公共服务，改善了特定对象获得政府提供的公共服务的效率与水平，是一个帕累托改进的过程。与传统的机构养老相比，补贴制和服务券制的政府购买养老服务方式，摒弃了养机构、养人员的做法，最大限度地降低管理和运行成本，同时较好地解决了机构养老的供需矛盾，减少了政府对基础设施的投资建设；将社区居家养老服务补助直接落实到符合条件的老人，也让老年人自己选择服务机构和服务项目，既能最大限度地满足老年人的多样化服务需求，又能充分发挥养老服务市场竞争的优势，提高服务效率和质量。深圳市社会

福利中心在开展家庭寄养后，在人员不增、经费略减、场地不变的情况下，较好地安置了新增的200多名社会弃婴，实际管理成本大幅下降，其经济效益和社会效益凸显。深圳市救助站将100多名长期滞留在站的流浪精神病人委托惠州市优抚医院康复安置，平均医疗费用节约了40%。深圳市从2007年启动购买社工服务试点以来，不仅增加了每年社会福利方面的投入，而且扩展了社会福利的内涵，提升了福利供给的专业水平。

3. 促进了社会组织的发展

政府购买服务培育、发展了深圳市的社会组织。首先，通过政府购买公共服务，深圳市社会组织的数量得到明显增加。截至2010年底，深圳市提供社工服务的专业机构已发展到43家，这些机构多数都是在2007年深圳市开展社工服务之后建立的，与政府的培育扶持有着密不可分的关系。“居家养老”项目也促成100多家社区居家养老机构的成立。可以说，政府购买服务对深圳市社会组织的发展壮大发挥了巨大作用。其次，政府购买公共服务改善了社会组织结构布局。2010年，深圳市社会服务类的社会组织占总数的20%，较前几年的情况有了很大的改善。再次，政府购买服务也提升了深圳市社会组织的层次和水平。

4. 建立了专业化、职业化的社会组织人才队伍

政府购买服务政策的实施，带动了整个公共服务的发展，使大批专业人员被引导到社会服务工作领域，优化了社会服务队伍的人员结构，提高了服务队伍的整体素质，壮大了专业服务队伍的力量，在行业协会、社会公益、慈善、福利、社工等领域，涌现了一批具有竞争理念、专业精神的优秀社会组织和社会服务高端人才。特别是政府购买社工服务，使社工的职业发展空间变得更加宽广，也焕发了深圳社会服务从业者学习社工知识和参加社工资格考试的热情，从启动至今四年的时间里，造就了一支数量可观、素质优良、充满活力的社工专业人才队伍。据不完全统计，2010年，深圳具备社工师和助理社工师资格的有2529人。社会组织人才的数量增加和素质的提高，也使其在参政议政方面有了很大的突破，在2010年深圳新换届的党代表、人大和政协委员中，社会组织专职工作人员人数成倍增加。

（三）主要做法

1. 建立较为规范的民间运作机制

主要体现在两方面：一是运作主体民间化。政府和社会组织的关系是平等的合同伙伴关系，双方按照协议享有权利履行义务，政府根据协议实施契约化管理，尊重社会组织的专业理念和价值观，社会组织根据协议提供服务，接受政府监管。二是运作方式市场化。引入市场竞争机制，让服务对象享有获取公共服务的主动权，可以在多元的供给者之间进行选择，有助于获得更多个性化和多样化的服务。

2. 建立较为完善的管理、评估、监督机制

主要从四个方面入手：一是加强社会组织内部治理。先后出台《行业协会法人治理指引》等文件，完善以章程为核心的法人治理结构，提高社会组织的自我治理能力，强化社会组织标准化建设、资质审查和跟踪指导，保障社会组织能够提供优质的公共服务。二是建立外部监管机制。通过业务主管部门和登记管理部门分工协作，加强对社会组织的监管，形成部门监管合力。三是建立综合评估机制。制定评估办法，所有参与政府购买公共服务的社会组织都必须接受评估，评估结果对社会公开，并作为下一年度采购评标的重要依据。四是建立规范的操作流程。如获得资助项目需要经过“项目初步筛选—专家评审—民政局局长办公会讨论—社会公示”四个环节产生，建立各领域人士组成的项目评审成员库，市社会组织总会作为独立第三方负责项目的评审工作。

3. 创新以公益金为种子基金的资金保障机制

在目前财政体系下，财政预算资金向民间机构拨付尚存一定困难，相关的资金管理经验也是一片空白。在这种情况下，深圳将福利彩票公益金作为向社会组织购买公共服务的“种子基金”，探索购买的服务领域、投入方式和价格标准等，同时建立公益金和公共财政资金的对接机制，待项目运作成熟之后，再将公益金项目转为财政预算项目。此项机制的积极意义在于：一是积极稳妥，减少改革成本；二是便于快速启动试点，加快通过政府购买服务转变政府职能的进程；三是有助于政府积累购买公共服务的经验，为将来庞大的购买公共服务资金安排奠定基础。

4. 创造社会组织发挥作用的良好环境

主要采取如下措施：一是从制度上解决了社会组织发展的老大难问题。通过推动登记管理制度改革，降低准入门槛，简化登记手续，使大量民间发起的社会组织得以获得合法身份，促进了社会组织大发展。二是拓展社会组织发展空间。深圳在改革中明确，凡是社会组织能够有效提供的公共服务，原则上不再设立新

的事业单位，不再增加新的事业编制，以此来“倒逼”政府各部门转变职能，向社会购买服务。随着公共服务增量的不断增加，以及公共服务存量逐步向社会组织转移，政府让渡的空间将越来越大，社会组织的舞台也将越来越宽广。三是建立扶持发展机制。启动“社会组织培育实验基地”，为初创期的社会组织提供免费的办公场地、办公设施、小额补助、能力建设、组织架构、战略规划等服务。此外，深圳还将培育一批支持型社会组织，为社会组织提供能力、资源和智力支持。最近，深圳拟出台《深圳市扶持社会组织发展实施方案》，把政府购买服务、政府资助和政府奖励等扶持措施纳入制度化、规范化、程序化的轨道。

二　存在问题及分析

政府向社会组织购买服务作为一种公共服务供给的新方式，在实践探索过程中难免会存在一些问题。对于这些问题客观及时地进行反思和总结，有助于政府购买服务政策的完善，有助于其效用的充分发挥。就深圳而言，同样在政府购买服务的政策制定、政策实施、政策环境等环节存在问题和改进之处。

（一）购买服务的事项范围缺乏明确界定

在政府购买公共服务中，政府购买的是公共产品，但并非所有的公共产品都适合通过政府购买来完成。这就需要明确政府购买公共服务的范围。西方国家和地区一般都根据公共服务的性质对公共服务进行分类，对公共服务的范围和领域加以规范。例如，香港政府将公共服务分为三种类型：核心服务、辅助服务和商业服务。明确除了政府的核心服务职能外，辅助服务和商业服务均可以通过政府购买的方式由社会组织来提供。明确提出“应当通过承包方式鼓励更大程度地使用私营部门”。在我国大陆，从中央到地方政府均没有建立起关于政府向社会组织购买服务的完整系统的政策框架，更没有对政府购买服务范围的明确规定。这使政府购买公共服务具有很大的随意性，是否实施完全由各政府及其工作部门自由裁量，多数政府部门出于部门利益考虑，仍然将行业管理协调职能、社会事务管理和服务职能、技术服务和市场监督职能等可以通过政府购买服务完成的事项牢牢掌控在自己手中。一些业务主管部门把一些专业评比、活动组织交由其指导下的社会组织来做，但并没有相应的专项经费支持，后者为了维持与业务主管单位的关系，只能花费大量人力、物力免费为政府服务。应当说，现有的法律和政策体系中缺乏对政府购买公共服务事项范围的明确界定，是造成上述现象的主要原因之一。未来的政策制定中，应当明确规定政府向社会组织购买服务的事项范围，并将其纳入政府部门工作绩效考核的指标体系，增强政府购买公共服务的约束力和执行力。

（二）购买服务的财政预算制度还没有真正建立

从某种程度上说，政府购买公共服务的资金来源是一个国家政府购买公共服务政策是否成熟的重要标志之一。在西方国家和地区，尽管各国政府购买公共服务的模式有别，但列入财政预算、由公共财政资金支出是其共同特征。原因在于：只有公共财政负担购买服务经费才能保证这一政策的稳定性、可持续性，才能保证其具备一定的资金规模，从而使政府购买公共服务政策得到顺利实施，其政策目标得以实现。以香港为例，香港政府在2006~2007年度的社会福利经常性开支占政府经常性开支预算的17.3%，达到343亿港元，其中，除社会保障资金245亿港元外，剩下的98亿港元经费中用于购买服务的资金有67亿港元，由此可见香港政府在购买服务方面的财政支持力度之大。与香港相比，深圳市在购买公共服务的资金支持稳定性、可持续性以及资金规模上的差距是显而易见的。深圳市目前设置了行业协会的专项扶持资金、社区社会组织专项资金，由于缺乏政策支持，无法以政府财政预算的形式制度化。

（三）社会组织资质标准缺乏统一规范

社会组织的资质评定不同于社会组织资格认定。社会组织资格认定只是解决了社会组织是否合法的问题。社会组织资质评定则是一个反映社会组织的服务条件、服务能力、服务水平的一套制度系统。合法性是社会组织接受政府资助提供公共服务的法律前提，但一个合法存在的社会组织并不一定必然具有较高的服务能力和水平。在政府购买公共服务中，社会组织是公共服务的传递者、输送器，社会组织的社会服务资质对政策实施效果具有非常重大的影响。因此，建立一个统一、完善社会组织的资质评定标准系统是至关重要的，这不仅能够保证提供公共服务的社会组织具有优良品质，也有利于促进社会组织间的公平竞争。在现有的政府购买公共服务政策文件中，还缺少这一重要的制度内容。如何评定社会组

织的资质问题是用人单位和社会组织都关心的问题，目前在评定社会组织资质方面还存在评定标准和程序不完善等问题。

（四）监管评估体制机制有待完善

政府以传统方式提供服务与以购买服务的方式提供服务的最大区别在于，政府由原先服务生产者和提供者合一的身份变为服务购买者，对服务质量的监管和评估成为其主要职责。从某种意义上讲，监管和评估是政府购买公共服务政策最为重要的环节，也是这一政策实施成败的关键。尽管现有政策中有关监管和评估制度的内容有所体现，但这些规定内容与发达国家和地区的相关制度比较起来，仍然显得比较粗糙和空泛，总体而言还不够完善。

（五）购买服务的合同文本不够规范和完善

合同文本是否规范、监管评估制度是否健全是政府购买服务政策水平的两个重要标志。据了解，香港社会福利署制定的社会福利购买服务协议文本有150多种，分别针对老人照顾、儿童服务、残疾人照顾、社区矫正等不同的服务项目。与香港相比，深圳往往用单一化的合同文本去规范多样化的服务项目，这必然会影响其实施效果。另外，在合同文本中，服务要求如果没有具体化，就难于以合同去约束服务生产者，也无法依据规范的标准去评估服务的质量和水平。

（六）信息公开制度需要完善

信息公开制度在现代公共行政中的意义重大。西方国家的实践证明，社会组织在具有克服市场失灵、政府功能失灵的同时，也存在滥用免税权、滥用公共资金、贪污等志愿失灵问题。信息公开则是治理志愿失灵问题的重要政策工具。在深圳市政府购买公共服务的相关政策文件中，信息公开的内容有所体现。如《深圳市社会工作人才专业技术职位设置及薪酬待遇方案（试行）》第13条规定，“建设诚信数据库和诚信记录公共查阅平台，并建立与之配套的信息披露机制、失信惩罚制度”。但由于仅仅是很宏观、原则的规定，缺乏实质性制度内容，因而这一制度难以真正运转起来。建立一套完善的社会组织信息公开制度乃是当务之急。

（七）政策实施协调机制有待建立和完善

在西方国家和地区，同一性质和种类的购买公共服务一般由同一部门来集中行使。例如，香港的社会福利项目都由社会福利署来统一安排。在我国大陆地区，则存在着同一性质和种类的公共服务购买政出多门问题。就社会福利购买而言，就涉及民政、妇联、残联三个完全相互独立的部门。政出多门，且有效的沟通协调机制尚未建立，难免造成重复申报和资金浪费的现象。

（八）社会组织的发展能力有待大幅提高

社会组织是政府购买公共服务的载体，是公共服务的直接提供者，社会组织发展现状在一定程度上制约了政府购买公共服务政策的实施，主要体现在社会组织的总体数量偏少、社会组织结构布局有待优化、社会组织发展能力不足、社会组织的内部治理机制有待于进一步完善。

（九）政府购买公共服务的理论准备不足

目前，关于政府购买公共服务的理论研究主要集中在对政府购买公共服务的定性研究，合法性与合理性的论证。尚未出现关于政府购买公共服务具体操作方面的论著，也没有这方面的外文翻译文献，缺乏对国外政府购买公共服务的具体操作的考察。政府购买公共服务作为一项公共政策，关键在于实践中的操作，而目前，对于政府购买公共服务的定价、购买过程、服务协议内容、服务评估及监督等具体环节的实践性研究匮乏，难以指导政府购买公共服务的实践。理论研究上的粗放式，导致制定的相关政策的粗放式，只能形成政府购买公共服务的大体框架，难以指导具体操作，以至于政策实践中出现重重问题。

三　完善政府购买服务的对策建议

深圳在实施过程中反映的问题，实际上也是国内其他地区实施过程中普遍存在或将来可能会出现的问题。针对这些问题，本课题借鉴其他国家和地区的先进经验，从完善政府向社会组织购买服务政策的整体设计和具体政策措施方面，提出如下政策建议，争取能为其在全国范围内的推行提供参考。

（一）政策取向

（1）政府购买服务是政府管理体制创新的发展方向。政府不可能大包大揽社会管理和公共服务，必须改革政府投入方式，推行多元化的公共产品供给模式。这既是政府职能转变的需要，也是加快服务型政府建设的要求。

（2）明确政府的角色职责。政府要从公共服务直接生产者向间接提供者的角色转换，工作重心转移到了解公民公共服务需求、制定公共服务发展规划、确定公共服务标准、加强监督管理等方面。

（3）确立政府与社会组织平等合作、相互尊重、优势互补的多元共治模式。社会组织是政府的合作伙伴，必须保证社会组织的高度民间化，切忌变相成为政府隶属机构。

（二）购买范围和事项

购买范围和事项可以界定为：除政府根本性职能以及法律、法规、规章规定不得以政府购买方式履行外，其他职能均可以向社会组织购买。

（1）行业管理与协调职能。包括行业标准和行规行约的制定，行业准入资质资格、行业领域学术和科技成果评审等。

（2）社会事务管理与服务职能。包括法律服务、宣传教育、专业培训、社区事务、公益服务等。

（3）技术服务与市场监督职能。包括统计分析、资产项目评估，行业内重大投资论证以及项目的责任监督等。

（三）购买方式

在选择具体的购买方式时，应当考量以下几个方面的因素：政府的管理目标、法律法规所允许的程度、资金供需、公共服务的特征、消费者群体的素质等。当通过市场化模式更有利于提高服务质量和效率，则可以考虑采用合同外包方式。对于合同外包方式，由政府部门会同财政部门，将政府购买公共服务事项及具体要求通过公共信息平台发布，以招标方式确定服务供应方。对市场条件不充分的事项，也可采用除招标形式以外政府采购法允许的其他方式购买。当政府需要鼓励社会组织从事特定类型公共服务，吸引更多社会组织从事该项服务，以保证服务项目能够可持续高效运转，可以考虑采取补贴制。当某项服务的个性化需求较强，需要满足不同服务消费者的个性化服务需求，可以考虑采用凭单制。对于一个项目，购买时并非只能选择一种方式，也可以通过同时采用多种方式来购买，如对居家养老就可以采取合同外包、补助、凭单相结合的模式进行购买。

（四）公共财政预算

（1）设立公共财政支持社会组织的专项财政预算。政府对购买服务的随机性财政划拨转变为制度性的支出，由财政部门编制预算，将公共财政支持社会组织发展列入年度财政预算。也可由预算单位在年度预算中申报购买服务的项目预算，财政部门审核安排。明确市区事权，建立市区两级财政对社会组织的支持体系。

（2）完善公益金和财政资金的使用界限及衔接机制。将用于购买服务的公益金定位于“种子基金”，主要用于新的社会福利项目的培育和扶持，项目一旦成熟则应当纳入财政预算支付体系。健全和完善公益金和财政资金衔接的程序机制，明确衔接的具体程序和责任划分。使用公益金购买公共服务的政府部门应当向有关机关提交项目成熟需纳入财政预算支付的论证报告，经审核批准后正式纳入公共财政预算。

（五）受托组织资格条件

接受政府委托提供公共服务的社会组织应当具备以下条件：

（1）具有独立承担法律责任的能力；

（2）具备提供政府购买所必需的设备和专业技术人员，行业管理部门有具体专业资质要求的，应具备相应的资质要求；

（3）具有相应的社会组织评估等级；

（4）具有健全的财务会计制度；

（5）参与政府购买公共服务项目前三年内无重大违法违纪行为，社会信誉良好；

（6）市政府确定的其他条件。

（六）监管评估

1. 建立多元、公正、科学的评估制度体系

评估主体。评估主体包括政府主管部门、社会组织和第三方评估组织。

评估内容。评估的基本内容包括社会组织资质、服务需求、服务过程、服务质量、服务效果。建立各项服务的细致的、合理的评估指标体系。

评估标准。评估标准主要包括服务供应方的资质标准、服务质量标准、服务计量标准、服务成果评价标准等。具体内容由政府主管部门根据服务领域特点分别确定。

评估方式。事前，采用需求及组织资质评估的办法，确定购买项目及服务提供者；事中，采用政府部门抽查、服务消费者反馈意见、社会公众监督、服务组织自律性评估相结合的方式评估，以保证组织自身按照协议规定及行业规章制度进行运作；事后，依照合同要求和评估标准对购买的服务事项实施情况评估。

评估结果使用。应建立基于评估效果的约束激励机制，对于评估结果优秀的社会组织，可以给予一定形式的经费资助或者其他奖励形式，如放宽社会捐赠条件，给予提高社会组织等级等；对于评估结果差的社会组织，有权要求其限期改善服务，或者中止其承担的政府购买公共服务任务，严重的取消其从事公共服务的资格。

2. 建立财务监管制度

社会组织提供服务的资金来源于公共财政，必须对资金使用情况进行必要的监督管理。在财务管理方面，应为受资助组织订立明确的会计账目及记录、财务申报及内部控制的基本要求。社会组织必须具备符合规定的财务内部监督机制，必须由具有合法资质的会计师或者审计师机构做出独立的财务报告。

3. 建立信息公开制度

应当根据政府购买公共服务法律关系特点，制定相应的政府购买公共服务信息公开制度。一是扩大信息公开范围。不仅要公开购买服务的项目、标准、预算等信息，还要公开服务质量、服务内容、资金使用、人员配置等信息，使公众更充分地行使知情权、选择权。二是扩大信息公开主体。明确将受政府资助提供公共服务的社会组织列为信息公开主体，社会组织应当公开其提供公共服务情况、资金使用情况等信息。三是改革信息公开方式。建立信息公开形式多样化体系，采取灵活多样的公开形式，搭建网络平台，举办听证会、论证会、交流会、信息发布会等多种形式。

（七）配套改革

（1）深化社会组织登记管理制度改革。除法律法规、政策文件规定外，工商经济、公益慈善、社会福利类社会组织和社区社会组织的业务主管单位改为业务指导单位。实施社区社会组织备案制度，对于未达到登记条件的各类社区社会组织纳入备案范围，经备案即合法成立，但不具有法人资格。

（2）深化社会福利管理体制改革。打破过去单一的社会部门或个别主体来承担、推行的零散格局，对不同组织机构、不同类型的资源进行整合，通过政策和行政对社会福利进行统筹安排和管理，共同构成一个社会福利的大系统。当前首先可以考虑建立跨部门的福利政策协调机制，建立社会福利管理的综合平台，加强部门间的沟通和协作，使其日常化、规范化、制度化。

（3）深化行政指导管理制度。尽可能采用非强制性的行政指导来引导社会组织重视内部制度建设，制订社会组织自律与诚信建设评估指标体系和建立诚信档案，将社会组织的治理、财务等各项制度建设作为政府向社会组织购买公共服务的一个资格条件和评价指标，通过激励性手段引导其内部制度建设逐步走向规范。

B.12

深圳市社会组织税收管理研究

徐宇珊*

摘　要： 税收管理对规范发展社会组织具有重要意义。深圳的社会组织面临的税收问题主要包括民办非企业单位无法获得公益捐赠税前扣除资格、难以享受到一些税收优惠政策，营业税负担重，免税资格覆盖面窄，等等。政府应当加强社会组织税收征管，将税收管理作为降低直接登记风险的手段之一；加大社会组织税务管理在其内部治理中的考核比重；探索民办非企业单位的分类管理制度；利用特区立法权，探索法律法规的完善，争取税收优惠政策；积极向国家税务总局和财政部反映社会组织的税收问题。

关键词： 社会组织　税收管理

一　税收管理对规范发展社会组织的意义

（一）税收优惠政策是政府培育扶持社会组织的重要手段

通过税收优惠政策支持和鼓励社会组织的发展，是世界各国通行的做法。美国学者阿德勒认为，税收是促进非营利组织发展的最有效工具。这是因为社会组织在教育、卫生、社会福利、文化艺术、环境保护等多个领域提供了适应社会需要的公共物品或准公共物品，特别是为弱势群体提供特殊的公共服务，减轻了政府的负担，因此政府应当给予其减免税待遇。税收优惠政策可以视为政府对社会组织的间接补贴，而且由于非营利组织受到“利润不得分配”原则的限制，本

* 徐宇珊，深圳市社会科学院。

身不分配财产和盈余，因此对社会组织的税收优惠最终将惠及服务对象，即不确定的社会公众。

（二）切实可行的公益捐赠减免税政策让企业和社会组织双赢

对社会组织的税收优惠政策包括两方面含义，一是对社会组织自身的税收减免，二是对向社会组织捐赠的个人、企业的纳税优惠。后者的目的是鼓励企业和个人向社会组织捐赠，支持公益事业，从而实现社会组织的可持续发展。企业向社会组织捐赠，往往需要考虑几个方面。首先，要让企业自愿地为社会组织捐款，必须让企业相信，通过社会组织，可以为社会提供更为优质的服务，这涉及社会组织整体的项目设计和执行能力、组织公信力，等等；其次，要让企业能够方便快捷地找到与企业社会责任战略目标相吻合的社会组织及公益项目；再次，在捐款的程序上，要简便易行，无须花费额外成本；最后，捐赠税前扣除的政策公开透明，手续便于操作。只有当这四个条件都满足了，才能够最大限度地促进企业向社会组织进行公益捐赠。切实可行的公益捐赠税前扣除政策和手续，是企业捐赠社会组织的最后一个环节，也是影响企业能否长期进行公益捐赠的重要环节。而对于社会组织来说，通过设计公益项目，提供公共服务，得到企业捐款，与企业建立战略伙伴关系，在财务上步入可持续发展轨道。公益捐赠税前扣除政策给热心公益的企业和投身公益的社会组织提供了结合点。在制定公共政策时，一方面要考虑政策的导向性，引导企业向哪几类社会组织捐款；另一方面就是完善政策的操作性，更好地为企业和社会组织服务。

（三）规范的税收管理可加大政府对社会组织的监管力度，降低直接登记的风险

《民政部、深圳市人民政府推进民政事业综合配套改革合作协议》要求深圳探索建立社会组织直接向民政部门申请登记的制度。直接登记是为了降低社会组织的登记门槛，给予社会组织更宽松的社会发展环境。直接登记看似是放松了政府对社会组织的管制，但其实是对政府的社会管理能力和水平提出了更高要求。如何化解直接登记可能带来的政治风险和管理责任，建立新的社会组织管理模式，是民政部门遇到的现实问题。规范社会组织税收管理是降低社会组织直接登记风险的有效手段，通过建立民政部门与税务部门联动的合作监管

体系，形成信息共享机制，及时发现社会组织中可能存在的问题，做出监测和预警。

税收监管是整个社会组织监管中的重要环节之一，属于财务监管，具有操作性强、引导性强等特点。税务管理可以起到对社会组织的监测预警作用，让财税信息服务于民政部门对社会组织的监管实践，降低社会组织的失信风险，提升社会组织的公信力。税务管理可以改变社会组织的管理模式，从预防制向追惩制转变，从重入口管理向重行为管理转变，从重管制管理向重扶持管理转变。

（四）规范的税收管理有助于提升社会组织的内部治理水平

社会组织的税收管理与社会组织的内外部治理密切相关。从国际经验上看，优秀的组织内部治理是实现组织减免税的必要条件。在美国，主要是从税法上定义和鉴别非营利组织，对非营利组织的监管也主要是依靠国税法的调节，非营利（non-profit）和免税（tax-exempt）这两个术语在实际应用中具有同义性。为了获得并保持免税资格，每一家免税组织必须每年向国税局呈交关于其财务和活动状况的申报表（990 表），并在网上公开每年的 990 表，且一旦有人索要，必须提供最近几年的 990 表复印件，供公众查询。这是因为非营利组织享受到了免税待遇，它就有义务做到信息的公开透明，就必须致力于提升自身的内部管理水平，保证其将各种资产用于公益事业。

因此，规范的税收管理同时给予社会组织提升内部治理水平的动力和压力，迫使社会组织迅速提升治理水平，这与股票上市对企业内部治理的促进作用类似。社会组织只有具备了良好的内部治理结构，做到了信息的公开和透明，才有可能获得免税资格和公益捐赠税前扣除资格，获得税收减免资格在某种意义上也是对内部治理规范的社会组织的认可和激励；同时，获得免税资格之后，又促使社会组织更有义务向社会披露信息，进一步加强内外部治理，为社会提供更好的公共产品或服务。

（五）税收管理为社会组织评估提供重要依据

社会组织评估是依照一定的程序，根据相关指标体系，对社会组织进行全面、综合的分析和评判，进行等级评定。目前我国社会组织评估结果通常分为 5

个等级，依次为5A级、4A级、3A级、2A级、1A级。A级越高，表示社会组织总体水平越高。社会组织的税收管理情况可以作为社会组织评估中的重要环节，具体包括是否进行税务登记、是否按期进行纳税申报、各种票据使用和管理是否规范、是否有完善的纳税记录，是否有异常纳税，此外，还可增加是否有逃避缴纳税款或帮助他人逃避缴纳税款行为；是否变相转移、隐匿、分配该组织财产；是否因违反《税收征管法》及其《实施细则》而受到税务机关处罚。在具体的管理中，应将税务部门纳入社会组织评估小组的组成部门，加大税务评估在社会组织评估中的分量。

（六）税收管理有助于规范政府购买社会组织服务

社会组织的税收管理是该组织财务管理的重要组成部分，考察税收情况可以发现该组织的财务治理水平，从而作为政府购买社会组织服务等工作的重要参考依据。与政府购买企业的商品相比，政府购买社会组织的公共服务，目标更为模糊和多元，实际效果更难考核，这就要求社会组织有更完善的财务制度和更高的财务管理水平。很难想象，一个内部财税制度混乱、从无纳税申报、时常偷逃税款的社会组织，能够将纳税人的钱用好，能够圆满完成公共服务目标。

因此，在进行政府购买社会组织服务的招标前，要详细了解所有竞标社会组织近几年的纳税情况，将完整的纳税记录作为参与竞标的要求之一，从而提升政府购买服务的效率和效果。

二　深圳社会组织税收管理现状

（一）深圳市社会组织税收征管现状

根据深圳税务部门2010年的调查，在市民政局登记的社会组织中，有319家属于国地税无登记户，占当时市级社会组织1202家的26.53%。还有一部分社会组织只在国税或地税一家税务机关登记，具体情况是，市级社会组织中，有413家民办非企业没有办理地税税务登记，有195家社会团体没有办理地税税务登记，有417家民办非企业没有办理国税税务登记，有555家社会团体没有办理

国税税务登记。

2010年5月，为了更好地营造社会组织建设的良好制度环境，促进社会组织的培育发展和规范管理，加强社会组织税收征管与纳税服务工作，深圳国家税务局、深圳市地方税务局和深圳市民间组织管理局签署了合作框架协议，三方合作开展数据交换、信息共享、纳税服务、税收监管以及政策研究。

（二）深圳市社会组织收入减免税现状

根据财政部、国家税务总局《关于非营利组织免税资料认定管理有关问题的通知》（财税〔2009〕123号）、《关于落实非营利组织免税资格认定工作的通知》（深财法〔2010〕5号）和《关于非营利组织免税资格认定问题的补充通知》（深财法〔2010〕21号），深圳市财政委员会、深圳市地方税务局和深圳市国家税务局于2010年上半年联合启动了第一批非营利组织免税资格的认定，经审核后下发了深财法〔2010〕9号文，认定94家非营利组织具有非营利组织免税资格。第二批免税资格的认定已于2010年12月启动。社会组织免税资格认定每年一次，每年的12月1～31日为免税资格认定时间。

（三）深圳市社会组织公益性捐赠税前扣除现状

根据《转发财政部、国家税务总局、民政部关于公益性捐赠税前扣除有关问题的通知》（深财法〔2009〕4号），深圳市财政局、深圳市国家税务局、深圳市地方税务局、深圳市民政局联合开展了深圳市社会公益性捐赠税前扣除资格的审核工作。第一批共有14家社会组织参与申报，最后有市慈善会、市社工协会、自闭症研究会等11家机构获得公益捐赠税前扣除资格。

此外，根据2009年5月《广东省财政厅、广东省国家税务局、广东省地方税务局、广东省民政厅关于公布广东省第一批具备公益性捐赠税前扣除资格确认名单的通知》（粤财法〔2009〕87号），还有深圳市青少年发展基金会、深圳市见义勇为基金会等11家基金会获得税前扣除资格，这些基金会都是在广东省民政厅注册登记的深圳本地的基金会。

2010年5月，深圳市民政局下发深民函〔2010〕282号文件，开始进行第二批社会团体公益性捐赠税前扣除资格认定的申报工作，本次共有12家社会组织参与申报，最后有9家机构获得资格。

三　社会组织面临的与税收相关的现实困难分析

（一）民办非企业单位的几个税收优惠困境

1. 无法获得公益捐赠税前扣除资格

《财政部、国家税务总局、民政部关于公益性捐赠税前扣除有关问题的通知》（财税〔2008〕160号）文中，只提到了基金会和公益性社会团体，而对民办非企业单位只字未提。这使得民办非企业没有法律依据去申请公益捐赠税前扣除资格，自然也难以享受到公益捐赠税前扣除的优惠待遇。2010年，深圳的公益性民办非企业单位数量增长迅速，像各个社工服务社、深圳映绿公益事业发展中心、深圳慈善公益网、深圳市民爱特殊儿童福利院等机构，都是典型的致力于公益服务的社会组织，但受制于法规政策的限制，它们目前都无法获得公益捐赠税前扣除，对这些组织吸引企业捐款是一个很大的障碍，不利于这些公益性民非发展壮大。调研中发现，某些公益性民办非企业单位已经意识到这一政策的负面影响，非常后悔注册为民非。

如果这一政策得不到改变，对整个民办非企业单位的影响将是巨大的。现有的公益性民非在接受捐款上将处于劣势，不利于发展壮大；同时，当这一负面影响逐渐被放大后，将有更多的人在注册时不选择“民非”性质。其后果就是，各类实际以赢利为目的的教育培训类机构一家独大的局面难以撼动，且因这些营利性民非的存在，公益性民非也易被政府和社会所误解，其发展空间进一步被挤压，最后，民非这一机构性质离非营利渐行渐远。

2. “民非”性质难以享受到一些税收优惠政策

“民办非企业单位”机构的模糊性，造成一些税收优惠空白。深圳华大基因和深圳光启高等理工研究院两家高科技民办非企业单位就遇到了体制上的障碍，不得不转为事业单位。这两家机构都是从事高科技研究的机构，因保持技术先进性和完成国际合作科研项目的需要，都需要长期进口大量的尖端科研设备和配套试剂耗材。但海关经审核后认为，“民办非企业科研机构”不能享受科教免税优惠政策。根据海关总署的有关规定，须持有省、自治区、直辖市或计划单列市设立的《事业单位法人证书》，方可享有科教免税资格。科技类民办非企业单位如

何享受科研用设备的进口关税和进口设备增值税减免优惠，在国家的相关政策中尚无规定。因此，为了具备免税资格，这两家机构都由民办非企业单位转为不定行政级别，不设领导职数和人员编制的事业单位。仅仅因为税收减免难以落实，逼迫民非转为事业单位不啻为社会组织领域的重大损失，既不符合行政管理体制改革的趋势，也不符合社会组织发展的趋势；既不符合国际惯例，也违背建设国家创新型城市的精神。

3. 民办非企业单位的多样性问题

目前，深圳的民办非企业单位涵盖了教育、社会服务、科学研究、文化等领域。其中，教育类占70%以上，多以民办幼儿园、民办培训机构为主。不同类型的民办非企业单位的服务领域、机构性质有相当大的差异，既有纯公益性的社会服务类机构，也有营利性的教育培训类机构，但目前在税收政策上却没有对民非进行细分，一方面造成大量的公益性民非无法享受到税收优惠；另一方面造成有关部门对民非的性质理解有误，对民非存有偏见，只见营利性民非，无视公益性民非。

（二）营业税负担重困扰社会组织

目前，营业税是深圳社会组织缴纳的除个人所得税外最多的一项税款，根据调研，营业税也是各社会组织反映负担最重、最不合理的一个税种。当前，社会组织营业税税率为5%，加上教育费附加（营业税3%）和城建税附加（营业税7%），实际营业税税负为5.5%。营业税的计税特点是以营业额为计税依据，对于社会组织来说，一般是应税劳务收入的营业额；营业税的税收收入不受成本、费用高低的影响；履行营业税纳税义务的时间，一般为纳税人收讫营业收入款项或者取得索取营业收入款项凭据的当天。营业税的这些特点对于税务部门来说是一项计算方法简便，收入稳定的税种，而对于襁褓中的社会组织来说却是财务困难。用调研时一位社会组织负责人的话说就是，刚拿到一笔钱，还没有开始使用，就先扣除了5.5%的营业税，还不知道项目运作中实际的成本费用如何，就先缴纳了税款。

造成社会组织营业税负担重、不合理的主要原因有以下几个。

1. 现行法律法规免税的覆盖面窄

目前，营业税适用的法规是1993年颁布的《中华人民共和国营业税暂行条例》，后经2008年做出修订，但在免税条款上，2008年修订版除增加了“境内保险机构为出口货物提供的保险产品”外，其余各款与1993年的版本完全一致。即：目前，根据修订后的《中华人民共和国营业税暂行条例》第八条，下列项目免征营业税：①托儿所、幼儿园、养老院、残疾人福利机构提供的育养服务，婚姻介绍，殡葬服务；②残疾人员个人提供的劳务；③医院、诊所和其他医疗机构提供的医疗服务；④学校和其他教育机构提供的教育劳务，学生勤工俭学提供的劳务；⑤农业机耕、排灌、病虫害防治、植物保护、农牧保险以及相关技术培训业务，家禽、牲畜、水生动物的配种和疾病防治；⑥纪念馆、博物馆、文化馆、文物保护单位管理机构、美术馆、展览馆、书画院、图书馆举办文化活动的门票收入，宗教场所举办文化、宗教活动的门票收入；⑦境内保险机构为出口货物提供的保险产品。修订后的营业税免税条款没有形成非营利组织的整体概念，只是列举了几个非营利机构可以享受税收优惠，而将大量的其他社会团体、民办非企业单位和基金会排除在外，难以涵盖所有的公共服务机构和领域。

2. 免税项目不合理

诸多公益性社会组织反映最为强烈的问题就是，真正从事公益服务的社会组织要缴纳营业税，而大量的以非营利之名行赢利之实的组织却能够根据营业税暂行条例享受免税。目前免征营业税的项目中有“托儿所、幼儿园、养老院、残疾人福利机构提供的育养服务，婚姻介绍，殡葬服务”，在过去的计划经济体制下，托儿所、幼儿园、养老院等机构几乎完全由国家或集体举办，而现在民办机构大量出现。而这些民办幼儿园，尽管以“民办非企业单位”的性质注册，但绝大部分都是由民间投资举办的有经济回报型的幼儿园，属于营利性的幼儿园，应该依法纳税。但是，根据深圳地税局提供的数据资料显示，2007～2010年间，享受到减免税的几乎都是幼儿园、民办学校等。因此，现实中的矛盾是显而易见的，真正的非营利性机构要缴税，营利性机构却可以免税。甚至更为严重的是，正是大量的获得免税的营利性机构的存在，使得税务部门对真正的非营利机构心存芥蒂，认为所有的非营利机构都只不过是一个幌子，使真正非营利机构的免税申请步履维艰。

（三）免税资格覆盖面窄

目前，我国对社会组织的免税资格认定局限在企业所得税上，而无法延伸到其他税种。一家社会组织如果想要享受到多种税收优惠，就必须一一申请，且每

一个税收减免优惠的申请程序都非常烦琐。

免税资格覆盖面窄，造成的问题有很多。第一，导致社会组织无暇申请各类减免税优惠资格，以至无法享受免税待遇，或是自行免税。营业税、增值税、房产税、车船使用税、城镇土地使用税、进出口关税等，每一个税种都需要申请，耗时长，程序多，甚至还需要看办税人员的脸色，因此，如果减免的额度很小，一些社会组织就不去申请，要么照章纳税，要么自行减免。第二，降低社会组织申请所得税免税资格的积极性。调研中发现，很多社会组织申请企业所得税免税资格的动力不足，因为大多数社会组织根本无利润，没有应纳税所得额，也就不用缴纳企业所得税，但申请免税资格花费的时间和精力却很多，因此出于理性考虑，有些社会组织就选择不申请。第三，导致税务部门的自由裁量权过大。一些个案表明，一些组织可以通过向税务部门打报告的方式免掉某些税款。深圳的一些社工服务社，也曾以类似方式获得税务部门对营业税的暂时减免。这种局面必然带来不公平，为“寻租”创造了机会。

（四）社会组织因政府购买服务取得收入的免税问题

政府购买社会组织服务在税收方面尚有很多制度障碍未能厘清，在一定程度上会制约政府购买服务的进程。

1. 政府购买服务收入不能免所得税

根据《财政部、国家税务总局关于非营利组织企业所得税免税收入问题的通知》（财税〔2009〕122 号），除《中华人民共和国企业所得税法》第七条规定的财政拨款以外的其他政府补助收入，可以免企业所得税，但不包括因政府购买服务取得的收入。这一规定具有很多不合理性。首先，不符合国际惯例。政府购买社会组织服务，是国际通行的做法，根据萨拉蒙的研究，世界各国非营利组织的收入中，有 40% 来自公共部门，有 49% 来自会费收费，而来自慈善的只有 11%。绝大多数西欧国家的非营利组织收入都来自公共部门的支持，主要是赠款和合同。调查显示，拥有最大非营利部门的国家普遍都是公共部门支持主导的类型，公共部门的支持是非营利运动成长的关键性因素。① 国际研究数据显示，欧

① 〔美〕莱斯特·M. 萨拉蒙著《全球公民社会——非营利部门视界》，贾西津、魏玉等译，社会科学文献出版社，2007，第 27 ~ 30 页。

洲非营利组织收入中普遍有40%～70%来自公共财政资源，日本这一数据为45%，中国香港地区为70%～80%，即使是美国这样的市场主导型国家，非营利组织收入总额中来自政府公共部门的资源仍占到其收入总额的约31%。[①] 国际上，非营利组织因政府购买服务取得的收入通常属于免税收入的范围。世界各国通常仅对非营利组织与宗旨无关的收入以及营利性活动收税。例如，美国联邦税法对非营利组织不相关的商业收入、私人基金组织的净投资收入、社会俱乐部非成员收入等征收所得税。俄罗斯对除了来自商业性活动收入以外的其他收入通常免除所得税。英国慈善组织的交易只要是只为慈善目的，并且交易与慈善机构的宗旨相关，就可以免征所得税。其次，对社会组织发展带来一定困难。目前，深圳社会组织的发展尚在起步阶段，特别是公益性社会组织几乎难有盈余。以社工服务机构为例，根据市民政局社工处于2009年初对社工机构的调查显示[②]，这些社工机构的收入来源较为单一，主要为政府购买服务或相关资助经费，其中购买服务经费占大部分机构收入的90%以上，当时全市11家社工机构中，有6家有一定盈余，5家机构出现亏损。在课题组的调研中，某社工机构的负责人坦言，社工机构必须到年底有点结余，因为如果下一年度政府没有按时下拨社工的工资，那么机构必须先用上一年的结余垫付社工工资，否则只能拖欠社工工资；如果没有结余，社工机构很难壮大，无法可持续发展；但现在受到所得税政策的影响，每个机构都不敢有结余。[③]

2. 政府购买社会组织服务要缴纳营业税

因政府购买服务取得的收入须缴纳营业税主要是社会组织2010年7月之后遇到的问题，表面上源于财政部印发的《行政事业单位资金往来结算票据使用管理暂行办法》，该办法规范了行政事业单位资金往来结算票据的使用办法，不允许服务性收费使用此类票据。因此，社会组织在取得政府购买服务的收入时，必须开具服务业税务发票，缴纳营业税。这一政策对于以政府购买服务为主要收入来源的社工组织予以严重打击，在民政局社工处、财政委与社工机构多方协商下，最后达成妥协。即，关于社工服务资助经费的80%，作为代收代付的资助

---

① 贾西津、苏明、韩俊魁、孙杰：《中国政府购买公共服务研究终期报告》，亚洲开发银行，2009年6月。

② 向木杨：《深圳市民间社工机构财务情况合理规范》。

③ 访谈记录。

款项，使用于社工工资薪酬、社工服务活动开展以及社工办公经费等，不需要缴纳营业税；社工服务购买经费的 20%，作为机构管理经费，可用于机构的管理经费，包括场地租金、行政管理人员的薪酬福利、员工培训、水电费和日常行政开支等，需要缴纳营业税。尽管妥协的结果让社工机构减轻了税负，但毕竟只是权宜之计，没有从根本上改变社会组织所处的税收地位，其深层次的原因还是前面第 4 点提到的我国营业税本身存在的诸多不合理。

3. 政府购买社会组织服务没有明确的法律法规

2002 年的《政府采购法》中，政府采购包括货物、工程、服务的购买，其中把“服务”定义为“指除货物和工程以外的其他政府采购对象”。但在细化的《政府采购品目分类表》中，印刷出版、咨询、信息服务、维修、保险、租赁、交通车辆维护、会议、培训、物业等十大类服务项目都是针对行政部门的后勤服务，而范围更广更重要的教育、公共卫生、社会福利等公共服务并未纳入其中。所以向社会组织购买公共服务就没有明确的法律和财政操作办法。因此，尽管深圳及北京、上海、无锡等地，都将政府购买社会组织服务作为地方改革创新，但仍缺乏制度上的采购法律法规及相应财政制度体系的完善。

4. 政府购买社会组织服务的定价不明，成本不清

调研中，很多社会组织反映，政府购买社会组织服务时给出的价格低，仅能刚刚覆盖成本，如果再缴纳税款，则很难保证服务质量。那么，一项服务究竟如何定价才是合理的呢？笔者认为，目前，政府购买社会组织服务时的确存在定价困难的情况。原因之一是政府购买社会组织服务尚不规范，公开招标的竞争性购买还比较少，政府与社会组织双方不是独立的主体，政府在购买中处于主导地位，在缺乏一定规范的情况下，很容易形成政府以较低的成本从社会组织购买服务。原因之二是政府的预算不明，难以测算购买服务的成本。与政府购买服务相关的是政府转移职能，即让社会组织承担政府的一些职能，那么就必须“费随事转”，然而，我们查阅政府各部门的预算时会发现，很多部门的支出预算仅有基本支出和项目支出两大项，而项目支出的细目却比较模糊，即使有些部门列出了各个项目的支出预算，但依然非常笼统，无法从中知道某一项工作原来由政府部门亲自完成，需要花费多少钱，现在由社会组织承接，需要支付给社会组织多少钱。这样一来，既无法准确地衡量究竟有多少“费”该随着事项转移给社会组织，也无法得知社会组织承接政府职能究竟是节省还是浪费了纳税人的钱，当然，也就无法知道社会组织完成这些任务所获得的收入究竟有没有利润空间，实际税负究竟如何。

四　对深圳社会组织税收管理的政策建议

（一）加强社会组织税收征管，将税收管理作为降低直接登记风险的手段之一

1. 民政与税务信息实时联网

在执行《深圳国家税务局、深圳市地方税务局、深圳市民间组织管理局合作框架协议》的基础上，提高信息化水平，建立民政与税务信息实时联网，共享数据信息。无须通过手工传输比对，而是依托数据库联网，税务部门随时掌握新增、变更及注销社会组织的情况，民政部门也随时掌握社会组织税务登记及纳税情况。

2. 建立社会组织普遍税务登记制度

对于新增社会组织，比照企业的规定，要求在领取登记执照之日起三十日内，持有关证件，向税务机关申报办理税务登记。税务机关应当自收到申报之日起三十日内审核并发给税务登记证件。在民政部门颁发社会组织登记证书的同时，必须给予社会组织税收登记的业务指导手册，写明税务登记办理时限、办事地点、所需材料，等等。对于已有的社会组织，由税务部门和民政部门联合以集中办理的方式为社会组织提供税务登记的服务和指导。

3. 建立社会组织税务信息预警机制

税务部门经常性地对社会组织的财税状况进行数据比对和分析，一旦发现异常情况就跟踪监测，与民政部门等有关部门进行信息共享和通报，并根据情况及时向社会公众公开，起到对社会组织的监测预警作用，让财税信息服务于民政部门对社会组织的监管实践，降低社会组织的失信风险，提升社会组织的公信力。

4. 税务部门配置适当的资源管理社会组织

提高税务部门对社会组织税务管理的认识，加大管理力度，协调有关单位，增加税务部门的人员编制，专人负责社会组织税务管理。

5. 税务部门完善社会组织税收基础数据

对社会组织的税务数据进行核对和整理，完善社会组织税收数据库，提供准确的税收信息。

（二）加大社会组织税务管理在其内部治理中的考核比重

1. 在社会组织评估中加大税务管理的评分比重

将税务管理作为社会组织内部治理评估中的独立项目，具体包括税务登记、按期进行纳税申报、各种票据使用和管理、纳税记录、异常纳税等基本情况，以及是否有逃避缴纳税款或帮助他人逃避缴纳税款行为，是否有关联交易或非关联交易和服务活动，是否变相转移、隐匿、分配该组织财产，是否因违反《税收征管法》及其《实施细则》而受到税务机关处罚，等等。

2. 将税务人员纳入社会组织评估委员会

将税务部门纳入社会组织评估小组的组成部门，邀请税务部门工作人员进入社会组织评估委员会和专家组，主要负责对社会组织的财务情况进行评估。

3. 将社会组织税务管理作为政府购买服务的重要依据

在政府购买社会组织服务招标前，详细了解所有竞标社会组织近几年的纳税情况，将规范的财税管理制度、完整的纳税记录等作为参与竞标的要求之一，提升政府购买服务的资金使用效率和效果。

（三）针对民办非企业单位的多样性问题，探索民非的分类管理制度

（1）将民办非企业单位分为营利性民非和非营利性民非。根据实际运作，对民非进行营利和非营利的区分。选择登记为营利性民非的机构，可以进行有经济回报的经营性活动，不能享受税收优惠（含撤销已有的税收优惠）；选择登记为非营利性民非的机构，民政部门要加强监管，确保其非营利性，可以享受税收优惠。

（2）对民办非企业单位的分类管理可先在个别领域的机构中进行试点。

（四）利用特区立法权，探索法律法规的完善，争取税收优惠政策

（1）借修订《深圳经济特区政府采购条例》之机，将有关政府购买社会组织服务的内容纳入条例，有法可依。具体包括，应明确将“公共服务”纳入政

府采购的范围和目录，将采购法中的“服务”从行政机构接受的服务扩展到公共服务；明确将社会组织纳入政府购买的对象，确保社会组织的参与主体地位，促进广泛的社会服务市场形成；为社会组织参与公共服务购买竞争提供更加公平的政策，确保政府主办机构与民办社会组织之间的公平性。

（2）利用深圳的特区立法权和先行先试的优势，在政策允许的范围内，探索社会组织企业所得税、营业税的减免政策，在具体执行时根据实际情况确定具体享受优惠的范围和时间。

（五）积极向国家税务总局和财政部反映社会组织的税收问题

（1）提出修订营业税免税项目的建议。借鉴国际经验，区分组织的种类和组织提供的服务种类，修改营业税免税条款，根据社会经济发展的变化，将营利性组织所从事的营利性项目从免税条款中剔除，增加非营利组织所从事的非营利项目，将列举式的免税项目扩大到符合条件的公益性社会组织以及公共服务。

（2）提出社会组织企业所得税减免的建议。一方面根据实践经验，对免税资格审核程序方面提出建设性意见，优化社会组织免税资格流程；另一方面根据国际经验及国内实践，提出修改企业所得税免税收入的建议，可在九家基金会联合发起的《关于对财政部、国家税务总局〈关于非营利组织企业所得税免税收入问题的通知〉和〈关于非营利组织免税资格认定管理有关问题的通知〉进行合法性审查的建议》的基础上，结合深圳实际，突出政府购买服务收入免税问题，提出有关政策建议。

（3）提出扩大公益性社会组织税种优惠范围的建议。在区分公益组织和互益组织的基础上，以企业所得税优惠为基础，统一扩大到营业税、增值税、房产税、车船使用税、城镇土地使用税、进出口关税等，建议实行统一的税收优惠资格认定，简化税收优惠资格认定程序，构建完整的社会组织优惠税种体系。

（4）积极反映民办非企业单位所面临的税收优惠困境。将深圳本地民非遇到的税收优惠困境，包括进口关税、进口增值税、公益捐赠税前减免资格问题，向国家民政部、国家税务总局以及财政部等有关部门反映，为社会组织创造良好的发展制度环境。

B.13
深圳社区服务发展现状与对策研究

深圳市民政局基层政权和社区建设处

摘　要：面对社区服务多样化、高层次化、老龄化和均等化的需求变化趋势，深圳市社区服务在保障救助、照料保育、计生卫生、科教文体、治安法律、环境卫生和其他便民利民服务方面均进行了探索，取得了诸多经验。但也存在一些问题，主要是供需总量结构失衡，服务设施分布不均，运行体制不顺畅，专业服务人员不足，绩效评价体系不完善等。发展深圳社区服务，必须加强社区服务规划、创新服务载体、完善服务设施、拓展服务内容、壮大服务队伍，不断提升社区服务水平。

关键词：社区　社区服务　现状　对策

近年来，深圳市通过加强组织领导、强化政策制定、加大资金投入、推进机制体制创新、完善服务设施和壮大服务队伍，实现了社区服务体制的高效运转和居民自治的深入发展。2010 年 7 月，市民政局与暨南大学组成调研组，通过座谈访问、资料查阅、实地调研、抽样调查、统计分析等方法，对深圳社区服务需求和供给状况进行了调研摸底，对社区服务工作开展过程中存在的问题进行了分析，并提出合理化建议。

一　深圳社区发展的特征

改革开放以来，深圳经济社会快速发展，社区建设也经历了萌芽、探索、创新的不同发展阶段，总结起来，深圳社区发展有以下特征。

（1）社区居民结构倒挂。2010 年第六次全国人口普查数据显示，深圳拥有非户籍人口约 798 万，户籍人口 251.03 万（未剔除流出市外半年以上人口），两者之比达到3.18∶1，人口结构严重倒挂。尤其在一些城中村社区或大型工业企业落户社区，倒挂比例畸高，如罗湖区黄贝岭社区（属城中村社区）非户籍居民43350人，户籍居民仅1715人，二者比率为25.3∶1；宝安区油松社区（属大型企业所在社区）二者比率甚至超过100∶1。

（2）社区人口规模悬殊。按常住人口统计，目前，深圳超过万户的特大型社区占到12.82%，不足千户的社区占到14.90%，甚至还存在不少不足500户的微型社区（见图1）。

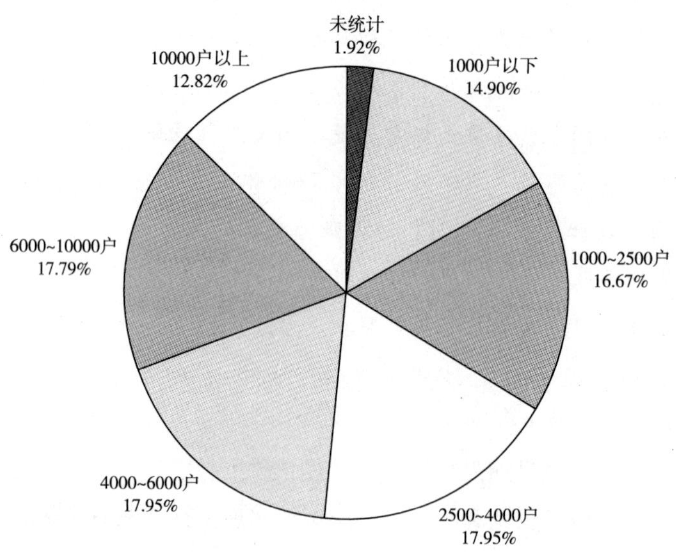

图1 深圳社区户口规模情况

（3）社区类型多样。由于人口和物业形态不同，深圳的社区呈现出各种各样的特征，包括特大型城中村社区（如黄贝岭社区）、境外居民集中社区（如口岸社区）、物业管理发达社区（如东海岸社区）、大型企业驻扎社区（如油松社区）、福利房社区（如前海社区）、文化型社区（如粤桂社区）等类型。

（4）社区居民自治程度高。自2005年推行“居站分设”以来，居委会摆脱了沉重的行政负担，回归为真正的群众性自治组织。2011年居委会换届选举中，789个进行选举的社区中有788个采取直选方式，直选率达99.87%。

二　深圳社区服务的需求分析

（一）深圳社区服务需求基本状况

深圳的社区服务面向全体社区居民、驻区及周边单位，根据需求实现方式的不同，大致有以下四种来源：第一类，特殊群体（老年人、儿童、残疾人）、贫困家庭、军人及其家属等优抚对象对福利性公益性服务的无偿需求；第二类，一般社区居民对具有公共产品特性的社区服务的代偿需求；第三类，一般社区居民对政府支持的社区服务机构提供的便民利民服务的低偿需求；第四类，社区内所有居民家庭和各类社会组织对各类服务企业提供的社会化服务的有偿需求。[①] 深圳社区服务需求范围非常广，涵盖广大居民物质生活和精神生活的各个领域，需求内容包括社区保障、社区救助、社区卫生、社区计生、社区文化、社区教育、社区环境、社区治安、社区信息、社区商业等；同时，问卷统计分析显示，社区居民对就业服务、医疗服务、老年人服务、计生服务、治安服务及救济服务等六类服务的需求强度最大，所占比例分别达 95.88%、94.76%、92.88%、86.89%、86.14%、80.52%（见表1）。

表1　各类社区服务中具体服务项目需求排名及对应百分比

服务类型	具体服务项目需求排名及对应百分比(%)							
	第一	第二	第三	第四	第五	第六	第七	第八
老年服务	居家养老	医疗保健	星光之家	娱乐休闲	养老院	体育健身	人身安全	日常生活
	94.93	90.78	72.35	60.37	57.14	53.46	45.16	44.24
残疾服务	康复服务	助残解困	生活保障	就业服务	心理咨询	精神文化	无碍环境	日常生活
	95.39	91.24	70.05	69.12	59.45	57.60	56.22	40.09
青少服务	幼托幼教	问题青年	假期公益	困难关爱	图书及文化	少儿午托	文化补习	文体培训
	72.46	69.57	69.08	69.08	64.25	58.45	47.83	47.83
医疗保健	社康中心	疾病预防	健康教育	医保卡	低廉医疗	对接转诊	健康普查	紧急呼唤
	96.77	89.40	68.66	65.44	64.52	55.30	54.84	46.54
计划生育	计生咨询	优生优育	避孕药具	生殖保健	计生档案	孕产妇照料	人流服务	
	94.01	80.18	76.50	64.06	51.61	41.94	34.10	

① 侯岩：《中国城市社区服务体系建设研究报告》，中国经济出版社，2009。

续表

服务类型	每类服务中具体服务项目需求排名及对应百分比(%)							
	第一	第二	第三	第四	第五	第六	第七	第八
家政服务	保洁	老人护理	家电维修	保姆	买菜做饭	家教	法律咨询	看护病人
	80.68	72.95	55.07	51.69	43.00	41.06	36.23	35.27
社区安全	社区保安	公德宣导	流动人口	社区消防	居民治安	道路交通	犯罪监控	弱势人群
	90.82	75.36	71.01	70.05	69.57	67.63	66.18	62.32
就业社保	就业窗口	就业培训	就业政策	养老金	就业信息	岗位开发	退休人员	就业指导
	93.24	77.29	70.05	64.73	63.29	58.45	58.45	52.17
社区救助	低保	特困救助	困难助学	失业救助	社区救助	临时救助	助残	助老
	95.15	85.02	69.60	69.60	67.40	64.32	56.83	47.58
法律援助	法律咨询	邻里调解	代申法援	困难鉴定	代理文书	违法监控		
	89.88	58.70	58.30	40.49	36.84	33.20		
环卫绿化	环卫保洁	绿化美化	四害消杀	环境维护	噪声监控	污染监测	垃圾回收	公德宣导
	97.10	95.17	84.54	81.64	75.36	69.08	57.00	56.04
文化娱乐	增加场所	设施达标	图书阅览	避雨设施	表演竞赛	文体培训	自助棋牌	收费服务
	85.99	85.51	67.15	63.29	46.86	43.48	42.51	40.58
便民利民	便利超市	上门维修	上门诊疗	各类家政	电脑维护	菜篮子服务	上门送货	废品回收
	76.33	62.80	57.49	53.62	53.14	51.69	45.89	37.20
信息服务	三网合一	宽带接入	有线电视	信息公开	全天接听	一键通呼叫		
	86.47	66.18	65.22	58.94	53.14	43.00		
物业管理	环卫保洁	治安三防	设施维护	车辆看管	供水供电	建筑维修	违章监控	
	97.10	89.86	74.88	66.18	62.32	52.66	44.44	
商业服务	社区超市	休闲娱乐	金融服务	餐饮	药店服务	健身服务	家政服务	教育培训
	78.26	69.57	65.22	63.29	58.45	50.72	44.93	44.44

（二）深圳社区服务需求趋势

1. 多样化

从社区层面看，不同类型的社区对社区服务需求不同。外来务工人员集中的城中村社区，对社区治安、医疗和清洁等服务的需求比较突出；新落成的商品房社区（如东海岸社区），对活动的内容、形式和场所更为关注；香港居民聚集的社区（如口岸社区），对跨境儿童服务比较关注；老人、小孩所占比重大的社区（如前海社区），对关怀照料类服务的需求比较强劲。从居民层面看，由于年龄、性别、职业、文化、收入水平、性格等差异，以及更加注重追求个性化，居民对社区服务需求具有很大的差异性和多样性。

2. 高层级化

伴随着收入水平的提高，居民物质需求得到满足之后，进一步朝向精神、文化需求。社区居民对活动场所和社区活动的需求普遍较大，尤其是户外活动场所。如口岸社区希望成立社会组织来辅导小孩放学后完成作业；希望针对社区时间富裕的人组织开展各种活动；希望开辟更多室内外活动场所。而物业管理发达的住宅区由于大多数生活服务（除计生等少数外）均可通过市场机制来供给，他们对社区文化活动需求尤其呈现高层级化。

3. 老龄化

和国内外许多城市一样，深圳人口结构也呈现出老龄化甚至加速老龄化的趋势，包括早期来深建设者逐步到龄退休、来深居住老人增加等。老年人的激增，增加了社区对老有所养、老有所医、老有所教、老有所学、老有所为、老有所乐的投入，加大了对星光老人之家、养老机构、家务料理、日间照顾料理等服务的需求。

4. 均等化

长期以来，原特区内外、不同户籍的居民享受着差异化的服务。原特区内外在社区服务网络（如信息网络平台和公共设施等）建设方面均存在较大的差距；少数社区内一些服务只覆盖户籍人口，导致非户籍居民归属感不强。随着特区内外一体化的加速推进，居民对均等化服务的呼声越来越高。

三　深圳社区服务供给状况

调查显示，当前深圳社区服务的提供方主要是政府、非营利性组织、社区自治组织、驻社区单位及商业性机构，其中以政府提供的无偿性公共服务和商业性机构提供的有偿性商业服务为主。具体来讲，从“效用”① 视角出发，深圳社区服务的供给状况如下。

① 不同研究者从各自研究视角出发，对社区服务内容进行划分的标准不尽相同，按照“经济属性”划分，包括公共服务、政府购买服务、自助互助服务、慈善或志愿者服务、商业化服务等；按“补偿方式”或“补偿标准”划分，包括无偿服务、代偿服务、自偿服务、低偿服务、有偿服务；按社区服务供给主体划分，包括政府提供的服务、非政府组织（NGO）提供的服务、企业或驻社区单位提供的服务、居民自助互助服务；按“效用”或“使用价值”划分，包括保障救助服务、关怀照料服务、计生卫生服务、科教文体服务、治安法律服务、环境环卫服务及其他便民利民服务等。

（一）保障救助服务

这类服务对象主要包括孤残人士、贫困家庭、优抚对象、失业人员等；服务性质以提供低偿、无偿或代偿（政府购买服务）的社会福利为主。

1. 残疾人服务

深圳市、区两级加大对残疾人康复经费的投入，并从组织保障、服务网络建设、技术指导、康复救助等方面推进残疾人社区康复示范培育活动，保证了《关于进一步加强残疾人康复工作的意见》（深府办〔2004〕13号）提出的在2008年人人享有康复服务目标如期实现，并100%地为有康复需要的残疾人建立健康档案。本次调查的578个社区中，精神病人的监护率达98.69%。加强残疾人职业与技能培训，将残疾人职业技能培训和等级考核鉴定纳入全市培训项目，实行“培训－实习－准就业－输送就业”的职业培训模式，目前，残疾人接受培训率达到95%以上，同时根据残疾人的就业特点，开发适合残疾人就业的彩票销售、书报亭经营、社区便民利民服务、社区公益服务等社区就业岗位，形成了完整的残疾人就业工作服务网络；改善社区社会康复环境，投资6000多万元，建设了为残疾人提供多功能、全方位、规范性、专业性服务的残疾人综合服务中心；颁布《深圳市无障碍环境建设条例》，推进了无障碍环境建设等。

2. 贫困救助服务

社区社会贫困救助主要是针对社区内无收入或低收入家庭、“三无”居民等提供的扶助服务。深圳市从1997年起实施最低生活保障制度，并且根据物价水平的变化不断调高保障标准，目前，最低保障标准提高至450元，截至2010年7月，享受低保的居民有12429人，低保家庭4493户。同时，社区社会救助服务的形式日趋多样化，包括帮助困难居民购买住院医疗保险，解决其看病难的问题；开展“雏鹰展翅计划”，对困难家庭的大学生给予教育资助；发放租房补助金、临时救济金、抚慰金以及减免学费；动员社会力量对困难群体开展“爱心工程”、“一帮一活动”；购买社工服务，深入困难家庭了解服务需求，建立档案信息。

3. 优抚服务

优抚服务是针对社区内的现役军人及家属，残疾军人、复员军人、退伍军人、烈士遗属、因公牺牲军人遗属、病故军人遗属提供的服务，主要包括开展多种形式的拥军优属活动，帮助优抚对象解决住房、就医和日常生活困难，以及开展军民联谊活动。比如沙头角图书馆、沙头角社区工作站举办“传承历史文化、共庆端午佳节”，社区居民与战士共度端午佳节；安乐社区创建了“双日”拥军固定模式，定期邀请地方专家为官兵免费进行电脑培训，每逢春节、八一建军节等重要节日，组织辖内企业、群众与部队联欢，定期为部队进行营房维修、设施保养，组织社康中心到部队营区消毒，为官兵接种疫苗等。

4. 就业服务

2005 年，深圳市颁布了《关于进一步完善深圳市街道社区劳动保障工作平台建设的意见》（深府办〔2005〕95 号），推动了劳动保障的管理服务工作向街道、社区延伸。同时，加强了社区保障窗口的建设，组织开发社区安全保卫、卫生保洁、公共环境绿化、公共设施维护、家政服务等社区公益性岗位，引导帮助失业和待业人员实现就业。统计显示，全市 100% 的社区建立了劳动服务保障窗口。全面开展创建充分就业社区活动，为失业人员提供就业服务，重点开展“零就业家庭”和就业困难人员的就业援助工作，建立了以政策咨询、失业登记、就业登记、职业指导、职业介绍、就业援助、劳动保障事务代理为主要内容的服务制度。

（二）照料保育服务

这类服务对象主要包括老年人、妇女、儿童、青少年；服务性质以提供低偿、无偿或代偿的社会福利为主。

1. 老年人服务

老年人服务主要是针对老年人在衣、食、住、行、医、学、乐等方面的需求开展的服务。“十一五”以来，深圳市围绕“老有所养、老有所医、老有所教、老有所学、老有所为、老有所乐”（简称“六个老有”），不断加强社区为老人服务。2005 年，启动了居家养老服务试点工作，以“立足社区、面向老人、专业服务”为主要特点，并于 2006 年在全市范围内推开。目前，福彩公益金已提供 1 亿多元，向 17000 多名“三无”老人、高龄老人、特殊群体老人提供 200 ~ 500 元/月的补助，服务的内容涵盖生活照料、家政服务、康复服务、日托服务、心理咨询、精神慰藉、临终关怀等多个方面。2001 年启动“星光计划”以来，迄今已建设“星光老年之家”870 个；2007 年开始实施“老有所乐”计划，每年

投入2000万元，资助了全市3000多个基层老年文体活动项目；2008年推出“老有所学”计划，资助了老年大学开展老年学习教育计划；同时，每年为60岁及以上老人提供免费常规体检一次。

2. 妇女服务

2008年，创建了“阳光家庭综合服务中心”项目，服务对象扩展到全体有需要的妇女、儿童和家庭，服务内容扩展到婚姻、人际关系调解、扶助贫困妇女、亲子教育、单亲家庭辅导、关怀来深建设者等。2010年，继续按照“项目化运作、专业化服务、社会化推进”的思路，全面落实《深圳市“阳光家庭综合服务中心”标准化建设规范（试行）》，组织召开了“阳光”系列服务项目宣传推介会，积极协调和整合社会资源，拓展了参与社会管理和公共服务的广度和深度。目前，全市已形成了全方位、多层次的立体式工作网络，共建立10个阳光家庭综合服务中心，49个阳光妈妈服务项目，17个阳光心灵工作室，服务社区妇女群众30万人次。同时，积极开展儿童保健、营养、家教、心理咨询工作；举办假日学校和假期夏令营活动，开展书法、绘画、演唱、朗诵、表演、棋类、知识等竞赛活动；依托社工、义工，并发动社会各界关注和关怀贫困儿童，为他们提供家庭教育、儿童聚会、功课辅导、结对探亲、礼仪教育等一系列服务，改善贫困儿童群体社会生活环境及解决相关问题。

3. 青少年服务

截至2010年底，深圳市青少年帮困助弱专项基金已累计帮助困弱青少年7764人次，共发放善款1083.77万元，同时，不断拓展服务内容，通过政府购买服务的方式，对困难家庭子女、问题青少年等进行心理、生活等多方面的专业辅导和帮扶，扩大扶弱帮困的覆盖面。实施了外来青工12355“心语关怀”行动、大学生就业创业见习（实习）计划、“心相助爱同路”行动、共青团社区固本强基工程等十项措施；建立了200个“大学生就业创业见习基地”，提供2000~6000个就业创业见习岗位；筹集经费并集中资源向基层倾斜，加强社区团建，扩大团的基层组织覆盖面，加强青少年服务的组织基础。

（三）计生卫生服务

深圳社区卫生计生服务以社区所有家庭和居民为服务对象，以妇女、儿童、老年人、慢性病人、残疾人、贫困居民等为服务重点；以医疗、预防、保健、康

复、健康教育、计划生育技术服务等为主要服务内容。

1. 社区卫生服务

“十一五”期间颁布的《国务院关于发展城市社区服务的指导意见》（国发〔2006〕10号）、《深圳市人民政府关于发展社区健康服务的实施意见》（深府〔2006〕130号），对加强社区健康服务作了明确的规定，推动了深圳市社区健康服务的迅速发展。2010年底，全市共有社区健康服务中心607家；拥有卫生人员6650人、卫生技术人员6211人、执业（助理）医师2618人，分别占全市总数的9.5%、11.1%、11.9%。2010年共完成诊疗人次2810.97万人次，较上年增加9.8%，占全市总诊疗量的35.5%，比上年增长1.6个百分点；占各类医院总诊疗量的39.4%，比上年增长0.9个百分点；占基层卫生机构总诊疗量的54.2%，比上年增长2.1个百分点。门诊病人次均医药费用49.57元，为全市门诊病人次均医药费用的38.7%。公共卫生服务量达到687.06万人次，共为209.9万重点人群进行了系统管理和相应服务。①

2. 社区计生服务

近几年，国家、广东省、深圳市颁布了一系列人口与计划生育政策，进一步深化人口与计划生育综合改革；提高独生子女保健费和落实计划生育家庭的奖励制度；加强计生服务在社区的宣传力度，重视信息和档案电子化管理；实施“和谐家庭计划”，推进生育文明建设；开展“关爱女孩行动”，综合治理出生人口性别失衡问题。同时，建设新型生育文化，形成了以社区生育文化中心为核心的服务体系，加强和规范流动人口管理，建立起流入地流出地双向合作机制。截至2010年底，全市共建成614个生育文化中心，社区覆盖率达到98%，基本实现了“一社区一个生育文化中心”的目标；社区计划生育专业干部队伍得到进一步充实和加强。截至2010年底，全市拥有社区计生专干5561人，社区专职协管员2321人。

（四）科教文体服务

近年来，深圳市加大了社区建设的投入力度，建立了图书馆、各类活动室、

---

① 深圳市卫生和人口计划生育委员会：《十一五期间深圳市卫生和人口计划生育事业发展情况简报》，2011年3月23日。

公园、广场、学校等具有科技、教育、文化、体育、娱乐和休闲功能的设施场所，方便社区居民读书、阅报、健身、开展文艺活动，参与多样化的社区文化生活；积极开展多样化的社区教育培训活动，推广科普、法律等知识教育，基本形成了“一社区一所社区学校”的教育格局。同时加强社区文化服务队伍建设，市、区、街道文化馆站还制定文化辅导员下基层制度，甚至外请国家、省、市的文艺专家，对群众文化进行扶持和指导，每年组织在社区开展各种形式的文艺活动，动员社区居民开展社区邻里节、“十百千”文化服务工程，为社区送上“十台专题节目”、“百期文艺展览”、“千场文化科普讲座”。为社区配备群众业余文化辅导员和社会化育指导员，组织居民参加精神文明创建活动。

（五）治安法律服务

2005年以来，深圳加大对社区治安服务的投入，健全社区治安防范体系。①截至2010年7月，建立了797个社区警务室，在社区配备了3631位民警，实现重点社区“一区两警”或“一区多警”的目标。同时，充分发挥社区物业保安、居民义务巡逻队、治安情报信息员等各方力量的作用，形成群防群治。②推动人民调解、行政调解和司法调解“三调联动”机制，将社区人民调解工作列入“平安和谐社区”建设指标体系。③加大法律宣传力度，开展“百场法律知识巡讲”、“百场法制电影进社区、进企业”活动，在社区和学校广泛开展普法、禁毒、依法维护劳动权益、消防安全和交通安全等法制教育，不断加强对弱势群体的法律援助。④深入社区开展矫治和安置帮教工作，在社工带义工模式的基础上，发展到“司法专职人员+社工+义工”的联动模式，协助矫正帮治对象克服存在的心理问题，回归到社会中来。⑤加强流动人口管理和服务工作，为包括非户籍居民在内的社区居民提供房屋租赁、劳动社保、计划生育、教育、公共交通等社区管理和服务。

（六）环境环卫服务

按照《深圳市环境卫生设施系统布局规划》，通过以政府投入为主，有偿服务收费和社会融资相配套，加大对社区清扫保洁服务的投入，提升了环境卫生质量。①加强设施建设。2010年底，全市共建成生活垃圾转运站610座，生活垃圾无害化处理率达94.6%；市容环境专用车辆达1075辆，公共厕所2302座，路

灯305629盏。[①] ②编制深圳市生态文明建设指标体系，开展“深圳市生态街道”、“绿色社区”等生态工程建设，南山街道、松岗街道和坪地街道被命名为“深圳市生态街道”，84个社区获得深圳市“绿色社区”称号。[②] ③社区环境明显提升。推进小区垃圾分类，提升社区绿化率，加大安全文明小区和“园林式花园式单位（小区）”创建力度。

（七）其他便民利民服务

深圳市2008年10月发布的《关于加快深圳市社区服务发展的若干意见》强调，要“充分发挥深圳市市场经济优势，引导企业面向社区，提供便民利民服务。鼓励企业通过连锁经营的方式提供购物、餐饮、家政、中介等社区服务；引导驻社区企业为社区提供购物、餐饮、家政、中介等社区服务；发挥物业管理公司在社区服务中的积极作用”。据实地调查，这些服务涉及社区物业管理、便利店、超市、药店、干洗店、家政、装修、维修、搬家、幼儿园、银行等，还包括邮购、电话订购、网上商店等无店铺服务形式，而且还不断衍生出诸如宠物医院、心理辅导、升学留学、跨境学童接送等新兴服务。

四　深圳社区服务发展评估

（一）居民满意度评价

为进一步了解深圳市社区居民对目前社区服务的满意程度，课题组设计了一份针对社区居民的社区服务满意度调查问卷。本次向社区居民随机发放问卷150份，回收问卷148份，回收率98.7%；有效问卷145份，有效回收率96.7%，然后用SPSS13.0对问卷数据进行统计。此次调查显示，满意度最高的六项服务分别为社区工作站服务（85.52%）、居委会服务（84.83%）、残疾人服务（78.48%）、老年人服务（76.97%）、计生服务（76.69%）、低保救助服务（76.0%）。

调查结果显示，社区居民的满意情况呈现以下几个特点：①从重点服务的对

① 深圳市城市管理局：《2010年度深圳市城市管理有关统计数据》。

② 深圳市人居环境委员会：《深圳市2009年环境状况公报》。

象来看，对残疾人服务和老年人服务的满意度较高，分别为78.48%和76.97%，对青少年和儿童服务满意度略低，分别为71.72%和68.83%。②从提供服务的性质来看，对纯商业性服务、家政服务等商业性服务的满意度较低，分别为65.66%、68.55%。③从社区服务主体来看，对社区工作站和居委会提供的服务满意度较高，分别为85.52%、84.83%。

（二）好的做法和经验

回顾深圳社区服务的实践，有不少做法和经验值得肯定。一是注重社区管理体制改革。加速推进“站居分设”、“一站多居”、“居企分离”和物业管理进社区，合理调整社区工作站和居委会的管辖范围，加强“六好”平安和谐社区创建，涌现出一批全国和谐社区建设示范单位。二是注重基层民主，扩大基层民主参与。推进居委会换届直选；推行居务公开，落实“四会制度”，加强基层民主和监督；出台一系列政府规章和指导性文件，完善业主自治制度。三是创新社区服务方式。整合社区服务资源，打造社区综合服务平台，推广“一站式服务”、“一门式服务”，不断拓展社区服务内容，实现“小事不出社区，大事不出街道”。四是出台一系列文件，建立和完善社工制度。实行社工资格考试，加强社工队伍培训，促进社区工作队伍职业化专业化；引入督导制度，建立社工、义工联动机制，确保服务质量。五是注重培育社区民间组织，扩大社会参与，实行社区社会组织登记和备案双轨制，建立社会组织孵化基地，优化社会组织成长环境。六是推行政府购买服务。建立起“政府支持、民间运作”的新型服务提供方式，充分调动社会力量，合理配置资源，降低行政成本，提高资金使用效益，满足社区居民个性化、差异化需求。

（三）存在的差距和问题

在社区服务的过程中，当然也存在一些问题，需要在“十二五”期间加以重视和解决。主要体现在供需总量失衡，社区服务能力跟不上社区数量、规模、人口等激增的需要；供需结构失衡，服务供给满足不了多样化、个性化、高级化的需求。本次实地考察显示，深圳居民的构成及其需求日趋多元且不断变化，而社区所能提供的服务品种相对单一（调），不断跟进和满足这些需求是一项长期的挑战；发展布局失衡，原特区内外社区服务设施分布不均，无论是在社区设置

标准、设施配置、人均享有量上均与原特区内存在较大差别；运行体制不顺畅，社区管理和公共服务多数仍由政府包揽，制约了社会组织的发展空间，影响社会组织的功能发挥。专业服务人员不足，按照机构和服务对象的需要，深圳需开发设置5000个社工岗位，而目前实际社工数量与这一目标还有一定差距；绩效评价困难，目前对提供的社区服务的绩效缺乏系列有效的评价方法与标准，导致发展动力不足。

五　深圳社区服务发展对策

针对深圳市社区服务工作中存在的问题和困难，“十二五”期间，建议通过制订社区服务规划、创新服务载体、完善服务设施，拓展服务内容、壮大服务队伍，不断提升社区服务水平。

1. 制定《深圳市社区发展“十二五”规划》

针对目前社区服务资源分散，服务设施布局不合理，服务主体单一，项目运作成本高、效率低等问题，制定出台《深圳市社区发展“十二五”规划》，对全市社区服务工作进行统一规划、统一指导、统一监督，规划要着力推进层次分明、种类多样、功能良好的社区服务设施建设，形成政府主导、社会参与、民间运作的运行机制，建立以社工为骨干、多种专业人才并存的社区服务队伍，形成制度健全、监管有力的非行政化社区服务体制，构建跨部门、综合性的社区公共服务模式。

2. 创新社区服务载体，改进社区服务方式

明确把购买服务作为政府支持社区服务发展的基本机制，建立健全规范化、制度化和科学化的政府购买社区服务的机制。积极发挥社会组织和居委会在社区服务供给中的主体性地位，鼓励和引导社会组织开展社区服务，推进社区服务市场化改革，形成非行政化提供的服务体制。对于新增的公共服务，只要社会组织能够有效提供，原则上不设立新的事业单位，不增加新的事业编制，全部采取购买服务的方式交由社会组织运营。要大力培育发展社会组织。加大对社区社会组织的资金扶持力度，推动社区社会组织管理体制改革，鼓励发展与社区居民生活密切相关的、有利于促进社区居民就业的服务类社区民间组织，如居家养老服务组织、志愿服务组织等。积极探索社工制度与社区社会组织的结合，通过社区社会组织平台，发挥社区社会组织扎根社区、熟悉环境的优势，把社工的专业服务引入社区。

3. 完善社区服务设施

完善的社区服务设施是开展各项服务的基础，在“十二五”期间，要继续加大社区设施建设力度，提升社区服务硬件功能。按照人口规模，参考地域面积、服务对象、服务需求和功能定位等因素，规划、建设各类社区公共服务设施，包括社区服务中心。社区服务中心主要整合“星光老人之家”、党员活动室、社区图书馆等现有场地和资源，每个机构面积在400平方米以上。社区服务中心项目采用政府购买服务的方式，确定政府购买或资助社区公共服务的范围、内容和数量，采取政府主管部门提出和服务机构申报相结合的方式，设定服务项目和服务提供机构的资质。对成熟的社区公共服务项目，以评估结果为主要依据，减少环节、优化流程，保障项目持续运作所需的资金及时到位。

4. 壮大社区服务队伍

加大对社区社会工作的宣传力度，提高社工的认知度，加强对社区服务者的培训，采取多种途径和形式提高社区工作者的素质，使其不断适应社区服务工作的需要。在市、区、街道层面继续完善职业化社区工作者管理体制。推行并拓展“社工+义工”模式，加强义工队伍建设，鼓励和动员社区居民加入社区服务队伍，扩大社会参与，通过社工带义工，将义工培训纳入社会工作教育、培训规划，有计划、分层次、多形式地开展社会工作专业知识与技能培训，提升义工服务水平。

5. 健全社区服务评估和监督机制

继续加大对社区服务的投入并保障投入的平衡性，加强对社区服务资源的整合，形成社区服务工作合力。加快评价体系的建立和完善，加强对服务组织和社区工作人员的监督和考核。抓紧制订社区服务指标、服务规范、服务标准、服务产品目录指引，健全完善社区服务单位的信誉等级制、服务质量等级制等指标体系和服务机构资质审查制度，完善评估监管制度。

6. 拓展社区服务内容

新建成的社区服务中心应根据各区实际人口需求提供种类多样的服务，主要包括老人、妇女、青少年、儿童服务，社区日间照料、再就业培训，家庭问题协调、婚姻问题咨询、亲子活动、四点半学校、学生午托、家庭生活教育、家居照

顾示范、图书阅览、文化体育和党群团组织活动等，满足社区居民多样化的服务需求。

7. 推进社区服务信息化建设

加大社区服务信息化经费投入，加快12349社区智能呼叫中心和综合信息网络平台建设。通过整合各部门、各级政府服务信息，建立和完善市级社区综合服务平台，实现全市数据互联互通、资源共享，重点包括就业服务、社区社会保障、计生服务、民政优抚等政府服务信息；同时涵盖与社区居民生活密切相关的水、电、气、电信等各项公共信息服务，以及家政服务、物业管理、居家养老、法律援助、文化教育、休闲娱乐等社会信息资源。

B.14

构建适应经济社会发展的社区服务新模式

——以深圳对社区服务新模式的探索为例

深圳市民政局社会工作处

摘　要： 借鉴发达国家和地区社区服务的成功经验，针对我国社区服务存在的问题，《深圳市社区发展“十二五”规划》开展了适应经济社会发展的社区服务新模式的探索。这一模式的核心内容包括：以福利性服务为重要内容，强化政府资源供给的主渠道功能，确立民办机构服务供给主体地位，突出社区服务专业性要求、通过建立社区服务中心整合资源并提供跨部门综合性服务、引入信息化平台和第三方评估监管等。虽然这一模式仍有待进一步落实和完善，但社区服务的非营利性、公共性、民间运作、专业化和职业化、严格评估监管等特点，应该成为我国新时期社区服务模式的基本特征。

关键词： 社区　社区服务　新模式

自20世纪50年代起，联合国在全球推动社区发展运动，不论是发展中国家还是发达国家都从中受益匪浅。我国从20世纪80年代开始兴起社区服务，经过几十年的发展，在社区服务重要性等问题上基本达成共识，也积累了一些经验，取得了一定成果。国内外社区服务的发展各有特点，并形成了不同的服务模式。但总的来说，发达国家和地区社区服务的经验较为成熟，效果较好。而国内社区服务虽取得了一定成效，但发展不均衡，做法各异，效果不均，在一些关键问题上尚未达成共识，整体水平远逊于发达国家或地区。

在认真总结国内外经验的基础上，2010年12月，深圳制定了《深圳市社区发展“十二五”规划（征求意见稿）》，并着手在全市推进社区服务中心建设，开始

了对国内社区服务新模式的探索。本文将在对国内外社区服务发展模式进行对比研究的基础上，就深圳社区服务新模式的特点、意义和未来发展方向进行粗浅研究。

一　发达国家或地区社区服务经验与模式

西方发达国家的社区服务起始于20世纪50年代，经过长时期发展，形成了比较完整有效的体系或模式，其成果和经验，十分值得学习借鉴。

（一）社区服务被作为社会福利的一种形式

发达国家或地区的社区服务侧重于社区照顾，如在英国，社区照顾的具体形式包括：①政府出资兴办社区服务中心，提供老年人服务、残疾人服务和学龄前儿童服务项目，经费主要来自政府拨款，基本上属于无偿服务。②开办社区老年公寓，为社区内有生活自理能力但身边无人照顾的老年人提供服务设施。其收费标准大体相当于政府发给每个老人的养老金。③家庭照顾。由家庭成员进行照顾，政府发给适当的津贴。④设立短期护理机构——暂托处，主要是解决因家庭其他人员有事外出或离家度假而得不到照顾的老年人、残疾人问题。⑤上门服务。这是对居住在自己家里但生活不能完全自理的老人提供的服务，包括上门送餐或做饭、洗衣、洗澡、理发、打扫卫生、购物、陪同上医院等。⑥开办社区老人院，集中收养生活不能自理又无家庭照顾的老年人。英国社区照顾的经验，对许多国家或地区包括我国香港都产生了一定影响。

此外，社区教育服务很受重视。20世纪70年代以来，美国社区教育服务发展较快。一般说来，社区教育是为整个社区各种年龄和各种职业以及退休和没有职业的居民提供服务，教育内容包括音乐、绘画、保健、家政、家教知识，以及训练某种职业技能和应聘能力等，教学形式灵活多样。社区教育一般不计学分、不发文凭，也不授予学位。居民通过选读社区教育的各种课程，而学会某项活动技能、提高阅读能力、提高持家能力、促进个人文化素养和人际交往的能力以及增加就业机会等。社区教育经费，有的以政府提供为主，如加利福尼亚、佛罗里达、伊利诺伊州等68%以上经费由政府拨给；有的以学员学费收入为主，如华盛顿、得克萨斯、纽约等超过半数的费用由学员负担。另外，慈善机构和私人基金会的捐款，也提供社区教育的部分经费。相关政府机构也将社区教育作为自己工作的一部分。

（二）非营利组织为服务提供主体

近一二十年来，北美及西欧雨后春笋般出现了各类非营利性社会服务组织。非营利社会服务组织不同于企业，企业是以赢利为其主要目的的经济组织，而社会服务组织更注重的是社会效果。非营利性社会服务组织收入主要来自如下几个途径：政府补贴、资助或拨款，比例不低于50%～60%；社会捐赠、捐助；向服务对象提供服务收取费用。非营利性社会服务组织的收入主要用于支付组织的管理费用及雇员的工资，不具营利性质。相比政府机构，非营利社会服务组织在成本、效率和服务机制上具有明显优势，同时，很多组织是社区为了某些共同的社会问题或者同一利益而自发组织的非政府机构，志愿性色彩较为浓厚，因此愈来愈被人们所普遍接受，逐步成为社区服务的主要提供主体。

（三）社区服务设施较为完备

如在美国，社区服务设施很多。仅以社区老年服务设施来说，有提供综合长期服务的养老院、托老所、荣誉公民社区中心，有提供饮食服务的食品供应所、荣誉公民营养室、上门送饭服务所，有为贫苦老人服务的收容所、暂住处、公营住所，有为体弱多病的老年人设立的服务性公寓、一般护理公寓、护士护理公寓等。在发达国家或地区，类似社区服务中心的建设十分迅速和普及，如“安置中心”、“邻里之家”、邻里中心或社区中心等。社区性服务中心可大致分为以社会工作为主旨的救助型服务中心和以教育、健身为主要内容的文化型服务中心两类。总部设在加拿大的“安置中心和邻里中心国际联盟”（IFS）是一个联合了30多个国家数以千计的社区性服务中心的国际组织。在香港的福利服务政策规划中，每8万～12万人口便拥有一所社区中心。香港地区政府还规划、建设了大量家庭服务中心、安老院舍、残疾人服务等设施，提供给社会服务机构使用。

（四）多渠道的经费来源与责任分担机制

国外社区服务经费来源大致分为几种情况：一是由政府拨款。社区内部公共设施的日常经费由政府提供，在少数国家很多社区服务都是政府资助经费，居民无偿获得服务。二是来源于个人和组织捐款。现代社会中，国外政府对社区公共事务，主要通过契约方式向社区组织购买服务；通过低息贷款和税收减免政策鼓励民间组

织参与社区服务；通过拨款数额的增减，体现政府关注的重点，达到控制社团行为的目的。政府除对社区进行必要的资金资助外，还主要进行广泛的动员，吸收更多的社会资本为社区治理服务。社区服务的责任由政府、社区、社会其他组织共同负责，扩大了社会责任的覆盖面且激发了民间的创造潜力和建设能力，开发利用了高品质的社区资源。政府以监察者和指导者身份，通过制定公共政策和公共服务的目标、标准、原则去监督各个市场主体的承诺与运行状况，审视社区服务的质量和效益，促进社区公众权益和福利的扩大，并致力于发动一切力量，为社区提供有效的、经济的、高质量的公共服务，给发展变化的社区增添新的生机和活力。

（五）专业化趋势与社会参与相结合

从各国或地区的实践看，社区服务的专业化是大势所趋。专业化主要是指提供服务的机构和人员较为专业。如在香港，服务的主导力量是民办专业服务机构和获得资格认证的社工、护工等专业人士。在加拿大，受聘为社区工作的人员，必须受过高等教育，具有社会活动能力、组织能力、创新能力、专业扭亏为盈能力和职业素质，如对儿童、老人、残疾人、新移民、失业人员服务所需要的相通的语言和相关的心理学、公共卫生和健康学等方面的知识。

社区服务的专业化并不排斥社会参与，相反，两者可互为补充、相得益彰。在发达国家或地区，社区居民、企业义务参与社区服务十分普遍，并逐步形成制度性安排。此外，特殊人群的参与成为社区服务的重要人力资源补充。在美国，许多地方实行学生做社区服务工作的政策。据统计，全美70%以上的大学生参加了各种类型的社区志愿服务活动，服务领域包括照顾老人、儿童、残疾人、病人和单亲家庭等，服务内容包括免费送午餐、咨询服务、安慰电话等。许多国家建立了社区矫正制度，犯罪嫌疑人被判刑后不送进监狱，而是在社区从事无偿的服务工作。目前，英、美、日、澳、加等国社区矫治已经发展得比较成熟。

二　国内社区服务发展的模式与经验

（一）国内社区服务发展的成果与经验

1987年，国家民政部提出了“社区服务”的概念。1993年，中央14部委联合颁发《关于加快发展社区服务业的意见》。2006 年 5 月，国务院《关于加强和改进社区服务工作的意见》，指出政府提供的社区公共服务包括就业服务、社会保障服务、救助服务、卫生和计划生育服务、文教体服务、流动人口服务和安全服务等七大领域。到 1995 年民政部颁布《全国社区服务示范城区标准》后，全国城市社区服务中心的建设出现高潮。1998 年，全国已建成区级社区服务中心 745 个，街道社区服务中心 3385 个；到 2009 年，民政部公布的数据显示，全国各种类型的社区服务中心已达到 17.5 万个，大多数城市、区和街道有了社区服务中心。在服务内容上，社区服务发展的初期，服务对象主要是有困难的老年人、残疾人、优抚对象等特殊群体，也即传统的民政服务对象。随着城市经济的发展、居民收入的提高，传统的民政服务对象所占比重逐渐下降，服务对象由特殊群体扩大到全体居民以及社区内的企事业单位和机关团体。近年来，随着社会建设的逐步加强，社区服务更出现了加快发展的良好态势。

总体来看，经过 20 多年的努力，我国社区服务取得了长足进步：各方对社区服务的必要性和重要性基本达成共识，对社区福利性服务的主导性地位趋于认同；社区服务范围和内容逐步扩大，政务性服务日益完备，商业性便民利民服务快速发展，非政务福利性服务逐步拓展；服务设施种类数量不断增加；政府对社区服务的投入逐步增加，社会参与日益广泛；服务专业化程度逐步提高。

（二）国内社区服务发展中存在的问题

在肯定成绩和经验的同时，必须承认，多年来我国社区服务发展总体上是迟缓的，还存在不少不足、问题和困难，尤其是体制机制尚未理顺，不能有效满足居民需求。

（1）福利性服务发展严重滞后。福利性服务无疑是社区服务的重点内容，对此各方并无异议。但多年来，社区政务性服务发展很快，社区营利性便民利民服务日趋活跃和完备，而恰恰人民群众急需的福利性服务则严重滞后，个中原因令人深思。

（2）公共财政资源供给功能弱化。作为社区服务重点的福利性服务应主要由公共财政承担主要的资源供给责任，同时动员社会资源补充。但长期以来，政府不愿意承担必要的资金和场地等资源供给责任，而期望以营利性服务收入来补充福利性服务的资源不足，结果导致福利性服务发展滞后，而营利性服务也缺乏

效率。多年来，很多地方虽兴建了不少社区服务场地设施，但大多缺乏后续资金和人力的跟进，导致场地资源严重浪费，服务难以开展。

（3）服务的官办色彩过于浓厚。根据发达国家和地区经验，社区服务应主要由社会组织承接，政府发挥资源供给和指导监管作用。但长期以来，我国社区服务主要由官办机构或半官办机构开展，社会组织的作用微弱，导致因缺乏竞争和活力，及政府指导和监管不足，服务质量与水准难以有效提升。而且，街道、社区和各相关部门往往多头插手、各自为政，导致统一指导和监管不力，资金场地资源被浪费。

（4）服务场地设施不足且分散。场地设施是社区服务开展的必要条件。社区服务场地设施的规划建设，政府及其相关部门无疑应承担主要责任。应该说，经过多年的努力，我国社区服务场地设施状况已得到显著改善，但不足和分散问题仍未得到根本解决。目前，多数地方社区服务场地设施仍未纳入城市建设总体规划，缺乏统一规划建设，导致各类设施数量功能不足，缺乏配套，严重制约了社区服务的发展。

（5）服务专业化水平低下。专业化职业化辅之以志愿参与，是各国社区服务发展的基本趋势，是提高社区服务质量的根本途径。但在我国，长期以来社区服务的专业化问题被严重忽视：对社区服务队伍没有基本的专业化要求，队伍专业素质严重不足，年龄、知识、学历、专业结构很不合理；服务方法和手段方面，也忽视对社工等专业方法手段的运用。同时，社区服务专业人才的地位和待遇问题也得不到重视，造成社区服务队伍整体素质提升缓慢。

此外，社会参与严重不足，加剧了社区服务资金和人力不足问题，成为我国社区服务发展中的一个突出问题。

总之，国内外社区服务经过长期发展，都已经取得明显成效，同时也形成了各自的特点和模式。相比之下，发达国家或地区的社区服务经过几十年的发展，已形成较为成熟完善的模式，其非营利性、公共财政支持功能、民间化、专业化、社会参与、严格监管等特点，都值得我们学习借鉴。

三　深圳对社区服务新模式的探索

经过 30 多年改革开放，深圳经济发展取得巨大成功，人均 GDP 已超过 1 万美元，城市综合实力显著增强，人民生活明显改善。在此基础上，顺应全国社会建设发展的新形势，深圳于2010年12月召开全市社会建设大会，会上印发《深圳市社区发展“十二五”规划（征求意见稿）》（以下简称《规划》），将社区服务作为推进社会建设的重要途径。《规划》从领域内容、资源供给、设施建设、体制创新、组织保障等方面，对深圳社区服务的未来发展做出了全新规划，要求“十二五”期间全市建成约700个社区服务中心。根据《规划》的总体要求，2011年全市计划建成100个社区服务中心，其中第一批5个社区服务中心试点项目已于2011年4月前完成招投标，其余也已进入政府采购程序。

《规划》的制定和社区服务中心项目的启动，标志着深圳新的社区服务模式粗具雏形。

（一）深圳社区服务新模式的特点

1. 以福利性服务为重点内容

《规划》并没有明确提出社区福利性服务的主导地位，但《规划》的相关规定总体上侧重于社区福利性服务。《规划》提出，社区服务“从特定人群做起，从公共服务做起，从初级水平做起，量力而为，循序渐进”。《规划》将福利性服务排在各项服务之首，提出社区公共服务可分为三种类型，第一种即是政府提供的以特定人群为对象的服务，如老人服务、残疾人康复服务、家庭和妇女儿童服务、青少年服务、精神病患者治疗服务、滥用药物帮教服务等。《规划》明确社区服务中心的服务内容包括：党、团、工会和妇联活动、老人、妇女、青少年、儿童服务，社区日间照料、再就业培训、家庭问题调解、婚姻问题咨询、亲子活动、四点半学校、学生午托、家庭生活教育、家居照顾示范、图书阅览、文化体育和康乐等。在服务项目设施的规划建设、资金来源渠道及责任分工、评估监管等方面，《规划》也重点针对社区公共服务项目做出规定。

可见，《规划》虽然继续沿用相关文件关于社区服务的定义和内容分类，但其重点指向毫无疑问是社区福利性公共服务，这是深圳社区服务新模式的重要特点。

2. 强化政府资源供给主渠道功能

《规划》提出了社区服务的多元供给模式：“从基本由政府承担社区服务的较为单一的供给渠道，转变为政府、社会、市场和市民共同参与的多元供给渠道。”但在具体规定上，《规划》明确了政府的资源供给主渠道功能，例如，制定统一的社区服务设施标准，由各级政府及其相关部门负责规划、建设或整合；各区政府、各新区管委会统筹安排社区公共服务所需资金，组织购买社区公共服务。针对社区服务设施使用问题，《规划》提出：“社区公共服务设施，原则上以免费或象征性收费的方式提供给社区服务机构使用”。《规划》同时规定了社区服务各项经费的具体供给渠道：“对社区服务中心购买服务支出，属于已有项目支出安排渠道的，分别在现有资金渠道解决，其余资金由各区先行安排。市级对各区社区服务进行年度考核后，在 2011～2013 年按 50% 的比例予以奖励，在 2014～2015 年按 33% 的比例予以奖励。所需奖励经费从福利彩票和体育彩票公益金中解决。社区健康服务中心、社区管理服务机构、户外文体广场和社区公园运营所需经费仍按现有资金渠道解决。”

在社区服务中心项目实际操作中，按照每个社区服务中心 50 万元的运营标准，由市、区级财政按照 1∶1 比例共同出资，通过政府招投标方式，引入社会组织开展服务。

3. 确立民办机构的服务供给主体地位

国外社区服务发展中，社会组织占有无可置疑的主导地位，但国内的基本做法，则是把官办或半官办机构作为社区服务的供给主体，民办机构作用微弱。

对这一问题，《规划》提出了全新的思路。《规划》提出：“形成政府主导、社会参与、民间运作的运行机制”；“推进社区服务市场化改革，形成社区服务非行政化提供的方式，降低服务成本，提高服务的质量和效率”。《规划》明确要求：“街道办事处、社区工作站和各种政府机构都不再直接承接以特定人群为对象的社区服务项目，并逐渐将已承接的该类服务项目移交给社会组织和居委会运营，形成非行政化提供的新模式”；“新增的公共服务，只要社会组织能够有效提供，原则上不设立新的事业单位，不增加新的事业编制，为社会组织让渡服务空间”。《规划》同时提出，要构建民办机构承接社区服务的公平竞争和评估监管机制。

由以上规定和要求可知，《规划》基本确定了民办机构在社区服务供给中的主体地位。目前，已经完成招投标的第一批 5 家社区服务中心，都由民办社工机构中标运营。

4. 突出社区服务专业性要求

社区服务的水平与服务的专业性程度关系密切，而国内社区服务发展一直忽略这一方面，包括对专业方法、人员专业性及专业人才待遇问题的忽略。

就这一问题，《规划》也予以关注和重视，强调了社区服务的专业化问题，明确提出对社区服务的专业性要求。这些要求，主要体现在对社区服务人才和队伍的专业性要求上。《规划》提出："建立以社工为骨干、多种专业人才并存的社区服务队伍。"《规划》还要求"制订服务指标、服务规范和服务标准"。《规划》专门设置了第十六条"专业队伍"条款："加强对社区服务人员的专业培训，提升其专业素养和技能，确立社工、康复师、护理师、心理咨询师等社区服务人才的专业地位，通过提高待遇、规范准入、加强培训、严格监管等措施，建设一支专业水平高、职业道德好和规模结构合理的社区服务队伍。充分发挥社工在社区服务中的统筹引领作用，加快开发社工服务岗位和项目，使社区公共服务成为社工最主要的工作岗位。"

目前，在社区服务中心项目运作中，已形成基本统一的专业人才配备模式。每个社区服务中心建立以专业社会工作者为骨干的运营团队，原则上配置全职工作人员 6 名以上，其中注册社工占 60% 及以上，并可自行招募若干兼职人员和志愿服务人员。工作人员分为四个类别：中心管理者、项目（部门）负责人、工作人员和辅助人员。其中，中心管理者与项目（部门）负责人，必须由已获助理社工师及以上职称，并已在深圳市社会工作者协会注册的社会工作者担任。试点期间，市级社区服务主管部门还将为每个中心聘请香港资深社工项目顾问（督导）。同时，随着项目的推进，社区服务中心服务标准和方案也在抓紧制定并已基本成形。

5. 整合资源提供跨部门综合性服务

经过多年建设，目前深圳各社区都拥有"星光老人之家"、党员活动室、社区图书馆等场地资源。但以往社区各种场地资源往往由各级各部门多头管理、各自为政，造成资源的分散浪费和统一指导监管的困难，影响了服务的专业性和服务水准的提升。

针对这种情况，《规划》提出："构建跨部门、综合性的社区公共服务模式。"《规划》同时要求："鼓励政府各部门按照费随事转原则，将经费和服务交由街道办事处统筹安排，形成跨部门综合性社区公共服务模式。"关于社区服务中心的建设，《规划》特别指出："社区服务设施基本上是在整合各社区现有设施的基础上形成，其中，社区服务中心包括星光老人之家、社区党员活动室、社区图书室等场所。"《规划》还要求通过整合，建立成布局合理、功能配套、方便适用的社区服务中心，场地总面积在400平方米以上，由政府无偿或低偿提供给社区服务中心运营机构使用。

6. 引入信息化平台和第三方评估监管

社区服务中心将宣传、指导社区居民通过安装、使用"呼援通"系统，建立与12349公益服务平台（由市民政局出资打造的信息平台）的信息化联结，从而实现该平台对各类社区服务资源的整合和调配功能，建立"居民需求、业务分流、实时反馈、服务跟踪、系统考评、公众监督"的运作流程。在社区服务中心建设初期，12349公益服务平台服务将覆盖社区接受福利性服务的特定人群（如70岁及以上老人、残疾人、优抚对象、低保家庭等），并向该群体免费安装设备及提供服务。随着更多种类社区服务主体的整合加入，将在社区居民自愿基础上逐步扩大"呼援通"系统的覆盖范围。由此，社区服务中心将与12349公益服务平台建立良好沟通渠道，通过平台建设的精确服务数据管理系统与服务效果随访机制，及时了解有关社区居民的需求和服务数据及服务成效，实现信息对接、支持配合的综合性服务机制。

在评估监管方面，《规划》提出：制定规范化资助与服务协议、运营服务标准和服务评估办法；建立全市服务单位信誉等级、服务质量等级等指标体系和服务机构资质审查制度；发展社区服务行业服务组织，推动行业自律和监管。通过这些措施，加强对社区服务的评估监管。

（二）深圳社区服务新模式的实践意义

《规划》注意结合现有实际，注重实际操作性。《规划》提出"基本服务"的原则，要求"从特定人群做起，从公共服务做起，从初级水平做起，量力而为，循序渐进"。关于社区服务设施，《规划》并未提出大规模重新规划和建设要求，而是强调整合社区现有设施，如星光老人之家、社区党员活动室、社区图书室等场所。

从效果上分析，深圳社区服务新模式的意义更为突出。

1. 有利于整合盘活社区场地资源

截至目前，深圳已投入不少资源用于社区服务的场地设施建设，但由于资源分散且后续资金和人力跟进不足，存在场地使用率不高、闲置浪费的现象。社区服务中心新模式，通过整合现有的社区场地资源，注入后续运营资金，引入专业的服务机构，由专业人员提供面向社区居民需求的各种社区服务，有效整合和盘活了社区资源。

2. 有利于拓展提升各类社区服务

目前，深圳市的社区服务主要以政府机构提供为主，在供需结构上，政府提供的服务整齐划一，个性化、多样化、深层次服务供给不足，服务专业化程度低下。深圳社区服务的新模式，通过引入专业机构和专业人才，以社区需求为导向，可以为居民提供更多元、更深入、更有效的服务。

3. 有利于促进社会组织更快发展

我国现有社区服务体制中，行政化程度较高，社会化程度不足，社会组织作用得不到充分的发挥。深圳社区服务的新模式，通过政府购买服务的方式，引入社会服务机构运营社区服务中心，为社会组织的发展创造了良好的环境。同时，通过加强培训和评估监管等途径，在保证社区服务质量的前提下，可以不断促进社会组织自身能力的发展。

4. 有利于推动社区服务队伍专业化

目前，我国从事社区服务的人员，除了街道、社区工作站、居民委员会的干部外，以下岗失业人员、进城务工人员、待业人员、退休人员等为主，总体受教育程度不高，没有受过系统的专门培训，基本不掌握与社区服务相关的专业知识和方法技能。通过深圳社区服务的新模式，引入社工师、社工员、康复师、护理师、心理咨询等社区服务人才，并通过提高待遇、规范准入、加强培训、严格监管等措施，将有利于培养一支专业水平高、职业道德高尚和规模结构合理的社区服务队伍，提高社区服务队伍专业化水平。

5. 有利于增强政府公共服务功能

目前，我国的社区服务主要存在行政化和市场化问题，前者导致政府公共服务质量和水准低下，后者导致政府服务功能被削弱甚至放弃。而深圳社区服务的新模式，通过政府购买服务的方式，强化政府资源供给和监管功能，而由社会组织提供社区福利性服务，可以使服务的质量和水准不断提升，从而大大增强了政

府的公共服务职能。

6. 有利于提高公共资源使用效益

深圳社区服务新模式通过“政府主导 + 民间运作”方式，减少了服务成本（社区服务中心 50 万元/年/个，成本比社区工作站低一半以上），而又可以提供多元化和专业化的社区服务，更好地满足社区居民的需求，从而使公共资源的使用效益大大提高，在各地都具有较好的推广价值。

（三）实践中须注意的问题

总体上看，《规划》较好地吸取了国内外社区服务发展的经验，初步勾画出深圳社区服务新模式的框架，具有较好的实践意义。但由于各方对社区服务的认识仍存在一定分歧，因此，《规划》仍存在一些不足之处。在实践中，更需对可能出现的一些问题，予以高度关注。

1. 关于公共财政对社区服务的投入

社区服务的主要内容是福利性服务，因此社区服务实际上属于社会服务的范畴，是整个社会福利体系的重要内容，意义重大。在现阶段，发展社区福利性服务，需要公共财政提供有力的资金保障。而从《规划》及随后的实践看，资金保障力度明显不够，未充分考虑对服务需求的满足和解决服务所需基本成本。对这一问题，如不加以重视和解决，将成为制约社区服务发展的主要障碍。

2. 关于社区服务设施规划建设

《规划》虽然将社区服务设施的规划建设纳入政府相关部门职责，并提出了具体要求，但显然重在对现有设施的整合利用，存在不愿意投入大量资金和设施用地的隐忧。虽然侧重现有设施整合利用具有较好的操作性，但原有设施在数量和功能上都严重不足，难以满足社区服务的实际需要，进行新的规划建设确实十分必要。这个问题如不予以足够重视并加以解决，将严重影响社区服务的深入发展。

3. 关于社区福利性服务的主导地位

在社区服务中，真正为人民群众迫切需要而政府又可以有效发挥作用的部分是社区福利性服务。因此，发达国家和地区将社区服务视为社会福利的一种形式，既有相当的合理性，也大大增加了可操作性。而国内社区服务发展中，福利性服务被营利性服务所冲淡，主导地位丧失，成为一个长期以来困扰人们的问题。其根源在于公共资源投入的不足，以及因此期望以营利性收入补充福利性服务资源不足而敞开营利性服务的大门。《规划》虽注意到这一问题并提出了相应的措施，但仍然对收费服务问题关注不够，还存在以收费服务收入补政府投入不足的考虑。对社区服务机构来说，一旦敞开其收费服务的大门，加之监管不力，经济人的本能将很可能驱动其全力经营收费服务而忽略福利性服务。对这一问题，应予以高度关注。

4. 关于社区服务的专业化职业化

长期以来，我国社区服务发展中的专业化职业化问题为人们所忽略，导致社区服务的质量与水准难以提高。《规划》注意到这一问题，并明确提出了服务专业化、职业化的思路和措施。但在规划中，没有强调社区服务机构的专业性，而是笼统地将各种社会组织包括居委会都纳入社区服务提供主体范围。同样，《规划》虽提出了社区服务专业人才的概念及相应措施，但较为空泛，对社区服务专业人才的地位和待遇问题规定过于粗略，缺乏可操作性，很可能在实际执行中被忽略，甚至沦为空话。而服务机构和人才队伍专业性的不足，必然影响服务质量的提升。

5. 关于公平竞争和评估监管机制的构建

公平竞争机制的构建，有利于推动社区服务质量和水准的提高。而严格的评估监管机制，则是保持提升社区服务的福利性和质量的根本保证。《规划》针对这两方面问题，均提出了明确的思路和对策，但仍有明显不足。就评估监管而言，需要引入专业第三方评估机构，为此应考虑评估所需经费等资源的投入。发达国家和地区在服务项目中一般会安排3%～5%的经费预算用于项目评估，而国内普遍对评估及评估费用问题重视不够，导致评估质量不高甚至流于形式。此外，对违规行为的处罚有可能出现力度过轻问题，以及招投标不能完全或有效实现公平、公开、公正。这些问题，都会对社区服务的发展产生不利影响。

6. 关于政府社区服务工作力量和体系

社区服务是社会服务体系的重要组成部分，未来在我国将面临一个大规模的发展和提升。社区服务的发展既是一个理顺体制机制的问题，也是一个领域内容大规模扩张、服务质量大幅度提升的问题，这必然会带来政府及其工作部门政策制定、指导、监管等方面工作的大幅增加及原有体系的不适应。因此，要确保社区服务健康有序地发展，必须对政府社区服务的工作力量和体系予以大力充实和

调整，构建一个完整统一、高效精干、专业优良的社区服务工作体系。否则，随着社区服务的发展，很可能因政府指导和监管滞后，导致无序和混乱状态出现，影响社区服务顺利发展。

此外，还需要处理好政府相关职能部门和街道、社区与社区服务的关系，形成各方对社区服务发展的正向推动力，防止或减少反向阻力的出现和行政化的干扰。

总之，随着经济社会的发展和人民群众需求的增加，加快社区服务发展日益紧迫。为此，需要认真回顾总结国内外社区服务发展的经验，形成我国社区服务发展的新思路、新模式，以避免陷入以往社区服务发展的困境。非营利性、公共财政支持功能、民间运作、专业化职业化、严格评估监管等特点，应成为新时期我国社区服务模式的基本特征。深圳在社区服务发展中做出的新探索，初步勾画出我国社区服务新模式的基本框架，但仍需在实践中予以落实和完善。

参考文献

徐永祥：《社区发展论》，上海华东理工大学出版社，2001。

周沛：《社会福利体系研究》，中国社会劳动保障出版社，2007。

国家计委、民政部、体改委、财政部等中央14部委：《关于加快社区服务业的意见》，民福发〔1993〕11号。

《民政部关于在全国推进城市社区建设的意见》，中办发〔2000〕23号。

民政部：《关于进一步加快发展社区服务的意见》（代拟稿）征求意见函，2005。

国务院：《国务院关于加强和改进社区服务工作的意见》，国发〔2006〕14号。

郭伟和：《社区服务的性质功能和目标之我见》，《中国社会工作》1998年第1期。

杨立红：《北京和多伦多社区服务中心管理体制比较研究》，《北京行政学院学报》2005年第4期。

丁元竹：《加拿大的社区服务体系建设及对我国的启示》，《中国发展观察》2006年第9期。

王英杰：《社区服务中心的中美比较》，《社区》2006年第4期。

童星、赵夕荣：《"社区"及其相关概念辨析》，《社区与社区发展》2006年第2期。

周梅：《社区服务中心的现状及潜伏问题》，《社会工作》1996年第2期。

张娴：《社区服务中心面临政治体制、经济体制改革》，《社区》2005年第6期。

高鉴国：《社区公共服务的性质与供给——兼以JN市的社区服务中心为例》，《东南学术》2006年第6期。

B.15
城市化后原籍居民群体生活质量实证研究

——以深圳市T区为个案

唐 娟*

摘 要： 改革开放以来，原籍居民经济水平有了跨越式提升，在整体上与深圳经济发展保持同步，伴随城市化发展，就业类型、收入结构也呈现多样化趋势。但是，原籍居民家庭收入、社会参与、社会就业等也存在着明显的群内差异和区位差异。同时，原籍居民在生活方式和思想观念上还保留了较多传统社区的特征。提升原籍居民群体的教育程度、劳动技能，实现其深度城市化转型，仍然是政府及这一群体的重要使命。

关键词： 城市化 原籍居民 生活质量

前言 概念、工具和研究方法

深圳已经完成了初级城市化，正在步向深度城市化。作为城市化重要客体的原籍居民①群体，在被动地由农民快速转变为市民之后，其生活质量如何，是深圳社会建设过程中一个必须关注和研究的问题。目前，人们对原籍居民群体主要持两种认识：一种认为原籍居民群体是凭土地生财的强势利益群体，他们的生活方式从种地变成“种房”，依靠私人和集体物业出租过活，是一个收入优厚、自闭排外、不思进取的食利者集团；另一种认为，在土地被征、外来移民巨型挤

* 唐娟，深圳大学。

① 本文中的原籍居民概念，是指1979年1月1日前户籍在深圳的农民、渔民、城镇居民及其之后新增加的家庭成员。

压、自我更新缓慢、政府扶持不足的境遇下，原籍居民已经被群体性边缘化，成为被城市化、现代化抛弃的人群，幸福指数极低。

本文认为，实际情况并非如此两个极端。原籍居民在整体上与深圳市政治、经济、社会发展基本保持同步的情况下，城市化也使这个群体发生了两种分化，即群内分化和区位分化。所谓群内分化，是指原籍居民群体内部由于家庭人口、家庭财富积累的基础、文化教育程度等方面的差异性，从而引起原籍居民在城市化融入过程中所发生的贫富及社会阶层地位的分化。所谓区位分化，是指由于政府对各村落所在区位的城市化开发战略定位、扶持力度、村集体所拥有的自然资源存量等不同因素，从而引起不同区位的原籍居民群体在经济、社会发展水平上的差异性。无论是群内分化，还是区位分化，都涉关原籍居民整体生活质量的升降问题，而原籍居民的生活质量是衡量城市化、城市发展的一个重要尺度。

生活质量的概念最初是由加尔布雷斯在 1958 年提出的，之后引起了经济学、管理学、社会学等不同学科的研究兴趣，迄今形成了两种最具代表性的研究方法：一是斯堪的纳维亚模式，将生活质量定义为个人对资源的支配，强调居民生活自然环境的美化和社会环境的改善；二是美国模式，将生活质量定义为个人对生活环境的满意程度和对生活的评价。两种模式中，前者强调客观生活条件，后者强调个体的主观生活感受。本文主要参考前者的理念，偏重对原籍居民客观生活质量的考察。而考察生活质量，必须借助一定的指标测量体系。目前，国内外有关生活质量的指标体系研究层出不穷，计有三大类①：一是可持续发展观与生活质量指标体系，如联合国的可持续发展指标体系、联合国人居中心的都市环境指标体系、英国政府的可持续发展指标体系；二是人类发展观与生活质量指标体系，如联合国人类发展指标体系、荷兰社会学教授 Ruut Veenhoven 提出的快乐生命期待指数体系；三是以人为本的发展观与生活质量指标体系，如由来自美国政府机构、企业、非营利组织界的一群研究者历时六年提出的 Calver-Henderson 生活质量指标体系、新西兰的生活质量指标体系、我国国务院发展研究中心设计的全面建设小康社会指标体系。

上述各种指标体系倚重不同的角度，各有建树和特色，又不乏共性之处，为我们考察深圳市原籍居民群体生活质量提供了标准和尺度。但是，由于研究时间

① 参见周长城、柯燕编著《客观生活质量：现状与评价》，社会科学文献出版社，2008，第 4 ~ 15 页。

及其他条件的限制，我们不能照搬上述任何一个指标体系来衡量一个社会群体的生活质量水平，而只能在上述体系指标设计的原则指导下，结合深圳市及原籍居民群体的实际情况，抽象出一些具有共性的生活质量标尺。主要包括四大类：经济生活、政治生活、社会生活和文化生活，涉及17个具体指标（见表1）。

表1　考察原籍居民生活质量的主要指标

经济生活	社会生活
经济收入总量	社会保障
经济收入增幅	职业状况
与群体外居民经济收入水平横向比较	社会交往
群体内部经济收入家庭比较	社会期望
群体内部经济收入区位比较	文化生活
经济收入结构	教育程度
居住质量	子女教育
消费状况	休闲娱乐
政治生活	
政治身份	
政治参与	

需要说明的是，由于我们使用的测量指标是有所选择的，也由于我们的研究对象只限定在一个区即T区，因此，本文并不能概括出深圳市原籍居民群体社会生活的全貌，这是本文的缺陷，也是今后研究工作的方向。

本文是以深圳市T区为个案，在2011年3～4月间进行的田野调研的基础上形成的。调研方法包括以户为单位的普查式问卷调查、召开座谈会、入户走访等方式。共发放问卷1400份，回收问卷988份，其中有效问卷904份。①

一　调研对象基本情况

在城市化过程中，原籍居民家庭户数和人数锐减。根据T区公安分局提供的最早的原籍居民人口统计信息（1984年12月30日），当时家庭户数共有1792

① 根据T区公安分局提供的信息，截至2010年12月31日，全区原籍居民家庭共1393户，人口为4101人。本次调查采取普查方式，逐户调查，计有原籍居民家庭户数988户，有效问卷数代表了有效参与调查活动的家庭数，占家庭总数的91.5%。

户，人口数 7557 人。[①] 但 2010 年调查显示，T 区现有原籍居民家庭户数 988 户，人数 5231 人。

原籍居民人口数占全区户籍人口之比为 18.5%，占常住人口之比为 3.66%[②]。原籍居民中，源于城市化前农民身份的原籍居民是 2263 人，占目前原籍居民总数的 43.3%；源于城市化前渔民身份的原籍居民是 180 人，占目前原籍居民总数的 3.4%；源于城市化前农民 + 渔民身份的原籍居民是 59 人，占目前原籍居民总数的 1.1%；源于城市化前城镇居民身份的原籍居民是 423 人，占目前原籍居民总数的 8.1%。[③] 此外，因婚姻关系从外地迁入、落户于原籍居民家庭的人口和城市化后原籍居民家庭新生人口的总数是 2208 人，占目前原籍居民总数的 42.2%。

深圳市原籍居民人口有两个特殊性，即男性尤其是老年男性比例偏低，具有深、港双重身份的人较多。这是由于在改革开放前发生过几次大规模的本地居民逃港事件，当时流失的主要是青壮年男性人口。改革开放后，深圳快速的经济社会繁荣发展吸引了许多当年逃港的人重返故土，同时也吸引了一些香港居民迁居到深圳，因此，原籍居民中具有深、港双重身份的较多。这种人口特性，在几乎零距离毗连香港的 T 区表现得很明显（见表 2）。

表 2　原籍居民的性别和年龄结构

单位：%

	性别		年龄结构			
	男性	女性	老年	中年	青年	未成年
总计	48.7	51.3	13.1	32.1	36.3	16.0

说明：老年人指 60 岁及以上，中年人指 40 ~ 59 岁，青年人指 18 ~ 40 岁，未成年人指 18 岁以下。

从家庭结构上看，原籍居民三代家庭比例占首位，为家庭总数的 40.0%。此外，四代同堂的家庭全部集中于股民家庭（有一人是股民即为股民家庭），这与 1992 年分宅基地时以户为单位但家庭户籍结构长期没有变化有关。当时的户主，如今可能已经是祖父辈，儿孙长大成家立业后因不能再重新立户，户口只能

① 但是，按照 T 区公安分局的统计信息，7557 人中农民占 4225 人，渔民 186 人，城镇户籍居民 3332 人，三项相加为 7743 人。因此，这组数据存在明显的误差。

② 2009 年底，T 区户籍人口为 4.6 万，常住人口为 22.7 万。资料来源于 T 区统计局网页。

③ 在本次调查中，提供了 1979 年家庭情况完全信息的有 809 个样本户，涉及人数共计 3023 人。

与父辈或祖父辈户主放在一起。全区原籍居民家庭平均每户成员为3.4人，高于深圳市原籍居民家庭成员数量均值2.5人的水平（见表3）。

表3 原籍居民家庭结构

单位：%

	家庭结构					
	单身家庭	二人家庭	核心家庭	三代家庭	四代家庭	其他
总计	6.5	4.6	38.5	40.0	3.5	7.0

二 经济生活水平

经济收入总量。2010年，T区原籍居民家庭群体总收入为9.982千万元，家庭平均收入为10.1万元。其中，家庭收入均值在20万元以上的占样本家庭总数的13.5%，在1万元以下的占样本家庭总数的8.2%。

经济收入增幅。改革开放30年来，原籍居民家庭收入发生了巨大的变化。1979年，T区的原籍居民家庭年均收入在500元以下的占当时家庭总数的73%，家庭居住面积在80平方米以下的占当时家庭总数的61.3%。全区原籍居民家庭总收入为316.5万元，家庭平均收入为3912元。改革开放推动了T区经济的快速发展，原籍居民收入呈现大跨越性增长。2010年，原籍居民家庭群体总收入、家庭平均收入与1979年数值相比，增幅分别高达3053.8%、2482.4%。

经济收入水平群体外横向比较。2010年，T区居民（包括户籍与非户籍）家庭人均总收入为33182元,① 据此估算，三口之家的核心家庭平均总收入约为99546元；龙岗区、宝安区全区居民家庭人均可支配收入分别为28331.9元、30012.8元,② 两区居民核心家庭平均可支配收入分别应为84995.7元、90038.4元。2010年，深圳市居民（包括户籍和非户籍）家庭人均可支配收入为32380.9元,③ 核心家庭平均可支配收入应为97142.7元。由此可判断，家庭规模平均为

① 根据《2010年T区社会发展统计监测季报》计算而得。

② 资料来源于《龙岗区2010年国民经济和社会发展统计公报》、《宝安区2010年国民经济和社会发展统计月报》。

③ 资料来源于《深圳市2010年国民经济和社会发展统计公报》。

3.5 人、家庭平均总收入为 101033 元的 T 区原籍居民家庭总收入与全区居民家庭平均总收入比较，与原籍居民众多的龙岗区和宝安区居民家庭平均总收入比较、与全市居民家庭平均总收入比较，基本上处于同样的水平。

群体内部经济收入水平家庭比较。图 1、图 2 和表 4 显示了原籍居民群体经济收入的内部分化情况。图 1 表明，原籍居民家庭收入水平的阶层化特点十分明显。调查还显示，原籍居民中有 64.6% 的人员具有集体股份合作公司的股民身份，按“家庭有一人是股民即为股民家庭”计算，有 84.7% 的家庭为股民家庭。收入较高的原籍居民家庭中，股民家庭多于非股民家庭。而在股民家庭内部，由于各集体股份公司的经营业绩有较大差异，股民的分红收入是不均衡的，年分红在 1 万元以下的股民家庭占 43.2%，5 万元以上的占 10.7%。

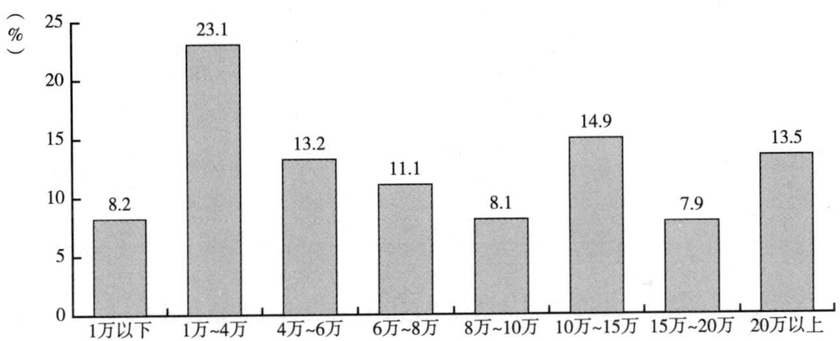

图 1　2010 年原籍居民家庭收入差异化水平

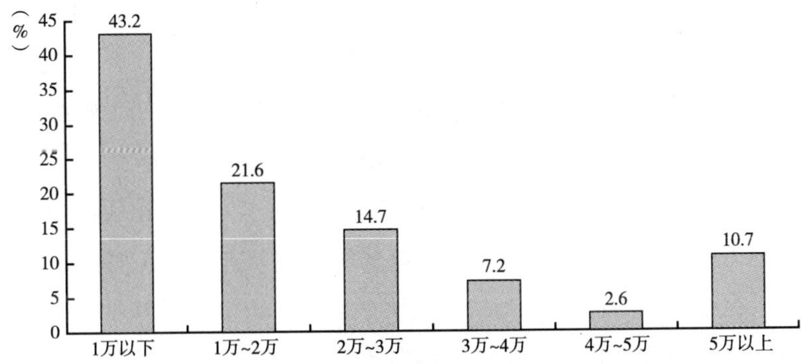

图 2　2010 年原籍居民股民家庭分红收入差异化水平

表 4　原籍居民股民家庭与非股民家庭年收入比较

单位：%

股民与非股民家庭比例	3 万元以下	3 万～7 万元	7 万～10 万元	10 万～20 万元	20 万元以上
股民家庭(84.7)	69.6	91.1	83.2	89.7	85.7
非股民家庭(15.3)	27.8	8.2	16.8	10.3	14.6

群体内部经济收入水平区位比较。T 区共有四个街道辖区。表 5、表 6 显示了 T 区辖区内居于不同街道区位的原籍居民群体及家庭收入情况。

表 5　不同区位原籍居民家庭群体总收入和家庭平均收入增长幅度（2010 年和 1979 年对比）

单位：%

区　位	家庭群体总收入增幅	家庭平均收入增幅
A/B 片区	748.3	723.7
C 片区	41968.4	32169.1
D 片区	112942.9	96039.3
均　计	3053.8	2482.4

表 6　2010 年不同区位原籍居民股民分红均值比较

单位：元

区位	分红均值	区位	分红均值
A/B 片区	12336.8	D 片区	28174.2
C 片区	16566.5		

收入结构。原籍居民家庭的收入结构呈多元化态势，包括工资收入、财产性收入、经营性收入、转移性收入等。其中，财产性收入（包括集体股份公司分红和出租房屋租金）的比重最高，为 43.7%，显示出城市化后被征地人群经济收入结构的一般性特征；但是 T 区原籍居民家庭从业人员工资收入比例已经跃居第二，在结构中的比重为 35%，表明该群体在城市社会就业中已开始有较高的融入水平；转移性收入（包括退休金和政府救助金）的比重为 15%，经营性收入的比重为 3.1%，其他收入（如境外亲戚援助）的比重为 3.2%（见图 3）。

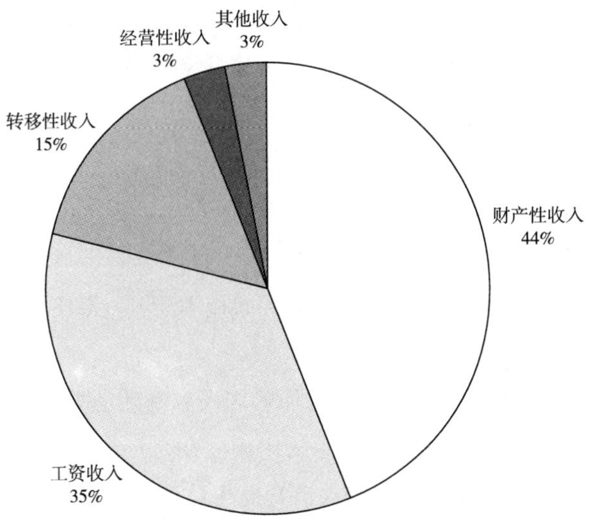

图 3　原籍居民家庭收入结构要素及比重

居住质量。家庭住房面积和住房拥有能力是评估居民居住质量的重要指标。问卷统计结果如图 4 所示，家庭居住面积在 50 平方米以下的占原籍居民家庭的 2. 8%，比重最大的是居住面积在 50 ~ 100 平方米的家庭，占 57. 1%，对居住面积在 150 平方米以上的家庭进行综合计算，其所占比例是 15. 1%。

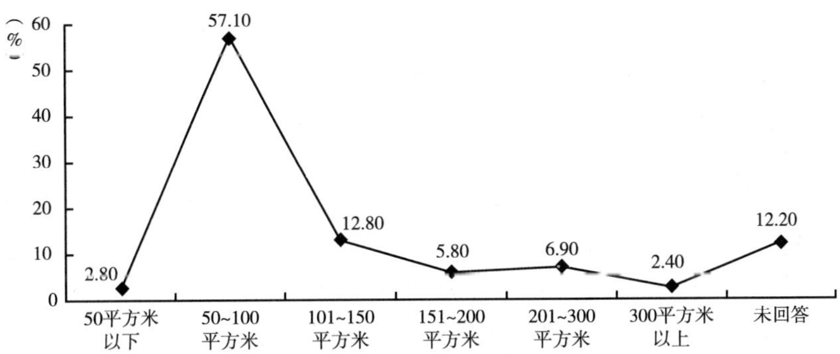

图 4　原籍居民家庭居住面积及比重

按照 T 区原籍居民家庭平均人口规模 3. 4 计算，有 2. 8% 的家庭人均住房面积是 14. 7 平方米，有 27. 9% 的家庭人均住房面积是 29. 4 平方米以上，超过深圳市人均居住 26. 6 平方米的水平。多数家庭居住的是 3 ~ 4 层的独栋楼房，总计约占样本数的61.8%，一般每层面积最少约为100平方米，因此，家庭居住面积实际上在300平方米左右的应该占多数。住房成套率也是住房质量的集中体现。根据观察，原籍居民家庭住房成套率已经全部实现，每户家庭住房都包括若干卧室、起居室、厨房、卫生间、室内走道、独立阳台等。

1979年原籍居民私有房屋拥有比例为95.2%，2010年为98.3%，增加了3.1%。目前原籍居民拥有的私有房屋中，属于自建房的占90%，自购商品房的占8.3%，属于政府保障房和单位福利分房的占1.3%，租住廉租房和别人私房的占0.4%。

消费状况。调查显示，2010年T区原籍居民家庭的消费支出均值是28317.1元。在支出水平上，原籍居民家庭年总支出额度在5万元以上的占41.4%，在1万元以下的占3.1%。原籍居民家庭在消费支出结构上没有明显差异，大部分依然在传统的日常生活消费上，如家庭食品、衣着、日用品、水电费这几个方面，家庭消费均值在16920.9元。但是，交通和通信支出已经排在了第二位，具有明显的市民消费特征，家庭消费均值在3703.7元。第三是医疗保健支出，家庭消费均值在3052.8元。教育和文化方面的家庭消费支出均值为2711.4元，娱乐休闲方面的家庭消费支出均值为1270.9元。居住支出（包括物业费、房租、住房按揭）为最低，家庭消费均值为657.4元，这符合城市化后原籍居民消费结构的一般特点。各类支出均值在家庭平均总支出中的比重如图5所示。

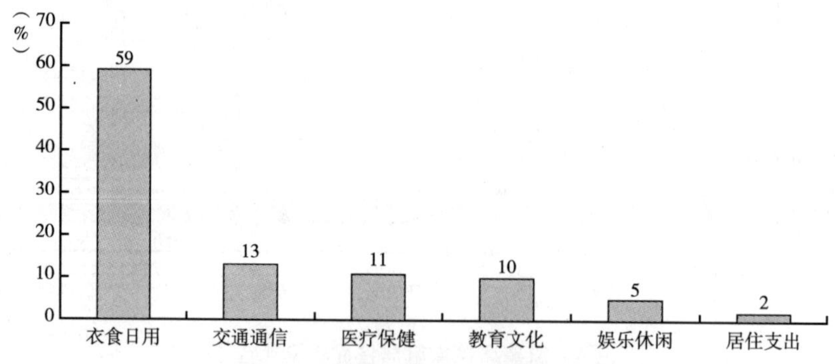

图5　原籍居民家庭消费结构及比重

与全区常住居民消费开支结构相比，原籍居民的消费开支结构明显具有城市化过程中转型社会群体的普遍性特点。前者的消费支出比重从高到低的位序分别

是：衣食等日常生活用品和服务；交通通信；医疗保健；教育文化；娱乐休闲；居住。原籍居民的医疗保健支出比较靠前，说明这个群体的医疗社会保障体系还不够完善，事实上，有37%的患有重病、大病或残障的被调查样本，声明他们没有得到政府的医疗救助。原籍居民的教育文化、娱乐休闲支出在消费结构的位序上靠后，一方面说明传统乡村社会的消费习惯依然存在，居民对精神文化生活的重视程度不够；另一方面也可能说明原籍居民收入水平虽然提高，但尚没有足够的消费能力来提升精神文化生活。

三　政治生活

政治身份。在国家政治生活体系中获得各种身份①，既是公民直接政治参与的渠道和表现，也是其政治地位的象征。问卷调查显示，原籍居民在政治领域中的直接参与率并不低，如参加党团、竞选人大代表、担任“两代表一委员”、在党政机关任职公务员等。原籍居民中加入中国共产党的有559人，加入共青团的有256人，加入民主党派的有3人，担任党代表的有6人，担任人大代表的有10人，担任政协委员的有1人，拥有上述各种政治身份的原籍居民在该群体中所占比例是10.04%。各种政治身份不均衡地分布在不同街道的原籍居民群体中（见表7）。

表7　原籍居民政治身份及区位比较

政治身份	A/B片区		C片区		D片区		合计	
	人数	比例(%)	人数	比例(%)	人数	比例(%)	人数	比例(%)
共产党员	101	5.1	343	6.5	115	10.8	559	6.7
共青团员	15	0.8	190	3.6	51	4.8	256	3.1
党代表	0	0.0	6	0.1	0	0.0	6	0.1
人大代表	2	0.1	3	0.1	5	0.5	10	0.1
政协委员	0	0.0	0	0.0	1	0.1	1	0.01
民主党派	2	0.1	0	0.0	1	0.1	3	0.03
合计	120	6.1	542	10.3	168	15.7	835	10.04

注：各街道片区的比例计算以本街道原籍居民人口数为基数；合计以原籍居民总数为计算基数。

① 问卷设计中，政治身份包括：共产党员，党代表，人大代表，共青团员，民主党派，政协委员。

直接政治参与。直接政治参与除了包括获得政治身份外，在国家机关体系中获取公共职位也是直接政治参与的表现形式，借此可以有效表达本群体的利益、提高政治社会地位。在现行体制条件下，党政机关公务员①就是其中一种重要的公共职位。原籍居民中现有129人担任党政机关公务员，占该群体人口总数的3.4%。②

间接政治参与。在可多选的几项间接参与活动中③，原籍居民均有参与，但比例很低。其中，“向人大代表反映问题”的比例是2.4%，“向政府信访部门反映问题”的比例是1.2%，“向政府建言献策”的比例是1.1%，“向民意表达室反映意见”的比例是3.2%。原籍居民使用利益表达渠道的比例，也可以说明这些正式制度设施运行的绩效。民意表达室因更贴近居民生活，所以得到居民更多的信任。

相较其他形式的社会参与，自治性参与是原籍居民选择比例较高的一种。在可以多选的几种自治性参与活动中④，参与率最高的为28.4%。此外，有49.7%的原籍居民家庭在过去一年里有过主动与社区组织包括社区工作站、社区居民委员会、居民小组、民意表达室等进行沟通的经历，其中有42.4%的沟通行为旨在改善社区公共管理水平。而在不同的街道片区，原籍居民自治性参与的频率和参与目的具有差异性，这在一定程度上反映出不同区位的原籍居民自治精神、能力和社区治理重点的不同。

此外，原籍居民的公益性参与程度也比较高，有85.4%的家庭在过去一年里以各种形式捐款捐物，其中捐款额度在200元以上的占49.5%。

四　社会生活

社会保障。调查显示，T区全区现有低保和低保边缘户203户，其中的原籍

---

① 在这里，为了统计分析的方便，把“党政机关公务员”的范畴界定为所有在党委、人大常委会、行政机关、司法机关工作的正式职员。

② 这个比例远远高于深圳市公务员占常住人口的比例。深圳市党政国家机关公务员约有50000名，约占全市常住人口比例的0.5%。

③ 问卷设计中，这些活动包括：在居委会选举中投票，向居委会提建议或意见，向人大代表反映问题，向民意表达室反映意见，向政府信访部门反映问题，向新闻媒体反映问题，法律诉讼，向政府建言献策，参加学校家长会，参加居民论坛、社区“三会”，参加居民委员会工作，参加社区文体联谊活动、邻里互助活动，参与网上讨论社会问题。

④ 这些活动是指办理文书、调解家庭或邻里纠纷、解决社会保障问题、解决社区公共管理问题、咨询了解国家法律法规政策、解决社区服务问题。

居民家庭有 48 户，占总数的 23.7%。有 9.2% 的原籍居民只参加了社会基本医疗保险，有 3.7% 的只参加了社会养老保险，而两者都参加的有 63.6%，两者都没有参加的占 23.5%。从总体上看，T 区原籍居民社会保障覆盖面比较宽广。但另一组数据表明，原籍居民的社会保障体制还有待于进一步深化和完善。表 8 显示了原籍居民家庭中有 1 年以上重病、精神残障成员的总数及政府对其实施的医疗救助情况。

表 8　原籍居民家庭成员重病患者数量及政府医疗救助情况

单位：%

家庭中是否有重病或精神残障患者	比例	家庭中是否有重病或精神残障患者	比例
没有	90.4	有	6.0
没有回答	3.6	其中：	
		享受政府医疗救助者	45.3
		没有享受政府医疗救助者	37.7
		没有回答	17

职业状况。城市化改变了原籍居民的身份结构，同时也改变了他们的职业结构。调查显示，1979 年，原籍居民中有 85.6% 的人口都从事农业或渔业生产，改革开放以来，原籍居民的职业结构呈现开放性、多元化的发展趋势，而且这一特征随着人口代际更迭而愈益明显。目前，虽然土地以不同的形式依然为原籍居民提供主要生活来源，但是，参与城市就业也已经成为这一群体被动的却是必然的选择。原籍居民中，现有在机关、事业单位、企业的在岗职工占该群体人数的 25.4%，[①] 工资收入已占原籍居民家庭收入均值的 35%，个体户占总人数的 4.5%，未曾就业和下岗失业者占该群体人数的 20%。没有职业者的比例略低于目前各大城市郊区失地农民失业率约 25% 的一般水平。而且，在 20% 的无职业人群中，有就业愿望、希望政府帮助解决就业问题的占 13.7%。这说明，T 区的原籍居民中无业者的就业愿望较高，那种认为原籍居民是依靠租金过活、不谋职业、不思进取的“食利者”的说法显得有些主观（见表 9）。

① T 区原籍居民所在企业，主要是村集体股份公司或私营公司。根据《深圳市 2010 年国民经济和社会发展统计公报》，全市在独立核算的企业、事业和机关单位的在岗职工是 251.09 万人，在岗职工人数占全市常住人口（1035.79 万）的 24.2%。

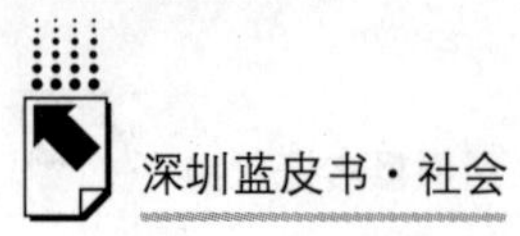

表9　原籍居民在岗职工的职业结构

单位：%

职业类型	比例
党政机关公务员	3.4
政府雇员/事业单位职员/临聘人员	12.9
企业单位员工	39.8
个体户	9.9
其他职业	34.0
合　计	100

显然，原籍居民的就业领域集中在企业，但由于村集体股份本身规模太小，产业结构集中在物业出租领域，它对原籍居民的就业吸纳能力并不高。

此外，从原籍居民工资收入水平看，65.1%的家庭工资年收入在3万元以下。该工资水平表明，这一群体的就业质量不高，他们处于各种职业体系中的末端层级，其工作种类具有体力密集性、工时密集性、技术简单性、岗位不稳定性、保障不完整性等特点，如保安、清洁工、机关事业单位临聘人员等，中年人和教育程度不高的年轻人更是就业困难、就业领域狭窄。T区原籍居民的城市社会就业融入问题，也是其他地区城市化后所普遍存在的问题。因此，帮助原籍居民参加城市社会就业、提升他们的就业能力和质量，是地方政府义不容辞的责任。

社会交往。调查显示，原籍居民邻里之间有着密切的互动交往，带有初级群体特色的社会资本依然很丰富。这是因为原籍居民的城市化不是主动地参与城市社会分工的结果，而是被动的制度安排的结果：他们仍然生活在同一个社区，日常联系最多的对象是一起长大的老邻居，平均约有86%的原籍居民保持着邻居互访的习惯。这是珍贵的制度遗产和传统。在城市化、市场化急速推进和社会转型的今天，各个城市政府都在花大力气培育社区社会资本，试图在“陌生人社会”里重建积极温暖的社会关系，因此，对于这一天然的存量社会资本，首先应该珍视和保护，并在此基础上提升、促进其增量（见表10、表11）。

社会期望。原籍居民是不由自主地被城市化洪流裹挟着往前奔跑的一个群体，在被动地失去了传统的社会生活方式后，他们最希望政府帮助解决的问题都属于“日常生活、政治”的范畴，是最基础性的民生问题。见表12。

表 10　原籍居民平时交往最多的朋友（只选一项）

单位：%

交往对象	比例
本小区内的老邻居，或已迁到其他小区的以前的老邻居	54.9
单位同事	22.6
亲戚	15.6
有业务来往的人	2.0
其他	4.5
没有回答	0.4

表 11　原籍居民邻里互动情况（最近一个月内）

单位：%

	0 次	1～10 次	11～20 次	21 次以上	没有回答
拜访邻居	5.3	67.5	13.4	6.7	7.1
被邻居拜访	7.4	70.5	8.6	6.0	7.6

表 12　最希望政府帮助解决的问题

单位：%

期望类型	比例	期望类型	比例
解决就业问题	13.7	解决社保/医保问题	5.6
降低物价	11.4	教育培训	1.1
提高工资待遇/收入	11.2	其他	4.1
解决交通/环境问题	10.6	无期待	12.5
住房和旧村改造搬迁问题	6.1	未回答	30.5

五　文化生活

教育程度。改革开放以来，T 区原籍居民教育程度有大幅度提升。1979 年，原籍居民中的不识字率占 20.9%，具有大专以上学历者只占 0.9%；2010 年，原籍居民中的不识字率下降到 7.6%，具有大专以上学历的比例提高到 13.4%，其中，拥有本科以上学历的占 3.6%（见表 13）。

表 13　1979 年和 2010 年原籍居民受教育程度比例变化情况

单位：%

学　历	1979 年	2010 年	学　历	1979 年	2010 年
大专及以上	0.9	13.4	小　学	42.1	17.5
高中(中专)	6.6	26.6	不识字	20.9	7.6
初　中	25.1	31.9	缺　失	4.4	2.9

以街道辖区为单位进行比较，A/B 街道片区原籍居民中高学历者比例较高，拥有研究生及以上学历的比例为 0.3%，拥有本科学历的比例为 4.7%，而此两项指标在 C 和 D 两个街道分别是 0.1% 和 0.0%、3.3% 和 2.7%。同时，仅有小学学历的低端教育程度和文盲比例在 A/B 片区原籍居民中的分布比例低于 C 和 D 两个街道，其原因是历史基础不同。

子女教育。青少年的学习和成长在任何社会群体中都承载着这个群体的希望和未来。调查显示，目前原籍居民中有 1328 名在校学生。多数家长都很关心孩子的学习和未来的成长。提供了子女在校学业情况的有 435 个家庭①，其中，认为子女在学校学业优秀的占 20.7%，认为子女在学校学业良好的占 59.8%，认为子女在学校学业一般的占 18.6%，认为子女在学校学业较差或很差的只有 0.9%。

但在帮助子女健康成长、实现其人生目标方面，相当比例的原籍居民家庭显示了他们在家长角色上的无奈或无为。只有 31.1% 的家庭明确表示对孩子未来职业发展“有规划，而且正在帮助他们实现目标”，有 37.2% 的家庭表示“有时候会考虑，但把握不了”，“没有想法”的家庭占 28.6%。

休闲娱乐。随着社区建设的深入开展，T 区政府在各个社区都建立了文化站、图书室、健身娱乐设施等，股份公司一般也建立了文化活动室等，供原籍居民内部使用，并组织股民开展旅游、节日联欢等集体活动。总体而言，原籍居民的日常娱乐休闲生活比较丰富多样。在可以多选的日常休闲活动中，选择的比例大都不低，体现出多样化的格局。不过，需要具备文化底蕴的高雅活动如参观文化馆、博物馆、美术馆等比例较低，平均只占 7.1%；读书、看报的也只有 37.7%，其中在过去一年中没有读过一本书的占 43.0%，没读书和读了 5 本以下

① 没有提供孩子学业信息的，多数属于孩子尚幼小或孩子已经离开学校的家庭。

的合计占84.7%，职业状态对其读书活动有较大影响。在家看电视和找邻居朋友聊天的比例最高，分别占67.6%和59.6%（见表14）。

表14　原籍居民休闲活动情况

单位：%

活动类型	合计	过去一年中读书情况	比例	读书偏好	比例
找邻居朋友聊天	59.6	0本	43.0	社会政治类	27.6
参加社区文体活动	24.9	1～5本	41.7	励志类	8.9
打麻将、扑克、下棋	37.2	6～10本	8.0	经营管理类	18.5
读书、看报	37.7	11～20本	4.5	文学艺术类	17.7
参观文化馆/博物馆/美术馆等	7.1	21～30本	1.1	技术类	9.4
逛公园	18.9	30本以上	1.7	生活类	45.3
逛街	23.0			休闲娱乐类	37.1
看电视	67.6			其　他	41.5
上网	21.0				
没有回答	1.2				

六　结论

（1）改革开放以来，原籍居民经济生活水平具有跨越式提升。与T区内外常住居民家庭收入均值比较，T区原籍居民家庭收入基本上保持在同一水平。这说明T区原籍居民群体整体上与社会经济发展保持着同步。

（2）城市化后，原籍居民家庭的收入结构呈多元化态势。财产性收入（包括集体股份公司分红和出租房屋租金）依然是原籍居民家庭收入结构中最重要的因素，比重为43.7%，但家庭从业人员工资收入在原籍居民家庭收入结构中已经成为第二大要素，比重为35%。由于财产性收入容易受外界因素的影响，同时也因为多数原籍居民属于低端就业，因此，原籍居民群体的收入水平虽然不低于全区、全市的一般水平，但收入稳定性差，增收难度大。

（3）原籍居民群体内部呈现分化态势，体现在：第一，家庭收入水平的差异上，年收入在1万元以下的最低收入家庭占总数8.2%，年收入达到10万元均值及以上的家庭占总数的36.3%。第二，居民收入的区位差异上，A/B街道原籍居民家庭收入增长幅度最小，C 街道最低收入家庭分布数量最多，D 街道原籍居民家庭收入增长幅度最大、最高收入家庭分布数量最多。第三，与集体经济的关联上，绝大多数年收入达到 10 万元均值及以上的家庭都是股民家庭，说明能否加入集体经济，对提升原籍居民家庭经济水平具有重大的意义。第四，在与以前的职业身份的关联上，收入最低的家庭在原来的渔民群体中分布最多。第五，在教育程度、社会参与、城市就业类型上都有这种分异化体现。

（4）原籍居民的消费支出结构还明显带有城市化过程中转型社会群体的普遍性特点。其消费支出比重从高到低的位序分别是：衣食等日常生活用品和服务；交通通信；医疗保健；教育文化；娱乐休闲；居住。医疗保健支出比较靠前、文化娱乐支出靠后，说明这个群体的社会医疗负担还比较重，而旨在提升精神文化生活的消费理念还有待进一步培育。

（5）原籍居民的居住质量一般较高，人均居住面积超过全市人均居住面积指标，住房拥有能力更高于其他社会群体。但原籍居民的社会保障体制还有待于进一步完善，尚有 23.5% 的人没有参加基本社会保险，有 37% 的重大病患者没有得到政府医疗救助，有 5.6% 的人明确表示希望政府帮助解决社会保障问题。社会保障体制不完善，将会制约原籍居民生活质量的提升。

（6）原籍居民的职业结构呈现开放性、多元化的发展趋势，而且这一特征随着人口代际更迭而愈益明显。但是，因受个体人力资本的限制、城市就业市场需求的限制以及因政府在提升原籍居民人力资本方面缺位等原因，绝大多数原籍居民从业人员都集中在企业领域。从其收入水平可以看出，在企业任职的原籍居民多数工作职位偏下、收入偏低。因此，应着力提高原籍居民人力资本存量、改善其增量、推动大多数人实现人力资本转型，以适应市场竞争。

（7）原籍居民作为国家公民的政治社会地位并没有在城市化过程中随着土地的丢失而降低。事实上，原籍居民通过在政治领域中的直接参与而获得各种政治身份，如中共党员、共青团员、人大代表、民主党派、政协委员，并在政治社会生活中选择群体内的精英担负起利益综合和利益表达的职能，如担任“两代表一委员”、在党政机关任职公务员等。拥有上述各种政治身份的原籍居民在该群体中所占比例为 10%。此外，原籍居民在国家权力体系中所拥有的公共职位数量也不低，担任党政机关公务员的人数比例占该群体人口总数的 3.4%，远远高于深圳市公务员占常住人口的比例。

（8）原籍居民群体内部自主治理能力相对较高，以相互信任所构成的社会资本网络很丰富。有58.8%的被调查对象表达了自己愿意参与社会事务的愿望。在现实中，居民的间接参与如向政府建言献策，向人大代表、政府信访部门反映意见等比例较低，而对社区自治性事务的直接参与率和公益事业参与率都比较高，有49.7%的原籍居民家庭在过去一年里有过主动与社区组织包括社区工作站、社区居民委员会、居民小组、民意表达室等进行沟通的经历，有85.4%的家庭在过去一年里以各种形式捐款捐物。此外，原籍居民在自主性和公益性事务中较高的社会参与率表明，这个群体是一个具有较强内聚力和公共精神的群体。

此外，特别需要指出的是，原籍居民邻里之间有着密切的互动交往，平均约有86%的原籍居民保持着邻居互访的习惯，这是珍贵的制度遗产和传统。在急速转型的当今社会，各个城市政府都在花大力气培育社区社会资本，试图在“陌生人社会”里重建积极温暖的社会关系，因此对于这一天然的存量社会资本，首先应该珍视和保护，并在此基础上提升、促进，更新其内涵。

（9）总体而言，原籍居民的文化教育素质并不明显偏低，休闲生活比较丰富多样。在可以多选的日常休闲活动中，选择的比例大都不低，体现出多样化的格局。不过，需要具备文化底蕴的高雅活动如参观博物馆、美术馆等，比例较低，读书、看报的比例也比较低，职业状态对其读书活动有较大影响。

（10）原籍居民群体的未来应该说是充满希望的，下一代的学习和健康成长承载着这个群体的希望。80.5%的家长认为自己的在校子女学业优良，31.1%的家庭已经对子女未来的职业发展有设计、有规划并且正在帮助子女实现目标，另有37.2%的家庭也关心子女的成长但觉得力不从心。这说明，政府和社会力量适时介入、帮助家长提高教育能力对这个群体的未来发展具有重要意义。

社会福利与保障篇

Reports on Social Welfare and Social Security

B.16 深圳市社会福利服务状况及发展研究

郑小霞　欧阳政*

摘　要： 社会福利服务作为社会保障体系的重要部分，在改善民生，促进社会和谐、实现可持续发展方面发挥着积极的作用。深圳市在社会福利服务方面已经积累了一系列的经验和做法，如构建了“津贴+服务”的服务模式，大力推行政府购买服务，推动社会组织作为服务载体，以信息化手段提升服务质量，建立社工为核心专业服务队伍等。但在供给方式、专业队伍建设等方面存在一定问题。在此背景下，应推动社会福利立法、完善发展协调机制、加强政府资金引导、健全机构服务功能、完善标准化专业化管理、推进服务信息化管理，促使社会福利服务健康快速发展。

关键词： 社会福利服务　供给方式　购买服务

* 郑小霞、欧阳政，深圳市民政局。

改革开放30多年来，为了配合市场经济体制的建立，我国重点发展了以社会保险为核心内容的社会保障体系，更多关注收入补偿和经济福利，较少考虑人们在情绪、精神、家庭关系等方面的服务需求。从发达国家社会福利体系发展趋势来看，作为社会保障体系重要组成部分，社会福利服务在为特殊社会群体提供社会服务，治疗救助社会病态方面发挥了重要的作用。社会福利服务在英国称为个人社会服务，在北欧则称为社会照顾，在美国，统称为社会服务，其对象和内容更为宽泛，作为社会福利体系的一个组成部分，与公共救助、社会保险一同构成了美国完整的社会保障体系。

一　深圳社会福利服务发展目标向普惠型转变

改革开放初期，公有制为主的经济模式使全民就业成为可能，当时的福利制度基于就业制度，公共福利主要分为职工福利和民政福利两种，前者由企事业单位或者农村公社等单位提供给职工或社员及家庭成员，后者则是负责单位制度之外的人口。由于大多数人都有单位，只有没有劳动能力的人才会没有单位，所以社会福利从制度设计开始，其服务对象就仅限于少数孤老残幼群体，也被称为补缺型的社会福利服务。

深圳作为全国改革开放的窗口和试验田，沿袭补缺型社会福利制度体系。随着经济社会转型发展，经济市场化程度不断提高，政府秉承“小政府，大社会”的管治理念，加之深受毗邻香港的影响，以政府主导、社会参与为原则，推进社会福利服务社会化很快成为全社会的共识。2000年，民政部出台《关于加快实现社会福利社会化的意见》，提出投资主体多样化、服务对象公众化、服务方式多样化和服务队伍专业化的要求，即政府积极倡导、组织、支持和提供必要的资助，动员全社会力量建设社会福利设施，开展社会福利服务，满足社会对社会福利服务的需求。2009年，民政部与深圳市政府共同签署的《民政部　深圳市人民政府推进民政事业综合配套改革合作协议》，将稳妥建立普惠型社会福利体系作为民政事业改革先行先试的重要内容。2010年，构建普惠型社会福利体系被列入深圳市委、市政府重大调研课题予以推进。2011年，深圳出台《关于加强社会建设的决定》，明确社会建设内容包括建立普惠型社会福利制度。为此，加快普惠型社会福利体系建设，大力发

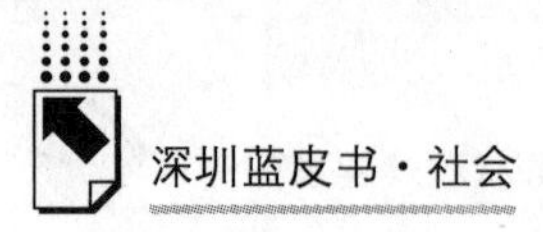

展社会福利服务，已成为深圳市各级政府“十二五”期间社会建设领域改革创新的重点工作。

二 深圳社会福利服务的状况、主要做法和成效

截至2010年底，深圳市总人口1309.70万人，其中户籍人口259.88万人，60岁及以上老年人15.37万人，18岁以下儿童58.56万人，残疾人7.29万人；财政集中供养的孤残儿童1217人，散居孤儿25人。随着深圳市经济实力不断增强，居民可支配收入持续增多，政府加大对民生领域的投入，多元化服务格局已形成，已构建以老年人、孤残儿童和残疾人服务为重点，现金保障与服务保障相结合，布局合理、种类齐全、功能完善的适度普惠型社会福利服务体系。全市共有社会福利服务机构40家，其中，公办25家，民办15家；社会福利机构床位4297张，其中，养老床位3597张，孤残儿童床位700张；已有老年人日间照料中心4家，星光老年之家869个；具备专业康复功能医疗卫生机构13家，专业康复服务中心9家，特殊教育学校1家。主要做法和取得成效有以下几方面。

1. 构建“津贴+服务”的服务模式

一是建立高龄老年人津贴。深圳市为80~89周岁、90~99和100周岁以上三个年龄段户籍老年人每月分别发放200元、300元和500元现金津贴，同时在全国首先为80周岁以上享受居家养老服务的老年人购买意外伤害和意外医疗保险。二是制定孤儿最低养育标准。向散居户籍孤儿发放每月1000元现金津贴，对社会福利机构养育孤儿从0~18周岁分5个年龄阶段给予每月1489元到1916元补助。三是实施残疾人重残津贴。为户籍重度残疾人发放每月200元现金津贴。实行居家养老消费券，为三无、低保、重点优抚等三种户籍老年人根据生活自理能力发放300~500元消费券补助。四是实行居家助残服务补助。为无生活自理能力且家庭无护理能力户籍残疾人发放每月1200元服务补助。五是开展残疾孤儿康复服务。为户籍残疾孤儿实施“明天计划”医疗康复手术，并为部分患儿配置了康复辅具。六是提供助残技能补贴。为考取驾驶证户籍残疾人给予培训费用60%的补贴。

2. 大力推行政府购买服务

一是直接资助服务机构。出台《深圳市民办社会福利机构资助试行办法》，

新增床位每张资助 1.5 万元，资助分 5 年，每年 3000 元，并按床位护理等级给予运营补贴每月 100～200 元；出台《深圳市老年日间照料中心示范点福彩公益金资助项目实施方案》，给予 4 家机构 300 万元经费资助，主要服务有生活照顾、保健康复和休闲娱乐等；出台《深圳市“老有所乐”公益金使用管理暂行办法》，资助老年项目 1349 个，资助老年学校 171 所，极大地丰富了老年人的精神、文化生活。二是实行消费券补助。根据《关于印发深圳市社区居家养老服务实施方案的通知》，老年人凭消费券自主选择自己需要的服务机构和项目，引导机构提升服务质量和增加项目。自从服务开展以来，全市已享受居家养老服务 22565 人，约占户籍老年人数的 15.56%，受惠比例和资助金额都处于全国前列；已建立服务机构 66 家网点 188 个，为老年人提供就近、便捷的居家养老服务。

3. 推动社会组织作为服务载体

一是深化登记体制改革。出台《深圳市社区社会组织登记与备案管理暂行办法》，推动社区社会组织登记备案双轨制，促进社区社会组织登记发展；印发《深圳市工商经济、社会福利、公益慈善类社会组织登记指南》，规范直接登记流程，提供便捷登记指引。截至 2010 年底，全市已登记注册的社会组织 4110 个，其中社会团体 1662 个，民办非企业单位 2441 个，基金会 7 个，形成门类齐全、覆盖广泛的社会组织发展体系。二是启动培育实验基地。探索先培育后登记模式，首批入驻从事环保、助残、儿童服务等 6 家社会组织已于 2010 年底出壳，已成功登记注册 5 家。三是促进服务网络发展。从 2010 年起深圳市老年协会每年将得到财政资金专项资助，各区、街道和社区老年协会也落实相应专项资助；全市已有各级各类老年社会组织 978 个，协会注册会员超过 15 万人，协会骨干 4000 多人，已建立覆盖全市老年人服务网络。

4. 建立社工为核心的专业服务队伍

一是加快社工队伍建设。建立“政府推动、民间运作”的服务体系。全市具备社工资格 2134 人，社工服务机构 43 家，政府购买项目和岗位社工 1300 多个，分布在民政、残联、司法、教育、社区、医院、禁毒帮教、信访、计划生育、人民调解等十大领域；累计聘请香港社工督导 90 名，在职服务香港社工督导 37 名。二是不断拓宽服务领域。开展“非深户籍留深缓刑未成年人社工帮教工作站项目”，宝安区法院与铭晨社工服务中心衔接，引入专业社工介入缓刑青少年的帮教工作机制；开展“富士康员工跳楼伤亡事件危机干预”，以“营造和谐愉快工作生活环境”为目标，为富士康员工提供心理咨询服务，缓解跳楼危机，派遣参与该活动社工和督导425名。三是组织专业服务培训。开展老年人服务领域社工培训，培训推动了本土经验积累，促进服务队伍专业化。

5. 以信息化手段提升服务质量

一是建立紧急呼援系统。为老年人提供紧急救助、走失定位、政策咨询、精神关爱、居家养老、医疗康复、“社工＋义工”等十大特色服务，已为80岁及以上符合申请条件的高龄独居老年人免费发放了2000台专用手机。二是建立“亲情通”应急呼叫系统。为家庭无人护理、缺乏生活自理能力或行动不便的残疾人应急救护问题，保障残疾人及时得到救助，技术服务包括代用户呼叫110、119、120、亲属及社区专职委员紧急电话，提供社区资源和家政服务信息服务等，已为500名残疾人安装了应急呼叫服务系统。三是提供“爱心手机信息卡”服务。以“联通心灵、信息无碍”为目标，为残疾人沟通交流提供短信交流平台，内容有手机短信交流、新闻信息、残疾人服务信息以及天气预报等服务，已为约500名听力、言语残疾人赠送爱心手机信息卡。

6. 整合深莞惠三地服务资源

一是开展异地孤残儿童代养。深圳市整合区域服务资源，建立互利共享机制，缓解儿童福利机构床位紧缺矛盾，将部分孤残儿童送往异地代养，已有102名孤残儿童到惠州儿童福利院等地开展代养。二是实行养老服务同城化。通过签订《深圳、东莞、惠州老年人免费进入公园、风景区、旅游景区（点）、公益性文化场馆协议书》，落实了老年人优待服务“一证通”工程，老年人凭各市制发的优待证，进入三地的65个公园、风景区、旅游景区（点）、公益性文化场馆免收门票。

三　深圳社会福利服务发展面临的挑战、形势和机遇

历经30多年建设，深圳已发展成为人口超千万，经济实力处于全国前列的大城市，与北京、上海、广州等大城市社会福利服务发展相比较，虽然存在一定的差距，但也具有独特的发展优势。

（一）存在的问题

1. 服务项目“碎片化”，不成体系

与国内多数城市一样，深圳市各类服务项目支离破碎分布。服务项目分散在民政、教育、卫生、人力资源、妇联、残联、工会和共青团等多个部门，甚至同一单位不同部门间也存在不同程度的差异。由于缺乏职责分工和沟通协调机制，服务对象既有重叠又有盲区，资源缺乏有效整合与调配。如同属民政局的社会福利处和老龄办均具有养老服务的职能；又如儿童福利服务，各单位都有提供与之有关服务，但不是根据儿童成长阶段的特点需要为导向，设计完整的服务项目。社会福利服务对象、服务方式和提供项目等有待进一步的厘定。

2. 机构床位不足，资源配置失衡

由于侧重经济领域建设，政府在社会福利服务发展作用上的定位不清晰，没有很好地引导服务资源合理配置。以养老机构的床位数量为例，深圳市机构养老床位数占户籍老年人的比例仅为2%，远低于发达国家5% ~7%的比例。25家公办养老机构中有18家属街道敬老院，大多数仅为本辖区“三无”和少量户籍老年人服务，而全市7家综合性社会福利中心服务对象因不限户籍，大量老年人排队轮候床位。此外，政府对民办机构扶持力度不够，导致民办机构的发展数量不足，服务质量和管理水平与公办机构存在差距。部分民办养老院虽能提供高质量服务，因收费偏高导致入住率偏低，没能发挥好示范效应。此外，由于机构孤残儿童床位不足，只好将部分儿童暂时安置邻近城市代养。

3. 社区和社会组织的作用有待发挥

深圳市的社会福利服务主要以政府行政供给模式为主，服务对象需要主动到相关的街道或社会工作站提出申请。社区服务平台仅有星光老人之家覆盖全市所有社区，功能也局限在提供老年人活动场所，服务功能单一。社区老年人日间照料中心仍处于试点阶段，服务对象以身体条件较好、行动方便的老年人为主，而对失能或半失能老人无法提供接送服务。社会福利类社会组织的发展仍较缓慢，服务对象和内容也较为单一，缺乏为戒毒、网瘾等少数社会病态类群体提供服务的组织。

4. 专业服务队伍建设有待加强

社工管理以“购买岗位”的模式为主，配套措施尚未及时完善。许多机构还没有发挥好社工的作用，有的社工在服务机构中只是做些打杂或行政性工作，没有发挥好其应有的专业作用。此外，采用“买断”服务的方式，在日常服务项目的运作过程中，服务方案设计需要的工作经费缺乏配套措施，影响了服务质量和效果。而且服务机构专业护理员配备比例差距较大，民办机构因经费所限，比例低于公办机构。

5. 缺乏标准化、信息化管理手段

深圳市社会福利服务尚无建立标准化服务体系，无法实现对服务机构、服务质量以及机构绩效等进行标准化管理，各机构提供的服务质量良莠不齐。信息化管理系统仍处在开发阶段，没有建立个人健康电子档案和所需服务评估系统。由于没有建立评估系统和轮候制度，导致少数老年人因担心公立机构床位紧张，提早入住养老机构实行所谓的“占位子”策略，而需要进机构的老年人迟迟等不到床位。

（二）形势与机遇

1. 政策人文环境

改革创新、锐意进取是深圳特区的灵魂精神，从社会组织登记管理体制改革获得第五届“中国地方政府创新奖”，到“壹基金”慈善基金顺利落户深圳，充分体现特区敢闯敢试、敢为天下先的精神。而社会建设领域不断取得的新发展新突破也为社会福利服务发展创造了良好的环境。2007 年，出台《深圳市关于加强社会工作人才队伍建设推进社会工作发展的意见》等“1 + 7”文件，明确了社会工作发展的总体目标、方向、思路和措施。2008 年，《深圳综合配套改革总体方案》和《中共深圳市委市人民政府关于加快推进行政管理体制改革的意见》的出台，加快了政府投入方式的改革，推行了政府购买服务等多元化的公共产品供给模式；出台《关于进一步发展和规范深圳市社会组织的意见》，创新了社会组织登记管理体制，工商经济类、社会福利类和公益慈善类社会组织实行单一登记体制，社区社会组织实行登记和备案双轨制。2009 年，深圳市与民政部签订的《民政部　深圳市人民政府推进民政事业综合配套改革合作协议》，将稳妥建立普惠型社会福利体系作为民政事业改革先行先试的重要内容。2011 年，召开全市社会建设大会，出台《中共深圳市委市人民政府关于加强社会建设的决定》，提出建立普惠型社会福利制度。

2. 良好的经济基础

深圳经济持续高速发展，国内生产总值名列前茅。2008 年，深圳人均 GDP 水平已达到 1.29 万美元，超过高收入国家的基准线，2010 年，实现本地生产总值 9510.91 亿元，具体见图 1。

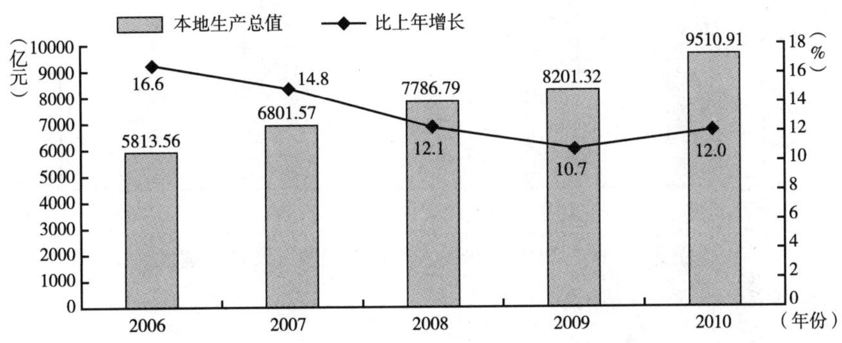

图 1　2006～2010 年本地生产总值及增长速度

资料来源：深圳市统计局。

2010 年全年完成地方财政一般预算收入 1106.82 亿元，增长 25.7%。其中各项税收收入 991.98 亿元，增长 20.5%。地方财政一般预算支出 1265.27 亿元，增长 26.4%，具体见图 2。

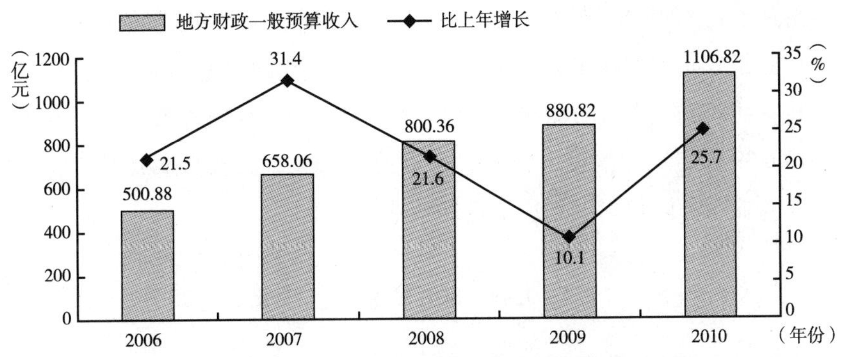

图 2　2006～2010 年地方财政一般预算收入及增长速度

资料来源：深圳市统计局。

2010 年对 600 户居民家庭抽样调查资料显示，全年居民人均可支配收入 32380.86 元，增长 10.7%，扣除物价因素，实际增长 7.0%。居民人均消费性支出22806.54元，增长5.9%，扣除物价因素，实际增长2.3%。恩格尔系数为35.5，详细情况见图3。

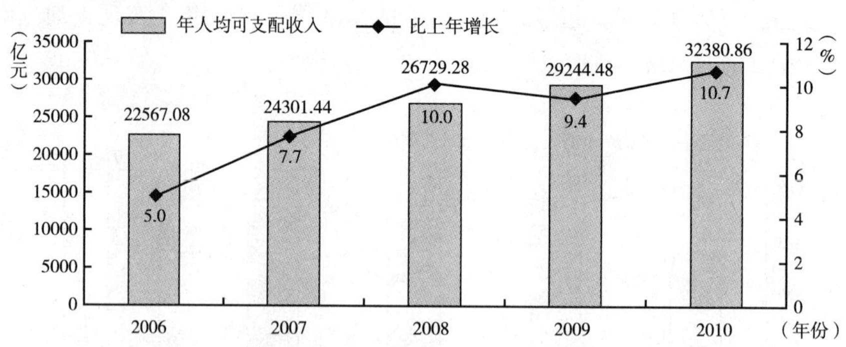

图3　2006～2010年居民人均可支配收入及增长速度

资料来源：深圳市统计局。

此外，福彩公益金作为社会福利服务先行先试的重要资金保障，在服务项目发挥种子基金的作用，如政府购买服务。2010年共销售福利彩票23.20亿元，增长率16.64%，销量稳居全国城市排名第三，全年投放公益金3.1亿元，资助了43个社会福利和公益慈善项目。慈善捐赠总额呈现快速增长，2010年捐赠总额超过10亿元。

3. 人口发展趋势

截至2010年底，深圳市总人口达到1309.70万人，其中，户籍人口259.88万人，暂住人口1049.83万人。暂住人口已办理居住证910.23万人。从各年龄阶段人口数量分布情况初步分析，深圳市人口老龄化的压力逐年增大，暂住人口常年维持在比较稳定的水平，户籍人口以每年6%左右的速度递增（见表1）。此外，19～39岁劳动年龄段人口占总人口的88.3%，为社会工作者、养老康复护理员等专业服务队伍发展创造了良好基础。

表1　2000～2010年深圳人口数量

单位：人

年份	全市人口总数	户籍人口	暂住人口
2000	4873520	1249210	3624310
2001	6442499	1320402	5122097
2002	6952116	1394494	5557622
2003	9250960	1512073	7738887
2004	11712395	1651346	10061049

续表

年份	全市人口总数	户籍人口	暂住人口
2005	12175836	1819322	10356514
2006	12447570	2008904	10438666
2007	12651488	2168453	10483035
2008	12697143	2324894	10372249
2009	12381177	2459581	9921596
2010	13096975	2598675	10498300

资料来源：深圳市公安局、深圳市流动人口和出租屋综管办。

4. 毗邻香港的独特优势

改革开放30多年来，深圳的经济建设取得巨大成就的重要因素之一是得益于毗邻香港，深圳未来30年社会建设特别是民生服务领域更需要借鉴香港的宝贵经验。

与内地相比较，香港的社会福利服务体系非常完善，包括老年人、儿童、残疾人、青少年、家庭、医疗、教育和住房等八大方面内容。其主要特点有三：一是立足于发达经济基础之上，并形成香港特色的社会福利制度和文化。和西方发达福利国家所不同，香港的社会福利服务注重发展社会服务，而不是现金津贴的发放。二是理顺政府与社会沟通机制，政府所提供的服务与民众的需求达成一致。服务供给模式经过多年探索和实践，形成了一套灵活的组合体系，包括政府组织与非政府组织的关系，公营部门（包括政府和政府资助）和市场服务的监督协调，无偿服务、低偿服务和收费服务的项目等。三是发达的社会组织（自愿者机构）和专业服务队伍。社会组织在教育、医疗和个人社会服务中扮演着重要的角色，政府通过购买服务的方式为他们提供日常的运营经费，并建立完善的监督制度，社会组织能提供更灵活和人性化的服务、更切合公众的需要，其成本也远低于政府提供的服务。专业服务队伍历经近50年的发展，社会工作者、心理专家和各种专业治疗康复人员，专业服务技能和良好职业道德成为提供专业服务的有力保障。

四 发展社会福利服务的对策和建议

（一）基本原则

1. 政府主导、社会参与

完善政府主导、社会参与的发展协调机制，形成政府、企业、社区、社会组织和家庭、个人积极参与社会福利事业，财政资金、社会资本和慈善捐赠共同承担社会福利服务发展的多元化格局。

2. 与经济发展相适应

综合考虑经济发展的趋势、政府财政承受能力和居民可支配收入等多方因素，逐步扩大覆盖人群、逐步增加福利项目、提高福利水平。

3. 以人为本

建立政府与社会沟通交流机制，服务项目设计以个人需要为导向，通过机会、服务、实物、现金、代金券及增权等灵活多样方式提供社会服务。

4. 公平正义

以政府提供公共服务均等化为基础，依照不同的困难程度区分群众福利需求的轻重缓急，确保同等条件群体公平获得同样服务。

（二）对策和建议

1. 推进社会福利立法

我国有关社会福利立法尚未健全，从各国的经验看，消除服务“碎片化”建立制度型社会福利体系，有效途径之一是加强社会福利立法。深圳应充分发挥改革创新、锐意进取的特区精神，本着多研究、多实践、多出经验的原则，参与国家层面社会福利领域法制建设，用好特区立法权加快相关立法。

2. 完善发展协调机制

应建立民政牵头联系、多部门参与的发展协调机制，短期内通过以市政府名义出台规范性文件的方式，明确各部门的职责和任务，加强部门间的政策协调与衔接，实现社会福利发展目标、资源、措施的高效统一。完善社会福利协会等行业协会功能、发挥其开展福利发展调查研究、评估社会福利事业发展状况、沟通服务机构信息、评议现行社会福利政策的作用。

3. 加强政府资金引导

实现政府服务供给方式多元化，加大政府购买服务力度，将社会服务事项交由社会组织承担，大力发展社会福利类社会组织，使其成为提供社会福利服务主要载体。发挥福彩公益金作为种子基金的作用，加快完善服务项目的培育机制，成熟后逐步纳入财政支付体系。对现有财政预算科目进行调整，设立社会福利专项科目，建立稳健公共财政投入机制。

4. 健全机构服务功能

科学做好社会福利设施规划布局，引导社会力量参与各类服务机构发展，优先发展以老年人、儿童和残疾人为主要服务对象，具有生活照料、康复保健和信息支援等功能的社区服务平台。加快推进市儿童福利院、老年人综合服务中心等政府投资项目建设，发挥公办机构“兜底”的作用。逐步开展街道敬老院管理体制试点，引进香港专业机构参与运营。

5. 完善标准化、专业化管理

逐步建立以服务质量、安全卫生、权益保护等为主要内容的标准化体系，选择1~2家机构作为标准化建设的试点，建立适合本土的标准化管理模式。完善社工机构、岗位和项目评估监管体系，转化为以项目购买为主、以岗位购买为辅的模式，建立本土社工督导队伍。加大专业队伍培训力度，提高养老护理员等专业人员的配备比例。倡导志愿者服务，建立志愿者参与社会服务的长效机制，形成全民积极参与自愿者服务的良好氛围。

6. 推进服务信息化管理

以社区康复服务中心为依托，依据服务对象年龄、身体状况、精神状态等特点，建立标准化电子健康档案和评估信息管理系统。可选择总人口较少、人口结构稳定的区作为试点，建立社会福利服务信息化的示范区。在建设信息化系统时，实现与居民医疗保险信息系统互联互通，信息资源共享。

B.17

深圳慈善事业发展研究报告（2010～2011）

郑小霞　钟礼银　郭云霞*

摘　要： 慈善事业是改善民生、促进社会和谐的社会事业。2010年，深圳市以保障民生、打造民生幸福城市为切入点，大力推进全民慈善事业发展，在劝募机制、慈善组织健全、慈善网络发展、救助方式创新、慈善鼓励机制等方面取得了突出成绩，切实发挥慈善事业在社会保障体系中的重要作用。但也面临慈善事业发展与经济社会发展水平和社会建设目标存在明显差距、现行法律政策滞后于现实慈善事业发展需求、慈善事业组织协调机制缺位、行业系统建设亟待健全等问题。需要从营造制度环境、完善统筹协调机制、搭建联合劝募平台等方面进一步加强。

关键词： 民生　慈善事业　发展　慈善组织

慈善事业是保障和改善民生、促进社会和谐的社会事业。深圳市高度重视慈善事业发展，不断优化慈善事业发展的政策环境和体制机制，并在开发慈善资源、健全慈善组织网络、实施慈善救助项目及强化慈善教育与宣传等方面做出了积极探索，慈善事业呈现快速发展的良好势头。

一　深圳慈善事业发展现状

2010年，深圳市以保障民生、打造民生幸福城市为切入点，以公民社会建

* 郑小霞、钟礼银、郭云霞，深圳市民政局。

设为契机，以全民慈善教育为依托，加快建立全民慈善事业发展体系，切实发挥慈善事业在社会保障体系中的重要作用。

（一）慈善捐助工作稳步推进，慈善劝募机制日益完善

深圳市慈善事业蓬勃发展，慈善捐款总量连年增加，“十一五”期间全市募捐总额逾22亿元。仅2010年，全市各界参与慈善捐赠总量（向市内和市外）超过10亿元人民币。其中，在西南旱灾、玉树地震和广东省扶贫济困日活动期间，市区两级慈善会先后募集善款达2.896亿元，有力地支援了灾区抗灾救灾和广东省扶贫济困工作。此外，深圳后勤集团发起设立全国性的非公募基金会，捐出的注册金达到3亿元人民币。

在常态捐赠方面，深圳市不断创新慈善劝募机制，并通过建立以冠名基金为依托的准市场化劝募机制等形式，积极探索与国际接轨的常态捐赠新模式，不断拓宽募捐渠道，构建长效募捐机制，提高社会化筹款能力。深圳市慈善会共设立专项慈善冠名基金近40个，仅2010年通过冠名基金形式募集捐款近800万元，新设立的冠名基金如低碳公益基金、小鸭嘎嘎基金、我生日我慈善基金、光彩爱心慈善基金、体育慈善基金、华润水泥基金、民族文化传承与发展基金、网球发展慈善基金等，涉及科技、环保、体育、文化、教育等多个领域，为深圳市探索创新慈善劝募机制、推进常态募捐工作打开了新的局面。

（二）慈善组织蓬勃发展，慈善工作网络逐步健全

慈善组织是慈善事业发展的主要载体，是推动慈善事业不断前进的重要前提和组织基础。培育与发展公益慈善组织，构建与完善慈善工作体系，对全面推进慈善事业发展、构建和谐社会建设意义重大。尤其是当前在加快推进社会建设过程中，慈善组织更成为一支不可或缺的力量。

深圳市高度重视慈善组织的培育与发展，不断创新民间组织管理体制，对公益慈善类和社会福利类社会组织给予重点培育与发展。2009年7月，深圳市与民政部签署了《推进民政事业综合配套改革合作协议》，全面探索直接登记的管理体制，并授权深圳开展基金会登记管理试点。在这一政策支持下，2010年12月3日，“壹基金”成功落户深圳，成为深圳第一家民间发起成立的公益基金会。壹基金成功转型公募基金会不仅展现了社会管理体制的创新与突破，对中国

公益慈善事业发展亦具有里程碑意义。与此同时，深圳市公益慈善类社会组织在总量上呈现快速增长的态势，并逐步成为推动社会公益事业发展的一支重要力量。截至2010年底，深圳市公益慈善类社会组织共计796个，其中，公益慈善类社会团体422个、民办非企业单位367个、基金会7个。

在此基础上，慈善工作网络不断健全，逐步建立了市、区、街道和社区四级慈善组织网络。深圳八区全部成立了慈善会，宝安区新安街道22个社区还成立了“慈善帮扶协会”，全市各街道和社区成立634个慈善捐赠网点，设立了18个慈善超市和爱心超市等，形成市、区、街道和社区四级慈善接收网络，完善了慈善物资募集和发放网络，使慈善工作网络进一步向基层社区延伸。同时，慈善组织还加强与其他社会机构的合作，借助其营销网点，实现慈善服务网络的低成本扩张。如2009年深圳市慈善会与深圳市邮政局合作，利用其分布在全市1700多家营业网点设立“慈善捐赠服务中心”；与中国联通合作，利用其网点设立1500多个长期募捐站等，极大地方便了市民日常捐赠。

（三）慈善救助方式不断创新，慈善救助工作扎实推进

深圳市扎实推进以项目救助为载体的慈善救助工作，主要的慈善救助领域有扶贫赈灾、助老扶孤、帮残济困、助学助医等，并不断创新慈善救助方式，拓宽慈善救助领域，探索开发适合深圳城市特点的慈善救助项目，推出了众多品牌慈善项目，产生了广泛的社会影响。

2010年，为健全儿童大病救助体系，深圳市启动“深圳儿童大病救助基金”项目，对深圳市低收入家庭大病儿童及汶川地震灾区劳务工重病子女给予救助。深圳市慈善会、腾讯慈善公益基金会和万科公益基金会联合发起“鹏城心希望”行动，对劳务工先心病子女给予免费的手术救治。该行动由3家机构采取1:1:1的匹配捐赠方式，共同分担孤贫先心病患儿的救治费用，同时深圳市儿童医院作为定点医院，也对患儿救治费用进行了大幅减免。这种整合公募基金会、非公募基金会和医院各自资源和优势，共同为受助者提供救助的模式开创了国内公益项目的先河。新成立的“深圳市壹基金公益基金会”在2010年初举行了“大爱压岁”慈善行动，共筹善款87.5万元，为深圳、四川和玉树等地2006名孤残儿童送去新春的关怀。该活动创新慈善监督模式，组建一支由公益机构代表、媒体代表、志愿者代表和爱心捐助人士代表共同组成的志愿者团队，全

程监督爱心捐助活动的开展，为慈善组织践行全民参与和阳光运作的公益理念提供了有益示范。

此外，深圳市各类慈善救助项目稳步推进。“深圳关爱行动”已成功举办了八届，推出了众多有影响力的慈善公益活动和公益项目，并引导众多企事业单位和广大市民积极投身慈善公益活动，营造了“关爱、互助、感恩、和谐”的社会氛围。“劳务工关爱基金”共资助重疾劳务工2368人次，资助金额2428.85万元；“雏鹰展翅”计划自2004年实施以来已成功举办七届，共资助深圳户籍低保家庭大学生2648人次，资助金额739万元；“募师支教”行动先后招募9批共407名老师分赴湖南、贵州、四川、江西等地共130多所山区学校支教，影响遍及全国；“临终关怀”计划已资助户籍临终老人4826位，资助金额达482.6万元；“燃料行动”八年来筹集善款逾600余万元，共向140余名“地贫儿”提供了超过200万毫升的血液，帮助其延续生命。“燃料行动”已经成为一个慈善样板工程，其救助地贫儿的模式已经成功被海南、惠州、四川、广州等地复制，并迅速推广开来。

（四）慈善激励与表彰机制不断完善

慈善激励与表彰是助推慈善事业发展的重要手段。深圳市通过建立健全慈善激励与表彰机制，逐步树立了“深圳慈善榜”和“鹏城慈善奖”等慈善公益新标杆。作为国内第一个地方慈善榜，深圳慈善榜已成功编制并发布了三届，已成为深圳市最具权威性的捐赠榜单。2010年，深圳市开展了第二届“鹏城慈善奖”评选活动，为体现“政府推动、民间运作、社会参与”的慈善工作方针，第二届“鹏城慈善奖”更加注重社会化元素，走民间化运作的路子，由市慈善会联合全市18家慈善机构共同主办，充分发挥政府、社会组织、企业、民众及媒体等社会力量的聚合效应，不断提升“鹏城慈善奖”的影响力和公信力。经独立评审团和公众投票，第二届“鹏城慈善奖”对2008～2010年度在深圳市慈善公益领域作出重要贡献的50名个人、机构和项目进行了表彰。同时，该奖项还结合深圳经济特区30周年特设“鹏城慈善突出贡献奖”。深圳市义工联、深圳市红十字会、深圳市慈善会、深圳市关爱行动组委会办公室、招商银行、深圳市南岭股份合作公司以及余彭年、郭春园、丛飞、陈观玉、释本焕、马明哲等30个单位和个人获此殊荣。

“鹏城慈善奖”和深圳慈善榜相关工作的开展，不仅是对机构和个人慈行善举的激励与褒奖，更是成为增强社会慈善意识、强化企业和市民社会责任感的重要平台，对弘扬慈善文化，带动更多社会力量参与慈善公益事业意义重大。

（五）慈善宣传力度不断强化，全民慈善氛围日益浓厚

2010年，深圳市以贯彻落实部市合作协议，加快推进全民慈善事业发展为契机，不断强化慈善宣传力度，大力营造全民参与的良好慈善氛围，尤其是在深圳慈善日、深圳社会慈善捐赠活动月期间，积极动员各有关部门及广大慈善公益机构参与慈善月相关工作，并通过向社会公开征集慈善公益项目等方式，推出了慈善一元捐、2010深圳（盐田）山地马拉松赛等30余项系列慈善公益活动，极大地调动了社会各界的慈善参与热情，全民慈善氛围日趋浓厚。

为搭建公益组织宣传合作和交流展示的全新平台，2011年3月深圳市成功举办了“首届中国深圳公益项目交流展示会”，展示会吸引了全国各地166家社会组织和企业参展，来自北京、上海、香港等地的政府人员、学者、公益慈善人士2万多人次到会参观参展，30%的参展组织现场达成了合作意向。公益深交会搭建了全新的公益展示交流平台，突破了传统、单一、封闭式的公益模式，开辟了一条开放式的、资源共享、多方合作共赢的公益发展新路径。

与此同时，深圳市各级慈善组织不断增进与社会各界的协作与配合，充分吸纳社会优势资源开展慈善拍卖、义演义赛、慈善沙龙、慈善晚宴等形式多样、内容丰富的慈善公益活动，并利用报刊、广播、电视、网络等各类媒体，通过市民喜闻乐见的方式开展各类慈善教育与宣传，宣传乐善好施的先进典型，激发社会各界参与慈善事业的热情，营造了良好的慈善氛围。

二　深圳慈善事业发展面临的问题与挑战

深圳市慈善事业发展虽然取得了显著成效，但就发展水平而言，其仍处于初级阶段，尤其是随着慈善参与主体的多元化和市民慈善意识的增强，人们对慈善事业提出了更高的要求，深圳市慈善事业发展亦面临着一些困境与挑战：宏观层面，慈善事业发展与经济社会发展水平和社会建设目标尚有一定距离、现行法律政策依然滞后于现实慈善事业发展的需求；中观层面，慈善事业组织协调机制缺

位、行业系统建设亟待健全；微观层面，常态慈善捐赠水平尚需提升，慈善发展成果对深圳民众的惠及力度仍待强化。

（一）慈善事业与经济社会发展水平和社会建设目标要求尚存差距

随着经济的持续快速发展和全民慈善意识的增强，深圳市慈善事业在慈善劝募、慈善组织培育和慈善文化倡导等方面取得了一定成效。但相较于经济发展水平而言，慈善事业发展尚处于初级阶段，慈善事业发展体系仍待健全，慈善捐赠总量占 GDP 的比重依然较低，这不仅与特区快速增长的经济发展水平不相适应，而且亦不能满足现实社会对慈善事业的发展需要。尤其是当前在加快推进社会建设过程中，如何构建与经济社会发展水平相适应、与社会建设目标要求相一致的慈善事业发展体系，加快推进全民慈善事业发展，成为摆在政府和各级慈善组织面前的一个现实挑战。

（二）现行法律政策滞后于慈善事业发展需要

目前，由于我国现行的慈善事业主体法律体系尚未健全，慈善事业发展方面仍存在许多法律模糊地带，全国性的慈善管理制度也在摸索之中。因此，为完善相关慈善法律法规和管理制度，江苏、湖南、浙江和上海等地均通过地方立法途径来规范和促进慈善事业发展。

相较之下，深圳市相关慈善法律法规较为滞后，已不能满足慈善事业发展的需要。现行的用以规范慈善捐赠行为的条例依然是 1998 年 3 月实施的《深圳经济特区捐赠公益事业管理条例》。由于该条例实施至今，其间许多社会条件、慈善环境发生了变化，其已不适应深圳市慈善事业发展的现实需要。同时，该条例实施之初，我国并未有相关的上位法，但随着《中华人民共和国公益事业捐赠法》、《救灾捐赠管理暂行办法》和《基金会管理条例》等相关慈善立法的出台，该条例所涉及的一些条款存在与上位法明显不一致、不协调的问题。因此，如何借鉴江苏、湖南等地慈善立法经验，利用特区立法权突破慈善法律障碍，并利用政府机构改革契机创新慈善管理制度，成为深圳市慈善立法和制度创新工作的一个现实问题。

（三）慈善事业组织协调机制缺位，慈善资源整合效能尚需提升

深圳市缺乏慈善事业协调机制，慈善事业领导、统筹、协调机构缺位，致使

财政、民政、教育、宣传、税务等职能部门及各类社会团体和民间组织在慈善事业发展中的职责和角色定位不够清晰，不能有效形成慈善事业发展的合力，这也在很大程度上增加了资源的整合难度，降低了慈善资源整合效能，影响着深圳市慈善事业持续、协调发展。

同时，慈善组织行业统筹、协调机制缺失，还造成了各类慈善资源在流向和分配上的不均，这在一定程度上影响着民间慈善组织的培育与发展，不利于各级慈善组织的协调共进。另外，慈善协调机制的缺位还致使各类慈善组织在救助项目研发上的同质化现象，各类慈善组织间缺乏必要的专业分工和领域细分，且公益资助方向狭窄，多集中于扶贫赈灾、助学助医、安老扶弱等传统救助领域，容易出现一些受助对象被重复救助而另一些领域却鲜有关注的问题，这不仅造成了有限慈善资源的浪费，而且从长远上来说还不利于慈善组织的专业定位与发展规划。

（四）慈善组织行业系统建设滞后，慈善组织社会公信力尚待提高

健全慈善组织行业系统建设是改进政府监督管理方式，促进政府监管科学化与规范化的重要举措，也是培育与发展慈善组织、提升慈善组织社会公信力的重要路径。

然而，当前无论是从慈善组织运营、管理和绩效等标准系统和评估体系来看，还是从慈善组织行业信息系统和咨询系统建设来说，深圳市慈善组织行业系统建设依旧滞后。慈善组织行业标准系统和评估体系亟待建立，慈善组织激励和奖惩机制尚需完善，慈善组织信息化能力建设仍有待提升，慈善组织行业咨询系统缺失、专业咨询机构匮乏，慈善组织自身能力建设有待提升，慈善组织整体社会公信力仍待提高，这些都成为慈善组织行业系统建设亟待解决的问题。

（五）常态慈善捐赠水平亟须提升，慈善发展成果对深圳民众的惠及力度仍待强化

全民慈善不仅强调人们对慈善事业的参与力度，其同样注重慈善发展成果对民众的惠及，两者相辅相成、缺一不可。随着慈善公益事业的发展，深圳人民的慈善参与热情日益高涨，慈善捐赠纪录屡创新高，但主要集中在大灾大难的运动

式捐助，仅2008年南方冰冻雨雪灾害5·12汶川大地震、2009年台湾风灾和2010年西南旱灾和玉树地震等非常态慈善捐助就募集善款逾17亿元，有力地支援了灾区人民重建家园、恢复生产。非常态捐赠款项往往被纳入政府救济资金范畴，直接用于灾区援建和对口帮扶工作。与之相比，用于城市常态救助的日常募捐工作稍显薄弱，常态慈善捐赠长效模式还不健全，无法很好地满足深圳民众的慈善发展诉求。从这种意义上可以说，加快提升常态募捐能力，强化慈善发展成果对深圳民众的惠及力度，对推进全民慈善事业发展意义重大。

三　深圳慈善事业发展规划与对策

（一）以打造“全民慈善之城、社会公益之都”为目标，坚持四大基本原则

深圳市慈善事业发展应以打造“全民慈善之城、社会公益之都”为目标，以保障民生、打造民生幸福城市为切入点，以加快推进社会建设为契机，以全民慈善教育为依托，以完善慈善立法为保障，加快建立慈善事业发展的领导、协调、指导机制，创新慈善事业发展的体制机制，切实推进全民慈善事业发展，充分发挥慈善在社会保障体系中的重要作用。

一是坚持政府推动、民间运作的原则。充分发挥慈善组织在慈善事业发展中的主体作用，鼓励慈善机构实行自主运作与自治管理，并将政府从具体的慈善事务中逐渐淡化出来，将其职能转向制定落实慈善法规和优惠政策、依法监督、规范慈善组织的活动，维护慈善组织、捐赠人、受益人的合法权益，着力扮演好政策制定者和监督指导者的角色。

二是坚持培育发展与管理监督相结合的原则。一方面，要通过简化慈善组织的登记、注册手续，逐步降低或放宽慈善组织的准入条件，实行税收减免和财政支持政策等方式，优化慈善组织发展的政策环境，大力培育与发展慈善组织；另一方面，要建立健全慈善组织管理的相关法律法规，依法加强对慈善组织的监督和管理，加大监管和执法力度。同时，要逐步完善慈善组织评估体系，探索建立慈善组织退出和奖惩机制，推进慈善组织的行业自律。

三是坚持适当劝募与慈善救助相济的原则。募捐与救助工作相辅相成、缺一

不可。要以社会募捐推动慈善救助，以慈善救助带动或吸纳社会捐赠。慈善组织要利用各种渠道、方式开展形式多样、内容丰富的慈善活动，切实提升常态捐赠水平，但要避免过度营销和捐赠疲劳，切忌行政摊派和道德绑架。同时，各级慈善组织要积极研发与创新慈善救助项目，使社会慈善捐助成果能够更好地惠及民生，从而以项目救助为载体吸纳和激发更多的社会捐赠。

四是坚持公开透明、公众参与的原则。慈善事业是阳光下的事业，慈善劝募信息、捐赠款物的管理使用要公开透明，接受社会监督，同时慈善组织应尊重捐赠者的意愿，严格按照其捐赠意向规范运作和高效实施相关慈善救助项目，重视受益对象和利益相关方的参与权与知情权。

（二）强化全民慈善，努力营造加快慈善事业发展的制度环境和社会氛围

全民慈善事业是一项需要全社会参与的伟大事业，也是一个复杂的系统工程。加快推进全民慈善发展离不开良好社会氛围的塑造，离不开全民慈善教育的强化和现代慈善文化、慈善理念的倡导，更离不开推进慈善事业发展的制度环境和体制机制。

加快推进全民慈善发展要逐步完善慈善事业发展的政策环境和体制机制，要充分利用特区立法权突破慈善立法障碍，为规范和促进慈善事业发展提供完善的慈善立法保障。要借助政府机构改革契机，创新与完善慈善事业发展的体制机制，健全慈善事业发展体系，要进一步通过完善慈善捐赠税收优惠政策和慈善表彰与激励机制等途径，不断优化慈善事业发展的政策环境。

发展全民慈善要建立健全全民慈善教育构架，搭建一个包括捐赠人、受助人、慈善组织和慈善工作者等在内的慈善教育体系，切实提升慈善教育的针对性和有效性，为全民慈善发展奠定良好的根基。

大力发展慈善事业要进一步调动社会各方积极因素，大力弘扬慈善文化，完善“鹏城慈善奖”和“深圳慈善榜”等慈善激励措施，树立慈善先锋和财富榜样，宣传乐善好施的先进典范，激发社会各界慈善参与热情，使慈善成为公民道德培养和健康人格塑造的重要内容，让慈善成为人们所崇尚的一种生活方式，努力打造全民参与的慈善氛围。

（三）完善慈善组织，统筹协调机制，组建全市性的慈善工作协调机构

为进一步理顺各级职能部门和社会组织在慈善事业发展中的职责和定位，提高慈善事业管理效能，可借鉴英国、香港和北京等国家或地区在建立慈善工作协调机制中的有益经验和做法，组建一个全市性的慈善事业协调、指导机构，对全市慈善工作进行统筹规划，强化对慈善事业的组织协调、监督管理和指导、服务工作，最大限度地整合慈善资源，推进全市慈善事业的协调发展，真正形成政府推动、民间运作、社会参与、各方协作的工作格局，促进深圳市慈善事业发展的制度化与规范化。

在此基础上，要建立健全财政对慈善事业发展的支持政策以及政府向慈善组织购买服务的机制，要加快政府职能转变，逐步将政府从慈善事业的具体事务中分离出来，着力扮演好引导者和监督者的角色。

（四）加快慈善组织行业系统建设与研究

进一步加强慈善组织行业建设研究，加快推进慈善组织行业标准系统、信息系统和咨询系统等建设，健全慈善组织准入退出、行业评估、信息披露机制，规范慈善组织运作与管理，不断提高慈善组织标准化、规范化和专业化水平，确保慈善组织健康发展；积极引入或培育一批专业性强、服务能力突出的专业咨询机构，加快提升慈善组织能力建设和机构社会公信力；搭建各类慈善组织间的联动机制，推进慈善组织的行业自律和专业细分，努力培育一大批公信力高、能力强、服务突出的专业慈善组织，发挥其示范带动和辐射作用，不断壮大慈善公益力量，提升慈善行业的整体水平。

（五）搭建联合劝募平台，加快提升全市常态募捐水平，使慈善能够更好地惠及民生

为提升常态捐赠水平，建议各级慈善组织搭建联合劝募机制，在整合提升慈善劝募能力的同时，避免募捐主体多元化给市民带来的“捐赠麻痹”。在此基础上，要持续通过“慈善一元捐”、“慈善一日捐”、慈善冠名基金、公益信托等途径，进一步创新慈善劝募机制，建立多元化、多层次常态捐赠模式，搭建各类常

规性和多样化的慈善参与平台，调动企业和市民日常慈善参与热情，从而不断拓宽慈善募捐渠道，提升常态募捐能力。

各级慈善组织要逐步强化专业分工与合作，构建在慈善救助领域的联动机制，优化和提升慈善资源的利用效益。同时，各类慈善公益组织也应开阔思路，勇于创新，逐步创新慈善救助方式、拓宽慈善救助领域，积极回应社会慈善诉求，不断结合深圳城市特点和社会热点，推出更多惠及深圳民众的慈善公益产品，使慈善发展能够更好地关注民生、促进和谐，为提升城市凝聚力和民生幸福感作出积极贡献。

（六）与时俱进、开拓创新，探索建立适应社会建设发展需要的深圳慈善事业发展模式

慈善事业发展不仅是在继承传统慈善文化的基础上发展起来的，也是在不断借鉴不同国家或地区工作经验中逐步完善的，更是在秉承时代精神，面向社会需要，弘扬社会责任的过程中不断丰富、发展和壮大的。因此，站在新的历史起点上，要进一步解放思想，大胆探索，创新慈善事业发展思路，健全慈善事业发展的体制机制，构建全民慈善事业发展体系，全面推进深圳市慈善事业的快速发展。尤其是在全面推进社会建设，大力发展全民慈善事业过程中，要探索建立与社会建设发展目标相一致、与深圳 GDP 发展相匹配并与国际接轨的慈善发展新模式，开拓具有中国特色的慈善事业发展之路，让深圳不仅成为我国改革开放的排头兵，更成为新时期社会建设和慈善事业发展的桥头堡。

B.18

深圳市居民家庭收入核对工作问题研究

邓洪流*

摘　要： 深圳市在最低生活保障的基础上，建立了住房、医疗、教育等专项救助，构建了社会综合救助体系，同时针对低收入家庭住房难问题，建立了住房保障制度。但在实际操作过程中，却存在家庭收入核对困难，甚至骗保或保障性住房的情况。针对这些问题，应该借鉴上海等城市经验，成立专门的工作机构，配备专业工作人员，优化申报程序，建立家庭收入、财产申报制度，确保家庭收入核对的科学性和准确性，为救助政策的顺利实施打下坚实的基础。

关键词： 家庭收入核对　低保　社会救助　保障性住房

深圳市高度重视城市居民住房保障及社会救助工作，救助标准和救助对象的救助水平都有了较大幅度的提高。这对于保障城市低收入居民的基本生活，维护社会稳定发挥了重要作用。然而，在实际操作过程中，存在住房保障对象及社会救助对象认定不够准确的问题，即居民家庭收入核对不够准确，引起社会各界的广泛关注。

一　开展居民家庭收入核对工作意义重大

住房保障、社会救助是重大的民生问题，深圳市历来重视低收入群体的住房保障及社会救助问题。居民家庭收入核对是开展住房保障、社会救助的前提和基础，是住房保障和社会救助公平、公正实施的重要保障。居民家庭收入核对是民

* 邓洪流，深圳市民政局。

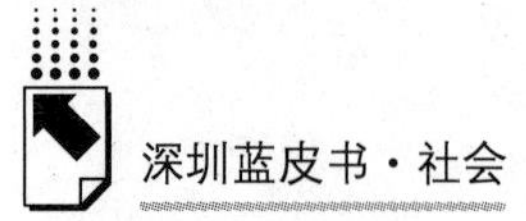

政部门根据税务、房产、车辆、工商、社保、保险、金融等部门或机构提供的居民家庭收入信息，与住房保障、社会救助申请人申报的家庭收入进行比对，从而准确核算申请人家庭收入和家庭财产的一种方法。相比传统的入户调查、邻里访问、信函索证等核查手段，这种方法更为科学、准确，对实施住房保障、社会救助具有重要意义。

（一）居民家庭收入核对是住房保障、社会救助的基础工作

深圳市自1997年实施最低生活保障制度以来，逐步建立了医疗救助、住房救助、教育救助、灾害救助、临时救助、就业援助、法律援助、社会互助等近十个专项救助制度。2010年7月，市政府常务会议通过了《深圳市低收入居民社会救助暂行办法》，将社会救助对象进一步扩大到低保边缘群体，建立起了第二条社会保障线。低保对象及低保边缘对象救助必须以居民家庭收入核算为依据。居民家庭收入核对工作能够有效提高核算救助申请人家庭收入的准确度，从而确保将政府的救助资源真正用到最困难群众身上，为落实住房保障政策及完善社会救助体系奠定坚实的基础。

（二）居民家庭收入核对是维护社会公平、保障困难群众权益的需要

居民家庭收入核对是城市住房保障、社会救助的核心环节。由于居民收入的内容和形式越来越多样化，针对保障性住房和社会救助申请对象的家庭收入、财产的核查也日益困难。根据《深圳市居民最低生活保障办法》的规定，核算家庭收入可以采取入户调查、邻里访问及信函索证等方式。这些方法只能大体“估算”社会救助申请人的家庭收入，对于申请人是否有房产、车辆、有价证券及有多少银行存款等资产无法核实，既不能有效避免虚假收入证明等问题，也不能科学、准确地核算居民家庭收入，势必严重影响社会救助公信力，市民对政府诚信及社会公平的质疑也将更趋强烈。只有开展居民家庭收入核对工作，才能最大限度地保证困难群体的切身利益及社会救助制度的公平、公正实施。

（三）居民家庭收入核对是提升“民生质量”的具体表现

基层救助机构对社会救助申请对象的收入核查一般采取入户调查、邻里访

问、张贴公示等非专业化的手段。随着深圳市“人户分离”的情况越来越多，加上基层工作人员严重不足，导致社会救助申请对象收入核查停留在“看材料”审批的阶段，极易造成骗保等不合理现象的出现，也严重影响了社会救助政策的实施效果。住房保障方面，2007 年，深圳市首次面向户籍低收入住房困难家庭（含单身居民）租售保障性住房，当年受理了 8844 户家庭的申请，经终审合格家庭有 6471 户。2010 年共受理了 8000 多户家庭的申请。这些申请对象的家庭收入、财产的核查工作十分繁重，如果仍由基层救助机构按照传统手段实施，其最终审核结果必将大打折扣。深圳提出创造“深圳质量”，打造民生幸福城市。对社会救助工作而言，“民生质量”的核心就是科学、准确地核实申请人家庭收入情况，从而准确认定社会救助对象，确保每一套政府保障性住房都分配到最需要的居民身上，确保每一项社会救助项目都用到最困难的居民手里。要做到这一点，居民家庭收入核对是必然选择、必由之路。

二 深圳市居民家庭收入核对存在的问题

（一）基层社会救助机构和工作人员少，人力不足

1997 年深圳市领取最低生活保障救济金的低保对象共 965 户 1667 人，截至 2010 年底，低保对象达到 4470 户 12220 人。在最低生活保障救助的基础上，深圳市实施了教育、医疗、住房等专项救助，解决低保对象的医疗难、教育难和住房难等问题。而市级层面负责最低生活保障、救灾救济、行政区划等业务只有 5 人，各区民政局的相关业务口工作人员一般只有 2～3 人，街道往往只有 1 人负责包括低保在内的多项社会救助工作。市、区以及基层救助工作都面临着巨大的压力，街道救助工作处在疲于应付的状态，致使对申请人家庭收入的核查还停留在入户调查、邻里访问、信函索证等传统方式。因此，就当前基层人员状况而言，根本无法有效、及时、准确地开展深圳市居民家庭收入核对工作。

（二）个别单位对居民家庭收入的调查工作不够配合，存在抵触情绪

居民家庭收入调查工作涉及方方面面，特别在隐形收入审查上需要多个单位

的配合，虽然有政府的文件支持，但在实际操作过程中，部门之间仍然存在推诿、抵触、拖延等问题。《深圳市居民最低生活保障办法》规定，深圳市家庭收入核查方式主要有：①个人申报；②调查人员走访；③由申请人委托授权向国土房产、车辆管理、工商、出租屋管理、税务等部门及金融单位查询申请人的家庭财产。但实际调查工作有很大难度，一是国土房产、车辆管理、工商、出租屋管理、税务、金融等企事业单位存在配合不畅的问题，导致没有办法通过正规途径核实财产；二是家庭收入是动态变化的，由于深圳市社会救助项目综合救助水平高，很少有家庭主动申请退保，需要街道办事处调查核实，来取消不符合享受低保待遇的家庭，但是基层人手不够，需要核查的人员太多，没有办法逐一展开核查。导致基层救助机构对申请人车辆、房产、社保、保险、证券特别是银行存款的调查工作基本上流于形式。

（三）容易混淆“低收入”、“低保”和“低保边缘”的概念

深圳市2010年的低保标准为每人每月450元，低保边缘家庭界定标准是低保标准的1.5倍，也就是家庭成员中每人月收入675元以内但没有享受低保的对象。在保障性住房方面，2007年，要求申请保障性住房的家庭人均年收入低于23252元；2010年，要求家庭人均年可支配收入2008年、2009年连续两年应低于26529元。由于操作标准较为复杂，实际操作中，不仅群众会混淆这三个概念，就连有的基层工作人员也会把握不准。这些都对政策的具体实施容易造成混乱，影响社会救助的实际效果。因此，有必要对存在于住房保障部门、民政部门的低收入概念进行研究，商议制定一个统一的低收入标准规定，分清“低收入”、“低保”和“低保边缘”的概念，有利于相关部门在具体实施保障性住房政策及社会救助工作过程中做到统一标准、统一操作。

（四）保障性住房、社会救助申请工作中居民家庭收入的核对分属不同部门，不利于该项工作的统一进行

根据《城市低收入家庭认定办法》（民发〔2008〕156号，以下简称《办法》）的规定，只有当申请廉租住房、经济适用住房保障或者其他社会救助时，城市居民家庭才能提出低收入家庭认定申请。也就是说，城市居民家庭收入的核对工作由民政部门进行。而实际上深圳市保障性住房的申请、受理、收入核

对工作是由住房保障部门负责，而低保及低保边缘的申请、受理、收入核对工作则由民政部门负责。保障性住房方面，申请人家庭收入的核对依据的是民政部门制定的《申请保障性住房家庭收入认定办法》；社会救助方面，对申请人家庭收入的核对依据的是《深圳市居民最低生活保障办法》及《深圳市低收入居民社会救助暂行办法》。因此，保障性住房、社会救助工作中对申请人家庭收入的核对还没有形成统一的条件和标准，这就造成同一项工作，依据的条件和标准却不完全相同，有失政府公信力，有失政策实施的公平、公正，具体情况见图 1。

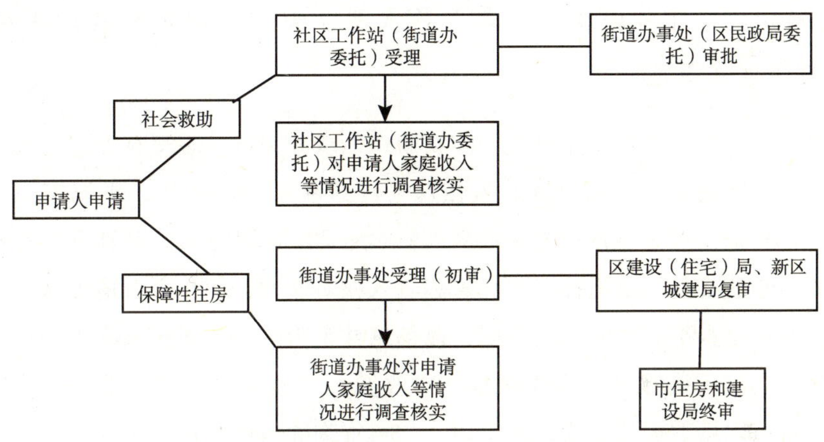

图 1　机构成立前保障性住房、社会救助申请流程

（五）深圳市居民家庭收入核对工作制度化、规范化建设滞后

深圳市保障性住房、社会救助工作中，申请人家庭收入核对依据的是散见于部门规范性文件或者政府规章中。居民家庭收入核对工作还没有形成“全市上下一盘棋”的局面，制度建设更是明显滞后，不但全市统一的居民家庭收入核对办法尚未建立，就连最基本的民政部门与各相关部门进行数据信息比对的部门操作规程也没有建立，这种状况对居民家庭收入核对工作的开展是极其不利的。居民家庭收入核对是一项难事，涉及法律、程序和技术等诸多问题。要做好这项工作，就一定要构建好制度框架，设计好核对流程，家庭收入核对工作与申请救助人能否享受社会救助以及享受的社会救助数量

息息相关，备受关注。因此，要把制度建设作为居民家庭收入核对的重点，抓紧抓好。

三　深圳市居民家庭收入核对工作政策建议

当前我国正处于社会转型关键期，社会信用体系不健全、现金交易量大、隐性就业和隐性收入较为普遍，成为当前我国社会的突出现象，给科学核算居民家庭收入带来很大困难。亟须从以下几个方面予以完善。

（一）成立工作机构，配备工作人员，为开展居民家庭收入核对工作打下坚实基础

居民家庭收入核对工作量大、涉及面广，事务繁杂，必须有专门的人员和经费保障，这是开展居民家庭收入核对工作的基础。2008 年，上海市正式成立“上海市居民经济状况核对中心”，这在我国社会救助历史上具有里程碑意义。该中心的成立不仅增强了居民家庭收入核对能力，而且极大地提高了社会救助的专业化水平。上海模式表明，以信息共享为核心的居民家庭收入核对与传统的家庭收入核算有着本质区别。它改变了过去入户走访、手工操作的方法，而是以网络数据比对为基本手段。需要查询的申请救助人情况均以数据形式通过网络传输给相关部门，部门查询完毕后，再通过网络反馈给民政部门。这就对核对人员提出了新要求，必须有相应专业知识的人才能胜任这项工作，必须有相应的专门机构负责这项工作。同时，从长远来看，还要超越简单的数据比对和统计，力求从收入和支出两个方面综合评估申请救助人的家庭经济状况，以期科学分析困难居民的经济特征，为政府出台相应社会救助政策提供决策依据。

可以参考上海市的经验，成立专门的机构，配备专业人才队伍，改变当前居民家庭收入核对工作采取个人举证、入户调查、张榜公布等传统方法的现状，转而采取调动一切政府资源、形成齐抓共管局面的科学核查方式。而且，统一机构的成立，工作人员的配备，也解决了保障性住房、社会救助申请工作中居民家庭收入的核对分属不同部门进行的问题，有利于居民家庭收入核对工作按照统一的条件和标准进行。核对工作采取的是“中间进、中间出”的方式（见图 2）。

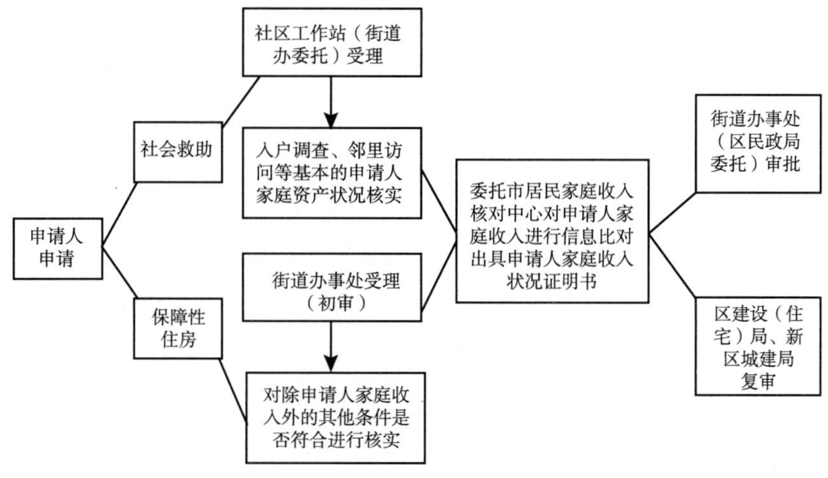

图2　机构成立后保障性住房、社会救助申请流程

（二）制定、出台《深圳市居民家庭收入核对暂行办法》，为做好深圳市居民家庭收入核对工作奠定制度基础

居民家庭收入核对是一项难事。要做好这项工作，就一定要构建好制度框架，设计好核对流程。而制度建设应作为居民家庭收入核对的重点，要做到件件有规矩，事事有“说法”，这样才能避免矛盾和争议。2009年7月，《上海市居民经济状况核对办法》已经通过并发布，该办法从政策上明确了“上海市居民经济状况核对中心”主体地位、居民家庭收入核对权限、相关部门义务以及核对程序等问题，为做好居民家庭收入核对工作奠定了制度基础。

深圳市在保障性住房、低保及低保边缘实施过程中对申请人家庭收入的核查，是按照《申请保障性住房家庭收入认定办法》、《深圳市居民最低生活保障办法》及《深圳市低收入居民社会救助暂行办法》等规范性文件开展的，在家庭收入核对方面有了一定的实践经验，同时，也为调研、制定《深圳市居民家庭收入核对暂行办法》提供了很好的基础。该办法要对适用范围、核对机构、核对的内容和途径、核对对象的义务、政府相关部门提供信息的义务、具体项目的核对细则等方面做出明确的规定，为深圳市开展居民家庭收入核对工作起到引领和规范的作用。该办法出台后，还要根据居民家庭收入的不同类型，与税务、房地产、社会保险、公积金、车辆、工商、金融等部门协商收入核对的具体

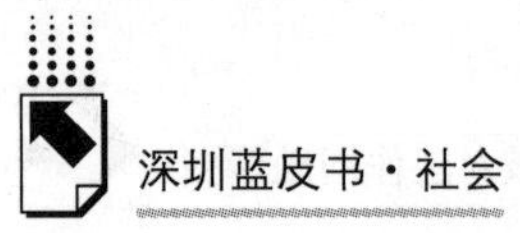

程序和办法，建立分层次、多类别、高效率、运转灵活的居民家庭收入核对运行机制。

（三）建立居民家庭收入核对信息平台，为开展核对工作提供便捷的信息化手段

随着行政工作信息化的推进，不少部门都在大力推进信息化建设，掌握了一些居民家庭收入的信息，由于不能互联互通，存在信息壁垒，使信息资源的整合优势难以体现出来。按照《城市低收入家庭认定办法》的规定，民政部门出于社会救助的需要可以到相关部门查询居民家庭收入信息。这为深圳市建立跨部门的居民家庭收入核对信息平台，实现部门之间资源共享提供了依据。居民家庭收入核对的核心就是如何共享居民家庭收入信息。上海的实践充分证明，居民家庭收入信息共享不仅可以实现，而且必将成为社会救助部门核对居民家庭收入最简捷、最准确的方式之一。上海市自建立居民家庭收入信息核对平台以来，截至2009年6月底，共出具了9197份核对报告，房管部门以此作为审批廉租住房申请的重要依据之一。并且，已发现有3226户廉租住房家庭申报与实际情况存在较大差异，已为公共财政节省资金约2400余万元。按此估算，未来5年内，上海市仅廉租住房项目一项将会为公共财政节省资金1.5亿元左右。

深圳市要在充分调研、论证的基础上，借鉴上海市的经验，建立居民家庭收入核对信息平台，通过与税务、房产、车辆、社会保险、公积金、金融、保险、证券等部门和机构共享居民收入信息，准确认定保障性住房及社会救助享受对象。

（四）建立家庭收入、财产申报制度

申报是低保申请人基于诚信原则向低保工作机构报告其家庭财产和收入情况的一种形式，具有法律意义，它是建立在对申请人的信任基础上。家庭收入、财产申报制度的建立，有助于树立低保申请人的诚信观念，强化其法律意识。当以一种不诚实的方式申报其家庭收入及财产时，需要承担相应的法律责任，情节严重者应受到法律制裁。

（五）建立居民家庭收入核对公示、听证制度

居民家庭收入核对工作是一项复杂的系统工程，单依靠核对机构为数有限的

工作人员，难以保证核对工作的准确性，因此，需要社会各界、全体市民共同参与，核对机构可以在每次核对完申请人家庭收入后，在新闻媒介、政府网站上公布申请人家庭收入核对的相关情况，并设立投诉、被举报的邮箱、电话，让核对工作置于“阳光”之下。对于被投诉、被举报的申请人，核对机构应当重点进行“二次核查”，对核查的结果再次向社会公布。这样做的话，既最大限度地利用好有限的政府资源，又能最大限度地保证申请人家庭收入核对的准确性。

对于市民反映强烈而申请人本人对核对结果持有异议的申请人家庭，应当建立听证制度，听证可以邀请专家学者、新闻记者、有关市民及申请人本人参加，通过听证，听证各方可以开诚布公地发表各自所想，最终对某些可能存有疑问的事项在听证过程中各方达成一致意见。

B.19

深圳市军休服务管理社会化理论与实践探索

金纳新　刘丽聪*

摘　要： 军队离退休干部移交地方政府安置是党中央、国务院重大决策，是军地双方的一项长期重要的政治任务。随着社会主义市场经济的发展和完善，原有的军休干部集中安置模式已不适应改革形势发展，应探索国家保障与社会化服务相结合的军队离退休干部服务管理新模式，推进军队离退休干部安置服务社会化改革。然而，深圳市在推进军休工作社会化过程中，却面临体制、机制、意识、政策等一系列障碍。为了进一步提高军休社会化管理水平，需要不断提高军休服务管理社会化的思想认识，规范运行机制，建立网络架构，整合各方资源。

关键词： 军休　服务管理　社会化

军队离退休干部（以下简称军休干部）移交政府安置工作是党中央、国务院、中央军委从我国国情、军情出发做出的一项重大决策，也是加强国防现代化建设的一项战略措施，对于加强质量建军，推动军队全面建设有着深远的历史意义。

军休干部的安置管理工作（以下简称军休工作），是指国家对军队干部退出现役离休、退休后，移交政府安置，政府对其晚年生活做出妥善安排的组织管理活动。就制度而言，它是指以军休干部为对象，以国家和社会提供养老、福利、服务为主要内容的一种社会保障制度。这个概念至少包括以下几种含义：一是建

* 金纳新、刘丽聪，深圳市民政局。

立这样一种制度以保障军休干部的晚年生活是国家意志的体现；二是实施这个保障制度是政府的责任或主要是政府的责任；三是其工作对象是军休干部；四是其目标是对军休干部进行妥善安置。军队是国家与社会稳定发展的保障，军人则是肩负保家卫国责任的一个特殊群体。军休工作既关系到国家的长治久安，也关系到国防和军队的现代化建设。

一　军休干部安置工作发展阶段

（一）新中国成立前的军休工作（1931～1949年）

中国共产党的军队（红军、八路军、新四军和人民解放军）建立于1927年，至新中国成立前一直处于革命战争年代。有军队，就有对老弱病残人员的处理，在战争年代更是如此。这一时期对军队中老弱病残人员的处理，包括现在所谓退休的概念，但都属于对革命军人的优待范畴。当时的军休工作由于没有统一的政权，也就没有统一的规定，形式也不尽相同。总的来说，战争年代对军队中老弱病残人员的处理，已经具备了军休工作的基本要素。

（二）新中国成立初期的军休工作（1949～1957年）

这一阶段解放战争结束，百废待兴，军休工作的主要特点是对伤病员的处理。有了全国统一的政策规定，出现了军队管理和地方管理的区别。军队管理的，有了今天干休所的雏形；地方管理的，则开始由民政部门接收管理。

（三）军队干部退休制度的建立（1958～1980年）

这一阶段的主要特点是退休制度正式建立，并逐步规范，但仍属于优抚工作的一部分。从安置办法看，一是确定安置去向，可以就地安置，也可以回到原籍安置；二是解决住房，主要由地方政府解决，地方确有困难的，军队有多余住房，也可以帮助解决，1978年调整为住房由安置地区列入基建计划统一解决，经费由地方负责。从管理上看，由过去的处理委员会、复员委员会统一管理改为由军队有关部门和政府民政部门（优抚）各负其责。具体由街道办事处和人民公社落实。

（四）军队干部离休制度的建立（1958～1982 年）

1958 年，中共中央《关于安排一部分老同志担任各种荣誉职务的通知》规定，1942 年以前参加革命工作，县委部长以上的干部，或 1945 年以前参加革命工作的营职以上军队干部，由于年事已高不能继续承担繁重工作，担任荣誉职务后，不参加实际工作，一律保留原工资。还规定，第二次国内革命战争及以前参加革命工作的老同志，可以调离现任工作、工资照发，长期供养。住房是由军队负责，尽可能集中，当地营房有多余的，可调整供军休干部居住，能买房的可以买房。

（五）现阶段军休工作的形成（1980 年至今）

这一阶段的主要特点是：配合军队精简整编，军队干部做退休安置的人数激增，部分离休干部移交民政部门接收管理；退休制度逐步完善，军休安置管理形成独立的政策和工作体系。

1980 年以来，军休服务管理模式经历了两个发展阶段，一是传统军休服务管理模式，即军休干部集中化休养阶段；二是探索国家保障与军休服务管理社会化（以下简称军休社会化）相结合阶段。

1. 军休服务管理集中化休养阶段

20 世纪 80 年代初，根据邓小平的新时期军队建设思想，为完成裁军百万的战略任务，党中央、国务院、中央军委做出了军队离退休干部成批次移交政府安置、由民政部门管理的重大决策。这是国防和军队建设史上的一项重大改革。为解除军休干部的后顾之忧，中央采取了一系列特殊的保障措施。军休服务管理集中化休养的特点如下。

（1）在管理体制形成上，根据国家计划安排，按事业单位模式成立相应行政级别的干休所，实施“单位式”集中封闭的服务管理。

（2）在建房方式上，由中央财政拨专款为移交地方军休干部统一修建住房及附属建筑设施并独立成院，即建立干休所。

（3）在机构编制上，与财政拨款或财政补助事业单位的性质相适应，依据有关政策核定专门工作人员、经费及车辆，施行“专编专用、专款专用、专车专用”的管理制度。

（4）在管理方式上，干休所内部建有党、政、群组织，细分诸如办公室、

财务室、医务室、阅览室、活动室等相应部门，赋予确定的行政管理与服务保障功能，依据“所长负责制”的组织原则，按照“规范化、制度化”的岗位要求，具体实施系统性、指令性、单向性的“机关化”管理及服务。

多年来的计划经济体制下，军休服务管理工作紧紧围绕国家方针、政策，认真执行上级指示及规章制度，在当时的外部情形和内部条件下，较好地落实了军休干部各项政治、生活待遇，圆满完成了妥善安置军休人员的既定任务，完全符合当时的社会环境，对顺利完成党和政府交给的任务、维护军休干部的合法权益、促进国防和军队现代化建设发挥了不可替代的作用。

2. 探索国家保障与军休社会化相结合模式

传统军休服务管理集中休养模式在过去特定历史阶段一定程度上适应了同期形势发展与任务需要，并发挥出重要的、积极的功效。随着国家经济转轨与社会转型，特别是当前计划经济时期管制型政府向市场化背景下服务型政府治理模式的转变，以传统公共行政实践模式为根本特征的军休服务管理工作已越来越不适应现实要求，它的管理原则及服务手段受到了形势发展与环境变化的严峻挑战，并在实践中逐渐失效或过时。

1999 年 5 月，为解决军队离退休干部移交政府安置工作中存在的突出矛盾，加快移交安置步伐，中央军委决定对军休干部制度实行改革。这次改革总的目标是：逐步建立起安置分散化、住房私有化、待遇货币化、服务社会化的保障体系，建立起机构精干、运转协调、工作高效的管理体制。

为推进军休社会化改革探索，民政部于 2003 年 8 月在哈尔滨召开了全国军休干部服务管理社会化座谈会，介绍军休服务管理社会化的经验。要求各地转变“闭门建所”的理念，自觉融入社会；转变“单纯受益”的理念，爱心反哺社会；转变“无偿服务”理念，增强市场经济意识。

2004 年，中共中央办公厅、国务院办公厅、中央军委办公厅颁发实施了《关于进一步做好军队离休退休干部移交政府安置管理工作的意见》（中办发〔2004〕2 号），明确提出要从维护军队离休退休干部的合法权益出发，逐步建立国家保障与社会化服务相结合的服务管理模式。

从 2005 年开始，国家对军休干部接收安置工作进行了改革，加快了接收安置进度，变按批次移交为按年度移交，变集中安置为分散安置，并落实了与之相配套的各项待遇。

广东省民政厅在2006年《广东省民政事业第十一个五年发展规划》中提出“加强军休安置工作”，建立国家保障和社会化服务相结合的服务管理新模式，落实“两个待遇”。为适应军休服务管理模式的变化，深圳市及时调整军休服务管理机构的建设与职能，于2006年成立了军休服务管理中心，分散安置2005年及以后的军休干部。

二　军休社会化的内涵与实质

军休社会化是一个内涵、外延不断变化的动态概念，它是随着社会主义市场经济体制的建立而诞生的，随着社会保障机制的变化而变化。

从人与社会的关系来看，社会化是自然人接受社会生活、学习社会规则成为社会人的过程；从国家与社会的关系来看，社会化是指政府之外的“第三部门”对社会公共事务的广泛参与；从单位管理与社会管理的关系来看，社会化是与单位化相对而言的。单位化的显著特征是从个人的衣食住行到生老病死都由单位保障和管理，人游离于市场，游离于社会；而社会化则是政社分离，其社会管理的内容、项目从单位中剥离出来，交予社会。

孙绍骋认为军休服务管理社会化的实质是“围绕适应社会主义市场经济体制的需要，创新服务管理方式、体制和机制，引进社会服务，发挥老干部作用，建立与社会保障机制相衔接、与社会发展进步相协调的国家保障与社会化服务相结合的新型服务管理模式”①。

军休社会化具体地讲，就是要达到“三个转变”，实现“两个目标”，即达到从封闭向开放的转变、从计划向市场的转变、从传统向现代的转变，最终实现资源共享和优势互补。军休服务管理社会化的基本特征是：服务于国防和军队现代化建设的宗旨没有变，以国家保障为主体的基本性质没有变，高于一般保障水平的特殊地位没有变。保障的形态、服务的方式和采取的手段具备社会化的特征。确切地说，国家保障是前提和基础，社会化服务是手段和形式，两者的有机结合是顺应形势，是进一步提高军休服务保障形式的有效途径。

---

① 孙绍骋：《社会化是提高军休服务管理水平的必然选择和新的增长点》，http：//yaj. mca. gov. cn/article/jdgbhwjjtxzgjsaz/jyjl/200712/20071200005973. shtml。

三　传统军休服务管理模式面临的挑战

随着国家经济、社会的快速发展和社会各领域改革的深入推进，特别是市场经济体制下社会保障体系的不断完善和社会服务产业的日渐成熟，传统军休服务管理模式在发展变化的新形势下，面临着越来越严峻的挑战，承受了前所未有的压力。

1. 传统的思维方式与快速变化的客观形势不相适应

目前，我国已进入了社会转型和体制转轨的交织阶段，经济领域“市场化”，社会领域“社会化”，政治领域“民主化”的建设正向纵深发展。急剧的社会转型对社会生活的各个方面产生了重大影响，对服务于国防和军队现代化建设的军休工作也提出了更新更高的要求。然而，由于受诸多因素制约，军休工作人员的思想观念、思维方式、理论水平、工作作风等都与社会化改革存在着差距。首先是传统思维方式造就的“官本位”、“管本位”的潜意识不同程度地存在于开展工作的指导思想中，习惯于发号施令，习惯于把服务管理等同于“管制工作”，重管理轻服务、重控制轻绩效，缺乏服务意识。部分工作人员甚至担心社会化将对自己的既有利益产生不利影响。从军休干部来说，主要是担心实行军休服务管理社会化，会不会把自己完全推向社会；有的军休干部对目前的服务已经适应，认为没必要搞改革；有的认为搞社会化改革是军休工作人员想甩包袱、出风头、图名声，给改革带来的阻力很大。

2. 供给制保障方式与市场保障机制的要求不相适应

长期以来，军休所实行的是统包统揽的服务管理模式，这种模式存在着成本高、效益低、管理难度大的缺陷，市场经济体制是以市场为基础来配置社会资源的经济方式，而“单位化”集中封闭型的服务管理模式长期游离于市场与社会之外，难以实现同外部系统的充分对接与融合，而有限的自身资源又缺乏有效的整合机制和持续发展能力，逐渐落后于社会总体服务和保障水平，这种缺乏市场机制的保障方式，无法使国家投入的大量的人力、物力、财力发挥应有的作用，无法满足广大军休干部日益增长的物质、精神与文化需求，限制了军休干部充分实现四个老有（即老有所学、老有所养、老有所医、老有所乐）的根本要求。

3. 结构机制不合理，薄弱的管理力量与繁重的工作任务不相适应

军休所管理机制不合理，不适应形势发展。“官僚制”的层级控制、“机关化”的运转方式，压抑了人员积极性的发挥和创造性的施展，对内外部变化反应迟钝、行动迟缓，欠缺透明性、回应性和灵活性。缺乏完善的内部制约激励机制，机构臃肿，人浮于事。管理方式机械僵化，服务手段落后，缺乏服务管理微观方法和技术的更新，导致成本过高而效率低下；服务供给上习惯于“管起来，包到底”的大包大揽，由于战线过长而顾此失彼、力不从心，导致职能行使过程中主体角色的错位、越位、缺位和不到位。

传统军休服务管理模式的一系列“不适应”状况，不仅严重影响着军休服务管理水平的提升，还进一步制约了军休安置整体工作的良性运行。因此，军休服务管理社会化改革势在必行，不仅有利于维护改革发展稳定大局、有利于促进国防和军队现代化建设、有利于保障军休干部合法权益，也是确保军休工作运行机制更加适应新形势任务和发展的需要。

四　推行军休社会化的机遇和可行性

我国30多年的改革开放，经济、社会快速发展，社会生活发生了重大变化，这是市场经济运行的必然结果，同时也为军休服务管理社会化创造了条件。

一是社会物质的快速发展，可以满足军休干部逐步发展的经济和文化需要，充分利用社会发展所提供的物质文化成果和先进的服务手段为军休干部服务，使军休服务管理工作与时俱进，提高军休干部的生活质量和军休工作的整体水平。

二是社会保障机制的建立和完善，特别是医疗和养老保障制度的建立和完善，为军休社会化提供必要的条件。

三是社会服务业的快速发展，使得军休服务管理打破过去长期形成的单位办社会的服务保障格局，使服务保障工作与市场经济发展和社会进步相适应。

四是城市社区的发展和完善。社区环境、社区文化、社区教育、社区服务、社区治安、社区互助和社区救助，都已形成规范并取得了较好的社会效益，使得分散安置的军休干部可以依托社区对军休人员提供服务，也可以把一部分军休管理职能交给社区，由社区对军休人员进行管理。

五是老年和福利事业的发展和完善，使得军休干部社会养老变得可能。

六是军队社会化的发展，军队后勤保障社会化改革力度不断加大，饮食保障、商业服务、营房管理、公务用车、医疗保障社会化的率先推开，使与国防和军队现代化建设紧密相连的军休社会化改革也在紧锣密鼓地进行。

所有这些变化表明，社会化已成为社会生活的主要形式和社会保障体系建设的发展趋势。

五　影响军休社会化改革推进的主要因素

我国探索国家保障与社会化服务相结合的服务管理模式仍处在初级阶段，存在一些阻碍军休社会化改革的因素。

1. 体制障碍

国家军休安置及服务管理事业历经20余年，构建起了完整而庞大的工作体系、保障体系和政策体系，中央和地方行政事业机构虽多次精简，而军休工作基本框架却不断得到充实和加强。传统军休工作模式内在的体制性缺陷随着组织机构的生存发展，同时也会呈现出自我扩张趋势。管理视同管制、服务全面包揽、决策凭靠经验、行为不甚透明等传统体制的特有弊端根深蒂固，短时期内难以彻底清除。军休安置及服务管理事业建设的系统运转架构日臻成形而趋于固化，现有体制因此具有较强的持续性和运行惯性。实现军休服务管理社会化触及理念和行为深层次的转变，必然牵涉组织文化、机构设置、人事制度、管理方式等诸多方面的较大调整，可谓“牵一发而动全身”，来自传统体制模式的障碍与阻力不言而喻。

2. 意识障碍

人们在传统思想的沿袭熏染下，容易形成一套自成体系的价值取向和行为模式，习惯于墨守成规，倾向于接受保守持续且相对稳定的现状。由于长期计划经济体制的影响，政府以自身单方意志性的强制干预完全替代了社会自主行为和市场配置活动，国家权力凌驾于社会、市场之上，“以政府为中心”意识浓厚，“全方位主导控制”情结深重，还有来自军休工作人员和军休干部的意识障碍。

3. 机制制约

新的重大变革性政策的有效执行，必须有与之相配套、相适应的新制度、新机制以及必备条件的支持巩固。探索军休服务管理的社会化，其顺利实施首先有赖于各方面机制作保证，特别是实现服务管理主体多元化后，要努力营造公平的竞争机制、稳定的契约机制和完善的监督约束机制。

4. 政策障碍

实现军休服务管理社会化仍处在探索阶段，现有政策体系欠缺足够的系统协调、科学指导和具体明确的规定。新的实施办法至今尚未正式出台，客观上制约了理论探讨的系统性、针对性和深入性，造成对微观实践活动必要而切实的指导工作裹足不前，多年来停留在“只有感性化、讨论性的政策提议，没有定量化、实务性的政策分析”、“只有笼统设想和原则目标，欠缺明确描述与具体步骤”。国家政策引导的模棱两可、含混不清，也会使系统内部“摸着石头过河”的创新性探索产生困惑，或是畏首畏尾，浅尝辄止；或是逡巡徘徊，观望等待。另外，新政策的迟滞未明，在实际工作中可能引起政策界限混乱，容易导致对原有政策精神的随意变通甚至错误执行。

六　推进深圳市军休社会化改革的建议

军休社会化是一个动态的服务管理理念，因此在实践过程中，必须适应市场发展形势，跨越思维，超前谋划，不断解放思想，更新观念，切实树立市场意识、开放意识、质量意识和创新意识。

（一）加强宣传，提高军休服务管理社会化的思想认识

社会保障体系的逐步完善和社区功能的不断拓展，使老龄工作的重心逐步下移到社区，并较快地向社会化方面迈进。这是当今我国人口逐步老龄化以及老龄工作适应新形势、跟上时代步伐的必然趋势。作为军休工作，顺应这个大的趋势，带领军休干部走出院所、融入社区、了解社区、参与发展，才能逐步提升服务管理的质量和层次，使其与地方老龄工作、社区工作和精神文明建设相融合。

对此，深圳市要抓住各种时机、采取各种形式，在军休系统中宣传推进军休服务管理社会化改革的目的和意义，引导人们认清这一改革是时代要求的必然趋势，推进军休服务管理社会化，不是国家保障责任的减弱，而是服务方式和采取手段的调整；不是将军休干部推向社会不管，而是在保证军休服务管理机构服务质量的基础上，充分利用社会的资源和优势，增加服务内容，拓宽服务领域，提

高服务层次，让军休干部更多、更快、更好地享受我国改革开放的成果。同时军休干部从军队移交到地方，就跟其他离退休干部一样，都是普通公民和普通共产党员，走出庭院，融入社区，更加贴近实际、贴近生活、贴近群众，让军休干部摆脱思想的束缚。对军休服务管理人员而言，应辩证地理解军休服务社会化，今后军休服务管理机构不但要管，而且要管得更好，工作不会轻松，责任反而加大，组织协调工作更多，走进社区和军休干部家庭的时间更多，需要探索服务管理创新的办法将会更多。同时，坚持“小管理、大服务”的理念，从实际出发，因地制宜，依托社会保障，面向市场搞服务，努力走出一条多渠道、多方位、多层次保障的路，不断推进服务管理社会化。

（二）建章立制，规范军休服务管理社会化的运作机制

为了更加深入地推进社会化改革进程，应该从政策的高度对军休服务管理社会化的标准和质量予以规范。目前，不同地区的军休系统，甚至是同一地区的军休所，对社会化认识理解的程度、改革进行的力度以及效果达到的幅度都参差不齐，随意性、本位性大，难以形成整体合力。因此，应尽快制定军休服务管理办法，明确军休机构的服务范围、服务内容；制定军休服务管理社会化的规范性文件，指导军休服务管理社会化的推进；制定军休机构与社区、社会组织或政府其他部门的协调机制，充分落实军休服务管理社会化的政策，保障军休服务管理社会化得以实现。

（三）拓展空间，建立军休服务管理社会化的网络架构

截至 2011 年 5 月，深圳市军休干部共 581 人，分别分布在 6 个区 42 个街道 175 个不同的社区。军休干部分散安置的特点决定了不能单纯依靠军休机构单独提供服务。应由军休机构服务转为军休机构、社区和社会机构（组织）服务相结合的军休服务。这一结合扩大对军休干部的服务领域，拓展服务空间，把军休机构服务与组织社会力量为军休干部服务结合起来。要适应军休干部日益增长的物质、文化需求，充分利用社区资源、发挥社区力量，让军休干部共享社区资源。开放军休服务管理机构资源供社区居民共享。

鼓励军休干部积极参与文明社区共建活动，充分发挥余热。第一，要利用好社区服务。社区是社区居民共同生活的基础，军休干部作为社区成员，一方面建

设社区责无旁贷，同时也应该享受社区提供的各种服务。可以尝试让军休干部参加社区组织门球、书画、钓鱼、秧歌队、棋牌等有益于军休干部的身心健康活动，军休机构也可以请专家、教授上课，满足军休干部和社区居民“老有所学”的愿望。同时，积极推进军休干部为社区建设发挥作用，充分发挥智力优势和专业特长引导其参与社区绿化、治安、青少年教育、担任业委会委员、参与党建工作等，实现军休干部的“老有所为”，不仅丰富了军休干部的精神生活，也进一步增进了军休干部与社区群众的感情交流。通过这一结合，从实际出发，发挥社区服务功能作用，弥补军休机构自身能力的不足。第二，要充分利用社会医疗的服务功能服务军休干部，把军休干部纳入当地医疗保障范围、在公务员医疗补助和公益金医疗补助的基础上，把军休干部的医疗纳入社康中心健康保障体系，建立社区军休干部健康档案，经常上门巡诊，对军休干部健康状态进行动态管理，解决军休干部日常就医等问题。第三，可以有选择地发挥好社会服务机构和服务组织的作用，提高服务档次和水平，如协调老年福利机构（老年公寓、福利院、养老院、日间老年照料中心）和社区服务中心，为军休干部提供便利措施。第四，利用社工组织、社会志愿者组织、各级政府的福利和老年事业的优惠政策等等为军休干部服务，通过专业的社会服务和更多的社会资源来满足军休干部多层次的需求。从而把服务工作拓展到更广阔的领域和空间，使军休干部真正享受到社会发展进步所提供的物质和文化成果。

（四）以点带面，打造军休服务管理社会化的示范窗口

在条件成熟的社区先行先试，推进军休社会化改革。以点带面，总结先行先试的经验和做法，再在全市范围内逐步推广。2011 年广东省先行先试，选择了若干条件较成熟的城市作为推进军休社会化改革的试点机构。深圳市军休服务管理中心作为试点单位之一，应在重点解决军休干部关心的热点、难点问题着手，先易后难，因地因时制宜，分步实施，抓出成效。

（五）聚集合力，协调军休服务管理社会化的各方力量

军休服务管理社会化改革，事关军休干部的切身利益，涉及面广，牵扯部门多，协调任务重，要主动协调，加强沟通，分工明确，密切配合，取得有关部门的大力支持，形成合力，共同推进改革工作顺利进行。注重加强与社区服务、老

龄工作、双拥工作、社会福利、社工工作及全市老干部工作等部门的联动，积极落实政府出台的有关社会福利、老年事业和老干部的优惠政策，确保各项军休政策落到实处。加强与社区居委会和街道党工委的联系，成立军休干部利用社区资源工作联席小组。要把军休服务管理社会化纳入深圳市全市老龄工作体系，纳入“部市协议”普惠型社会福利制度的规划，精心谋划，分类指导，积极协调，加强与社区工作、社工工作、全市老年干部工作联动，对改革中遇到的实际困难和问题应积极协调解决。军休服务管理机构切实当好主角，主动与有关部门建立协调机制，经常保持联系，及时沟通思想，定期交流情况，以争取他们的配合支持，谋求社会各界的广泛参与。要加强沟通协调。要把深化军休服务管理社会化改革作为军民共建活动和评选“双拥模范城（县）”的重要内容。

（六）引入市场，整合军休服务管理社会化的社会资源

在军休服务管理中引入市场机制，改革服务方式和服务手段，建立科学的服务管理体系，使服务管理专业化，充分利用社会发展所提供的物质文化成果和先进的服务手段为军休干部服务，使军休服务管理工作与时俱进，提高军休干部的生活质量和军休工作的整体水平。

一是适应广东省、深圳市事业单位改革要求，积极稳妥推进服务管理机构体制改革，加强服务管理机构制度化、规范化建设，加强军休服务管理机构党组织建设，转变服务管理机构职能，优化资源配置，改革用人制度，建立与安置方式和社会主义市场经济相结合的服务管理体制。

二是拓展军休服务管理机构服务范围。丰富服务内容，规范服务管理，完善服务功能，积极挖掘内部资源潜力，提升服务管理层次，建立社会化、系统化、人性化、多层次的军休服务管理体系。

三是完善基础设施建设。把军休服务管理基础设施建设纳入民政事业发展规划和社区服务设施建设计划，加快推进军休中心服务管理用房购置工作。加强与军休干部所在社区的联系，打造和谐平安示范社区，把完善服务设施纳入社区建设计划。

四是购买服务与协调服务相结合。打破过去长期形成的单位办社会的服务保障格局，使服务保障工作与市场经济发展和社会进步相适应。军休服务管理机构要认真梳理所开展的服务项目，可以通过中介的办法使军休干部与社会服务主体

建立起服务关系，通过市场购买的服务来解决，例如，家政服务、军休干部集体外出活动承办、文体活动承办等等可以通过市场外包方式，由社会组织来承办。通过服务中介为军休干部建立起社会化的服务网络。

五是利用现代化、智能化和信息化服务手段为军休干部服务。完善军休干部及所在社区信息化建设。搜集军休干部基本信息建立军休干部信息数据库。增加服务中的科技和知识含量，从而使服务质量上一个新档次。例如，为军休干部安装“亲情通”、装设预警系统、建立信息和救助呼救系统等。现代化、智能化服务手段的使用将使军休干部生活更方便，各种服务更加快捷有效。

六是提升安置服务工作人员能力。以深入学习实践科学发展观为主线，在认真抓好服务管理工作的同时，突出抓好军休工作方针政策、军休机构科学管理知识、军休服务管理常用业务知识以及军休服务工作基本专业技能的学习。军休服务人员也应增强管理日常工作和应对突发工作的协调处置能力和水平的学习，进一步增强军休机构的学习氛围，不断提高军休职工队伍的政治业务素质和专业技能水平，更好、更专业地为军休干部提供服务。

B.20

适度普惠型社会福利制度下的现代社工制度建设

深圳市委党校课题组*

摘　要：要为适度普惠型社会福利提供强有力的服务主体，必须加强社工队伍建设。深圳的社会工作建设已经取得了重大成就，为进一步推进深圳社会工作建设，需要从社工工作主管机构的权限整合、社会工作服务模式改进、社工人才队伍和机构网络化、实体化建设等几个方面加快制度建设，以形成推进适度普惠型社会福利制度的现代社工队伍。

关键词：适度普惠型社会福利　现代社工　社工制度

适度普惠型社会福利是由政府和社会基于本国（或当地）的经济和社会状况，向全体国民（居民）提供的、涵盖其基本生活主要方面的社会福利。这种类型的福利涵盖了国民（或当地居民）基本生活的最主要方面，如失业保险、贫困救助、医疗保险、住房保障及老人、残障服务等；这些是适度满足他们基本需要的，而不是主要满足他们的高级需要。建立适度普惠型社会福利制度需要一支从事这项工作的主体——社工队伍及其制度建设。

一　社会工作主管机构的权限整合和制度建设

社会工作的主管机构既有行政主管，也有行业主管，并涉及社会工作相关部门，它们之间的权限整合状况直接影响深圳社会工作的成效。

---

* 课题组成员：汪开国、刘娅、孟伟、路云辉、易永胜，执笔人：路云辉。

（一）社会工作主管机构权限整合现状

深圳社会工作的行政主管机构主要是民政局社工处，负责社会工作的宏观指导、政策制定和监督管理。民政局下设的民间组织管理局负责包括社工组织在内的社会组织的登记注册。深圳社会工作的行业管理服务机构是社会工作者协会（以下简称社工协会），主要担负社工培训、行业规范和服务、维护社工权益以及市社会工作行政主管部门委托的事项等职责。在《关于加强社会工作人才队伍建设推进社会工作发展的意见》（以下简称“1+7”文件）的指导下，深圳社会工作主管机构的运行和管理已经逐步规范。

（二）社会工作主管机构权限整合方面的问题及原因

深圳社会工作主管部门权限整合的问题主要表现在以下几方面。一是社会工作行政主管部门的组织构建不完善。一些区的民政局尚未成立社工科，市、区社会工作衔接缺乏组织保障。二是协会自身的组织建构不完善。三是社工协会与社工处的分工不够清晰。四是民政局与社会工作相关部门的协力不够。这体现在民政局与财政委员会、规划与国土资源委员会等职能部门协力不够。五是政府财政支持不够，社工活动资金投入不稳定。六是对社会工作管理部门权责划分的法律相对缺乏。

（三）社会工作主管部门权限整合的制度建设

社会工作主管部门权限的有效整合是社会工作顺利开展的基础性条件。深圳应通过制度建设明确社会工作主管部门之间的权责，进一步提升社工管理水平。

1. 法律上明确社会工作行政主管部门和行业主管部门之间的权限和职责

制定相关法律明确社会工作行政主管部门和行业主管部门之间的权责，使社会工作行政主管部门集中精力做好制度协调和趋势性政策研究，同时，逐步让渡具体的经济事务权力，促使社工组织在市场竞争中自觉寻求社工协会的支持。行政主管部门在加强对社工协会运作指导和监管的同时，要为社工协会发展提供必要的制度和政策环境。

2. 制度上明确市、区两级社工行政主管部门之间的关系

市社工处是区社工科的业务指导和监管部门。区社工科要配合社工处的工

作，落实社工处部署的任务。

3. 行政主管部门与相关职能部门之间形成良好的工作机制

社会工作行政主管部门要加强对社会工作的研究和指导，相关职能部门必须大力支持社会工作的开展，落实配套政策。社会工作相关职能部门要成立社会工作指导协调委员会，加强本领域社会工作的业务指导，协助对社会工作者及社会公益性民间组织进行管理考核。

4. 健全公共财政制度，并确立行政主管单位和财政部门对公共财政支出的监管权

制度上确立财政资金对社会工作发展的主渠道地位，建立以“政府购买”、社工服务为主要形式的财政支持机制，合理界定政府提供社会工作服务的范围。民政局社工处做社会发展预算，财政局负责审核。双方共同对社会工作的公共财政支出进行跟踪、监管。建立健全财务管理制度、服务项目投标制度、绩效审计制度、评估探访制度、年度工作报告等制度，提高社会工作资金的使用效率。

5. 公共财政在市、区两级社工管理机构之间要做到合理分配

市级财政负责将政府购买社会公益性民间组织服务纳入政府购买序列统一管理，推行招投标制度，保证购买行为的公平、公正、公开。区一级社会工作所需经费由市级财政根据市、区财力和社会工作开展情况，通过转移支付对开展社会工作的经费部分予以提供。

6. 拓宽社工工作经费来源，加强对募捐所得经费的审计与监管

学习香港等地的做法，增加民间募捐的比例。设立制度鼓励和支持社工协会、社工机构积极开展向社会募集资金。政府主管部门可委托中介审计机构对社工协会、社工机构的募捐资金使用情况进行监管，加大资金使用的透明度。

7. 在对社工机构的监管方面，各相关部门之间要各司其职，加强合作

社会工作主管部门、相关政府部门和民间组织登记管理机关要依法对社工机构进行经常性的管理和监督工作。民间组织管理局执法监察处应积极探索以专业机构评估作为社工组织登记标准的入口管理办法。市人力资源和社会保障部应做好社会工作者职业水平评价工作的组织实施和监督、检查，逐步推进以专业认证机构为主，以政府为监督和评估为主导的认证体系。

二　社工服务模式由购买岗位向购买项目为主的转变与制度建设

随着社工工作的进一步开展，以“岗位”为基点的社工工作发展模式越来越不能满足社会福利的需要，需要重新探索新的服务模式。

（一）“岗位购买”模式的成效

“岗位购买”模式的成效体现为两个方面：一是深圳民间社工机构迅速发展。截至2010年底，深圳已有42家专业化社工机构。二是引入竞争机制，保障了岗位购买的公平性。2009年社工岗位采购引入竞争性谈判的方式，由深圳市社工主管部门与财政部门、政府采购中心协同制订方案，由市政府采购中心统一组织。采购人代表与专家库中随机抽选的社工、财务、法律等方面专家一同组成评标委员会，保障了竞争的公平性。三是社工工作迅速被社会了解和逐渐认同。岗位购买的方式，在社工资源有限的前提下，广泛分散于社会各个领域或有需求的部门，从而促成了人们对这一新生事物的接受。

（二）“岗位购买”模式存在的问题与成因

“岗位购买”发展模式固有的局限性影响了社工工作的深入发展。一是“岗位购买”使社工机构提供的社会服务过于分散化，难以形成规模。二是“岗位购买”存在社工行政化的趋势。社工机构本来是民间的一道“防火墙”，但被派遣到机关事业单位的社工，很难避免被当成行政人员使用的冲动。三是“岗位购买”存在条条管理和多头管理的矛盾。导致上述问题的根本原因是“岗位购买”造成的分散性，使社工很难在行政事业单位体系内保持独立性，特别是在评估机制中设计了用人单位的评价，这一指标直接影响着社工的发展。

（三）探索社工服务“项目购买”的模式

针对“岗位购买”模式的局限性，需要在进一步规范“岗位购买”模式的同时，积极探索社工服务“项目购买”模式。

1. 鼓励社工机构开发项目，以项目开发促进服务项目化运行

建议政府相关部门对部分机构已经开始的项目化运作服务的经验加以研究，从人力、财力、评估等方面向机构开发的项目倾斜，以鼓励社工服务机构更多从“第二人力资源机构”向真正提供专业项目服务的社工机构转变。

2. 政府规范“项目购买”方式

目前，政府购买社工服务的模式主要有两种，一种是“政府委托项目”，另一种是“机构申请项目”。在目前情况下，深圳可根据实际情况综合运用这两种模式，推动社工机构项目化发展。

3. 通过规范项目招投标程序，为社工机构项目化发展提供制度保障

深圳项目招投标程序有待完善。建议依据《政府采购法》制定“社工项目招投标工作程序”，对项目招投标过程加以制度化规范，以此规范确保政府购买服务的客观公正性。

4. 规范“项目购买”的资金来源和使用

政府购买社会组织服务目前还只能靠市福彩公益金和区财政来配套，没能完全纳入财政预算。建议各政府部门在做部门预算时考虑到应该提供但不直接提供的服务，列入“购买服务”财政计划之中。要完善和落实“财政支持社会工作发展实施细则”，将全部社工服务经费纳入预算。

5. 探索项目合作运行的服务模式

总结南山区妇联招商街道阳光家庭综合服务中心的经验，探索以项目为主，多方出资、出人，形成合作式服务平台的“项目化”服务模式，最大限度地体现社工服务机构的专业性、独立性。

三　改进社工人才队伍管理，提高社工自身素质与制度建设

（一）社工队伍建设与制度建设的显著成就

根据《关于加强社会工作人才队伍建设推进社会工作发展的意见》和《深圳市社会工作人才教育培训方案（试行）》的精神，深圳市加大了对社工人才的培养和引进。社工人才已经在民政、教育、司法、社区、禁毒、信访和人民调解

等13个领域发挥专业作用，其中信访和人民调解领域是深圳首创。在制度建设方面，深圳市制定了《社会工作者登记和注册管理办法》、《深圳市社会工作者守则》、《政府购买社工服务合同》、《社工机构行为规范指引》、《社工机构综合评估办法》、《督导人员工作职责规定》、《2009年度社工督导人员上岗指引》、《社会工作者督导助理选拔聘用标准》等系列制度，使社工队伍成长有了制度保障。

（二）社工队伍建设存在的问题

以适度普惠型社会福利目标来衡量，社工队伍建设和不能适应其要求主要体现在以下几个方面：一是社工工作以个体为主，单打独斗进行，缺乏机构的后援支持。二是社工在用人单位难以从事专业工作，而是作为免费劳动力使用。三是社工与派出机构和用人单位融合难。四是社工工资未按制度执行，工作积极性不高。五是社工自身技能和素质相对欠缺。以上这些问题的存在，使社会福利服务主体难以做强做大，不利于适度普惠型社会福利制度的落实。

（三）社工队伍建设及其制度建设

从做强做大社会福利供给主体、建构强有力的服务保障出发，需要加强社工队伍的制度建设。

1. 改变单一作战方式，以小组社会工作推进服务

小组在解决问题的同时，可以带来组员态度和行为的改变以及对他人经验和方法的学习借鉴，推动团队精神、和谐人际关系的养成，最终达至社工队伍整体技能和实力的强化。并且小组责任人经过一段时间的锻炼，可以成长为有实操经验的督导或社工机构管理人才。

2. 理顺社工、社工机构和用人单位的关系，以购买项目的方式进入用人单位

可以将购买岗位改为购买项目。社工通过项目招投标进入用人单位，并通过滚动式评估，提高服务绩效。项目购买方式可使社工专心于专业服务，避免从事行政杂务；用人单位可从项目完成情况来考核社工及其机构，避免以行政职责要求进行考核。

3. 落实社工职级工资制度，激发制度留人的效用

落实社工职级工资，需根据项目完成中的实际表现、实操经验和技能进行评

估，而不是仅仅通过职业水平考试。政府对社工项目完成状况的评估要作为社工机构以后申请项目的标准。

4. 加强对社会工作价值观的教育

社会工作价值观是社会工作实践的灵魂，也是社会工作者的精神动力。社工队伍建设要重视社会工作者价值观的教育，使社会工作者不仅成为一种职业，更成为引导社会价值追求的实践者和楷模。

5. 推进社工队伍的制度建设

社工队伍建设上亟须制定的重要制度有：从购买岗位过渡到购买项目的方案与制度，从一线优秀社工中培养机构管理人才的方案与制度；社工职级工资增长和参与项目挂钩的制度；社会工作专业伦理和价值观教育的方案和制度。

通过实践上、制度上的协同努力，使社会福利供给主体在职业化基础上，真正实现专业化、规范化、规模化，从而为适度普惠型社会福利提供强有力的服务保障。

四　借鉴香港经验，培养本土督导人才与制度建设

学习借鉴香港社会工作长期发展的成功经验及其优势，有选择地引进香港资深社工为深圳社工督导，对深圳实现适度普惠型社会福利目标，加速服务主体的成长起着孵化的作用。

（一）借助香港督导孵育深圳本土督导人才

从 2008 年起，深圳就分别从香港两家社会工作机构购买香港督导服务 32 名，以每月 10 天的半职督导和每月 5 天的 1/4 职督导开展工作。香港督导在培养深圳督导助理、见习督导和一线社工上发挥了“老师 + 师傅”的双重作用。

深圳本土督导人才的孵化和培养呈现加速度的态势。至 2010 年初，深圳本土督导人才从无到有，已培养、选拔出 162 名督导助理和 20 名见习督导，初级督导的选拔也在酝酿之中。

（二）本土督导培养存在的问题

以适度普惠型社会福利所需的合格服务主体来考察，本土督导培养上的不足主要表现为：一是香港督导很少进入用人单位现场指导社工。远离服务现场的指

导往往会影响督导效果和真实性。二是督导助理培养欠缺针对性。三是社工专业提升不够。四是短期内见习督导和督导助理难以达到香港督导水平。五是督导助理和见习督导的薪酬问题。

（三）本土督导人才成长及其制度建设

按照适度普惠型社会福利目标对本土督导人才的需求，有针对性地改进督导方式、延长香港督导在深圳辅导的期限，加快本土督导人才队伍成长成熟的制度建设，是一项重要的任务。

1. 香港督导进入用人单位现场指导社工

香港督导深入用人单位，现场指导见习督导和督导助理，对他们难以处理的个案予以直接指导；对用人单位的责任人给予社会工作理念和行为的个别指导和辅导，使之了解社会工作并积极配合。用人单位应积极配合。

2. 适当延长香港督导在深圳的辅导期限

根据本土督导成长需求以及香港督导工作的实际成效，应适当延长督导期限。

3. 有针对性、有重点地开展个性化辅导

香港督导应根据需求，针对每个培养对象的不同情况，制定个性化方案，进行个性化督导。还应着重加强对实务操作技巧、社会资源和经验、专业理论知识、自我心理调节能力和社工价值观的督导。

4. 合理提高本土督导助理和见习督导的薪酬

目前，督导助理和见习督导的薪酬是由工资与补贴组成，其中工资部分偏低。为体现工资与职责相符合的原则，建议将补贴作为基本工资的组成部分，由所在机构统一发放，以工资待遇体现督导助理和见习督导在专业技能和服务上的优势，充分发挥榜样作用。

5. 本土督导人才成长的制度建设

加强本土督导人才成长的制度建设应从以下几方面入手，首先对香港督导工作进行制度化评估，细化对个体的评估，以实现对香港督导的精细化、制度化管理。其次，适当修改香港督导在深圳三年的制度安排。再次，制定本土督导培养反馈的制度化动态机制，根据年度总结反馈进行动态调整并及时纠偏。最后，本土的督导助理和见习督导补贴部分的工资化、制度化，以从工资待遇上规范本土督导的培养。

五　以建设学习型社工机构为目标，推进社工培训工作与制度建设

在《深圳市社会工作人才教育培训方案（试行）》的指导下，深圳市积极探索社会工作教育培训机制和模式，社会工作培训工作取得了可喜的成绩，但也存在一定的问题。为更好地推进社会工作，深圳市需着力促进“师傅带徒弟”模式向学习型社工机构模式转变。

（一）深圳社工培训教育工作的成效与问题

深圳社工培训教育工作的成效可以归纳为两个大的方面，一是社工培训涉及对象不断扩大，从新上岗社工和在岗社工扩大到社工机构管理人员；二是充分利用与香港毗邻的优势对见习督导和督导助理展开专门培训，使本土社工人才不断成长。

深圳社工培训工作仍然存在一些不足。比如，“师傅带徒弟”的社工培训模式。由于师傅少徒弟多，不能适应社工大培训的需要；再如，目前主管机构所组织的培训多，而支持社工机构自主培训的政策制度不配套。多方沟通协调机制仍未成熟，不能很好地满足社工自主培训学习的要求。

（二）建设学习型社工机构的目标及要求

建设学习型社工机构要达到三个方面的具体目标：其一，在社工机构内部实现学习扁平化，消除各种等级制度，使各级管理干部与专业社工之间培育起融洽的伙伴关系。其二，实现社工机构内部咨询化，各级管理干部与专业社工之间彼此交流学习，形成相互促进的学习实践关系。其三，实现学习实践重心下移，使各个社工机构既具有学习实践特色，又主动与其他社工机构交流学习，形成以学习型社工为中心的管理有序、运行协调的学习型机构体系。

建设学习型社工机构的目标，对社工培训教育提出了新的要求。一要更新学习理念，培育学习型文化。引导社工机构管理人员和社工人员牢固树立共同学习、学用结合、创新进步理念，培育共同学习和工作的学习型文化。二要完善培训制度，健全学习机制。建立适应形势任务要求的、符合社会工作实际需要的、行之有效的学习实践制度机制。三要提高综合素质，增强服务能力。造就一大批高素质的学习型社工人才。

（三）建设学习型社工机构的对策与措施

落实建设学习型社工机构的目标要求，需要政府与社工机构的共同努力，制定符合实际的政策与措施。

1. 社工机构要建立完善学习实践机制，强化制度规则保证

要健全机构内部信息共享机制、外部知识吸纳交流与信息反馈机制、学习激励与约束机制，以使学习型社工机构建设常态化、规范化。

2. 在学习型社工机构创建过程中，相关主管部门要加强领导，形成合力

相关主管部门要将深圳市社工培训工作的重心下移，通过广泛动员、舆论宣传等多种形式，积极营造建设学习型社工机构的浓厚氛围，尽快形成党委政府支持推动、社工协会协作、社工机构主导、社工人员积极参与、用人单位支持的学习型社工机构体系。

3. 要建立培训经费适度向基层社工机构下移的财政经费支持机制

以财政经费支持学习型社工机构建设，对建设成绩显著的给予专项奖励；统筹部分社区建设经费和职工教育经费以及学习型党组织建设经费，将学习型社工机构建设与学习型社区、学习型单位以及学习型党组织建设科学结合起来；多渠道筹措资金，扩大学习型社工机构建设经费的来源和综合社会效益。

六　社工机构的实体化、网络化与制度建设

社工机构的实体化、网络化有助于增强其成长发展的内生能力，更好地满足社会对服务的需求。深圳通过服务项目购买，为机构提供资金、场地载体等方面的支持，推动社工机构向实体化、网络化转变。

（一）社工机构实体化、网络化建设的现状、成效及问题

目前，深圳市社工机构实体化培育已初显成效，设置有派遣式社工岗位的实体化社会服务机构数量逐渐增多，各社工机构专业水平不断提高。社工机构项目化、实体化培育机制初步形成。

由于深圳社工机构的实体化转变才刚刚起步，向实体化转变中还存在诸多问题。许多社工服务机构仍然缺乏开展服务的场地载体；社工机构与现有实体化服务机构合作的规范性制度机制还不健全；依托实体化社工机构对全市社工机构进行系统布局的网络化体系还没有建立起来；社工岗位及项目开发布局的系统性协调性不够。

（二）推进社工机构实体化的思路和对策

社工机构实体化建设要立足于社工机构累积的资源与经验，增强社工机构开发项目和自主运行的内生可持续发展能力，形成综合性实体化社工机构、部门性实体化社工机构和专门性实体化社工机构等三种类型社工机构为主体的社会工作格局。

1. 扶持建立综合性实体化社工机构

重点依托社区综合服务中心项目扶持建立一批综合性社工机构，形成综合性实体化社工机构参与社区综合服务中心项目的运行机制。向综合性实体化转变的社工机构要充分发挥专业优势，坚持“以人为本”、综合服务，同时，要完善引领义工等社会各方力量参与项目的服务机制，形成合力。

2. 鼓励建立部门性实体化社工机构

在健全社工机构网络化服务体系的布局设置中，鼓励社工机构与妇联、共青团、教育、医疗卫生等部门的现有实体化服务机构合作，或者与这些部门联合开办社工服务中心，建立一批部门性实体化社工机构。

3. 支持建立专门性实体化社工机构

通过政策引导支持建立企业社工机构、信访社工机构等专门性实体化社工机构，提高服务水平，化解基层社会矛盾，促进社会和谐稳定。

（三）推进社工机构网络化发展的思路和对策

为了回应社会对社工服务日益凸显的需求，做到对全市各社会领域和各区域社区的全面覆盖，需要完善相关制度政策，积极引导社会工作服务体系向网络化发展。

1. 进一步明确社工机构网络化布局的思路

社工机构网络化布局要从实际出发，创新社会工作机构布局理念，切实解决社会工作领域影响社工机构网络化布局设置的基本问题，坚持重点突破、整体推进，力争用3~5年时间建立起覆盖全市各区域社区和各社会领域的社工机构网络化体系。

2. 坚持固本强基，完善社区社工机构网络化服务体系

社工机构网络化体系建设要紧密配合深圳市社区服务网络规划建设的部署，逐渐形成覆盖整个社区的社工机构网络。

3. 针对薄弱环节，健全社工机构网络化社会服务体系

健全社工机构网络化要重点做好人民调解、外来劳务工服务等薄弱领域。一要注重研究推广妇联等有关部门拓展社工服务的有效经验。二要注重建立和完善为广大外来劳务工提供社工服务的网络化体系。三要注重建立和完善参与人民调解的社工机构网络化体系。

4. 充分发挥信息化手段在健全社工机构网络化工作中的作用

构建支持社工机构网络化发展的公共信息制度平台，完善项目公开、动态反馈、连通共享、功能齐全的社工机构网络化信息系统，提高新形势下社会工作信息化水平。

七　社工机构评估工作与制度建设

组织评估是通过评价社工组织管理水平和工作绩效，促进社会工作发展的重要手段，也是推进深圳社工组织规范化发展，增加其公信力的重要工作内容。

（一）社工机构评估工作的现状与成效

从2008年到2010年，深圳社工机构评估工作已进行了两次，其有序性、科学性和规范性不断提高，有效地推动了深圳社工机构的健康发展。

第一次评估是由深圳市民政局社工处于2008年9月组织进行的。主要是对当年3月15日至9月15日社工机构和社工的工作情况进行评估。评估设计了四个环节五个方面的内容，并明确了四个环节和五项内容之间的所占分值比例。评估分别在市、区两个层面进行，两级评估报告汇总于市社工处。这次评估在我国内地具有开创性。

2009年度，深圳社工处出台了《深圳市社工机构综合评估办法》并组织实

施了评估工作。评估引入了第三方专业评估机构参与评估工作。评估指标包含7项一级指标与29项二级指标，评估还设计了评估监管、投诉与复核程序，保障了评估的公正性。

从两次评估方案的设计和实施过程的整体情况看，起到了以评估规范工作，以评估发现问题和有针对性地解决问题的作用。

（二）社工机构评估工作存在的问题及原因分析

就社工机构两次评估结果看，深圳社工机构工作仍然存在一些问题。一是评估指标要求与社工机构实际发展水平间存在距离。无论是从评估主体、评估内容还是从评估指标来看，两次评估方案都相当成熟。但从社工机构实际发展情况看，仍处于初期发展阶段，这就存在过高的评估要求与实际发展水平之间的不协调。二是现有评估指标与社工工作发展方向有出入。未来社工机构的工作发展趋势是“项目化”，如何通过评估指标的调整，推动社工机构从被动地适应“工作岗位”要求，到主动提供“工作项目”的转变，应成为未来评估工作的重要内容。三是评估操作过程过于复杂。从两次评估过程来说，存在参与评估的评价主体多头，组织过程复杂，受评机构面对多个评价者，从而造成效率低下、组织成本高等问题。

存在上述问题的原因有两条，一是社工工作尚属初步发展阶段，机构内部发育不全，与评估所要求的内容有差距。二是在目前情况下，完全由第三方评估机构实施评估的条件仍不成熟。

（三）社工机构评估工作的改进对策

评估工作是社工机构管理工作的重要内容。应通过改进方法，强化评估对社工事业发展的适应性。

1. 强化项目评估的地位和作用

根据社工机构工作专业性、独立性、自主性的定位，在对社工机构一般管理规范进行评估的基础上，加强对社工机构的项目活动的评估，促进社工机构通过开展项目活动，提升机构的专业水平和实际效能。

2. 充分发挥第三方评估的作用

采用与评估组织机构和被评机构无隶属关系，无利益关系的第三方评估为主体的评估，以保障评估的客观性和公平性。未来改进的基本方向是强化第三方评估的主体性和独立性，以保证评估的公信力。

3. 简化评估程序，强化评估方式的多样性

在进一步改进评估工作中，建议对社工机构日常管理工作的评估集中在核心指标上，使这类评估具有常规性。在对项目评估的过程中，可强化电话调查、问卷回访、网上测评等方式，实行实时考核与集中考评、现场考评与随机抽查相结合的办法，增加评估的真实性。

4. 建立社工专项评估制度

社工项目专项评估应包括项目前期可行性评价、项目中期运行评估、项目结束后效果评估，其基本指标应包括项目主题、社会价值、运作方式、经费支出、社会效果等，以第三方评估为主。根据项目前期可行性评价，政府决定是否购买社工机构的项目。根据对项目中期运行情况的评价，指导是否改进项目运行或判断该项目有无必要继续运行等。在项目运行结束后，对项目运行的最终结果进行社会价值、满意度评价。展望深圳现代社工制度的建设，需要从社工工作主管机构的权限整合、社会工作服务模式的改进、社工人才队伍和机构网络化实体化建设、本土督导人才的培养和社工机构评估工作的改进几个方面努力，以形成推进适度普惠型社会福利制度的相应主体和人才队伍。

B.21
深圳市医疗保障制度实施效果的初步评估

邱小丹　徐光毅*

摘　要： 对深圳医疗保障制度实施效果进行初步评估，并与全国医疗保障实施情况进行比较分析，结果显示，深圳医疗保障在医疗负担系数、全民医疗覆盖率、卫生事业费增长率、卫生投入占 GDP 与财政开支比重、人均医疗投入、卫生事业发展与经济发展水平适应程度、卫生资源投入增长率、每千人执业医师拥有量、医疗保险门诊与住院补偿能力等方面的评价结果均优于全国同期平均水平；但是，在每千人医疗资源拥有量、社会医疗保险基金累计结余比例和金额、社会医疗保险人均补偿与筹资比等方面则亟待加强。

关键词： 医疗保障　社会医疗保险　实施效果　评估

医疗保障是一个全球性的问题，卫生费用的快速增长已经成为各国政府颇为棘手的难题。自 1992 年 5 月 4 日开始，深圳市政府正式颁布了《深圳市社会保险暂行规定》及《职工医疗保险实施细则》，至今深圳医疗保险制度实施已近 20 年。本文采用定量与定性相结合的比较研究法，综合运用文献回顾、统计分析、数理计量等技术手段，从医疗服务负担、医疗保障覆盖率、医疗保险基金收支、医疗保险筹资与偿付、医疗投入在国民经济中的地位以及相互关系等多方面，尝试对深圳医疗保障制度实施效果进行初步评估，并与全国社会医疗保险实施情况进行比较，旨在为深圳医疗保障制度的完善以及社会医疗保险立法提供决策参考。

* 邱小丹，华中科技大学；徐光毅，深圳大学。

一 医疗负担系数

社会医疗保险合同约定的综合医院的医疗服务，主要分为门诊和住院两大类型。门诊和住院费用一般由挂号费、检查费、治疗费、药费等几个部分组成，药费和治疗费为其主要的部分。

为了衡量门诊和住院费用对民众的生活负担的影响，本文引入微观经济学中的恩格尔系数作为理论基础，推导衡量医疗负担的门诊负担系数和住院负担系数。门诊支出与住院支出占个人消费总额的比重越低，证明医疗负担越轻，理论上这两个系数也会随着社会经济发展水平的提高而逐步降低。

表1数据显示，我国城镇居民门诊开支占可支配收入比例有较小的降幅，2004～2008年间一直保持在1.5%的数值上下波动，仅相当于城镇居民约一周的收入。可以看出，城镇人口的门诊医疗负担相对过去有所减轻并且一直处于较低水平，一次一般门诊医疗服务所产生的费用并不是特别难以承受，并且，门诊服务不同于会产生工资收入损失的住院治疗。由此可见，门诊医疗开销对于生活在城镇的广大群众来说可被划归为普通的一般日常开销。

表1 2004～2008年全国与深圳城镇居民门诊医疗开支负担系数比较

全国			年份	深圳		
门诊病人人均医药费（元）	人均年可支配收入（元）	门诊医疗负担系数（%）		门诊医疗负担系数（%）	人均年可支配收入（元）	门诊病人人均医药费（元）
118.0	9421.6	1.25	2004	0.48	27596.40	131.26
126.9	10493	1.21	2005	0.64	21494.40	138.19
128.7	11759.5	1.09	2006	0.55	22567.08	124.93
136.1	13785.8	0.99	2007	0.48	24301.44	116.29
146.5	15780.8	0.93	2008	0.44	26729.28	117.91

资料来源：根据中国国家统计局、中国卫生部、深圳市统计局、深圳市卫生人口计划生育委员会发布的统计数据计算。

而对于深圳市民来说，2004～2009年门诊医疗的开支均比全国平均水平低，虽然呈波动趋势，但是总体来说，比例约为全国水平的一半。究其原因，深圳统计数据显示，深圳的人均年可支配收入比同期全国水平高一倍有余，而平均门诊医疗费用却要低 10% ~20%，因此，深圳的门诊医疗负担系数相对全国更低。

住院治疗方面，表 2 数据显示，我国城镇居民住院开支占可支配收入比例从 2004 年的 45% 下降至 2008 年的 34%。显而易见，全国城镇人口医疗负担相对减轻，但是，一场大病所导致的住院费用占到年可支配收入的 35% 依然是一笔不小的开支，若扣除食品这一必需品开支，该比例上升至近七成，并且，这个简单的计算还不包括因为住院产生的工资收入的损失以及普遍存在的“红包”问题带来的隐性支出。因此，住院医疗费用开支对于生活在城镇的广大群众来说，依然可被划归为较高比例的开支类别。

而对于深圳市民来说，2004 ~2009 年门诊医疗的开支均比全国平均水平低，同样呈波动趋势，但是总体来说，2004 年比例为 18.97%，约为全国水平的一半以下，但在近年来有所上升。究其原因，深圳统计数据显示，深圳的人均年可支配收入比同期全国水平高一倍有余，而住院门诊医疗费用却还要低 10% ~26%，因此，深圳的住院医疗负担系数相对全国更低。

表 2　2004 ~2008 年全国及深圳城镇居民住院医疗开支负担系数比较

全国			年份	深圳		
住院病人人均医药费（元）	人均年可支配收入（元）	住院医疗负担系数（%）		住院医疗负担系数（%）	人均年可支配收入（元）	住院病人人均医药费（元）
4284.8	9421.6	45.48	2004	18.97	27596.40	5234.69
4661.5	10493.0	44.42	2005	24.29	21494.40	5221.54
4668.9	11759.5	39.70	2006	20.62	22567.08	4654.25
4973.8	13785.8	36.08	2007	19.19	24301.44	4664.55
5463.8	15780.8	34.62	2008	19.57	26729.28	5230.39

资料来源：根据中国国家统计局、中国卫生部、深圳市统计局、深圳市卫生人口计划生育委员会发布的统计数据计算。

二　医疗保障覆盖率

在 2003 年以前，我国的医疗保障总体覆盖率较低，大多数中国公民没有社会医疗保险，自费支付医疗开支。2003 ~2008 年短短 5 年之内，新型农村合作医疗的参保人数占全国人口比例达到68%，基本形成了以覆盖农村为主的、面向农村人口的社会基本医疗保障体系。这一体系的建立极大地提升了中国整体的医疗保障覆盖范围。同时，以城镇职工基本医疗保险和城镇居民基本医疗保险为主体，面向城镇人口设立的基本医疗保障体系也达到全国人口总数的16%，加上公务人员参加社会医疗保险的比例，我国的医疗保障体系总体覆盖率已达86%，而无社会医疗保险的人口的比例大大降低至13%左右，在五年间，平均每年降低12个百分点。该数据表明，我国的医疗保障体系在农村和城镇都已达到了较高的覆盖率。

相比之下，深圳的社会医疗保险参保率发展状况与深圳的城市化的发展速度密切相关。图1显示，深圳在2005年以前的社会医疗保险参保率和增长率均较低，曾由2000年的约11%，增长至2004年的约25%，年均增长2.8%，这种状况与全国大多数城市的医疗保障覆盖状况没有显著的差异。然而，自2005年开始，深圳在全国率先开展了农民工医疗保险，随着农民工这一原本归属于户籍地农村医疗保障体系的人群被深圳划入流动人口社会医疗保障范畴，如同2005年之后全国范围内的新农合发展迅速一样，2005年深圳的医疗保险参保率已急剧上升至约50%，而同年的全国水平仅为25%左右，同时，2005年之后的医疗保险参保增长率也明显提升，2006年，深圳的医保覆盖率已大幅度提升至70%，并从2007年实施了少儿医疗保险制度以后，覆盖范围更为广泛，到2009年更是高达95%，几乎与全国范围的“新农合”的参保率相当，年均增长约10%，经历了全民医疗保障覆盖率的高速发展时期。

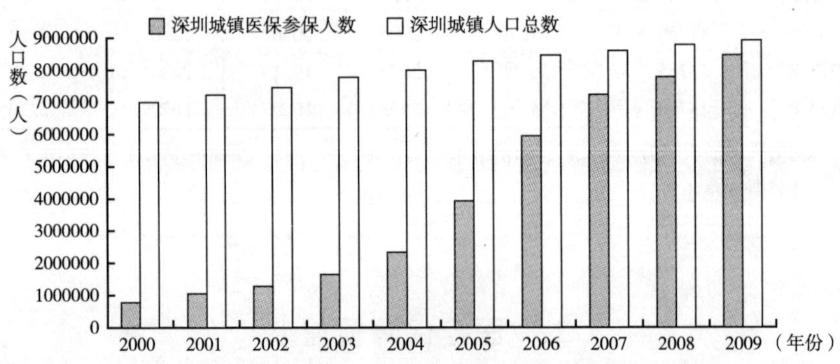

图1　2000～2009年深圳城镇医疗保险参保人数与城镇人口总数比较

资料来源：根据深圳市统计局、深圳市卫生和人口计划生育委员会、深圳市社会保险基金管理局发布的统计数据计算。

因此，从总体上看，深圳的医疗保险覆盖范围兼顾了城镇与农村医疗保险发展的趋势，惠及的人群更为广泛，基本实现了社会医疗保险全民覆盖。

三　医疗开支在国民经济中的地位

医疗开支是国民经济的主要部分，涉及私人消费、政府开支等多个领域，如果直接比较深圳与全国的医疗保险投入量绝对值大小，则会面临指数数量级的差异，参考价值不大。因此，本文在探究全国与深圳医疗卫生开支占国民经济地位的议题时，主要采用增长率比较以及比值比例的大小比较的方式进行。

（一）全国与深圳 1978 ~2009 年卫生事业费的年均增长率比较

1978 ~2009 年全国卫生事业费累计增长 60 倍左右，年均指数增长率为 14.6% ，增长率的变化经历了三个重要的时期：1978 ~1993 年，卫生事业费保持较为稳定的增长比例，年均增长约为 9% ；1994 ~2004 年，卫生事业费的增长比例较前一个时期有所提高，年均增长约为 13% ；2005 年之后，增长比例显著提升，年均增长约 25% ；2007 年相对于 2006 年的提升比例更是高达 40% 。这表明，近年来政府在医疗卫生领域投入力度明显提高。

与全国情况相比，2009 年，深圳累计增长至 1978 年水平的约 3000 倍，年均增长 29.7% ，超过全国水平约 15 个百分点，增长模式相似，但前期增长幅度较小，后期增长幅度大，提升更为明显。统计数据显示，深圳卫生事业费增长模式也分为三个主要阶段。在 1978 ~1991 年间，指数年均增长率为 11% ；1992 ~2003 年间，指数增长率约为 16% ；而在 2004 年，深圳的绝对投入额数值有所回落，从 2004 年到 2009 年，年均增长率约为 27% 。虽然观测期处于同一时间段，但是由于深圳卫生事业费投入总量的起点较全国水平低，同时，深圳在 1978 ~2009 年医疗卫生领域的投入总量确实超过全国同期水平，因此，最终结果显示增长幅度明显高于全国（见图 2）。

（二）卫生事业费占 GDP 的比例——深圳与全国水平的比较

卫生事业费占国内生产总值（GDP）的比重一直是衡量政府医疗卫生投入在国民经济中地位的重要指标，在国际社会保障测度体系中被称为深度指标，用于

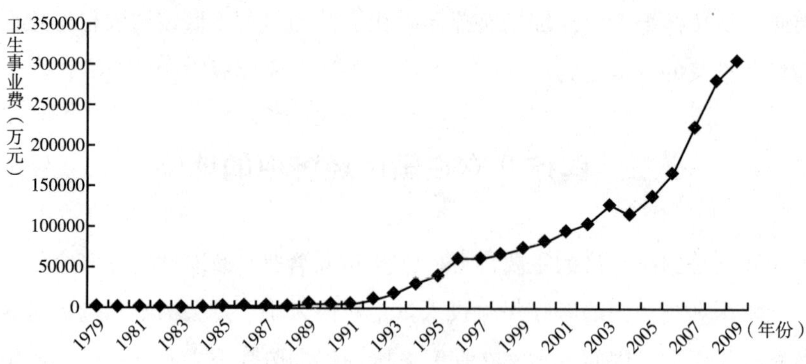

图2　1978～2009年深圳卫生事业费发展状况

资料来源：根据深圳市统计局、深圳市卫生和人口计划生育委员会发布的统计数据。

反映医疗卫生在国民经济中所占的比重，是一个相对指标。图3显示，深圳与全国在卫生事业费占国内生产总值比重这一指标上存在一定的差异，在1978～2009年的观察期内，全国的比例呈现先波动下降，随后保持稳定，逐步回升的趋势，由1978年的0.6%短暂上升至1983年的约0.7%，随后波动下降，在1996至2001年保持约0.3%的比例，最近几年有所回升，但是只达到0.45%左右，约为最高水平时的一半。全国数据变化曲线反映了我国医疗体制政策几度变迁的过程，由最开始的以公费医疗为主，逐步过渡到采用以医疗保险为主体的医疗保障模式，医改之后，提倡提升公立医院的公益性质，这一历史发展变迁的现

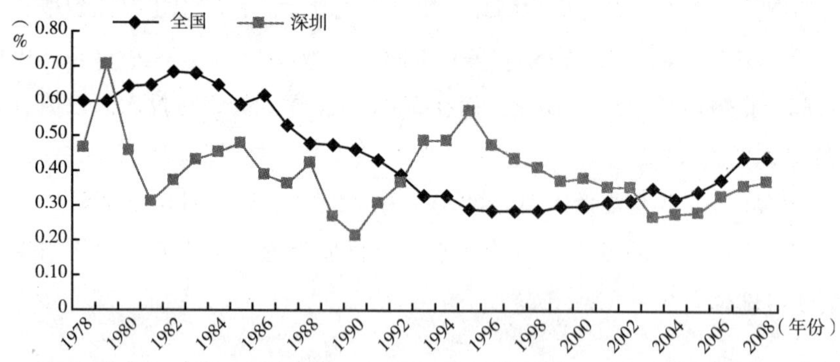

图3　1978～2009年全国与深圳卫生事业费占GDP的比例比较

资料来源：根据国家统计局、卫生部、深圳市统计局、深圳市卫生和人口计划生育委员会发布的统计数据计算。

实，基本上可以从图3所示中得到较为完整的解读。

而深圳的情况有所不同，与全国水平比较，深圳在1978～1993年间，卫生事业费占国内生产总值比重除了1979年超越全国水平以外，其他时段均低于全国平均水平，并且波动幅度较大，没有明显的提升或降低的趋势，反映出医疗卫生投入绝对量的不稳定性质，值得注意的是，深圳的卫生事业费占国内生产总值比重从1991年开始显著回升，在1993年超过全国平均水平，到1996年结束增长趋势，随后，也开始稳步下降，到2004年成为分界点，随后，深圳的卫生事业费占国内生产总值比重虽然缓慢回升，但其总体水平尚未超过全国的平均水平。这一现象反映出深圳的卫生事业费投入与全国的发展趋势不同步，并呈现提前性与不规律的情况，但从综合的结果看，深圳最终于2009年恢复的水平尚不及全国，只达到0.4%左右，亦约为最高水平时期的一半。

（三）卫生事业费占财政支出的比例——深圳与全国水平的比较

卫生事业费占财政支出的比重也是衡量政府医疗卫生投入在国民经济中地位的重要指标，用于反映医疗卫生开支在政府开支中的地位。图4显示，1980年至2008年间，深圳卫生事业费开支占财政开支的比例，除了1981年、1982年、1988年、1990年、1991年低于全国平均水平外，其他年份均优于全国同期水平。同时，深圳与全国在卫生事业费占财政支出的比重数值的观测记录上亦存在

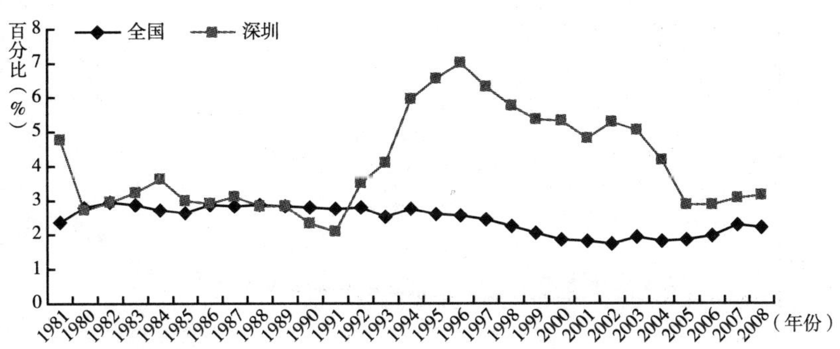

图4　1978～2009年全国与深圳卫生事业费占财政支出的比例比较

资料来源：根据国家统计局、卫生部，深圳市统计局、深圳市卫生和人口计划生育委员会发布的统计数据计算。

明显的差异，全国的比例呈现与卫生事业费占 GDP 比重相同的趋势，先波动下降，随后保持稳定，逐步回升的趋势，但是，卫生事业费占财政支出的比重数值表现得更为平缓，波动区间仅基本保持在 1.8% ~2.9% 之间。

深圳的数值表现则呈现剧烈波动的趋势，与全国类似，深圳的卫生事业费占财政支出的比重与卫生事业费占 GDP 比重也具有相似的趋势，最高位在 1996 年，观测数值高达 7%，最低位数值高于全国最低数值，为 2% 强，2009 年恢复数值为 3%，高于全国同期水平。从总体上看，深圳的卫生事业费占财政支出的比重从 1992 年以来有较长时间高于全国同期水平的增长，表现为深圳市政府对于医疗卫生领域投入显著高于全国平均水平并保持了相当长的时间。

（四）全国与深圳人均医疗卫生费用开支比较

人均医疗卫生费用开支是衡量政府医疗卫生投入自身的重要指标，在国际社会保障测度体系中被称为密度指标，用于反映医疗卫生经费资源分摊到所有社会成员中的数量，是一个绝对指标。图 5 显示，1980 ~ 2008 年间，深圳人均医疗卫生费用均超越全国水平，并且基本保持在两倍以上，最高位超越全国水平八倍；但在近年有所回落，也能保持在约两倍的水平。在人均投入上，全国由于人口数量众多，无法保持较高的人均投入量，即使在国家大力加强医疗卫生投入的 2009 年，全国的人均卫生费用开支仅达到 100 元左右；而在深圳，同期水平达到 300 元以上。但是，与全国水平稳步增加的趋势不同，深圳在 2006 年由于人

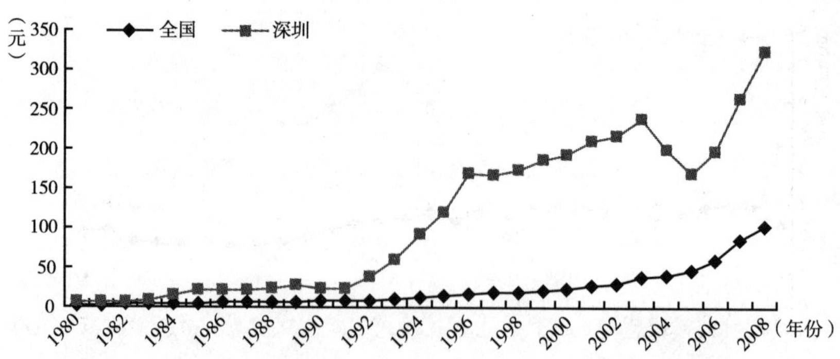

图 5　1978 ~ 2009 年全国与深圳人均医疗卫生费用开支比较

资料来源：根据国家统计局、卫生部，深圳市统计局、深圳市卫生和人口计划生育委员会发布的统计数据计算。

口统计方式变更，更多的流动人口转变为非户籍常住人口，使得当年人口数量提升幅度超过50%，因此，导致当年的人均医疗卫生开支明显下降，但在随后，深圳政府进一步扩大参保范围，并设立专门的农民工医疗保险，使得保障的覆盖面扩大，同时，人均医疗投入也得到相应提高。

（五）卫生事业发展与经济发展水平适应程度

我们采用“增长比测同步率”方式进行社会保障水平与经济发展水平适应性的分析。基本公式为：$同步率 = \frac{实际人均社会保障投入定基比累计增长}{实际人均 GDP 投入定基比累计增长}$，其中，实际人均社会保障投入定基比累计增长的具体计算方法为：首先，用社会保障总投入除以总人口数得到人均社会保障投入；其次，乘以物价系数得到实际人均社会保障投入；再次，通过计算环比差值与上年实际投入的比值得到人均社会保障投入环比增长率；最后，对人均社会保障投入环比增长率逐年连乘得到人均社会保障投入定基比累计增长。采用类似的方法可以计算实际人均 GDP 定基比累计增长。该方法理论基础为检验医疗卫生投入增长率与 GDP 增长率的比值，比值越接近1，医疗卫生投入增长与 GDP 增长的同步率越高，不同的同步率反映了社会保障与经济发展适应性水平。

为了便于区分不同增长比数值所反映的医疗保障发展与经济发展相适应水平，我们沿用以意大利数学家斐波拉契命名的0.618黄金分割数列（1，1，2，3，5，8，…）对增长比进行分级处理，该数列呈正态分布形态与现实中事件发生概率符合，具体标准推导如表3所示。

表3　医疗保障与经济发展相适应水平——累计增长比分级标准

累计增减比	医疗保障与经济发展相适应水平	累计增减比	医疗保障与经济发展相适应水平
(1.7~2.0]	超前发展	[0.9~1.0)	高度同步
(1.4~1.7]	超越发展	[0.8~0.9)	中度同步
(1.2~1.4]	基本同步	[0.6~0.8)	基本同步
(1.1~1.2]	中度同步	[0.3~0.6)	落后发展
(1.0~1.1]	高度同步	[0.0~0.3)	滞后发展
1	完全同步		

表3所示分级标准的意义在于，医疗保障与经济发展相适应水平理论上应在同步范围内波动，如超过同步范围，要么医疗保障高投入无法得到足够经济支撑得以长期持续发展，要么医疗保障大大落后于经济发展，人民得不到医疗保障，经济也难以可持续发展。

值得注意的是，图6并未以0作为基准值进行度量，采用的是以1为中心分界线，以0.1为单位，依次向上下展开4个单位的比值缩略图。我们认为，如果医疗投入增长率与GDP增长率比值为1，代表医疗投入增长与GDP增长完全同步，即医疗投入发展与经济发展水平具有完全相适应。因此，以1作为累计增长比的中心分界点，在1以上表明医疗投入增长高于GDP增长，在1以下表明医疗投入增长低于GDP增长，参照之前的“医疗保障与经济发展相适应水平——累计增长比分级标准”进行适应性评估。

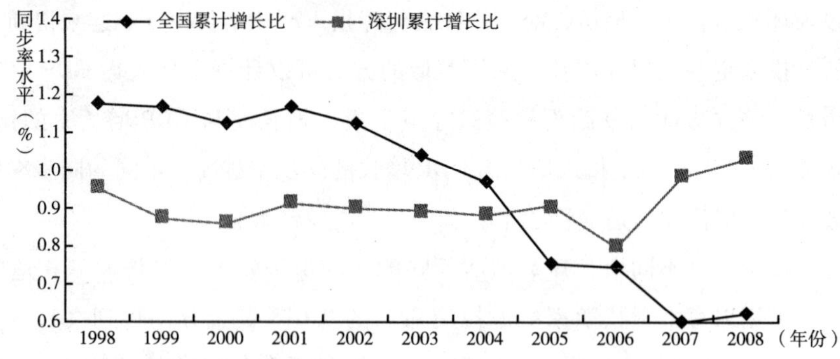

图6　1998～2008年全国与深圳卫生事业发展与经济建设适应性同步率比较

资料来源：根据国家统计局、卫生部，深圳市统计局、深圳市卫生和人口计划生育委员会发布的统计数据计算。

按照以上标准，深圳的医疗保障与经济发展相适应水平在1998、2001、2005、2007和2008年高度同步区间，仅有2006年（0.798）处于基本同步区间，其他年份均处于中度同步区间，总体同步率较高，但是医疗保障水平实际上与经济发展水平一直存在较大差距，处于相对落后的状态，仅在2008年（1.029）处于高度同步中的相对超前状态。由此可见，深圳的医疗保障与经济发展相适应水平基本一致，但总体水平落后于经济发展速度，应当适当加强医疗保障投入力度。

全国同期水平反映，在1998年至2002年，全国的医疗保障与经济发展相适

应水平维持在超越发展的中度同步区间，而在随后的2003~2008年，同步率水平呈现逐年下降趋势，曾由超越发展的区间回落到滞后发展的区间，到2008年，仅处于滞后发展的基本同步区间，表现为医疗开支的投入已经滞后于经济发展较长时间。

近年来，深圳市政府十分重视全民医疗保障的政策落实，加强对流动人口的登记管理，控制医疗费用的过快增长，减少医疗服务的过度利用，加大政府财政投入对全民医疗保障的贡献力度，促使深圳的医疗保障制度为保障全市居民的医疗需求作出更大贡献。而全国水平的明显下降可能是由于经济发展较快且不均衡，同时，医疗卫生投入的持续高增长率投入，并没能持续等因素，可能是导致同步率水平显著下降的主要原因。

四　医疗卫生资源配置

（一）医疗机构及医院数量

1978~2009年，全国的医疗机构数目呈现先急速增长后保持稳定的趋势，2009年相对于1978年的增长为4倍左右，指数年均增长率约5%。同期深圳的医疗机构数目保持持续快速增长，截至2009年，相对于1978年累计增长约30倍，指数年均增长率达12%。

1978~2009年，全国的医院数目呈现较为稳定的发展趋势，2009年相对于1978年增长1.1倍左右，指数年均增长率约为0.5%。同期深圳的医院数目呈现较为稳健但更为迅速的发展趋势，2009年相对于1978年的增长为4倍左右，指数年均增长率约为3.7%。总体上看，深圳与全国的医院发展状况类似，在1978~2009年保持较为稳定的增长率，深圳的增长速度较全国平均水平高。

（二）病床床位数量

1978~2009年，全国的床位数目呈现较为平稳的发展趋势，2009年相对于1978年增长1.2倍左右，指数年均增长率约为0.5%。同期深圳的床位数呈加速上升趋势，2009年相对于1978年增长35倍左右，指数年均增长率约为12.5%，与全国水平相比发展更为迅速。

病床总数增长率是医疗投入固定资产发展的一个相对发展指标，每千人口拥有床位数量是与其相关的绝对量指标。1978～2009 年，深圳在每千人口床位量上一直不及全国同期水平，仅在 1982、1985、1987 年以及 2003～2005 年接近全国水平。同时，全国每千人口床位发展呈现较为平缓的波动上升趋势，并且在 2005 年之后提升较快；深圳的波动趋势更为明显，主要源于人口提升速度较快，统计方式经历过不止一次的更改，因此，在每千人口资源占有量上不及全国平均水平。

总体上看，在 1978～2009 年，深圳的床位数量发展较全国水平高，但在每千人口病床拥有量上不及全国平均水平（见图 7）。

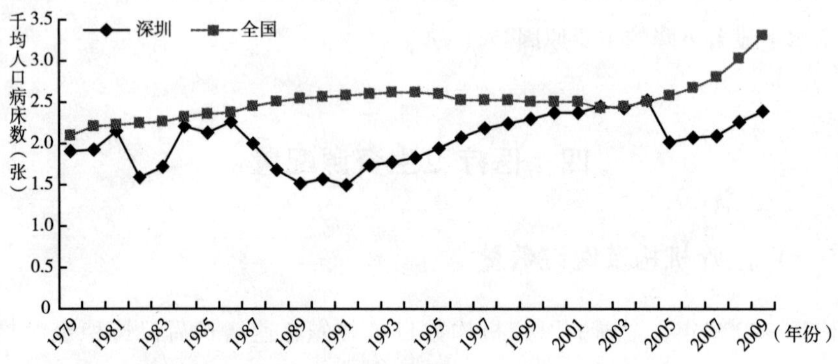

图 7　1978～2009 年全国与深圳医院发展情况比较

资料来源：根据国家统计局、卫生部，深圳市统计局、深圳市卫生和人口计划生育委员会发布的统计数据计算。

（三）医疗人员数量

1978～2009 年，全国的医疗人员数呈波动下降后缓慢回升的趋势，几乎没有增长，一直保持在 650 万至 700 万。其中，（助理）医师与职业医生的统计方式有所调整，乡村医生和卫生员，其他技术人员，管理人员的数值变化较大，并且从 2002 年起，卫生人员中不包括高中等医学院校本部、药检机构、国境卫生检疫所和非卫生部门举办的计划生育指导站人员数，2007 年起包括返聘本单位半年以上人员执业等措施也对人员构成数目有所影响。同期，深圳医疗人员数呈先平稳上升、后迅速提高的态势，2009 年相对于 1978 年增长为 50 倍左右，指数年均增长率约为 14.2%，与全国水平相比发展更为迅速，主要是源于起点较低以及 2006 年后的水平迅速提升。

每千人口拥有医疗人员数也是一个绝对量的资源拥有率指标。图 8 显示，深圳每千人口医疗人员拥有量曾在 1986 ~ 1988 年以及 2007 ~ 2009 年超越全国同期水平，呈现波动性较强、无规律的现象，而 1978 ~ 2009 年全国水平呈现缓慢下降后略微回升的趋势。总体上看，在 1978 ~ 2009 年，深圳的床位数量发展速度较全国同期水平快，但在每千人口病床医疗人员拥有量上大多数年份不及全国同期平均水平。

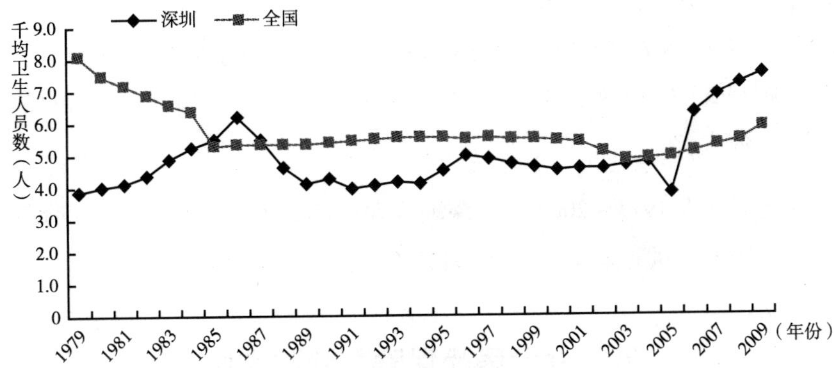

图 8　1978 ~ 2009 年全国与深圳医务人员发展情况比较

资料来源：根据国家统计局、卫生部，深圳市统计局、深圳市卫生和人口计划生育委员会发布的统计数据计算。

（四）执业医师人员数量

1978 ~ 2009 年，全国的执业医师人员数呈波动上升的趋势，2009 年相对于 1978 年增长 1. 2 倍左右，指数年均增长率约为 0. 7% ，其中，全国统计中还包括卫生室执业（助理）医师数，对之后的统计数据产生了一定影响。同期深圳的执业医师人员数呈先平稳上升、后迅速提高的态势，2009 年相对于 1978 年的增长为 50 倍左右，指数年均增长率约为 14. 2% ，与全国水平相比发展更为迅速，主要是源于起点较低以及 2006 年后的水平迅速提升。

每千人口拥有执业医师数是一个人力资源绝对量的拥有率指标。图 9 显示，深圳每千人口医疗人员拥有量在 1978 年至 2009 年均超越全国同期水平，呈现波动性较强并且基本维持较高水平的趋势，而全国水平呈现缓慢上升的趋势。

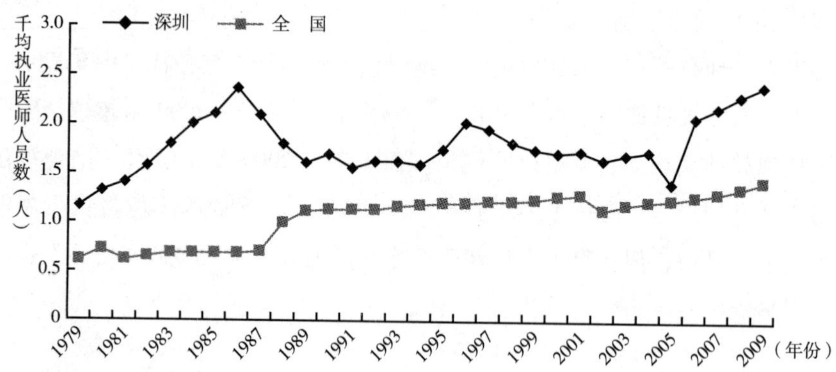

图 9　1978～2009 年全国与深圳千均人口医师数量发展情况比较

资料来源：根据国家统计局、卫生部，深圳市统计局、深圳市卫生和人口计划生育委员会发布的统计数据计算。

总体上看，在 1978～2009 年，深圳执业医师数发展速度较全国同期更快，同时，在每千人口执业医师拥有量上亦比全国同期平均水平高。

五　社会医疗保险基金收支比

由于我国的医疗保障模式类似德国，是以政府、企业、个人三方进行社会医疗保险基金融资，以社会医疗保险基金偿付的形式支持医疗费用，因此，对于医疗保险基金的收支比进行研究尤其必要，并能据此反映医疗基金的来源与利用的情况。由于地域范围的差异，直接比较收入与支出的绝对量显然不合理，因此，宜采用以倍数比例为基础的医疗保险基金收支比对医疗保险基金平衡状况进行评估。一般而言，医疗保险基金需要预留一部分用于保值增值和防范风险，如 2004 年“非典”疫情爆发、2009 年甲型流感疫情以及 2011 年德国出血性大肠杆菌疫情等类似的突发公共医疗事件，因此，收入略高于支出的情况比较常见，也是一种比较稳健的医疗保险基金运营方式。

2006～2009 年，全国城镇医疗保险基金收支比保持收大于支的状态，收支比维持在 130%～140% 之间，每年基金收入的 25%～28% 将作为基金储备保留，截至 2009 年，四年间的基金累计余额约等于 2008 年全年的基金收入，其现状反映出全国水平上对于基金利用较为保守的政策导向。另外，由于社会医疗保险采

用保险这一风险保障方式，其保障性质决定了“大多数人缴纳保险，少部分人发生风险事件获得赔付”这一以大数定律为基础的风险分担机制，因此，理论上人均补偿金额将会超越人均融资金额，以达到构建保险基金的目的。然而中国城镇医疗保险基金人均筹资与补偿额呈现人均筹资额高于人均补偿额的情况，2006~2009年，筹资补偿比保持在142%~145%之间，表明医疗分担机制的保险性质并未体现。然而，由于该部分基金收入包括政府与企业的支付部分，而不仅仅是个人的经费开支，以全国2009年公布的医疗负担比例即个人负担40%、企业负担35%、政府负担25%来计算，个人的筹资补偿比大约是60%，还是符合保险的分担机制，即个人只需承担大约六成的保险费预先支付，就能享受到全额的医疗服务，当然，其前提是政府与企业予以补助。

深圳的社会医疗保险基金收支情况数据时序较长，图10显示，从2000年至2009年，深圳医疗保险基金收支比同样保持在收大于支的状态，数值在160%~240%之间波动，大多数时期维持在200%左右，即医疗保险基金收入约两倍于同期基金支出，每年基金收入的50%~60%都将作为基金储备保留，累计基金余额较全国同期更高，反映了深圳相对于全国基金利用更为谨慎的管理方式。

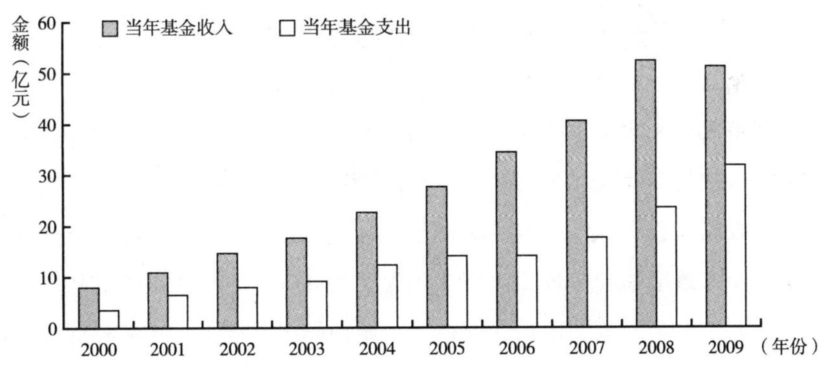

图10　2000~2009年深圳城镇医疗保险基金收支比较

资料来源：根据深圳市统计局、深圳市卫生和人口计划生育委员会、深圳市社会保险基金管理局发布的统计数据计算。

在人均筹资额与人均补偿额方面，深圳也呈现出人均筹资额高于人均补偿额的情况，并且超越全国同期水平更多，图11显示，2006~2009年，深圳的人均筹资补偿比例保持在166%~250%，大多数时段在220%以上，医疗分担机制的保险性质较全国更不明显，如果代入全国的比例进行估算，个人的人均筹资补偿比例也在90%～95%，个人预付保险费的作用显得不够明显，同时，还需要高额的政府及企业补贴才能够实现医疗服务的分担供给。

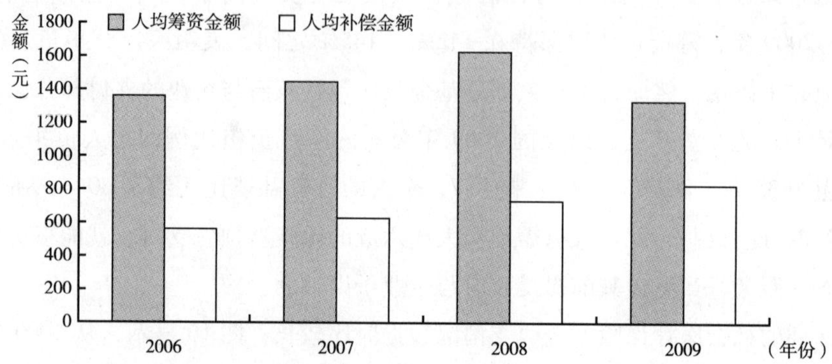

图11　2006～2009深圳城镇医疗保险人均筹资与补偿额比较

资料来源：根据深圳市统计局、深圳市卫生和人口计划生育委员会、深圳市社会保险基金管理局发布的统计数据计算。

六　社会医疗保险偿付能力

全国城镇居民和职工基本医疗保险的人均补偿额在2005年至2008年表现为显著下降，特别是2005年的数据较为异常，当年的基金支出高达5400亿元，而当时参保的人群仅仅包括1.3亿名职工，因此，造成巨额的人均偿付金额。随后，由于参保人数增加和基金开支减少两个方面的原因，人均补偿额急剧下降。即便如此，无论是全国范围还是深圳地区，城镇居民和职工基本医疗保险在应对门诊的补偿上，均已保持了充足的补偿能力。

图12显示，从2006年至2009年，全国对应门诊的补偿比例由最高位630%逐步降低，但依然在2009年达到补偿金额的比例430%，即人均补偿金额为一次门诊医疗费用的43倍左右，表明城镇居民和职工基本医疗保险能够充分地补偿门诊医疗服务的费用。而在深圳，门诊的补偿比例在2006～2009年呈现上升的趋势，由450%增长至670%，表明深圳地区城镇居民和职工基本医疗保险补偿门诊医疗服务费用的能力在稳步提升，超越同期全国平均水平。

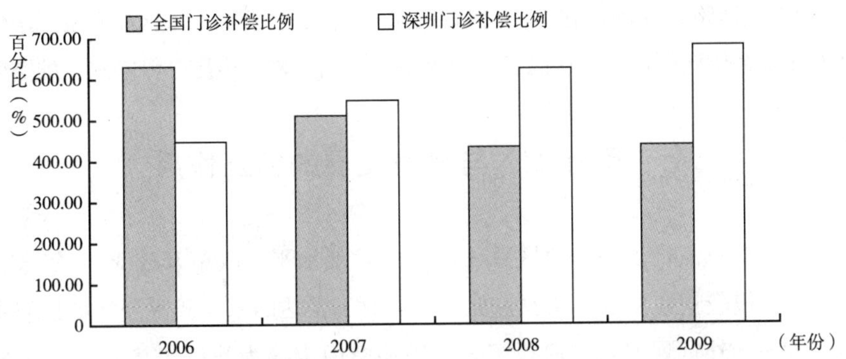

图 12　2006～2009 全国与深圳城镇医疗保险门诊偿付能力比较

资料来源：根据国家统计局、卫生部，深圳市统计局、深圳市卫生和人口计划生育委员会、深圳市社会保险基金管理局发布的统计数据计算。

然而，在应对住院医疗服务上，与新型农村合作医疗相同，全国的城镇居民和职工基本医疗保险的补偿金额依然不够充足，同时，随着补偿金额的下降，这种偿付能力还在进一步下降。

图 13 显示，若以 2006～2008 年的平均比例估计，全国的住院医疗服务补偿比例由约 17% 下降至 11%，最终的补偿金额大约能够占到总医药费用的 12%。这表明，城镇居民和职工基本医疗保险对于住院医疗服务的保障程度仍然不足，88% 以上的医疗费用最终还是由个人负担。而在深圳，人均补偿额对住院医疗服务补偿比例呈现上升趋势，但补偿比例同样较低，由 2006 年的约 12% 上升至

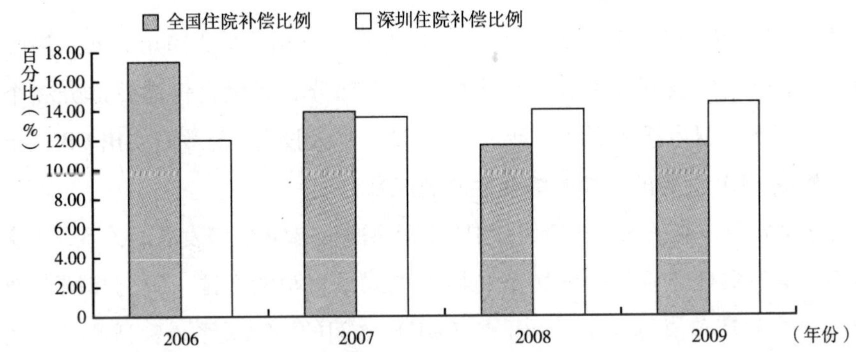

图 13　2006～2009 全国与深圳城镇医疗保险住院偿付能力比较

资料来源：根据国家统计局、卫生部，深圳市统计局、深圳市卫生和人口计划生育委员会、深圳市社会保险基金管理局发布的统计数据计算。

2009 年的约 15%，深圳居民 85% 左右的医疗费用同样需要由个人负担。这反映深圳的住院补偿比例虽然大多高于全国水平，但仍有进一步提升保障水平的空间。

七　医疗投入与经济发展的相互作用

国内生产总值代表一个地区总体经济的发展水平。改革开放 30 多年来，我国经济一直以较快速度逐年增长。但是，相对于发达国家，我国经济增长的主要动力仍依赖于外贸顺差与政府投资，居民消费尚未成为我国经济发展的主要动力，医疗卫生投入与宏观经济发展之间的联系更很少被提及与研究。

事实上，医疗卫生投入对于宏观经济发展，同样存在积极的作用。良好健全的医疗卫生体系可以保障务工人员的健康水平，提升工作人员的身体素质，进而减少由于休工、误工所导致的社会财富创造减少；医疗服务亦属于公共消费的范畴，所以，提供医疗服务可以创造收益与利润，同时，获得医疗服务可以增加国民消费开支，进而增加国内生产总值；医疗服务涉及基础设施建设与固定资产投入，如医疗机构的建设与卫生器械的购买等，因此，也会相应的计入国内生产总值。

如从宏观经济学理论上进行探讨，依照宏观经济学对国内生产总值的构成进行分析，GDP 共有四个不同的组成部分，其中包括消费、私人投资、政府支出和净出口额。用公式表示为：

$$GDP = CA + I + CB + X$$

式中：CA 为消费、I 为私人投资、CB 为政府支出、X 为净出口额。医疗卫生投入包含政府财政开支部分、企业社会融资部分和居民自付消费部分三个大类，因此，医疗卫生投入实际上涉及消费 CA、私人投资 I 与政府支出 CB 三个领域，是构成 GDP 重要的、具有综合性的组成部分之一。

为了从定量研究的角度探究医疗卫生投入增加与宏观经济发展的关系，本文尝试运用计量与数理经济学中的协整与格兰杰因果检验的方法，研究我国 1978 ~ 2009 年国内生产总值与医疗卫生开支（HE）之间的因果关系，验证两者之间相互作用、相互影响的协整关系，并对医疗卫生与经济政策制定提供参考建议。

在计量经济学界，关于因果性最经典和最广为接受的定义便是格兰杰（1969）所做出的定义。格兰杰因果性（Granger causality）定义为：Y 称为 X 的

"格兰杰原因"当且仅当如果利用Y的过去值比不用它时能够更好地预测X。简而言之，如果Y能够有效地帮助预测X，那么就称Y为X的"格兰杰原因"。

因此，这里的"因果关系"实际上指称数理统计与预测上的"已知Y值能够更好地求出X值"的含义，并不是文字意义上的因果，即"由于Y的产生导致了X的后果"，这一点是必须进行说明的。运用到本文中的研究对象，如果得出GDP与HE之间存在格兰杰因果关系，其实际意义在于，通过GDP的值可以更好地预测HE，在一定程度上，可以认为GDP的发展影响HE的增长趋势，并且有助于预测HE的未来发展状况。

本部分进行数理计量运算时主要使用Eviews软件。在Eviews软件中，一般利用F检验来对零假设不存在格兰杰因果性进行检验。根据F分布可查表得到一个临界值。如果求得的值F大于该临界值就拒绝该零假设：Y不是X的"格兰杰原因"；反之，若F小于该临界值则意味着Y不是X的"格兰杰原因"。

通过格兰杰因果检验与分析，全国的国内生产总值与医疗卫生开支（HE）的因果关系可通过表4列示。

表4 全国国内生产总值与医疗投资之间的格兰杰因果性关系

影响类型（年份数）	当期影响（1）	短期影响（2~4）	中期影响（5~7）	长期影响（8~10）
HE→GDP	弱	强	较强	较弱
GDP→HE	强	较弱	弱	较弱

注：表中列示的影响强度从大到小排列：强、较强、较弱、弱。

表4归纳的格兰杰因果性关系结果显示如下。

在医疗卫生开支对于国内生产总值的影响上，1978~2009年度当期医疗卫生开支的变化对于国内生产总值几乎无法造成任何影响，通过扩大医疗卫生开支来增加当期国内生产总值，在这一假设条件下是无法达成的。但是，在短期、中期以及长期的时间内，医疗卫生开支的提升对于国内生产总值的影响经历了由强转弱的过程，这一结果表明，加大医疗卫生开支对于提高国内生产总值存在一定的作用，但这种作用的效果随着时间推移逐渐变弱。

在国内生产总值对于医疗卫生开支的影响上，1978~2009年度当期的国内生产总值提高对于当期医疗卫生开支的增加具有较大的影响，即当期的国内生产总值水平在某种程度上决定了当期医疗卫生开支的大小。而处于存在滞后期的短期、中期以及长期的时间范围内，国内生产总值的水平对于医疗卫生开支的影响非常有限，虽然，某些时刻逼近90%的置信区间，但是影响程度只能判定为较弱，这一结果表明，国内生产总值在当期对于医疗卫生开支有决定性的影响，但是这一影响在滞后期范围内几乎不存在。

综上所述，全国国内生产总值与医疗卫生开支的格兰杰因果关系可以表述为：国内生产总值的水平在当期决定医疗卫生开支的额度，而医疗卫生开支将在短期、中期以及长期范围内影响国内生产总值，并且这一影响逐渐变弱。两者之间存在处于不同滞后期间的且相互作用、相互影响的协整关系。本研究对于国家经济政策的制定者的参考意义在于，应当通过在当期提升经济发展能力来扩大医疗卫生的投入，当期的医疗卫生开支将在未来给予经济发展长期的提高与补偿。

表5显示，1978~2009年深圳的经济建设与医疗投入之间在当期影响上表现相同，均呈现经济建设决定当期医疗投入水平，而医疗投入的效果无法在当期显现。然而，与全国情况不太相同的是，深圳的医疗投入在长期影响上较全国水平更弱，其对经济的主要影响集中在短期和中期；同时，深圳的经济发展对于医疗投入的影响时效较全国更长，在短期和中期均对医疗投入水平高低有较为显著的影响力。

表5　深圳国内生产总值与医疗投资之间的格兰杰因果性关系

影响类型（年份数）	当期影响（1）	短期影响（2~4）	中期影响（5~7）	长期影响（8~10）
HE→GDP	弱	强	较强	弱
GDP→HE	强	较强	较强	较弱

注：表中列示的影响强度从大到小排列：强、较强、较弱、弱。

八　主要问题

研究结果显示，深圳医疗保障制度实施近20年来，在医疗负担系数、全民医疗覆盖率、卫生事业费增长率、卫生投入占GDP与财政开支比重、人均医疗投入、卫生资源投入增长率、每千人执业医师拥有量、医疗保险门诊与住院补偿

能力等层面的评价均优于全国同期平均水平。但是，在每千人医疗资源拥有量、医疗保险基金累计结余比例和金额、医疗保险人均补偿与筹资比等方面亟待加强。目前面临的主要问题与挑战如下：一是特区人口增速迅猛，流动人口管理难度大，进一步扩大医疗保障覆盖面的任务艰巨；二是融资渠道单一，企业负担重，社会力量融资有限，难以满足日益增长的医疗保障需求；三是城市人口结构年轻化的优势逐渐减弱，外来老龄人口医疗保险虽然暂时无法转移，但是其在当地产生的医疗消费仍然会对本地医疗资源的分配产生较大的影响；四是大多数人很少利用医疗服务，而少数人过度利用医疗服务现象仍然严重；五是金融危机影响并未消除，社会医疗保险基金的保值增值仍然面临严峻考验；六是市、区、站三级的医疗保险管理机构与各个合同约定医疗机构的服务信息网络尚待建立。

九　政策建议

根据上述主要问题，建议如下：一是政府还需加大财政投入，并且拓宽融资渠道，鼓励社会力量融资，促进融资机制的多元化、法制化；二是既要强调政府责任，也不能忽视企事业单位的社会责任，以及忽视甚至取消个人、家庭应当承担的责任和义务；三是在不断提高医疗保障水平、满足参保人基本医疗消费的同时，应该提倡人们节约医疗费用开支的意识，避免社会医疗保险的福利化趋势，以及可能导致的新的社会问题；四是进一步完善约定医疗机构的准入制度和信用评级制度，建立健全社会各界包括社会医疗保险参保人在内的监管机制，约束医疗服务供方行为，以及确保医疗保险基金平稳运行；五是筹建医疗保险协会或者医疗保险研究会，重视高等院校医疗保障研究机构等非政府组织的积极作用，大力发挥其参谋咨询的功能，有效利用并借鉴其研究成果，定期对深圳市医疗保障制度实施情况进行跟踪评估，并为政府的科学决策提供参考意见；六是借助全国医疗制度改革的东风，协助推进医疗保障体制、医疗卫生服务体制、药品监督管理体制的改革，促进深圳的医疗保障水平与经济发展水平基本同步，确保全民的基本医疗保障制度健康运行。

B.22
深圳实施政府购买公共就业服务研究

王金根*

摘　要：深圳政府购买公共服务的理论与实践，在中国的社会化管理中，都具有领先意义。深圳特区先行先试，在很多社会服务领域都学习香港的先进经验，采取政府购买服务的策略，取得了积极成果，开了社会服务进入公共领域的先河。在总结深圳经验的同时，就政府购买服务的指导原则、合理确定服务项目、公平确定服务机构、签订购买协定，以及开展绩效评估等方面，进行了深入研究。

关键词：深圳政府　购买公共服务　研究

尽管政府购买服务的定义不同，但通常所指的是，政府及其工作部门通过市场购买的方式，履行其发展和提供公共服务的职责，出钱选择中介机构或社会组织，并通过它们提供的服务来完成某项中心工作或实施某项社会事业。政府以通过财政支出向社会购买一定内容的服务和竞争吸收社会组织参与提供公共服务为手段，以适应社会多样化发展的需求和满足提高政府公共服务效能、增进社会福利为目的。目前，发达国家或地区甚至深圳本身开展的政府购买服务，都取得了积极进展，且购买内容涵盖面也越来越涉及公共服务的诸多领域。经验证明，推行政府购买服务，不仅有利于转变政府职能、精简政府机构、提高行政效率，也有利于选择低成本、高质量的服务，最大限度地增进社会公共福利，达到小政府、大服务目标，还有利于培育和发展社会服务产业。有鉴于此，将公共就业服务引入政府购买公共服务的行列，应该会成为政府购买公共服务的一种新动向。本文拟结合深圳的实际，就深圳实施政府购买公共就业服务，做出探索和研究。

* 王金根，深圳市人力资源和社会保障局。

一　政府购买公共服务在深圳的实践及实效

目前来看，政府购买服务在我国还是一个新概念，但它源于20世纪60年代美国的一项社会福利制度方面的改革。之后，便逐步向其他国家或地区（包括我国香港地区）渗透，被这些国家或地区的政府及社会各界广泛关注，并探讨其实施方法与途径，对社会服务领域产生了深刻的影响。

政府购买公共服务，在深圳则始于城市环境卫生领域。20世纪90年代初，深圳罗湖区的310多万平方米保洁面积，均由区城管办环卫部门雇用近千名环卫工人清扫，但随着建成区面积逐年扩大，保洁范围也越来越广，环卫部门不得不增人、增编、增支。对此，1994年，罗湖区有关部门在考察了香港的做法后，开始引入政府购买服务体制，打破政府与环卫工人的聘用关系，引导原有的环卫工人（多为临时工）成立环卫公司，再由政府向这些公司购买服务。1998年，深圳市绿化管理处复制了罗湖环卫工作的做法，引导一部分养护工人成立园林绿化公司，政府不再花钱养人养设备，改为向这些园林绿化公司购买服务，同时让更多社会力量进入园林绿化市场，使这一政府购买公共服务模式首次由罗湖区上升到深圳市级层面，被引入全市公共绿地的管养中。1999年，罗湖区政府再做决定，将政府购买公共服务拓展到教师上下班接送、政府物业管理、医院后勤服务、政府投资项目评审、基建审计、公共工程等多个方面。实施政府购买公共服务后的深圳公共绿地，管养效果十分显著，其运行模式也很快被复制到其他省份。2003年以来，苏州、上海、杭州等国家园林城市在考察深圳经验后，也在各自公共绿地及园林管理上引入政府购买服务模式。目前，深圳的政府购买公共服务工作进展顺利，各区或部门都已不同程度地开展，且购买范围也不断扩展至教育、医疗、养老、纠纷调解、社区服务等大部分公共服务领域，前景良好。

综观政府购买公共服务在深圳开展的情况，其主要做法包括以下几方面的内容。

（1）确定实施范围。对于进入实施范围，需由政府按项目购买的公共服务事项，主要掌握如下条件：一是公共服务事项（领域）适于确定评估的量化指标；二是公共服务事项（领域）具备竞争市场；三是公共服务事项的资金来源已经由政府安排。

（2）明确购买方式。由行政主管部门将政府所需购买的公共服务事项及具体要求向全社会公布，以公开招标的方式确定服务供应方。部分特殊事项可以实行定向购买等多种形式。服务供应方确定后，由行政主管部门与服务供应方签订正式合同，合同期限原则上不超过五年。

（3）明确服务供应方资质和能力。对服务供应方，从资质、能力上严格把关。规定应当具备以下条件：一是具有独立承担法律责任的能力。二是具备提供公共服务所必需的设备和专业技术能力。行政主管部门如提出具体专业资质要求的，还应符合行政主管部门提出的专业资质要求。三是具有健全的财务会计制度。四是参与政府购买服务项目前三年内无重大违法违纪行为，社会信誉良好。

（4）强化项目评估，确定严格的评估标准。评估标准主要包括服务供应方的资质、服务质量标准、服务计量标准、服务成果评价标准等。具体内容由市财政部门会同各行政主管部门，根据项目特点分别确定，遵循规范的评估方式。每年年终（或年中）由各行政主管部门会同市财政部门依照合同要求，按照评估标准对购买的服务事项实施情况进行评估。完成合同要求的，全额支付费用；未完成合同要求的，扣减相应费用。为增强评估结果的科学性、客观性，邀请相关管理监督部门参与评估。

（5）落实资金保障，合理安排资金。政府购买服务的费用全部纳入预算管理，并做到“养事不养人”；行政主管部门对用于购买服务的支出实行总量控制，并尽可能减少或维持原有资金规模；突发性的临时服务事项通过“一事一议”的办法处理，需要追加经费的，按照相关规定办理。

（6）加强过程管理。主要做好两方面工作：一是规范每年度购买公共服务事项确定的过程。各行政主管部门根据工作需要，提出下一年度购买公共服务的具体事项，财政部门核定计划，并作为安排下一年度预算的依据之一。二是明确各行政主管部门对服务过程进行跟踪管理，及时发现问题、解决问题，确保服务质量；避免服务协议签订、履行等过程中的风险；建立应急工作机制，对服务过程中因各种因素造成无法提供服务等情况做好应急预案。

自1994年算起，政府购买公共服务工作在深圳已运行近20年。当前，从政府层面来总结这一新机制的运行成效，可以概括为以下几个方面。

首先，政府的改革观念和竞争意识得到进一步加强。政府购买服务，向世人展现了一种全新的社会服务，有效地填补了传统的政府提供的社会福利服务的不

足，在一定程度上帮助政府将社会福利政策及时地、具体地、有区别地实现。因此，这一改革的实践促进了政府的思想解放。广大干部群众，尤其是相关部门的领导，对如何改善政府提供公共服务的方式有了新的认识，思路得到了拓展，大部分公共服务项目的购买都实行了公开招标；同时，这一改革的实践，也有利于引入竞争，并让更多民营资本进入公共领域。如在一些公共项目的购买展开时，许多民营资本也报名踊跃。2001 年，深圳市民营园林绿化公司发展到百余家，并自当年起深圳开始对外公开招标确定管养企业，报价低且资质、能力较高者夺标；2005 年起，深圳市开始在市级管辖的 30 多个公园管养中推行政府购买服务；目前，全市的民营园林绿化企业已发展至400 余家，使竞争机制的运用范围不断扩大。

其次，政府的工作效率和服务质量得到进一步提升。面对日益膨胀的公共服务需求，管办一体的模式也早已弊端丛生，仅靠政府及现有事业单位之力显然已无法胜任，而实施政府购买公共服务，则打破了政府“既是运动员又是裁判员”的不合理状态。同时，新机制对相关方面无形中加大了加快发展、深化改革、改进管理的压力，在竞争中提高服务提供方的服务质量。比如，在道路保洁方面，罗湖区在 21 世纪初承担的市政道路清扫面积为624 万平方米，区里将其中的 367 万平方米签约外包给完全市场化的罗湖环卫公司和日新公司，由区城管办对履约情况进行监督检查；剩下的 257 万平方米，仍由城管办直属环卫所承担。两相对比，前者优势突出，保洁效果亦好过后者。近些年来，市区数十条道路保洁权先后被 10 余家民营企业获得，市民对这些道路的保洁质量比较满意。政府通过从专业技术机构定向购买服务，综合利用社会技术力量，提高了公共服务的水平。

再次，政府从过去的事务性工作中腾出身来，只需要管住最终的服务质量。这样，政府就可以把更多精力放在公众身上，与服务对象站在同一阵线。例如，原深圳市绿化管理处养护工人超过 2000 名，机关编制 300 多人，政府管人又管事，负担很重；改革后，所有养护工人一律进入市场，机关编制人员则按“老人老办法”离退休一部分、调离一部分，目前只剩下不到 200 人。政府轻装上阵，得以专注于规则及服务标准的制定以及对服务提供方的监管。因此，推行政府购买公共服务，将成为当前完善公共服务体系的优选之一。

最后，政府可进一步改善相关经费的使用效果，即“花同样的钱可以办更多的事”。如深圳市罗湖区在改革教师上下班接送制度前，区财政每年花 130 万元用于养车及付给司机工薪，而除了教师的上下班时间，车辆与司机的利用率都较低，存在着巨大浪费与低效率问题。改革后，绝大部分车辆被拍卖，司机被分流安置。财政采取公开招标的方式，仅以60万元价格，即向区内一运输公司购买了全年接送教师上下班运输的服务，从而使政府的投入用到了更急需、更合理的地方。

二　深圳实施政府购买公共就业服务的积极作用

循着已有的政府购买公共服务工作指向，深圳市政府购买公共就业服务，也可以说是政府提供公共就业服务的一种方式，是指政府将为社会发展和人民日常生活提供就业服务的事项，交给有资质的人力资源中介组织或市场主体来完成，并根据其提供就业服务的数量和质量，按照一定的标准进行评估、支付服务费用的做法。以需求为导向，以群众满意为准则，根据深圳公共就业服务工作状况，开展政府购买公共就业服务，不仅是社会发展的必然要求，也是政府主管部门应尽的职责。政府主管部门应在不断总结政府购买服务工作经验的基础上，探索政府购买公共就业服务的相关实施方法和途径。当前，深圳实施政府购买公共就业服务至少应有以下两大积极作用。

（一）有利于巩固政府机构改革的成果

为贯彻落实党的十七大关于加快行政管理体制改革的部署，2009年，深圳市进行了较大规模的政府机构改革，不仅加强了机构整合的力度，而且严格控制了编制数额和行政层次，奠定了真正实现政府从管理型转服务型的坚实基础。应该充分认识到，在实现政府转型过程中，政府的服务理念、服务方式也应与时俱进。政府拥有人民赋予的公共权力，掌握和控制着大量的公共资源，作为国家事务和社会事务的决策者、管理者，具有极为重要的地位，承担着无可替代的重要职责。这种地位和作用显现出政府服务理念、服务方式不断更新的重要性。而在当前形势下，政府采取通过市场购买的方式履行其提供公共服务的职能，就是政府服务理念、服务方式与时俱进的表现。这种政府购买公共服务方式，相对于过去为完成某项中心或提供某项公共服务、片面增加机构编制和人员从而加重财政负担等旧的模式，其积极作用不可低估。一方面，同样是为人民服务，政府购买服务更新、更好、更便捷，对于政府职能的进一步转变，更好地发挥职能作用，

体现小政府、大服务的主旋律，有着重要的意义；另一方面，通过探索政府购买公共服务的实施方法和途径，摸索最大限度发挥政府购买服务的作用，建立政府购买服务的运行制度，使政府购买服务的申报、核查、监管、验收等机制都建立和完善起来，进一步减轻财政负担，从而优化公共财政的支出结构，也有利于巩固机构改革的成果。

（二）有利于加强对主管部门机构编制的控制

目前，随着深圳市经济和社会突飞猛进的发展，使政府的公共就业工作量日趋增加，由机构改革核定主管部门的行政机构或编制人员，已不能满足工作的需要。这不能不对深圳市的公共就业工作提出严峻的挑战。对此，仅靠单纯地增加主管部门的行政机构或编制人员，是不能从根本上解决问题的，且财政也肯定会不堪重负。要应对这一挑战，就必然要引入政府购买服务的理念和思维模式，实施政府购买公共就业服务，即主管部门通过了解需求、政府承担、合同管理、评估考核、强化监管等手段，充分调动社会力量，合理整合社会资源，全面提升公共就业服务水平。这样，在严格控制主管部门的机构编制不增加的情况下，既可以避免因工作任务导致主管部门机构编制人员的膨胀，提高政府的公共就业工作效能；又可以减轻财政负担，切实降低行政成本，不断提高财政资金使用效益。

三　深圳实施政府购买公共就业服务的基本构想

参照深圳市相关区或部门开展政府购买公共服务的基本经验，根据《中华人民共和国政府采购法》和国务院及部门的相关法规规章，如《国务院关于发展城市社区卫生服务的指导意见》（国发〔2006〕10号）和《财政部、国家发展改革委、卫生部关于城市社区卫生服务补助政策的意见》（财社〔2006〕61号），以及深圳的政策法规，如《深圳经济特区政府采购条例》等的精神，结合深圳公共就业服务的实际，这里试就深圳实施政府购买公共就业服务问题提出如下基本构想。

（一）必须确立科学的指导原则

（1）以民为本，注重实效。按照建设服务型政府的要求，在购买公共就业服务的内容、规程等方面充分体现为了群众、方便群众、服务群众的民本理念，最大限度地提高公共就业服务质量与效益，以确保群众享受到良好的公共就业服务。

（2）明晰权责，提高效益。合理界定公共就业服务的范围和项目，明晰政府、社会组织、服务对象三方在购买、提供和享受公共就业服务过程中的权利和义务，确保公共就业服务的有效开展。在注重社会效益的同时，逐步引入市场机制，发挥绩效考评激励机制的作用，以确保政府购买公共就业服务的低价、优质、高效。

（3）规范有序，积极稳妥。在总结现有经验的基础上，从优化工作流程、控制成本费用、改善服务质量、提高人员素质、满足公共就业服务需求等方面规范规程与操作，积极稳妥地推进政府购买公共就业服务。

（4）公开透明，强化监督。坚持公平、公正，向社会公开购买公共就业服务的项目、执行标准、考评办法、服务效果等内容。建立公共就业服务对象参与购买公共就业服务监管的长效机制，政府与服务供需双方间以及社会各方的有效监督机制，保证服务对象的知情权和监督权。

（二）合理确定购买公共就业服务项目

合理确定公共就业服务项目是购买公共就业服务工作的基础环节，深圳市公共就业主管部门应与财政部门科学合理地确定公共就业服务项目和配套资金。

1. 明确购买公共就业服务项目的基本范围

一是深圳市公共就业主管部门要明确设立购买公共就业服务项目的前提条件。以下若干条件是必须具备的，即受现有机构编制、资源条件所限，不能直接提供或实施的；工作量能够评定测算，评估指标能够确定；供应稳定，能够进行市场竞争；经费预算已经得到落实。

二是深圳市公共就业主管部门要科学划分购买公共就业服务项目的基本类型。根据公共就业服务的基本内容，购买公共就业服务项目的基本类型，可大致分为招聘、培训、劳务派遣、农民就业服务、创业服务、咨询研究等大类，这些类型基本涉及政府的招聘会、劳动技能培训、劳务派遣、各类课题研究等诸多公共就业工作。

三是深圳市公共就业主管部门要认真编制购买公共就业服务项目的基本目

录。市公共就业主管部门根据承担的职责任务，按照法律法规、财经纪律的要求、公共就业项目的需求和条件，编制相关的政府购买公共就业服务项目目录及说明，并分类编成项目目录上报市财政部门批准。

2. 合理确定购买公共就业服务的项目和资金

一是市公共就业主管部门根据市财政部门批复的项目目录，结合群众和社会组织的实际需求，以及公共就业服务事项的属性、实际管理情况，提出购买项目的具体内容、要求和数量，尽量实行“以事定费”，编制相应的经费预算。

二是市公共就业主管部门根据下属单位提出的申请情况、实际需求状况、公共就业工作开展情况，按照申请的内容、要求和数量，对项目进行审议。在统筹考虑全局资源的基础上，通过“一事一议”的办法审批所需购买的公共就业服务项目及预算。

三是购买公共就业服务项目确定后，市公共就业主管部门应认真做好该项目成本的核算工作，确保资金足额到位，并结合实际情况，制定该项目的具体实施方案组织实施。

（三）公开、公平、择优选择服务提供机构

一是要成立由深圳市公共就业主管部门组织的购买服务小组，并明确小组分工、项目招投标的操作程序和日程安排。购买服务小组代表市公共就业主管部门为服务购买方，应利用各种媒体、采取多种形式深入宣传，公开项目的基本内容，发布服务供应参与方信息，提高公众知晓程度。

二是要规范选择服务供应方的基本条件和要求。服务供应方应当具有独立承担法律责任能力，健全的财务会计制度，具备必需的设备和专业技术能力，社会信誉良好；服务供应方要严格按照合同或协议约定的内容、要求，做好项目细化工作，负责项目具体实施，按要求提供项目执行情况的报告及有关材料，并接受市公共就业主管部门、社会的监督检查及考核评估。

三是为了推动公平竞争，购买服务小组应当采取的购买方式有以下几种：

（1）公开招标。指服务购买方以招标公告的方式邀请不特定的服务供应方投标的购买方式。公开招标是政府购买公共就业服务的主要购买方式。

（2）邀请招标。指服务购买方从符合相应资格条件的服务供应方中随机抽取三家以上服务供应方，以投标邀请书的方式邀请投标的购买方式。

（3）竞争性谈判。指邀请三家以上符合相应资格条件的服务供应方就购买事宜进行谈判的购买方式。

（4）询价。指以发询价函的形式对三家以上符合相应资格条件的服务供应方提供的报价进行比较，以符合购买需求、质量和服务相等且报价最低的原则进行的购买方式。

（5）单一来源购买。指购买项目只能从唯一服务供应方处获得，通过谈判直接购买的方式。

（6）公开抽签。指100万元以下的普通服务项目，采用在媒体上公告，评审合格投标服务供应方3~8家，然后公开抽签，确定中标服务供应方的购买方式。

（7）深圳市公共就业主管部门认定的其他购买方式。

（四）项目购买合同或协议的签订和执行

一是确定服务供应方后，由项目单位与服务供应方签订购买合同或协议。在合同中明确双方权利义务、服务内容、项目金额、评估标准、付款方式、考核办法、违约责任、协议期限、协议变更和解除等内容；购买公共就业服务合同（或协议）须报市公共就业主管部门备案，并作为拨付资金的依据。对资金量大、履约周期长的项目，可根据合同约定分期支付资金。

二是深圳市公共就业主管部门负责购买项目的管理，规范合同管理，避免风险的发生。市公共就业主管部门应加强对服务供应方履行合同或协议的全过程的跟踪监管，及时发现问题、解决问题，确保服务质量。应建立应急机制，制订应急预案。如因服务供应方不履行合同，造成重大影响的，要追究供应方违约责任，并追回财政资金。

（五）认真开展项目绩效考评

（1）深圳市公共就业主管部门负责绩效考评。要根据政府购买公共就业服务的具体项目，按照市政府绩效考评的要求，研究制订包括考评指标、方法等在内的绩效考评方案。有关考评指标既应包括过程指标如服务供应方实际开展工作情况，也应包括结果指标如居民就业实际享受的服务项目内容等；既应包括客观指标如公共就业服务人次等，也应包括主观指标如就业居民的满意度。对服务供应方不仅应考评设施、人员等硬件指标，还要考评管理等软件指标。

（2）绩效考评包括专家考评和就业人员考评两部分。应选择公共就业服务、人力资源管理等领域专家，组建人员相对固定的绩效考评专家委员会，在具体组织绩效考评时，相关专家从委员会成员中随机抽取。就业人员考评可采取抽样问卷调查等方式进行。年末和服务期满，要组织绩效考评专家委员会和就业人员，对服务供应方按合同提供的公共就业服务进行绩效考评。

（3）对服务供应方的考评结果作为确定财政资金支付的依据。对考评合格的，应按照规定结算支付资金，并可继续签订服务合同，同时应根据考评结果，指出服务供应方存在的问题，提出进一步改进的意见和建议。对考评优秀的，可给予适当奖励。对考评不合格的，不予结算资金总额，并取消其提供公共就业服务的资格，终止合同。

（六）加强管理和监督

深圳市公共就业主管部门要成立专门的购买公共就业服务工作领导小组（以下简称领导小组），为政府购买公共就业服务项目的顺利实施提供支持和保障。领导小组负责指导和协调政府购买公共就业服务工作，研究部署年度及阶段性工作目标和任务，探索总结服务项目的经验和做法，协调解决有关重要问题。领导小组下设办公室，负责具体的组织协调、分解任务、反馈信息等工作。

深圳市公共就业主管部门要认真履行职能，对承担的购买项目要进行认真调研，测算服务成本，明确服务标准，规划服务总量，制订实施方案，建立健全管理制度，严格执行有关法律法规和财经纪律，对实施情况进行监督考察，评价资金使用效益，积极培育政府购买公共就业服务承接方市场，切实支持购买公共就业服务工作的开展。自觉接受财政、审计、监察等部门的监督。任何单位和个人有权对购买服务活动中的违法行为进行检举和控告，市公共就业主管部门应当依照各自职责及时处理。

深圳市公共就业主管部门要根据开展政府购买公共就业服务的要求统筹安排资金，保证资金足额、按时拨付。要对政府购买公共就业服务资金的安排、管理、支付、使用、效益等进行全面监督检查，提出改进建议，以促进服务质量的提高。市公共就业主管部门购买公共就业服务工作领导小组办公室要做好落实的督促检查，组织培训参与购买服务项目的公职人员，及时向购买公共就业服务工作领导小组报告工作进展情况。

深圳市公共就业主管部门研究解决在制定、完善政府购买公共服务政策方面的有关法律问题。

深圳市公共就业主管部门要对参与购买服务项目的公职人员实施监察。

各区、街道的公共就业主管部门要加大宣传力度，做好就业群体需求摸底调查、服务满意度评价等工作。根据本区或街道的公共就业服务的实际，积极培育政府购买公共就业服务承接方市场，积极配合政府购买公共就业服务项目的组织实施。

B.23

打造“南湾模式”和谐劳动关系的探索与实践

金丽　曾林青*

摘　要：2010年，深圳市龙岗区南湾街道在构建和谐劳动关系工作中，探索以政府为主导、以企业为根本、以员工为主体、以社会组织为助力的独具特色的工作模式，促进了劳动关系的和谐，收到了良好效果。

关键词：“南湾模式”　和谐　劳动关系　探索

随着社会结构深刻变动，经济发展方式深刻转变，人的思想观念深刻变化，劳动关系领域新情况、新问题不断出现，劳资矛盾日趋复杂尖锐。近年来，省内外新增长劳动力大量涌入深圳劳务市场，新生代劳务工比例越来越高。与第一代劳务工相比，新生代劳务工的需求呈多元化，要求高，敢作敢为，劳资纠纷①频繁发生，且呈显性化、多样化、复杂化，种种情况警示着劳动关系不和谐的凸显期已经到来。由于劳资纠纷涉及多方利益，处理中稍有不慎，简单的劳资纠纷就有可能演变为激烈的社会冲突。因此，建立有效的劳资纠纷预防、协调和处理机制，及时妥善地处理好劳资纠纷，维护各方的合法权益，对于稳定企业生产秩序、社会公共秩序和地方政府的办公秩序，维护社会和谐稳定、促进经济转型发展都至关重要。

一　当前劳资纠纷的特点及产生的原因

南湾街道位于龙岗区西部，与布吉、平湖、横岗街道和罗湖区东湖街道相

* 金丽，深圳市妇女联合会；曾林青，龙岗区南湾街道。

① 劳资纠纷也称为劳动争议、劳动纠纷是指劳动者（员工）与投资者（用人单位）之间由于种种利益冲突而发生的纠纷。

连，总面积25.06平方公里，人口30多万人。辖区内有24个工业区，1321家企业，其中，工商登记在册企业943家，用工人数约为13.8万人；建筑施工工地约有74处，涉及建筑农民工约9000人。

（一）劳资纠纷的特点

1. 劳资纠纷案件以经济类为主，表现形式呈多样化

经济利益仍是引发劳资纠纷的第一因素，在各类纠纷中居主导地位。图1所列的八项因素中，与经济利益直接相关的有四项（经济补偿、辞退补偿、拖欠工资、加班费支付），案件占总数的56.4%（见图1）。

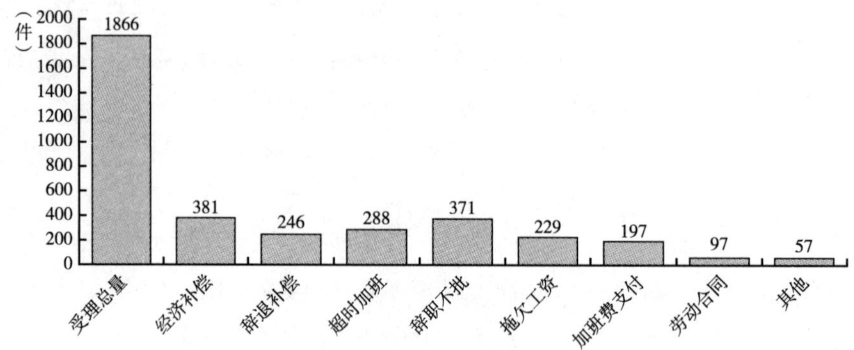

图1　2010年南湾街道处理各类劳资纠纷案件分布

资料来源：南湾街道劳动办，2010。

2. 劳资纠纷案件逐年增多，且呈大幅攀升态势

自2006年以来，劳资纠纷案件大幅攀升，以每年200件以上快速增长，2008年因金融危机导致企业经营困难，劳资纠纷案件急剧上升，2009年、2010年恢复正常增长（见表1）。

表1　2006～2010年南湾街道处理劳动案件情况

年份	2006	2007	2008	2009	2010
案件总数(件)	647	1194	2097	1655	1866

资料来源：南湾街道劳动办，2010。

3. 劳资纠纷信访案件居高不下，在街道各类信访案件中排名第一

历年来劳动信访案件占街道信访总量的50%以上，最高曾达到70%（见图2）。

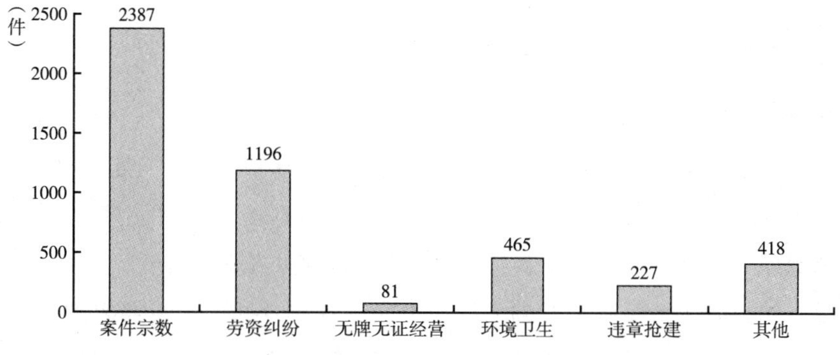

图 2　2010 年南湾街道信访案件分布

资料来源：南湾街道信访办、劳动办，2010。

4. 劳动者在合法权益得到维护之后又有了更高的要求，法外诉求案件逐年增多

劳动者已从单纯的维护经济权益转向维护社会、政治权益等其他权益，主要表现为要求参与企业管理，提高政治地位，提高伙食标准和各类补助，提高福利待遇，改善劳动生产条件、住宿条件和休息休假，提高工作和生活的舒适度，增添文体设施，开展各类活动满足精神文化需求，等等。

5. 劳资纠纷从个体自发行动转向集体有组织行动，重大群体性事件和信访案件进入集中高发阶段

几十人甚至上百人事件增多，群体不但有共同诉求，还有较多的个别诉求，需要分别立案。罢工、封堵政府机关或单位大门，堵塞道路交通、破坏公共设施等事件时有发生，表现为突发性强、人数众多、处理难度大的特点。一个企业满足了员工的要求，其他企业员工纷纷效仿，常常引起连锁反应。

6. 有的劳务工抱着临时就业和流动就业的思想，企图钻法律和制度的空子，谋取不当利益

有的劳务工劳动纪律观念差，不认真履行合同，擅自离职违约“跳槽”或辞工，还有一部分人在一个单位少则工作几天，多则 20 几天，还未签订劳动合同就提出辞工，并要求给予不合法也不合理的经济补偿，为达到目的不惜采取过激的行为，引发治安刑事案件。

（二）劳资纠纷产生的原因

1. 经济利益是引发劳资纠纷的核心问题

一些企业劳动用工不规范，损害员工利益；一些员工不遵守劳动协议约定，以及劳资双方缺乏沟通造成误解，是劳资纠纷产生的最主要原因。而经济利益则是纠纷最核心的问题。劳动关系双方对经济利益的重视程度高于对其他权利的重视程度，维权时多从经济利益方面找回损失。劳动者的诉求主要表现为经济补偿、劳动报酬、加班费、奖金及各类补助等。用人单位对违约出走的劳动者，也大多以经济赔偿为由提出申诉。

2. 劳动者法律意识提高，维权行为增多

随着国家和地方法制及劳动争议处理机制和网络的不断健全，普法宣传工作深入开展，劳动者的法律意识和维权意识逐步提高，劳动法律知识增加，认为自己的权益受到侵害时，就会采取相应的措施维护自身的权益。

3. 一些企业的协商调解机制尚未建立或不完善，员工与管理者的沟通渠道不够通畅

我国有关法律法规和政策对非公有制企业阻挠在其内部建立企业劳动争议调委会和党群组织缺乏有力的制约手段，有的企业没有相应的机构，有些企业虽然成立了部分或全部机构，但由于企业领导不重视，工作人员素质不高、员工对这些组织不了解、不信任等原因，这些组织没能发挥应有的作用，一旦发生劳资纠纷，不能在萌芽状态得到适时合理的处理。

4. 中小企业和建筑工地用工管理不规范，是劳资纠纷产生和矛盾激化的多发地

一些中小企业特别是家庭作坊式企业管理水平参差不齐，雇工人数少则几人，多则几十人，用工不规范，劳动管理混乱，劳动者与雇主之间发生的劳资纠纷不断增多。有的企业因经营不善或决策失误导致亏损严重，工人担心拿不到工资特别是补偿金而集体上诉。部分建筑企业因工程款不到位拖欠劳务工的工资，工程劳务层层转包分包，导致班组长侵吞工人工资后携款外逃，引发劳动者集体上访。

5. 劳资纠纷解决的法制化程度不高，劳动者往往采取过激行为达到目的

因劳资纠纷解决的法制化程度不高，对触犯相关法律法规的群众没有给予相

应的处罚，导致劳动者往往不愿意通过正当的法律途径解决纠纷，更愿意采取一些过激行为引起媒体和公众的关注，试图促使政府部门尽快介入，在短时期内并最大限度地达到目的。

二 “南湾模式”的形成及其效果

中央、省、市对构建和谐劳动关系高度重视，围绕转变发展方式、构建和谐劳动关系采取了一系列重要措施。2010 年 7 月，广东省人民政府发布了《关于加强人文关怀改善用工环境的指导意见》（粤府〔2010〕91 号），文件提出要进一步发展和谐劳动关系，构建和谐广东。龙岗区政府贯彻省政府的文件精神，大力推广“赐昱模式”，在全区开展了构建和谐劳动关系工作。南湾街道根据本辖区的实际，提出了“远学赐昱、近学瑞记”口号。

瑞记手袋厂是 1989 年落户于南湾街道的港资企业，现工厂占地面积 3.8 万平方米，拥有员工 2800 多人。瑞记厂自创办至今，始终坚持“以人为本，以情感人，以理服人，依法治厂”的理念，秉承人性化管理模式，22 年来没有发生一起劳资纠纷案件，成为街道构建和谐劳动关系的标杆企业。赐昱鞋业有限公司是龙城街道辖区内最大的台资企业，现工厂占地面积 25 万平方米，拥有员工 1.6 万人。自 2000 年成立以来，该厂把“以人为本，永续经营”的理念贯穿于生产经营的始终，成为龙岗区非公企业劳动关系和谐的典范。

南湾街道以瑞记手袋厂建立和谐劳动关系为基础，吸收了龙城街道赐昱鞋业有限公司的经验，力求本土化和可复制推广。经过一年多的精心打造，初步形成了独具特色的“南湾模式”。相关工作经验在龙岗区和谐劳动关系建设暨农民工工作会议上被推广宣传。

（一）南湾模式的形成

1. 打造“南湾模式”和谐劳动关系的目标和方法

以构建以人为本、和谐共处、共谋发展、共享成果为目标，在现有工作的基础上融入了创新的工作理念、方法和内容，通过政府、企业、员工、社会四方形成合力，旨在街道辖区内建设规范有序、公正合理、互利共赢、和谐稳定的劳动关系。我们选定 58 家有 500 名以上的员工企业为对象，开展打造“南湾模式”

和谐劳动关系工作。

2. “南湾模式”具体内容

“南湾模式”由4大类20项内容组成，“赐昱模式”由4大类17项内容组成，“瑞记模式”由4大类15项内容组成，与“赐昱模式”、“瑞记模式”相比，“南湾模式”在第一大类增加了“两新”组织建设一项，第四大类增加了考核奖励（年度优秀员工表彰及推广）一项，第三大类增加了羽毛球场、桌球室、卫生防疫站等三项，减去了“赐昱模式”中的足球场和外来女工流动学校两项（见表2）。

表2 “南湾模式”、“赐昱模式”、“瑞记模式”对比

	南湾模式 （4大类20项）	赐昱模式 （4大类17项）	瑞记模式 （4大类15项）
党群建设	兴趣社团	兴趣社团	兴趣社团
	平等协商机制	平等协商机制	平等协商机制
	“两新”组织建设	—	—
精神文明建设	员工心理辅导站	员工心理辅导站	员工心理辅导站
	图书馆	图书馆	图书馆
	培训室	培训室	培训室
	休闲公园	休闲公园	休闲公园
	文化走廊	文化走廊	文化走廊
物质文明建设	职工解困基金	职工解困基金	职工解困基金
	医疗室	医疗室	医疗室
	福利超市	福利超市	福利超市
	乒乓球室	乒乓球室	乒乓球室
	多媒体教室	多媒体教室	多媒体教室
	篮球场	篮球场	篮球场
	孕妇休息室及用餐区等设施用品	孕妇休息室及用餐区等设施用品	孕妇休息室及用餐区等设施用品
	—	足球场	—
	—	外来女工流动学校	—
	羽毛球场	—	—
	桌球室	—	—
	卫生防疫站	—	—
人性化管理	宿舍自由化组合	宿舍自由化组合	宿舍自由化组合
	员工考核奖励	—	—

（二）“南湾模式”和谐劳动关系取得的成效

2011 年上半年，企业和员工受到三次大的冲击：一是 3 月日本大地震，南湾街道辖区内 30 家日资企业有 12 家受到产业链断链的影响，订单大量减少，企业减员及在岗员工收入降低；二是 4 月企业按照市政府的政策将普工最低工资标准由 1100 元/月增加到 1320 元/月（以往都是下半年调整最低工资），管理人员及技术人员工资没有同步调整提高，引发此类人不满；三是市政府提高了社保比例并增缴住房公积金，企业因增加工人最低工资和为工人增缴社保、住房公积金导致成本提高（与此前相比，企业每月为每位员工最少多支付 500 元）而减员。此外，劳资纠纷中涉及“法外诉求”案件较上年同期上升 30%。在这种严峻形势下，打造“南湾模式”和谐劳动关系依然取得了明显的效果。

1. 劳资纠纷信访案件占信访案件比例明显下降

2011 年上半年，劳资纠纷信访案件占信访案件的比例，与 2010 年同比下降 8.8 个百分点，见表 3。

表 3　2010～2011 年上半年南湾街道信访案件情况

时　间	信访案件总数(件)	劳资纠纷案件数(件)	劳资纠纷案件占信访案件比例(%)
2010 年 1～6 月	1054	521	49.4
2011 年 1～6 月	1321	536	40.6
			同比下降 8.8

资料来源：南湾街道信访办，2011。

2. 劳资纠纷案件处理实现了“三个下降”

2011 年 1～6 月，与上年同期相比，有效保障了劳资纠纷案件、劳资纠纷信访转办案件、劳动争议仲裁案件同比大幅下降（见表 4）。

表 4　2010～2011 年上半年南湾街道劳资纠纷案件情况

时　间	一般劳资纠纷案件数(件)	劳资纠纷信访转办案件数(件)	劳动争议仲裁案件数(件)
2010 年 1～6 月	602	90	183
2011 年 1～6 月	446	85	135
同比下降(%)	25.9	5.6	26.2

资料来源：南湾街道劳动办，2011。

3. 劳资纠纷案件实现了“三个零上访”

没有发生辖区内企业和员工到区以上信访部门越级上访情况，做到了劳资纠纷个体案件零上访、集体案件零上访、重大案件零上访。

三　打造“南湾模式”的具体做法与经验

（一）以政府为主导，强化监管服务作用

1. 建立相关机构，落实目标责任

南湾街道根据《龙岗区关于加快转变经济发展方式　努力构建和谐劳动关系的实施办法》和《龙岗区推广“赐昱模式”构建和谐劳动关系实施方案》，结合南湾实际，成立了构建和谐劳动关系建设领导办公室，成员单位由街道28个部门和辖区内14个社区组成，根据各成员单位的职责，在全区首创制定了《南湾街道和谐劳动关系建设工作考核目标及进度表》（南街办〔2010〕70号），考核内容由13大项47小项组成，目标明确实际，以时间倒逼进度，年底对各部门工作进行交叉考核。

2. “三条支线”管理，促进部门联动

为了有效避免多部门分批多次造访企业，致使企业应接不暇，我们在全区首创将街道各成员单位分党群线、政法线和政府线“三条支线”，细化部门管理服务。一是党群线，由组织部（民营党委）、总工会、团工委、妇联组成；二是政法线，由维稳综治办、各派出所、司法所、出租屋、信访办组成；三是政府线，由劳动办、劳动保障事务所及其他和谐劳动关系建设工作成员单位组成。通过对“三条支线”的管理，加强了各单位的联动协作，提高了工作效率和工作水平。

3. 创新劳动管理，加强劳动监察

劳动管理由信访、监察、仲裁三部分组成，以往是力量平均分配，我们调整了工作思路，把监察作为工作重心放在第一位，以达到加强“防火”力度，减小“灭火”压力的目的。一是强化劳动监察，确保劳资矛盾处置率100%。2010年，共巡排查企业1321家，发《劳动监察限期整改指令书》26份，处罚10家，涉及处罚金额24.34万元；处理监察投诉转办案件184宗，比2009年同期下降了33%，共涉及1027人；处理突发案件23宗，涉及4673人，其中30人以上重

大劳资纠纷案件21宗。二是强化信访工作，确保劳务工来访回复率100%。2010年劳动信访窗口接待群众来访6251人次，接访立案1105宗，完成调解率99%。所有信访案件做到专人跟踪、限期督办、及时反馈。三是立足调解、仲裁，确保劳动争议处置错案率为0。2010年共处理劳动争议仲裁案件577宗，涉及1810人，涉及标金额4173.6万元。调解94宗；开通绿色通道准司法救助共审理案件37宗，涉及671人。

4. 提高就业保障能力，完善公共服务体系

一是将劳务工纳入现有就业服务体系。全面落实劳务工就业登记，要求企业实时更新员工就业登记信息。举办“春风行动”等免费现场招聘会15场，1350家企业提供了16200个岗位，参加人数达45000人，平均就业成功率达19%。已申请立户就业登记企业1127家，已办理就业登记总人数137806人，“二口合一”（既办理了就业登记又办理了居住证）总人数142541人，就业登记率达到98%。二是“应保尽保”扩大社保覆盖面。截至2010年12月，全街道参加医疗保险人数达11.3万人，参加工伤保险的有11.5万人，参加基本养老保险的有7.7万人，参加生育保险的有1.8万人。三是完善计生卫生服务。组织专家深入工厂企业为育龄妇女开展科普知识讲座、生殖健康、“青春健康”等培训，共培训15场次，培训育龄群众1800余人次，免费提供妇科病普查1215人次，免费提供“双查”“四术”和药具随访服务2000人次，为工厂企业设立避孕药具发放点22个，免费发放避孕药具3000盒。四是开展法律进企业活动。举办11场“送法上门”、“送服务上门”律师现场咨询活动，使企业员工足不出户就能享受到法律知识服务。五是做好健康防护工作。检查用人单位职业健康监护、职业病防护措施等，共监督检查有毒有害企业92家，监督覆盖率100%。六是完成流动人口中的信息采集工作。共录入流动人口信息207523条，其中，工厂企业的流动人口信息采集录入24372条，注销33058条，累计完成居住证改写4746张。七是组织开展了各类公益演出、展览、讲座17场，开展以“感受阳光关爱职工”、“慰问来深建设者巡演”、“欢乐元宵节，和谐南湾情”等为主题的一系列丰富多彩的文娱、远游活动，送电影进社区、企业近60场，丰富了劳务工的文体生活。

5. 优化汇报制度，提高信息报送速度

一是每周五刊发《劳动周报》，内容涵盖一周最新工作动态，工作任务完成进度，监察、信访、仲裁案件数据和图表的分析，当周劳资风险评估分析以及下周工作重点。二是创发了《劳动快报》，当发生群体性突发事件或在一定程度上造成舆论影响的重大劳资纠纷事件时，加派一名信息报送员，搜集第一手信息，视事态发展每日多次印发《劳动快报》，为领导判断和决策提供最快速、最权威信息来源。

6. 创建 QQ 互动平台，推行网络在线服务

顺应互联网这一新媒体给公众带来新的话语空间时势，2010 年 6 月 25 日在全区第一个创立了和谐劳动网络互动平台，提供 24 小时在线劳动咨询服务，答疑解惑。为了满足成几何级数增长的用户需求，进行了三次升级服务，扩充平台容量。目前，平台共有企业 754 家，规模以上企业占 36%。2011 年 1～3 月，提供在线劳动信息咨询意见逾 2890 条，下载量达到日均 50 次。

7. 建立规范信息员报送机制，消除劳资纠纷隐患

以经理、厂长、人事信息员为基础，建立与劳动管理部门常态化的沟通机制，企业内部定期召开小组会议，每周更新企业用工情况、劳动关系以及台账等资料，对收集到的真实有效信息进行汇总和研判，起到了企业、劳务工、劳动管理办三方的桥梁沟通作用，避免小事拖大，做到早发现早处理。而当发生群体性突发事件或重大劳资纠纷时，基于该机制建立起的调解平台往往能发挥更积极的作用。截至 2010 年 12 月底，拥有企业信息员 470 名，接收到信息员报料逾 300 条，其中排查出隐患 47 宗，均得到有效的调处化解，有效地遏制了群体性事件的发生。

（二）以企业为“根本”，强化社会责任

1. 模范遵守劳动法规，落实女职工及未成年工特殊保护规定

一是企业认真贯彻执行《劳动法》、《劳动合同法》等有关法律法规，每年对员工手册等企业内部的制度进行修改，保证企业的活动在法律的框架内进行。二是依法与劳动者签订劳动合同，按月及时足额发放员工工资并按规定支付加班工资，为员工缴纳足额足项的社会保险。三是建立了完善的女职工、未成年工优待机制，如兄弟高科技公司女职员工占职工总数的 85%，符合政策内生育的女员工，出示相关证明可办理孕妇优待证，部门不安排其从事重活、累活和加班及上夜班；孕 28 周即可享受 7 小时工作制，每天可以领取牛奶等补品。先技精密制造厂对满 16 周岁未满 18 周岁的未成年工不安排夜班和危险性偏高的工作。

2. 不断改善用工条件，保证企业安全生产

信发电子塑胶五金厂引入大量的先进设备和自动化机器，实现了部分岗位操作自动化，合理设置了机台位置和生产区域，减少了搬运及走动，切实减轻了员工的体力消耗。耐普罗公司为全体员工提供完善的、适当的安全生产培训，成立了“工作安全分析小组”，对主要的生产环节进行潜在的风险分析，总结出一些容易发生工伤的工序，通过提供工程技术控制或佩戴个人防护用品预防措施，确保员工在工作中不受伤害。

3. 强化绩效考核管理，实行培训激励制度

辖区内的外资企业以绩效考核为依据，员工外部培训，晋升提拔，奖金发放、调薪调岗按绩效考核结果按比例进行分配，对个别考核不合格的员工进行调岗、培训或裁员，使公司管理赏罚有据。对员工进行系统的岗前教育，上岗技能培训，经考核合格可以从普工晋升为技术工人，一些企业鼓励有技术的员工参加外部技能培训，考取职业资格证书，还为符合深圳市落户条件的员工办理招调工落户。

4. 改善生活条件，提高生活质量

瑞记手袋厂是深圳市最早为员工提供夫妻房的企业之一，现入住夫妻房的在职员工将近500对，许多员工将父母和子女接到身边；员工子女到了入学年龄的，全部由厂部出面与周边学校联系就读；厂内还办起了幼儿园，许多初为母亲的育龄女工可以与厂部特别约定作息时间，做到家庭和工作两不误。金积嘉电子公司为住在厂外的员工安排十多间午休房（男、女宿舍区分开，每个宿舍8张床位），安装好风扇，购好床上用品。很多企业在员工集体宿舍安装了空调、电风扇、热水器、电话、有线电视。为了使来自不同地方的员工都有适合自己口味的伙食，很多公司饭堂都设有米饭、面食、稀饭、川菜、潮汕菜等不同口味的饭菜，不同价位任由选择。

5. 增强党群组织组建力度，为员工排忧解难

一是在企业开展党建带群建工作，建立了党支部、工会等组织，安排党员、群团工作人员在休息时间到诉求代理室平台义务值班，和员工谈心沟通，了解员工的心理诉求，化解纠纷，等等，并将一时解决不了的问题写成书面材料呈报上级。如先技精密制造厂一位老员工因为没有如愿升职提出辞职，但认为自己在单位工作7年，没有功劳也有苦劳，心有不甘，向工会领导提出额外的经济补偿要求，工会主席作诗一首：来也匆匆去匆匆，来去匆匆仍从容。辛劳刻苦加努力，成绩贡献各不同。壮年当有宏云志，怎比吾辈苟且生？前程远大胸怀广，再谈补偿面颊红。读完诗，老员工心已释怀。二是每年节假日，各企业工会都会发放一些福利用品，春节集中给员工购买火车票，每逢职工生日及时送去贺卡、鲜花或蛋糕，每年组织员工进行健康体检，及时慰问生病的员工，建立帮扶解困基金，对有困难的员工给予救助，数额较大就组织全体员工捐款。

6. 重视企业精神文明建设，提高企业凝聚力

李朗宝福珠宝首饰有限公司总投资约300万元，建设了总面积约4800平方米的党群活动中心，有党员活动室、图书室、电教室、多功能厅、健身房、员工网吧和职工俱乐部等阵地，经常性地开展如羽毛球、台球、篮球等各类文体活动。该公司还按企业人数的比例配置电脑、运动设施、休闲器材，以保障平均每3个员工共用一台电脑。耐普罗与健身俱乐部签署了协议，员工可以提前在公司管理员处报名，凭会员卡免费入场健身。员工在业余时间最喜欢到这些地方，释放工作上的压力，化解生活中的烦恼。

（三）以员工为主体，增强主人翁意识

1. 员工以厂为家，参与民主管理

员工可以通过党支部、团支部、基层工会等沟通平台参与企业民主管理，公司设有董事长、经理、人事信箱，公布厂长和各部门主管电话，员工也可以通过网络、邮件、电话等多种方式沟通渠道表达诉求，企业安排专人负责收集、整理、反馈和跟进工作，2~3天给予答复。为了调动员工参与民主管理的积极性，公司还设立了建议奖励制度。员工积极参与公司开展的春茗晚宴、中秋游园、外出旅游等活动，主动出谋策划，献才献艺。

2. 党员建言献策，发挥先锋模范作用

2010年，联创科技集团开展了“金点子计划”，每名党员每季度提交2条以上合理化建议，一经采纳，对建议人给予奖励。截至2011年6月，党员已为公司提供200多条建议，被集团采纳并实施的已达68条。公司党组织在各岗位开展“企业党员示范岗”创建活动，统一为企业党员制作“党员示范岗”工作牌，让所有人员给予监督。组建党员志愿者服务队，定期开展各类志愿服务和公益活动，充分展现党员新风采。

3. 员工确定个人发展愿景，并将其植入企业发展愿景

李朗宝福珠宝有限公司引导员工根据自身的能力制订自己的工作发展愿景，不强制，不逼迫，给员工充分的考虑时间。在此基础上提炼出班组愿景、车间（部门）愿景，最后由领导层确立公司的愿景。然后通过自上而下和自下而上反复讨论修改，形成了公司“做中国最美的首饰”和“做大、做强、不断创新，打造中国第一首饰品牌”的公司愿景。各车间（部门）、班组也根据实际确定了发展愿景，如人力资源部愿景是“构筑铁打营盘，为保障公司战略目标实现而不懈努力”，市场部的愿景是“做中国铂金首饰第一品牌”，这些愿景反映了广大员工的共同心声，激发员工为实现共同愿景而努力工作。

4. 员工进行自我管理，提供义务服务

瑞记手袋厂员工集体宿舍实行自由化组合，同宿舍舍友推举一位室长，义务管理宿舍。联创科技集团员工成立一支义务巡逻员队伍，3 人一组在公司进行安全检查，排除隐患，不论刮风下雨，从不间断。一些企业员工主动担任义务调解员，尽己所能帮助大家化解矛盾，使问题在萌芽状态得到解决。

（四）以社会组织为助力，发挥其独特的作用

1. 调动社会组织积极性，促进和谐劳动关系共建发展

街道工会重点推进集体合同签订，目前已签订集体合同 8 份（其中区域性集体合同 2 份），覆盖企业 82 家（其中重点企业 4 家），覆盖职工 32000 人。街道妇联已在员工集中的企业和社区创办了 8 所外来女工流动学校，各学校每年举办两次以上的培训，2010 年参加培训的女工达 2000 多人次。南湾街道商会于 2010 年 7 月向辖区企业发出了共建和谐劳动关系倡议书，号召企业一要切实转变观念，树立以人为本的理念；二要落实人文关怀，建设先进企业文化；三要坚持诚信守法，改善用工环境；四要履行社会责任，推动和谐劳动关系建设。

2. 深化社区、工业区和企业三方共管机制建设，发挥调委会在预防化解劳资纠纷中的积极作用

目前，14 个社区 19 个工业区、99 家规模以上企业（100 人以上或年产值 500 万元以上）共成立了《劳动争议调解委员会》130 家，成员由劳动管理办工作人员、社区干部、律师和公司高层领导组成。调委会在劳动管理办的指导下，能够做到一发现问题即时处理，把欠薪隐患消灭在萌芽状态。2010 年，调委会

参与处理劳资纠纷584起，涉及劳务工共1306人，其中独立协调解决230宗，涉及劳务工392人；2011年1~3月，企业调委会共处理劳资纠纷45宗。

四 “南湾模式”的完善与展望

2010年底，我们以访谈的方式深入58家500人以上8500人以下的规模企业（500~1000人企业共37家；1000~2000人企业共16家，2000~3000人企业4家，3000人以上企业1家）进行调研，企业反映目前员工很看重企业的物质设施建设情况及管理制度，招工难、员工归属感低等均与这些方面有很大的关系。企业按照“南湾模式”的标准进行建设和开展工作，完善人性化管理制度，改善员工的生产、生活、娱乐条件，增加了员工的归属感和企业的凝聚力，发挥了企业党群组织在化解各类矛盾中的作用，促进了企业正常发展。但也面临一些困难，主要表现在物质文化建设占地面积不足、资金匮乏不能按员工的人数和需求配备相应的设施。针对这种情况，在辖区内推广“南湾模式”，还需要加强以下几方面工作。

（一）按企业开展“南湾模式”情况，分级管理和扶持

按照“南湾模式”的要求，对企业进行分级，达到模式提出的20项设置，并能按标准或超标准配备，定为优秀达标企业；达到模式提出的20项设置，配备能满足70%员工的需求，定为达标企业。对条件好的企业和距标准相差不大的企业给予扶持，使其尽快达到标准。

（二）实行全面考核，分级给予奖励

1. 制订考评方案

年初制定《关于2011年开展和谐劳动企业考核测评的实施方案》，内容包括劳资纠纷案件的数量和性质、企业的各方面制度、对员工的人文关怀措施等，确立工作进度，年终实行考核。

2. 确定表彰单位，按等级进行物质奖励

对综合评分达到良好以上企业进行专项基础建设奖励，按考评结果划分为A类3名、B类5名、C类10名。A类企业助建一个篮球场（或羽毛球场）、奖励

2 张乒乓球台、3 张桌球台及配套设施；B 类企业奖励 3 张桌球台、4 张乒乓球台及配套设施；C 类企业奖励 1 张桌球台、2 张乒乓球台及配套设施。特别奖：对本年度在构建和谐劳动关系工作中有杰出贡献的企业进行颁奖，并助建一个篮球场或羽毛球场、卫生防疫站等设施，赠送图书、刊物 300 册；对积极构建和谐劳动关系的企业但未获得名次的企业，奖励 1 张乒乓球台、1 张桌球台及配套设施，赠送 200 册图书、刊物。

对考评达到优秀以上的企业，引导其加强人文管理，丰富企业文化的内涵，帮助其完善图书馆、休闲公园等设施建设，通过多种方式满足务工人员的精神需求，丰富企业员工的文化生活。指导企业对先进员工进行评比，由街道构建和谐劳动关系工作领导小组对优秀员工给予奖励。

专 题 篇

Special Report

B.24

深圳、东莞、惠州人力资源和社会保障一体化研究

王 升*

摘 要： 推进深圳、东莞、惠州人力资源和社会保障一体化，对提升珠江口东岸地区经济竞争力，提高深圳市的核心竞争力和辐射带动能力，具有重要意义。随着经济、社会发展，深莞惠人力资源和社会保障一体化已经具备了良好基础和条件，但也面临着诸多问题。三市应该通过加强沟通协调，建立完善一体化政策体系，及时解决一体化过程中出现的问题，加快建立规范统一的人力资源市场等办法，切实推进人力资源和社会保障的一体化。

关键词： 深莞惠 人力资源 社会保障 一体化

推进深圳、东莞、惠州一体化，是落实《珠三角地区改革发展规划纲要》

* 王升，深圳信息职业技术学院。

和《推进珠江口东岸地区紧密合作框架协议》的一项重大战略任务，它对于优化珠江口东岸地区的功能布局，优化产业结构，促进三地发展要素集聚和集约化发展，提升深圳市的核心竞争力和辐射带动能力，都具有十分重要的现实意义。而推进深莞惠一体化的关键，则在于深莞惠人力资源和社会保障一体化。两者互为表里和依托、相互促进和影响。因此，为加速推进深莞惠一体化进程，推动各种资源有效利用，形成具有整体竞争力和辐射带动力的珠江口东岸城市群，有必要对深莞惠人力资源和社会保障一体化问题进行研究，既要清醒认识其历史条件，又要正视其面临的基本问题，还要找到解决问题的一些对策。本文试就此略作分析和讨论。

一　推进深莞惠人力资源和社会保障一体化的良好条件

所谓深莞惠人力资源和社会保障一体化，指的是通过不断推进深莞惠人力资源和社会保障的资源共享、政策协调、制度衔接和服务贯通，建立深莞惠人力资源和社会保障新机制，逐步形成统一的深莞惠人力资源和社会保障制度框架、市场和服务体系，最终实现区域内人力资源的自由流动和社会保障的全覆盖。推进深莞惠人力资源和社会保障一体化，既是推进深莞惠一体化的客观要求和必然趋势，同时又具有一系列良好的条件。

（一）深莞惠人力资源和社会保障一体化具有良好的机遇

珠江口东岸地区紧密合作是经济发展的内生要求，也是应对当今珠江三角洲经济一体化乃至经济全球化或国际竞争挑战所做出的一项策略谋划，还是落实党中央推动珠江三角洲地区联动发展战略决策的实际行动和重要举措。珠江口东岸地区紧密合作的关键在深莞惠一体化，而深莞惠一体化的关键，则是深莞惠人力资源和社会保障一体化。唯有保持三市已有的人力资源和社会保障优势，才能保持珠江口东岸地区紧密合作的整体优势，并且形成珠江口东岸地区人力资源和社会保障的竞争力优势，从而增大珠江口东岸地区的优势，也只有珠江口东岸地区内各市人力资源和社会保障的联动发展，才能促进整个珠江口东岸地区人力资源和社会保障的系统优化。当前，珠江口东岸地区内的人力资源和社会保障结构，虽然就整体而言呈现出较好的形态和布局，但分割的、本位的单个城市，却难以有效开发和提供其所需的高端、紧缺、急需或各自重点产业所需的人力资源和社会保障。因此，消除珠江口东岸地区内的人力资源和社会保障制度障碍已是必然趋势或客观要求，必须提上议事日程。

（二）深莞惠人力资源和社会保障一体化具备良好的基础

位于珠江口东岸地区的深莞惠三市，地域相连，经济相融，文化相通，人缘相亲，资本流、信息流、人才流、物流蓬勃发展，具备良好的产业集聚、完善的基础设施和丰富的人力资源。彼此有很深的历史渊源，保持着相近的人文特征，持续发展的良好的人际往来和经济交流，在很多问题上广泛存在着共同利益。人力资源和社会保障一体化在此基础上完全可以实现优势互补，共同发展。同时，珠江口东岸地区拥有健全的法制环境或制度环境、相对完善的市场规则和运行机制、高效的政府作风，以及共性特征接近的人力资源和社会保障政策框架，也为三市的人力资源和社会保障一体化提供了不可多得的制度环境。中国加入世界贸易组织之后，珠江三角洲区域的城市化进程加快，生态环境保护、制造业中心、世界工厂、珠三角都市圈以及港澳效应作为共同关心的世纪性发展主题，已为珠江口东岸地区的跨越式发展注入了新的活力和动力。近几年来，启动并不断发展的珠江三角洲区域经济协调发展的一系列规划、研究与建设工作，以及在实现跨区域资源配置和资源共享的各种合作，已经开始从浅度转向深度，从对话性转向制度性，这些重要成果无疑为深莞惠三市人力资源和社会保障一体化奠定了扎实的基础。

（三）深莞惠人力资源和社会保障一体化具有丰富的内容

应该在深莞惠合作的宏大格局和开阔视野中来定位和架构三市人力资源和社会保障一体化。因此，深莞惠三市人力资源和社会保障一体化的领域必然广泛，并将日益延伸：一是逐步统一深莞惠人力资源市场在准入标准、设立程序、营运规则等方面的规定，推进和实行深莞惠域内人力资源流动政策、吸引政策、培训政策和社会保障制度等方面一体化的政策框架，降低域内人力资源流动和开发成本，逐步搭建人力资源交流互动平台，促进人力资源自主、自由的流动。二是共同构建公平竞争的人力资源和社会保障法制环境和生态环境，防止过度竞争和无序竞争，并联手进行区域性人力资源市场和社会保障监护，从而真正实现人力资源的跨区域资源配置和资源共享。三是充分运用网络技术，构建以人力资源信息

系统为主干的深莞惠人力资源征信系统，健全相关的信息交换和发布机制，逐步实现深莞惠三市人力资源信息联网，构筑畅通、快捷的深莞惠人力资源信息平台。四是推进资格证书的互认或衔接，实现教育、培训、考试的资源互通、共享及在服务标准上的统一。以互设分支机构，互派专家交流等多种形式，共同培养各地紧缺、急需的人才，逐步形成深莞惠人力资源共育的全新格局。五是共同探索建立深莞惠公务员能力建设框架，开发和运用统一的公务员测评、考试、录用、培训等方面的技术资源，建立相互之间的公务员挂职交流制度，相互学习行政管理和公共服务方面的先进经验，提高公务员整体能力水平。六是适应深莞惠企事业单位和各类人力资源的不同需要，拓展人力资源和社会保障的服务领域和内容，形成区域内统一的人力资源和社会保障服务体系，等等。这些对于推进三市人力资源和社会保障一体化来说，既奠定了厚实的基础，也具有丰富的内容。

二　当前深莞惠人力资源和社会保障一体化面临的主要问题

虽然深莞惠人力资源和社会保障的区域联动或合作已是大势所趋，但当前深莞惠人力资源和社会保障一体化还面临一系列的问题。

（一）人力资源引进缺乏一套统一的量化评价体系

随着知识经济的深入发展，人力资源是经济发展的最重要推动因素，已经成为共识。目前，国家之间、地区之间的人才竞争日趋激烈，各国各地区纷纷出台人才引进政策，抢夺优秀人才。然而，要真正做到引进优秀人才、有效人才，必须建立一套科学的人才评价机制。人才评价机制是人才引进政策的核心，从深莞惠三地调研的情况来看，目前这几个地区人力资源引进仍然采用的是传统的人才引进评价方式。这种传统的人才引进标准多采用定性评价的方式，考量要素比较机械、单一，主要以学历＋职称为评价标准，评价标准较为单一，难以对人才的综合素质进行全面评价，已逐渐不适应市场多元化的人才需求。同时，各地“大部制”改革后，国内人才引进业务由原人事局和劳动保障局统一转到了人力资源和社会保障局，但原有的两套人才评价方式考量要素缺乏可比性，这也成为现阶段人才引进政策创新的一个难点问题。

（二）人力资源市场管理缺乏统一的体制机制

目前，三地人才中介机构与职业中介机构在管理机制和规范标准上各有一套相对独立的体系，适用不同的政策法规。同时，即使同为人才中介或职业中介，在适用政策法规上也因注册地在特区内或特区外而有所差别。这种错综复杂的法律政策规范和管理模式已成为三地人力资源市场一体化的基本问题。一方面，三地人才中介和职业中介的两套法规都无法直接适用于一个统一的市场，行业内仍然处于双轨运行；另一方面，两套法规体系的市场准入门槛、条件、日常监管、违规处罚等都各有一套，中介机构业务交叉经营的依据仍然不足。现在，国家人力资源和社会保障部已经启动统一规范的人力资源市场条例的立法工作，但由于立法周期较长，短时间内也不会出台新的法规；同时，国家现行部分管理规范是以部委规章的形式出台的，广东省现行部分管理规范则是以地方性法规的形式出台的，因此，深莞惠三地人力资源市场的管理仍然采用属地原则分区域管理，其依照的法律法规及具体管理办法不尽相同，人力资源流动的信息也不能充分共享并根据产业结构的布局统一进行安排，也无法进行统一有效的市场监管及整体调控，这对三地政府主管部门的管理工作都是难题。另外，对一些事项也限制过死，比如外资、独资人力资源中介机构设立的问题，只能由省里审批并报部里备案，这在客观上提出了体制、机制上的创新和突破的需要。

（三）社会保障合作中养老保险存在较多问题

目前，深圳市企业职工基本养老保险转移接续执行国家转移办法，而省内其他地市均执行省内转移办法，由于两个办法存在诸多不一致之处，因此，在一体化过程中深圳市同时执行两个办法将增加许多困难。

1. 实际操作存在巨大困难

同时执行国家转移办法和省内转移办法，意味着：①工作人员需要学习和掌握两种业务操作办法，这对系统开发和业务经办带来很大困难，不符合节约行政成本的要求。截至 2010 年 4 月，深圳市基本养老保险参保人数已达到 630 万人，其中非本市户籍参保人数更是达到 495 万人，且人员流动性很大。在目前社保经办机构人力配备极其紧缺的情况下，执行两种操作办法会使得原本就不足的人力更捉襟见肘。②增加了政策宣传解释的难度，对跨省流动和省内流动就业人员执

行两种转移接续办法，会让参保人员以为存在社保歧视，不利于社保事业的发展。③在计发省外转入员工的养老金时，必须将其在内地的工龄按视为缴费账户换算：一来增加了工作量；二来各地建立个人账户的时间不同，如按广东省的要求强行建立视同缴费账户，会有很大难度；三来外省其他城市对参保员工连续工龄视同缴费年限及其待遇体现的办法和广东省并不完全一致，强行推行广东省办法也可能会带来社会矛盾。④按基本养老保险的发展趋势，省级统筹乃至全国统筹势在必行，届时所有养老金支出都可能来自同一个统筹基金，执行“省内转移办法”既不能根本解决当前省内各地市的责任分担问题（养老金年度调整和死亡待遇仍由待遇支付地承担），也不符合养老保险制度发展的大势，更为将来全国统筹制造了障碍。

2. 不利于平衡转出地和转入地的基金关系

深圳市外来人口众多，在同一企业工作的员工可能来自不同的省份，由于国家转移办法和省内转移办法对转移项目的规定不同，如果同时执行两个办法，意味着相似条件的不同非本市户籍员工在省内或跨省流动就业时，或同一名非本市户籍员工不同历史时段在省内或跨省流动就业时，关系转出地和关系转入地之间的基金平衡关系是不同的。

3. 对深圳市养老保险基金平衡造成了冲击

按省内转移办法的要求，参保人在最后参保地领取待遇，之后的基本养老金年度调整和死亡待遇按照最后参保地的标准执行。由于深圳市养老金计发标准、待遇水平和调整金额都较高，对各地参保人具有相当吸引力，如执行省内转移办法，会导致一些省内户籍员工在临退休之前将养老保险关系转入深圳，从而实现在深圳市退休。届时，深圳市养老保险基金将面临较大压力。

（四）社会保障合作中的医疗保险和失业保险问题

医疗保险方面的问题主要是深莞惠一体化后医保参保人员异地就医问题。从2009 年 7 月起，深圳已开始研究解决深圳市参保人员在东莞、惠州的就医问题。在充分调研的基础上，确定了东莞、惠州的 11 家医院为深圳医保定点医院，实现了深圳医保人员在东莞、惠州异地刷卡就医。2009 年 11 月，与东莞、惠州的医院进行医保定点签约，最终在东莞选择医院 6 家（其中一级医院、二级医院与三级医院各 2 家），在惠州选择医院 5 家（其中一级医院 1 家、二级医院与三级医院各2家）。同时，帮助东莞、惠州社保部门在深圳选定定点医院，保证东莞、惠州医保人员在深圳刷卡就医。2010年4月，深圳市人力资源和社会保障局积极配合东莞、惠州社保部门的异地定点医院选择工作，向其推荐深圳市若干定点医院，并组织深圳市医院负责人与东莞惠州社保部门负责人见面，2010年5月，东莞社保部门最终选择了深圳市6家定点医院，惠州社保部门最终选择了深圳市3家定点医院。

失业保险问题则主要是深圳市的失业保险政策与东莞、惠州两市执行的失业保险政策不同。深圳市执行的是1997年3月1日起实施的《深圳经济特区失业保险条例》，东莞和惠州两市均执行2002年10月1日起实施的《广东省失业保险条例》。由于深圳市建立失业保险政策的起步时间较早，经过十余年的运作，其中的相关规定与深圳市实际的经济发展状况不一致，与国家和省的失业保险政策也不一致，《深圳经济特区失业保险条例》与《广东省失业保险条例》在参保范围、缴费比例、待遇等问题上的规定均不一致。

三　推进深莞惠人力资源和社会保障一体化的对策建议

今后五年，是推进深莞惠人力资源和社会保障一体化的关键阶段。从总的理论层面来说，要做到：一切不利于深莞惠人力资源和社会保障一体化发展的观念都应革新；一切不利于深莞惠人力资源和社会保障一体化发展的做法都应抛弃；一切不利于深莞惠人力资源和社会保障一体化发展的体制都应变革。但在具体实践中，还是应分步推进，统筹安排，采取动态管理措施，共同致力于把深莞惠人力资源和社会保障一体化不断向纵深推进。

（一）建立推进深莞惠人力资源和社会保障一体化的联席会议制度

联席会议制度分为政府人力资源和社会保障局长会议和针对某一方面、某一项目或某一特定问题的各种非正式会议。局长会议每年举行一次，实行轮值制度；非正式会议根据需要不定期举行，由会议发起成员担任主持。无论局长会议或各种非正式会议，都要以务实精神对议事活动进行制度化安排。主持方负责计划、推动和承办会议并确定议题以及形成行动议程和会议纪要。与此同时，要加强沟通和宏观调控，拟订深莞惠人力资源和社会保障一体化的规划和行动计划。

应在深莞惠各自的人力资源和社会保障发展“十二五”规划基础上，编制深莞惠人力资源和社会保障一体化的整体规划，并对规划的总体目标、合作领域等进行梳理和分解，明确实现各项具体目标的步骤及时间表。此外，在推进人事制度改革、相关人事争议处理等方面，也应协调政策和行动。

（二）确立推进深莞惠人力资源和社会保障一体化的基本原则

一是市场主导原则，就是政府人力资源部门要切实转变政府职能，摒弃政策壁垒，充分发挥市场开发配置人才资源的作用，积极谋求和推动深莞惠统一的人力资源市场的建立。二是开放自主原则，就是深莞惠合作面向全国、面向世界，实行开放性区域主义，绝不具有排他性；发展自由的、开放性的相互依赖，尊重各市存在的差异性和多样性，适应各市的客观实际状况；尊重各市的行政地位和行政关系；自主加入，自愿退出，没有强制性束缚，不排斥已经存在的双边或多边合作关系。三是互惠共享原则，就是破除以自我为中心的“独赢”思维，确立起共同利益基础上的“多赢、共赢”思维，实现人力资源和社会保障的信息资源、人事制度改革成果共享。与一般意义上的地区合作与发展不同，强调深莞惠人力资源和社会保障一体化是建立在共同的利益趋向和产业分工、区域功能定位的基础之上。四是优势互补原则，就是不否认区域内竞争的存在，而是更加谋求形成和发展“共进共荣”的战略协同和联盟，在竞争协同中不断开放融合，促进创新成果的扩散和优势互补效应的显现，放大人力资源和社会保障的效益和整体竞争力。

（三）全面推动深莞惠人才引进的一体化政策体系的构建

一是建立科学的人才评价机制。根据德才兼备的原则，不唯学历、不唯职称、不唯资历、不唯身份，建立以业绩为依据，由品德、知识、能力、参保情况、居住情况、资本情况及奖励加分和减分等指标及其分值的各类人才评价机制。探索量化记分制，改变目前人才评价标准较为单一的局面。二是完善有利于人才引进的政策体系。特别是对高层次人才和各类急需的创新型人才，要制定更为优惠的政策措施，以增强人才的吸引力、凝聚力，以调动各类人才的工作积极性和创造性；对低层次的技能人才的引进，也应以近十年来三地人才引进的具体实践为基础，并结合广东省政府办公厅《关于开展农民工积分制入户城镇工作的指导意见》，出台统一的“积分制”入户实施办法，通过科学设置和确定积分指标体系的方式，对申请入户人的条件进行指标量化，并对每项指标赋予一定分值，当指标累计积分达到规定分值时，允许其入户。三是在人才引进评价体系中引入职业分类体系，包括该职业的主要职责和任职基本条件两项内容，以进一步创新和完善人才评价机制。职业是人力资本的核心内容，是评价人才的首要因素。但是在现行人才引进评价标准中，职业评估缺乏标准化，重要性没有得到应有的体现。尽管国家有《职业分类大全》，深圳有《深圳市人才引进目录》，但与国外先进的职业分类相比仍有较大差距。为此，完全可以借鉴澳大利亚的做法，即根据当地劳动力需求实际编制紧缺职业列表，并不定期地更新，加强引进人才的导向性。四是对人才引进的综合积分实行划定两条分数线办法：第一条是最低合格分数线，达到最低合格分数线的人即可申报引进。第二条是核准分数线，较最低合格线高。如果申请者达到合格分数线，则适用核准制；如果申请者分数位于最低合格线和核准分数线之间，则适用审批制。

（四）及时解决深莞惠社会保障一体化过程中出现的问题

建议由深圳市人力资源和社会保障局牵头，邀请与东莞、惠州的相应部门共同研讨，对深莞惠社会保障一体化后本部门面临的关键性问题进行分析，彼此交流，共谋对策；调研借鉴国内其他城市群中社会保障一体化的发展经验；邀请相关领域专家专题咨询各地面临的具体问题。三地应共同呼吁省厅参照“国家转移办法”制定相关政策，使跨省和省内养老保险关系转移接续实现统一。在“省内转移办法”做出修改之前：①三地养老保险关系转移接续暂时参照“省内转移办法”，应允许三地参保人员在三地范围内养老保险关系顺畅转移；②对达到法定退休年龄后按国家和“三地”养老政策不能在“三地”任何城市按月领取养老金的“三地”户籍员工，应允许该员工将养老保险关系转入其达到法定退休年龄时的户籍地继续缴费，待满足缴费年限条件时再办理退休手续。

（五）加快推进深莞惠人力资源职业素质培养的相互合作

一是发挥深圳人力资源培训机构众多，各层次培训较为全面的优势，为莞惠提供培训服务，使深圳成为深莞惠一体化进程中人力资源培训的重要基地。二是开展双向合作技能培训，组织技术力量到劳动力输入地开展深圳需要的订单式培

训、委托培训等，积极承担农村劳动力转移培训就业任务，发挥深圳技工教育培训资源优势和就业市场优势，实现深度合作，为东莞、惠州两地农村劳动力提升技能实现就业提供服务；发挥深圳优势，由财政支持，开展来深建设者的公益性培训，提高他们在深圳就业和发展能力。三是建立职业技能鉴定统一体系，探索共建统一的职业技能鉴定服务体系和信息平台，在职业规范和培训教材开发、鉴定考核试题库等方面实现资源共享，共同制定统一的职业技能鉴定考核实施办法，建立健全质量保障体系，为三地劳动者参加职业技能鉴定和职业资格认证提供优质服务，共同提升职业技能鉴定质量。四是实施职业资格证书信息共享，探索建立职业资格证书查询服务统一平台，实现职业资格证书信息共享，方便劳动者择业和用人单位聘人，同时，三地人力资源保障部门积极联动，共同打击各种违反职业资格证书制度的行为，维护培训市场秩序，维护职业资格证书权威。

（六）联合推进深莞惠三地以创业带动就业工作的开展

为进一步推动创业带动就业工作，深莞惠三市可实现创业项目资源库共享，建立常态的创业项目采集、发布机制，形成“信息共享、公共服务、网上互动”等功能，为创业者提供“一点登录，三市共享”服务，提升创业服务的整体水平，使促进创业带动就业工作开展得更加扎实有效。目前，深圳市按“政府推动，市场运作，搞好服务，注重效果”的原则，已建立了全市统一开放的创业项目资源库和网站，广泛开发、征集社会各界的创业项目，动态入库的项目有300多个，项目库的项目面向所有有创业意愿和创业能力的创业者开放。“深圳创业项目网”已实现了与国家创业项目库的链接。

（七）建立联网互通的统一发布招聘或就业的信息服务平台

一是建立企业招聘信息服务平台，实现联网互通，制定联网管理和信息发布制度，规范用工信息的搜集、录入和发布，提高招聘信息的针对性和有效性，及时为三地企业、劳动者提供有效岗位信息。二是建立区域内招聘会联动制度，加大招聘宣传力度，充分利用互联网远程招聘技术，实现不同区域招聘会的视频招聘。三是进一步增加珠三角地区人力资源合作。积极推动珠三角地区人才流动一体化工作，联合举办“珠三角劳务合作洽谈会”和“技术技能人才招聘会”，推动三市间劳动力资源的合理流动。

（八）制定深莞惠统一规范并互通对接的人力资源市场管理政策

2010年全国人力资源市场建设座谈会提出：要加快人才市场和劳动力市场整合步伐，充分发挥市场在人力资源优化配置和促进就业中的基础性作用；鼓励地方按照统一要求，结合实际，先行探索和出台本地的人力资源市场法规。这给今后一段时期三地建立统一规范的人力资源市场提出了明确的要求，指明了工作的方向。目前，三地已基本完成了市级行政机关机构改革，新组建了人力资源和社会保障局，将原分属人事和劳动部门管辖的人才中介和职业中介统一由一个部门管理，统筹整合人才市场与劳动力市场，从而在市场管理主体层面初步打破了两类市场长期分割的局面，使得统一的人力资源市场立法具备了条件。深圳作为改革开放的先行城市，应该继续发扬特区敢闯敢试的创新精神，在对三地人力资源市场具体政策、经验做法等进行交流、总结、研究的基础上，率先在国内启动人力资源市场立法工作，尽快出台统一的人力资源市场规范，以便在人才市场机构准入、网上人才市场建设、合作举办人才市场活动和国际人才交流活动、国际人才资源共享等方面充分展开合作，为区域经济发展起到积极的示范作用。

（九）统筹提升三地人力资源结构的协调发展和整体竞争力

按照《珠三角地区改革发展规划纲要》和《推进珠江口东岸地区紧密合作框架协议》，深莞惠将建成以深圳为核心、东莞和惠州市为节点的经济圈。该经济圈将大力建设国际化高新技术产业基地，做大做强“电子信息产业走廊”，构建珠江口东岸的区域服务和创新中心，率先建成国家创新城市圈。而在具体分工上各有侧重，深圳着力于金融、会展、物流、信息服务、科技服务、文化创意、总部经济和旅游业；东莞市则侧重于先进的制造业和现代服务业；惠州则以建设世界级石化产业基地、国家电子信息产业基地、清洁能源生产基地、旅游休闲度假基地、城乡发展综合改革实验基地为战略目标。以此产业结构调整为导向，三地在人力资源配置上应该进一步加强合作，搭建信息平台实现资源共享，引进各自急需的人才，从而提高人力资源配置的效率，提高区域人才的整体竞争力。

B.25

拓展深莞惠民政发展合作空间调研报告

傅建文　陈丽恒*

摘　要：深莞惠三城市历史同源，地缘相接，社会生态相近，历来联系密切。在民政工作领域既有良好的合作基础，也有广阔的合作空间。2009年10月20日，深圳、东莞、惠州三个城市的民政局，共同签署了《推进珠江口东岸地区民政事业发展合作备忘录》（以下简称《备忘录》），意图推进深莞惠民政事业一体化发展。深莞惠一体化，为民政工作展示了新的发展视角，拓展了新的发展空间。在对深莞惠民政事业合作情况进行跟踪调研之后，分析了影响三城市民政合作的深层次因素，并提出了拓展合作空间的若干建议。

关键词：深莞惠　民政发展　合作空间　调研报告

一　深莞惠民政合作的基本情况

从民政工作状况来看，深圳、东莞、惠州的民政工作均走在全省前列。尤其是深圳市，它在社会组织、社会工作、慈善事业等方面在全国都处于领先地位，最早、最彻底实现行业协会商会民间化改革，最早开始社会工作试点，建立"政府推动，民间运作"的社会工作制度，并在全国推广。签署《备忘录》之后，三市民政局采取调研和实践相结合的方式，按照单项推进和分步实施的原则，成熟一个项目，实施一个项目，完善一个项目。从前期的实践来看，在资源共享、交流合作、便民利民等方面颇具成效。下面通过具体案例做出分析。

* 傅建文、陈丽恒，深圳市民政局。

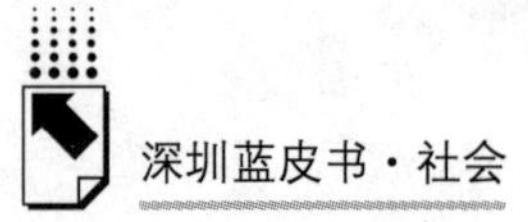

（一）资源共享

1. 案例一：深惠合作救治安置流浪精神病人

2003年实施社会救助管理以来，深圳收治的流浪精神病人逐年增加，相应的，救治费用也大幅增加。据统计，2007～2009年三年间，救治费用分别为161万元、249万元和435万元，人均月救治费用不低于6000元，重病患者费用更高。截至目前，深圳只有一家精神病专科医院（康宁医院），该医院共有床位280张，平均每天接收病人320多人次，病床使用率达到120%，床位极为紧张，而仅深圳市救助站送去的流浪精神病人就占了1/3的床位。此类人员救治的时间，从数月到数年不等。部分病人还同时患有先天性痴呆，在精神病好转后，仍滞留医院长期占用和消耗大量的医疗资源，导致医院无床周转、无力再收治新的救治对象，从而影响到后续病人的救治。

在深莞惠三市签署合作备忘录之后，深圳和惠州民政部门开展了联合调研，共同探索流浪精神病人救助合作机制。在调研中发现，惠州市复员退伍军人医院设有精神病治疗专科，该院也是惠州市流浪精神病人定点安置医院，现有床位300张，实际使用的不到100张。双方达成合作共识后，于2010年1月签署协议，将深圳容纳不下的流浪精神病患者转移至惠州治疗，实现了两地的医疗资源共享。实施一年来，深圳累计转送100多人次流浪精神病患者，平均医疗费用节省了40%。

2. 案例二：深惠建立孤残儿童异地代养机制

深圳社会福利中心原规划床位仅200张，但实际在院孤残儿超过500人。而计划兴建的儿童福利院因种种因素尚未动工。为解决孤残儿童的生活问题，该中心从2005年起，开展家庭寄养、模拟家庭等社会化养育服务，但需长期康复治疗的部分重病残儿童仍然无法得到妥善的安置。2010年7月，惠州市新建一家儿童福利院，共有200张床位，尚有一部分床位空缺。于是，深、惠两地民政部门议定，将深圳市福利中心的20多名孤残儿童委托惠州市儿童福利院代养，由深圳方面给予一定抚养经费和硬件支持。此举缓解了深圳福利中心生活环境拥挤，无法有效地开展各项学习、教育和培训的状况，提高了孤残儿童的生活和养育质量，同时，深圳对惠州福利机构的建设和完善，也给予了实质性的支持和帮助。

案例简评：以上两个案例最大的特点就是资源共享，突破了行政区划的障

碍，拓宽了合作空间，实现了互惠双赢。民政工作是一项系统工作，涉及面广，需要调动各种资源。应该说，目前三地部门之间的联动机制已经基本建立，比较完善，但区域间的横向合作却有所不足，很多资源被忽视，没被很好地利用起来。虽然两个合作项目所实施的时间不长，但前期实践证明，这样的合作，仍不失为解决救助资源不平衡的一种有效的办法。

（二）便民利民

1. 案例一：老年优待“一证通”

2010 年4 月1 日，深圳、东莞、惠州三市老龄办，共同签署了老年人免费进入公园、风景区、旅游景区（点）、公益性文化场馆的协议。自同年 4 月 15 日起，三市的老年人凭老年人优待证进入指定的 65 个公园、风景区、旅游景区（点）和公益性文化场馆，一律免收门票。目前，它们正在进一步协调扩大“一证通”的优惠项目和优惠范围，如开放更多景点、公园，研究老年人凭优待证免费乘坐市内公交（地铁）、优惠乘坐城际短途班车、到医院看病挂号优待等项目，以体现社会服务中关爱老年人、优待老年人的理念。

2. 案例二：就近办丧事

从深莞惠的地理位置来看，东莞市的雁田、塘厦、凤岗等镇靠近深圳，它们距离深圳市殡仪馆仅 10 ~ 20 分钟车程，而从上述地区到东莞市殡仪馆则超过 1 个小时。长期以来，该地段的东莞部分丧属为了便利，宁可放弃当地政府给予的丧葬补助，也要将家人遗体运送至深圳市殡仪馆处理火化。为解决这个问题，由广东省民政厅牵头，深莞惠三市民政部门多次召开协调会，最后达成三个原则，一是对火化遗体、接运管理坚持按照“属地管理”的原则，不能随意改变；二是对各市之间相邻镇或“插花地”部分群众到邻近市、县殡仪馆火化遗体的问题，原则上同意按照就地就近、方便群众办丧的原则，由相邻市、县殡仪馆承担遗体接运火化任务；三是切实加强殡葬管理工作，共同维护殡葬服务市场秩序。此举在一定程度上满足了群众就近办丧事的要求。

案例简评：以上两个案例所涉及的都是人民群众的切身利益。体民情，解民意，为人民群众排忧解难，多办实事好事，千方百计为人民谋福利，这是民政工作的本质所在。让人民群众得到更多、更好的实惠，这也是深莞惠一体化发展的应有之意。

（三）交流合作

1. 案例一：社工人才交流

深圳、东莞、惠州的社会工作发展不均衡，深圳最早开始社会工作试点，最早建立社会工作发展机制。目前，深圳社工服务机构已发展到43家，政府购买的社工达1300多个。相比深圳，东莞的社工工作虽然启动稍晚，但势头强劲，发展迅速，截至2010年底，东莞共有社工上岗人数362名，并成立了7家社工机构，制定了扶持社会工作发展的各项政策制度，逐渐培养了一批专业社会工作人才队伍。而惠州的社会工作相对深圳和东莞，略显缓慢，同时也给三地合作发展社会工作预留了较大的空间。目前，三市社工人才、社工机构的交流频繁，在社工培训、社工宣传、社工服务等方面的互动合作也日益增强，政府鼓励社工服务机构拓展异地业务，如深圳第一家社工机构——鹏星社工机构，在东莞开设了星扬社工服务社，在当地开展了社工服务。

案例简评：深莞惠一体化，首要的是加强区域之间的交流沟通。民政工作交流合作的空间很多，尤其是社会组织、社会工作、社会慈善等“民间性”很强的工作，不仅要加强政府和社会的互动，还要加强深莞惠政府之间、社会组织之间的互动合作。因而，需要政府加强引导，搭建平台，鼓励民间力量拓展合作的空间。

从以上列举的在推进深莞惠一体化方面民政工作的一些举措中可以感觉到，深莞惠一体化，给民政工作带来的不可忽视的积极意义。随着深莞惠合作的深入推进，这种效果将更加明显。

二　深莞惠一体化对民政工作的影响

在肯定深莞惠一体化积极意义的同时，我们也明显感觉到：一体化为民政工作带来一定的变化，民政工作也还存在着一些不适应一体化发展要求的问题。

（一）区域多元结构的出现将增加民政工作的复杂性

由于深莞惠发展水平有高有低，公共政策也有差异。在没有纳入一体化前，不同行政区的差异虽然存在，但因不在同一行政区，市民心理上多少还能接受。

一体化发展蓝图，为广大市民描绘了美好的愿景，尤其是经济相对落后的惠州市民对此充满了期待，希望能够尽快分享、体验到一体化带来的种种好处。但是，在一体化的进程中，地区发展差异仍将长期存在，这将导致城乡差别二元结构在还没有彻底解决的同时，又形成一体化的地市之间新的多元结构。对以公平为取向的民政工作来说，多元化结构将进一步增加民政工作的复杂性。比如，区域内的某市提高了低保标准其他市压力就来了，若不提高标准，低保对象会有意见；但提高标准，财政又有压力。过去，低保标准，主要与本地物价指数等影响生活水平的因素直接挂钩，如今却为区域攀比所左右，提高标准的依据变成“别的地市提高了，所以也要跟着提高”。无疑，这种状况将影响到公共政策制定的客观性和科学性。

（二）区域人员流动将增加民政工作的难度

深莞惠一体化的发展，使区域间的距离缩短，人员的流动性增强了，行政区域的概念正在淡化。一个人可能在这个城市工作，在另一个城市生活；户籍在这个城市，居住在另一个城市。外界把此类人员称为“浮动人员”，与流动人员的区别是，流动人员既不在户籍地工作，也不在户籍地居住；而“浮动人员”则在户籍地生活，却在相邻地工作，或者相反。深莞惠 30 年前同属于惠阳地区，历史渊源相同，地缘相接，跨界往来本来就很普遍。受产业和经济融合的推动，三地居民跨界居住、就业、旅游等更为经常。据一项对“深莞惠一体化以后是否愿意选择就业与居住地分开的生活模式”的调查显示：超过 70% 的人表示，在外界条件许可的条件下，如交通便捷、社会保障配套等，愿意接受这种生活模式，说明居民对就业与居住分开并不排斥。这种生活方式的改变，将会造成大量“人户分离”的问题，给以户籍为口径的民政工作带来管理上的难度。如低保工作，现行政策对“人户分离”的处理主要有两条规定，一是，“申请人户籍所在地和现居住地不在同一街道办事处辖区内的，受理申请的街道办事处应当请求申请人现居住地的街道办事处协助调查。被请求协助调查的街道办事处，应当在五个工作日内完成调查”。二是，“在市外连续居住超过三个月的低保人员，应当每三个月向户籍所在地街道办事处提交现居住地居（村）民委员会出具的证明”。据了解，目前比较多的情况是市内“人户分离”，跨行政区“人户分离”很少，但一体化后，这种情况将会逐渐增多。相对而言，本行政区内的“人户分离”的协调比较简单，不同行政区之间的“人户分离”程序比较复杂，涉及跨行政区的工作协调，势必会增加低保工作的难度和工作量。

又如，当前深圳在开展居家养老时，是实行服务券的补贴方式。服务券由民政部门统一印制、发放、回收和管理，服务券不能兑换为现金，一般只能在签约的定点服务机构消费。如果老人在区域内其他城市生活，由于当地没有定点服务机构，是否意味着他们就难以享受到居家养老的政策优惠呢？如果将服务机构覆盖到一体化的区域内，则需要建立庞大的服务网络，不仅操作难度非常大，而且服务券兑换的工作量和服务监管的工作都非常大。

再如，深莞惠老年优待政策的衔接方面。最大的问题就是优待年龄不一致，最大差距为10岁。同样是免费乘车的优待政策，深圳是年满65周岁以上、不分户籍、不分性别，东莞是男年满60周岁以上、女年满55周岁以上的户籍居民，惠州是男、女年满65周岁以上的户籍居民。三市不仅优待年龄不同，而且还有户籍之分，要协调推进统一政策，难度可想而知。其次，优待证的名称和外观也不相同，要么统一制证，但难度大，周期长，老年人不满意；要么开发信息化系统，进行联网管理，但需技术支持。此外，三市优待单位经营体制不同，推进难易程度各异。

另外，由于深莞惠三地社会工作发展速度不一致，社会工作者注册制度及相关的政策存在一定差异，社工从业年限、社工职级、资格等方面并未能统一规划，这对社工的自由流动造成一定障碍，需要统一区域内社会工作者登记注册标准和职级体系。同时，深莞惠的社工行业组织尚未形成统一的民间交流与合作机制，缺少民间组织，尤其是行业组织搭建的社会工作交流平台，影响了三地社工机构和社工的互动、学习。

（三）区域一体化，将促进异地养老的需求

区域一体化，拓宽了居民的工作和生活的空间。深莞惠一体化提出之后，异地养老由茶余饭后的话题，转变为研究论证的政策现实。在对“推进三市异地养老服务”的调查中，60%以上的受访者表示“非常支持”、30%以上的受访者表示“支持”，选择“不支持”和“反对”的比例不到2%。从表1可以看出，深圳支持异地养老的比例明显高于东莞、惠州两市，这正好与三城市养老资源的供给和需求现状相一致。目前，深圳福利机构的老人床位严重不足，而东莞、惠

州两市的福利机构则有大量的养老床位，且价格比深圳低很多，如能将深圳部分老人引导到莞惠两市养老，既能解决深圳养老床位不足问题，又可以充分发挥东莞、惠州空闲福利资源的效益。而在现实中，受行政区划的限制，三城市养老福利政策不平衡，政策内容、服务标准都存在较大差异，因此，如何促进这些政策的对接和协调，成为异地养老的难题。此外，还涉及医疗保险等配套的政策问题。

表1 不同城市受访者对推进三市异地养老服务的态度

单位：%

措施	城市	非常支持	支持	不支持	反对	无所谓
推进三市异地养老服务	深圳	70.0	27.9	1.1	—	1.1
	东莞	62.2	31.7	2.2	0.6	3.3
	惠州	62.4	34.9	—	0.5	2.2
	其他	55.2	35.8	3.0	—	6.0

（四）社会组织跨区活动，需打破政策障碍

区域一体化，为社会组织提供了大展拳脚的机会，特别是以行业协会、商会为代表的社会组织可以在一体化中发挥积极而重要的作用。区域行业协会之间，能够突破行政区划的障碍，协助政府制定区域行业发展规划和市场规则，建立区域市场秩序，协调区域内的竞争机制，通过自治和自律的方式规范企业，倡导企业间的良性竞争。以民间力量推动区域合作，不仅效率高、成本低，还可减少地方保护主义，其优势是显而易见的，这也是遵循市场规律的结果。可以预见，区域一体化之后，社会组织在区域间的活动将更加频繁，更加活跃。但是，社会组织登记制度的限制，影响了跨区域行业协会的发展，按现行政策“跨行政区域的社会团体，由所跨行政区域的共同上一级人民政府的登记管理机关负责登记管理”，假若深莞惠某市物流协会，要在深莞惠区域内活动，就必须向广东省民政厅申请设立广东省物流协会，如果已经有了广东省物流协会，按“一地一会”规定，不能再申请设立，也就意味着其不能开展跨区活动；如果还没有此类协会，则还可以设立，但申请的难度也大，就算申请设立了，那么在该市将同时存在省、市物流协会，由于是同一主体发起，两个协会功能上大同小异，会员重复

性很大，再加上其设立省物业协会的初衷，只是为了便于在深莞惠区域内活动，所以虽然名义上是省级协会，但其代表性和发挥作用值得怀疑。因此，解决这些问题，需要进行制度创新，包括登记管理机关，要对三地行业协会商会会员互认，对社会组织跨市活动互认等。长三角地区，为了加强本地区的经济合作，建立了长三角地区跨地区行业协会，如上海、江苏、浙江三地的社团登记部门反复协商，最后达成共识，同意将上海非织造材料工业协会更名为“上海长三角非织造材料工业协会”，协会的工作范围，扩大到整个长三角区域。但这只是特例，目前行业协会跨市之间的交流合作尚处于起步阶段，还缺乏必要的规划和引导，需要形成制度性安排。2009年，民政部与深圳市人民政府签署了部市协议，其中有一条，就明确了探索社会组织跨省区活动，这为深莞惠的社会组织跨区域活动创造了政策条件。

三　思考和建议

深莞惠一体化，为民政工作展示了新的发展视角，拓展了新的发展空间。民政部门面对新形势、新情况、新问题、新要求，要积极转变思维，主动调整工作方式，创新理念，乘势而上，力争在区域一体化进程中，发挥应有的作用。

根据民政部门的工作特点，可侧重从以下五个方面来设计一体化的发展路径。

（一）从服务经济和社会功能角度，建立社会组织区域合作平台

（1）探索建立行业协会、商会会员互认机制。经当地登记管理部门审批，原籍地登记管理部门备案，允许行业协会、商会互设分支机构、互设异地商会，三市行业协会、商会在自愿原则下，可以跨市互认会员。

（2）探索社会组织跨市开展活动。逐步放开区域限制，经当地登记管理部门协商，通过备案，允许行业关联度高、行业发展急需的行业协会、商会，开展跨市活动，允许社会组织跨市承接政府转移的职能，以及通过政府购买等方式提供公共服务，同时要探索建立社会组织评估机制和规范统一评估标准体系。

（3）引导、协调建立跨区域行业协会商会联系会议制度。行业协会可在登记管理部门指导下，采用轮值的方式定期召开联席会议，研究相关产业政策和资

源的整合和共享。条件成熟时，还可以探索组建三市之间跨地区的行业协会联盟或新的行业协会组织，更大地发挥它的作用。鼓励定期举办三市产业合作论坛，探讨产业合作等战略课题。协助建立三市产业合作交流平台和信息发布中心，进行人才、市场、服务、采购等资源的交换与交流，推进产业发展。

（4）加强政府与社会组织的良性互动。引导社会组织加强自律和自治，鼓励行业协会与政府共同建立市场规则，构建“国家立法、行业立规、社会立德”的市场经济法制体系。

（二）从资源整合和共享的角度，应尽快建立社会福利共享机制

实现福利资源的共建共享。首先，要加强区域内社会福利，尤其是养老政策和养老产业的统筹规划，探讨适度错位发展，形成层次不同、内容有别、形式多样的互联、互补、互动的社会福利公共服务体系。其次，要认真梳理现行的社会福利政策和社会福利资源，列出三市政策之间的差异，提出可供共享的资源，按先易后难的原则，制定政策对接和共享的实施方案，经过论证后逐步推进。

在具体的项目上，第一，要积极探索和推进异地养老。加强部门的联动，完善异地养老的相关配套政策，盘活福利资源，可以统一发布养老服务信息，联合向社会推介养老机构，加强社会服务人员培训交流和社会福利项目的合作，满足三市日益增长的养老服务需求。第二，在流浪精神病人和孤残儿童合作安置的基础上，可继续探索流浪未成年人的转送业务，深圳、东莞、惠州三市的救助站可以结成联盟，加强合作，减少工作成本。

（三）从便民利民的角度，加强沟通协作，拓展、延伸区域内公共服务，共同为区域居民提供方便

在殡葬管理方面，要解决好就近遗体火化的政策协调问题，可考虑建立殡葬管理的联席会议制度，如有可能建议设立专门的协调机构，共同协调、研讨在就近服务中可能出现的问题；另外，要建立信息反馈机制，及时通报信息，区域内殡仪馆每季度对跨市接运、火化遗体进行数据统计，以报表的形式进行通报，死亡证明材料要统一格式，互相认可。

在救灾合作方面，应建立重大灾害协调救灾机制，加强灾害应急救援和灾民转移安置工作预案的对接，协调区域内特别是接壤地区的救灾行动。研究救灾应

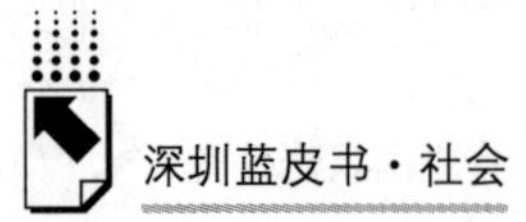

急联动，互相通报灾害监测预报和应急救援信息，探索区域救灾应急队伍的共建和调动，探索救灾物资紧急调配机制，在救灾物资和应急庇护场所等方面互相支持，提升区域防灾、救灾、减灾工作水平。

此外，还可共同探索涉军服务工作联动机制，加强政策的统一，动态信息的互通，建立和完善复退、军休人员和优抚对象的服务和工作制度。还可建立边界纠纷应急预案、边界双方联席会议制度，联合开展区域界线检查，共同解决界线纠纷，创建和谐平安边界。

（四）从加快社会工作人才队伍建设的角度，促进区域内社工发展

在深莞惠社会工作发展方面，重点要从机制、制度等方面营造合作发展环境。在机制建设上，首先，应尽快建立各地社工主管部门负责人联席会议制度，可每年举行一次，由广东省民政厅牵头，各地市轮流承办；其次，要建立社会工作民间交流机制，探索组建区域社会工作者行业联合组织，发挥各地社会工作行业组织的作用，鼓励社会工作民间主体加强交流与合作。

在制度建设上，探索制定深莞惠区域内统一遵循的社会工作规则与政策，要统一社会工作者登记注册标准与职级体系，各地相互认可登记注册资格，允许社工在区域内自由流动。还可在尊重各地差异性的前提下，探索社会工作统一立法。

此外，深圳、东莞等地区继续发挥先行先试的作用，其中，深圳继续加强与香港在专业督导领域的合作，培养督导人才并向各地输出，逐步将社工督导服务模式辐射全区域乃至全省。

目前，广东省民政厅正在研究起草《珠江三角洲地区社会工作人才队伍建设合作协议》，通过建立会商机制、明确责任分工，构建区域社会工作一体化工作机制，探索建立现代社会工作制度。深莞惠民政部门可牵头研究制订区域社会工作人才队伍建设规划，做好与珠三角的衔接工作。

（五）加强沟通协调，构建区域民政发展合作新机制

（1）建立推进区域民政事业合作的领导和协调机制，由各地市民政局局长轮流担任召集人，可每次任期半年，重点研究解决区域民政合作中的重大问题。

（2）建立交流沟通机制。加强区域内民政规划、政策、法规的衔接，重大

政策、法规的制定、出台或调整，互相提前告知。建立行政执法的纠纷协调机制，对区域内行政执法进行协调和处理。加强一体化发展的理论和实践的宣传推广，可对共同关注的课题，联合开展探索性、创新性研究。

（3）加强财政与资金保障。要将一体化推进中增加的项目经费纳入政府财政预算，或者可借鉴深圳设立“公益金种子基金”的做法，由公益金提供项目试点的资金，待项目运作成熟后转为财政预算。同时可考虑建立共同协调的资金安排机制，建立共同有差别的资金分担机制，如老人床位补贴、老年优待补助等。

B.26

关于深圳高技能人才紧缺困境的调查与思考

金 丽 姚文静*

摘　要： 近年来，随着我国经济发展方式转变和产业转型升级，社会对高技能人才的需求量越来越大。高技能人才的紧缺，已经成为制约“中国制造”向“中国创造”转变的“瓶颈”。在调研的基础上进行了分析和思考，对缓解深圳市高技能人才紧缺提出了建议。

关键词： 高技能人才　紧缺　调查与思考

市场的竞争关键是人才的竞争。企业兴衰的无数事例证明，高技能人才是企业技术改造和创新、科技成果转化、提高产品质量以及市场核心竞争力的重要力量。近年来，深圳经济快速发展，产业结构不断升级换代，企业生产中最常见、最烦人的产品质量问题、非正常停机以及种种操作中的问题，大多是操作人员缺乏必备技术素质、缺乏应有职业修养造成的。因为没有一大批优秀的中高级技术工人做中坚，没有一批称职的技师、高级技师在一线现场及时、就地处理问题，使企业的工作面貌、运作效率、产品质量、产品成本受到极大的影响。高技能人才的匮乏，已经成为制约企业持续发展和阻碍产业升级的“瓶颈”，威胁着“中国制造”产品在国际上的持久竞争力。

一　高技能人才的概念及特征

（一）高技能人才的概念

技能人才是指在生产、运输、服务一线岗位，从事技术运作并掌握操作技能

---

* 金丽，深圳市妇女联合会；姚文静，龙岗区南湾街道。

的劳动者。在级别上有初级工、中级工、高级工、技师、高级技师之分。

高技能人才是指经过专门培养和训练，掌握了生产、经营领域中较高水平的应用技术、技能和理论知识素养，并具有创新精神、创造能力和能独立解决关键性问题的高素质劳动者。他们一般是我国技术服务领域具有高级工、技师、高级技师以及相应职级的人员。社会上也称他们为“高级蓝领”、“灰领”、“知识技能型高职人才”等。

（二）高技能人才的特征

相对于研究型、技术型人才，高技能人才有如下特征。

（1）有过硬的操作技能。高技能人才具有高超的生产技艺、技巧，在生产中担负着技术含量较高的操作任务。

（2）有高超的应变技能。高技能人才经验丰富，对解决生产操作中的技术问题得心应手，尤其是在处理不正常情况和突发事故中，具有很强的应变技能。

（3）有较高的创新素质。高技能人才在工艺革新、技术改造、流程改革和发明创造等方面具有较出色的创新精神和创造能力。

（4）有持续发展的潜质。高技能人才具有一定的理论知识和管理能力，具有从技能操作岗位向一线生产管理岗位转岗的能力。

二　高技能人才紧缺的基本概况

深圳企业产业结构调整、转型和升级，已成为大趋势，转型必然产生对高科技设备，高级技能人才的大量需求。由于深圳市高技能人才职业工种构成、知识和技能结构等不能适应产业结构、技术设备更新、劳动组织岗位等变化的需要，使其成为紧缺人才（“紧缺人才”是指在现阶段劳动力总供给大于总需求、市场供给满足不了市场需求且较长时期还难以缓解的人才）。

（一）技术工人需求量大，高技能人才匮乏

（1）技术工人数量严重短缺。目前，深圳的技师和高级技师总量仅有2000多人，占全市技术工人总量的0.14%，而深圳每年高技能人才的需求量为3万人，缺口达九成多。2010年，深圳市职业介绍中心8月份一个月的有关数据显

示：当前求职人员10万人，技术工人的岗位缺口8500多个，然而，在10万个求职人员中却招不够8500个技术工人，许多岗位仍然是虚位以待。

（2）高技能人才在技术工人中比例太低。在技工队伍结构中，“三多三少”情况突出，即初级人才多，高级人才少；传统专业人才多，高新人才和创新型、复合型人才少；年长的多，年轻的少。以龙岗为例，全区的技术工人占社会劳动者比重为32%，而在技术工人中，高级技工比重仅占7.3%；高级技工占社会劳动者比重为2.3%。龙岗有一家号称拥有数千人的大型生产企业，却没有一个技师。

（3）高技能人才整体文化程度不高。现在越来越多的电子技术和计算机技术在生产上被广泛应用，传统的维修方式正在发展为现代维修方式，有些老师傅虽然经验比较丰富，却由于不会操作计算机等技术，从而给实际操作带来了不小影响。而年轻的技术工人大部分是从经济欠发达地区来深圳的打工者，平均年龄在30岁左右，他们当中有的在学校学习过相关的专业，有的纯粹是农民，为了生计进入各行业，从最低层技术做起，通过不断学习逐渐成为技术骨干，但整体综合素质不高，队伍战斗力不强。

（4）缺少技术过硬的技师。这里所指的不是有技师头衔的人，而是指能适应岗位要求，具有独当一面能力的人才。一些初级工和高级技工来自中职和高职的毕业生，他们虽然持有技术认定证书，但是难免存在着考试标准和实际操作脱离的情况，有的学生为了就业不得不拿证书，而实际能力根本达不到相应的水平，难当大任。深圳一家珠宝加工企业的总经理说，他的公司每年都要从香港聘请一批技师来深圳，开出的月薪不低于五位数；而同样的工种，内地技师大约只要3000元。对此他解释道：“同样镶嵌一条白金钻石项链，香港技师只需要5天，而高水平的内地技师最少都要10天。完成后的产品差别也很大，钻石切割的匀称和精细程度，一眼就可以看出差别，即使两条用料相同的白金钻石项链，由于技师的水平差异，售价上都有相当的差别。再加上内地技师由于技术不纯熟造成的原料损耗，从效率、附加值等这些角度综合而言，请内地技师的综合成本远高于香港技师。”

（二）行业缺工不容乐观，技术岗位无人填补

企业发展目标是实现利润最大化，企业利润主要来自技术进步和高质量的劳

动力两方面。深圳市企业发展高科技产业，需要一大批高技能人才，市场供应远远跟不上需求的增长，一些技工缺口难填，管理者的焦虑不断增加。

1. 钟表企业的尴尬——买得起最先进的设备，却请不到操作机器的合格技工

作为全球最大的钟表生产基地，深圳市有钟表企业近900家。深圳钟表行业年产值超过100亿元，产量占全国的60%，全世界的50%，产品遍及全球五大洲的92个国家和地区。目前，全市钟表行业的从业人员约20万人，虽然高级技师的收入是普通工人的5倍以上，但不少钟表企业苦于有最先进的设备，却请不到人来操作，整个行业急需各类技能人员1200多名，其中包括设计人员、制造工艺人员、检测人员等。深圳市钟表行业协会会长、光大依波钟表深圳有限公司总经理陶立说："在我们公司，质控总监的待遇、收入相当于副总经理。但我们寻觅了好几年，一直没有找到特别满意的质控总监。"

2. 制造业的苦恼——不知道到哪里能找到需要的技工

目前，深圳制造业最缺的就是熟悉各个岗位流程的"线长"和掌握特殊技能的技工，比如模具、数控机床以及产品表面喷涂等。"普通工人可以从劳务市场大批量地招工，研发人员可以从高校和研究机构聘请，唯有高级技工很稀缺，市场上找不到，也不知道能到哪里去找，很多时候只能靠企业自己培养，但周期太长，不能满足需要。"一位企业管理者如是说。

3. 汽修行业的困境——高级汽修技工有价无市

随着汽车行业的迅猛发展，门店增加迅速，汽车售后服务、维修行业也日趋壮大。车辆结构的变化，高新汽车技术的发展应用，尤其是私车消费的普及，汽车诊断、检测、养护等对检测、维修人员的技术要求很高，汽车维修工也转变为要求全面掌握机械、电子和外语知识的技术型工种。深圳约有汽车维修厂2000余家，目前，龙岗在册的具有高级技术技能的汽车维修人才仅有1000多人，其中，高级技工700人左右、技师100人，特别需要有5~6年工作经验的技术工人，而能独立作业、修理事故车、懂电脑检测技术的高级汽车维修人才更是严重短缺。高级汽修电工在龙岗月工资一般在5000~6000元，高的可达万元。行内人表示，对于有相关专项技能认证，懂技术又懂管理的高级技师，即使出双倍的薪酬也是可以接受的。

4. 珠宝业的呼唤——设计制作高级人才一将难求

深圳珠宝首饰产量占全国的70%，全球约1/3珠宝首饰为"深圳制造"。然而，龙岗整个珠宝首饰行业持证上岗率不到2%，尤其缺乏首饰设计、首饰制作人才。有关人士介绍说，“现在的珠宝首饰行业从业人员不应再是传统意义的‘打金匠’，他们必须会看图纸，能使用计算机辅助设计。首饰设计和制作技术工人的月薪可高达6000元，质检师的月收入为7000～10000元，却仍然是一将难求”。

此外，一些专业如印刷设计、动漫设计、游戏制作、数字音乐制作、信息防御、模具设计、智能楼宇布线、IT程序、会展设计、广告设计、IC版图设计、多媒体制作、数控编程技术、机械测量技术、视频处理技术、动作捕捉技术等也急需高技能人才。

三　高技能人才紧缺的主要原因

高技能人才长期短缺是全国性现象，随着产业结构调整与深化，这种情况还将延续一段时间。谈起高技能人才紧缺的原因，人们谈论最多的是，政府重视不够、投入不足，社会教育、企业培训跟不上，工作环境差等方面，但经我们调查分析认为，造成高技能人才紧缺的主要原因如下。

（一）社会对人才认识有偏差，对高技能人才没有给予应有的评价

（1）社会公众的人才观有严重偏差。在“知识经济”盛行的年代，人们的思维形成了只有知识分子、高层次、高科技方面的专业人士才算人才的定式。把那些具有较高知识水平和创新能力的顶尖人物看成人才，把上过大学少数有成就或者当了官的人看成人才，把在写字楼里挣高薪的白领看作人才，而把那些具有丰富实践经验和一技之长的能工巧匠看成是“劳力者”，排斥在人才之外。

（2）没有形成尊重体力劳动的社会氛围。在人们的传统印象中，技术工身处的工作环境恶劣，又脏又油又没地位。企业内部也有干部、工人之分，高级技工的工资、福利等方面的待遇不如同级别的管理人员。社会上对技术工人失去应有的尊重，从业人员也缺乏职业自豪感，使这类工作无法成为年轻人向往的职业。

（3）职业教育很难招到高素质的学生。社会上重文凭、轻技能，家长都希望自己的子女就读由国家颁发正式文凭的大专院校，大量有素质、有基础的年轻

人都挤向高考的“独木桥”。学生们只有在考不上其他院校的情况下，才无奈地选择职业技术类学校。毕业后也不愿意到生产一线从事与专业相关的工作。

（二）高技能人才培养成本高，成长渠道不通畅

（1）企业不愿承担培养技术人才的高额费用。高技能人才培养速度慢、成长周期长，培训费用高。培养一个中级电焊工需 3～4 年的时间，耗资 3 万元，高级电焊工耗资 5 万元。企业花费较长时间和较多费用培养出的高级技工，增加了企业的成本，一旦跳槽会给企业带来巨大的损失。有的技工提高了技术，就觉得腰杆直了，翅膀硬了，向企业提出更高的待遇要求，有的技工功利性特别强，对企业没有归宿感和感恩之心，拿到证书不到一个月就跳槽，因此，多数企业不愿在培养高级技工上花太多的成本，更倾向于需要时到劳动力市场上去招聘。

（2）个体投资职业培训能力有限。一名合格的印刷机长，在龙岗月薪可达 8000 元。他需要在实践中提升技能，要对机器的结构、使用状况、运行原理，以及纸张、油墨、色彩等知识了如指掌。一名学徒工至少要花三四年的时间勤学苦练，才能具有当印刷机长的能力。一般的技术工薪金不高，虽有较高的培训需求，若是自己参加技能培训，不但需要支付高额的培训费用，还要面临离岗，由于经济压力太大，一般不会参加自费培训。因此，目前企业有一部分技术工人是靠自发分散成长，缺乏系统性、规模化和制度化的科学培养体系。

（三）行业内互相“挖墙脚”，技术人才外流严重

人才供求是一个矛盾体，人才紧缺促进了技术工人的流动，越是紧缺的人才流动越自由，过于频繁的流动直接导致一种恶性循环。

（1）培养人才的同时不断地流失人才。我们的职业技工院校每年培养了大批的学生，但是他们毕业后，很多人没选择技工这一职业，流向了其他行业，如在服务行业工作，虽然收入不如在工厂多，但是他们觉得工作环境比企业好，也比在工厂清闲、体面。

（2）优秀的高技能人才不断向境外流动。日本、韩国、东南亚、中国香港等国家或地区，通过劳务输出的方式来到内地寻找所需的技术人才，香港劳务市场给内地熟练高级技工开出的年薪是 20 万元，相当于现在深圳一个“金领”人士的收入，一些年纪轻、层次高、潜力大的专业技术人才逐渐向这些地方流动。

(3) 在行业内流动频繁。企业由于在社会上招聘不到合适的人才，就不乏出现圈内互相“挖”人才的现象，高级技工受高薪吸引，在各企业间频繁跳槽。

(4) 技术骨干被提拔任用到领导岗位。高级技工在技术上崭露头角后，企业为了留人，对他进行提干转岗，其他人员进入角色需要相当长的时间，人才衔接不上的情况经常发生。

四 应对措施

在经济建设中，资金、技术、设备都可以引进，但技术工人的素质是无法引进的。实践证明，能否把科技成果迅速转化为现实生产力，生产出具有竞争力的高质量、高性能、高科技含量的产品，关键在于生产一线技术工人队伍的素质结构水平，尤其是需要大批高技术的工人。

（一）站在人才战略的高度，重新评价高技能人才

一个国家、一个社会需要多种多样的人才，既要有一流的科学家、教授、政治家等，也要有高素质的工人、厨师、飞机驾驶员等高技能人才。高技能人才是各行各业产业大军的优秀代表，是企业不可缺少的技术骨干力量。他们具有精湛的技艺和丰富的实践经验，在解决生产实际技术难题时，起着非常重要的作用，是现代科技成果向现实生产力转化的骨干力量，是国家经济建设的重要人才，更是我国人才队伍的重要组成部分。全社会都应重新认识技术工人的价值和地位，提倡脑力劳动与体力劳动并重，尊重有理论、有技能的劳动者，应该是社会进步、社会文明的重要标志。

（二）营创良好的社会环境，促进高技能人才脱颖而出

大力营造尊重技工、爱惜技术人才的良好氛围。努力提高技能人才的社会地位，要像尊重、培养、关心高级专家那样尊重、培养、关心高技能人才。党委政府可以通过推荐优秀高技能人才当选党代表、人大代表、政协委员，提高技能型人才的政治地位。企业应建立相应的利益激励机制，从分配制度、分配方式上体现向技术型人才倾斜的政策，在待遇上与一般的工程师、干部同等对待。通过多种方式对直接从事生产劳动的技术工人给予尊重，让他们感到学技术有奔头、懂

技术有甜头，乐于站到生产一线，成为生产的核心力量。使高技能人才能够享有实现自身价值的自豪感、贡献社会的成就感、得到社会承认和尊重的荣誉感，让动脑又动手的高级技能人才成为全社会令人羡慕的阶层。

（三）进行广泛宣传，促进人们对企业劳动的重新认识

随着产业结构的不断调整和升级，新产品、新设备、新技术的不断引进和更新换代，很多技术工种的技术含量有了很大提高，劳动强度不断降低，劳动环境得到改善。媒体要对劳动力市场的这种新变化进行及时广泛的宣传，让社会各界对企业的发展进行重新认识，要在青年中培育一种健康务实、热爱劳动、尊重实践的社会风尚。家长、老师要引导初高中毕业生面向市场报考志愿，大学要指导大学生转变择业观念，让有志的年轻人在生产的第一线钻研劳动技术，发挥聪明才智。

（四）采取多种形式，加强对高技能人才的培养和输出

（1）高技能人才的孵化器主要是技工院校。技工学校要面向市场、以就业为导向，技工专业设置贴近企业需求，通过实行校企合作、工学结合的办学新模式，培养造就一批批优秀毕业生，向企业源源不断地输送高技能人才。

（2）发挥企业培养高技能人才的主渠道作用。技师、高级技师是“工农分子知识化”的产儿，主要靠企业自身成长起来的优秀工人不断深造而来，工厂应成为“孵化”高级工匠的基地，事实上，劳动者大量熟练的操作性职业技能的形成不是靠专门的培训，而是在日常生产过程中完成，工作地同事之间的交流合作，上下级之间的指导、协调和信息反馈，以及工作时间和业余时间的许多间接活动都在无形中起到了培训的作用。企业在培养高技能人才时，也要加强对工人的职业道德教育，以情感人，用情留人，以达到培养人、留住人的目的。在造就技术精湛、能文能武的技师队伍方面，企业应该是大有可为的。政府应向企业投入必要的培训经费，以减少企业的负担。

（3）不断挖掘现有人才的潜力。高技能人才也是“知识分子劳动化”的产儿，人事劳动部门要按照市场需求举办各类培训班，对大学生进行转岗培训，使大批有文化、有知识的青年从理论向实用技术方面发展，经过磨炼，在理论与实践的结合过程中成长为优秀技师，缓解高技能人才紧缺的现状。

五　高技能人才发展前景广阔

（一）党委政府高度重视，政策上给予强有力的支持

我国从中央到地方，越来越重视和关注技工教育的发展。2009 年底，胡锦涛总书记视察珠海市高级技工学校时指出："技能型人才在推进自主创新方面具有不可替代的重要作用"，"没有一流的技工，就没有一流的产品"。胡锦涛总书记的讲话，突出强调了技能人才对促进经济社会发展的重要作用。《中共广东省委广东省人民政府关于大力发展职业技术教育的决定》中提出，取得高级职业资格证书的高级技工学校、技师学院毕业生，在政策上与大专学历人员同等对待；高级工以上的高技能人才在就业地连续就业满 3 年以上的，允许其在就业地入户；有一技之长者可优先落户城镇工作；读技工学校可享受国家助学金。国家、省、市采取了一系列措施来推动我国由"制造大国"向"制造强国"进行转变，深圳市政府 2011 年 6 月颁布的《深圳市外来务工人员积分入户试行办法》，高级技师的积分与博士研究生、硕士研究生（具有中级专业技术职称）分值相同，技师（具有中技、中职、高中学历）积分与硕士研究生、大专或高职学历并具有中级专业技术职称分值相同，种种措施为高技能人才培养和使用提供了强有力的支持。

（二）大量投入培训资金，促进职业教育快速发展

深圳市政府近 3 年职业培训投资累计 3 亿多元，《"十二五"人才规划纲要》中提出，要将高、中、初级技能人才的比重分别增长到 18%、45%、37%。为此，政府将继续加大资金投入，进一步提升高技能人才培养质量、层次和规模，在一定程度上缓解了企业用工结构性矛盾，为深圳经济社会发展和产业转型升级提供更有力的高技能人才支持。

（三）职业教育成果显著，高技校毕业生供不应求

市场是一种比传统观念和政府行为都强大得多的力量，它将在解决技术工人短缺现象中发挥独特的作用。近两年来，求职市场日益严峻，在大学生研究生为

将来的“饭碗”奔波时，深圳技师学院（深圳高级技工学校）、技术院校的毕业生却供不应求，就业率高达100%，大部分毕业生还进入世界500强和行业龙头企业工作。学校的电梯技术、应用生物、汽车维修等专业的2011届毕业生甚至提前大半年就被招聘企业“抢订”一空！对深圳技师学院2006～2010年毕业的四届毕业生进行的就业质量跟踪调查显示，连续四届毕业生就业质量指标不断走高，呈现出“五高一强”的特点，即就业率高、起点薪酬高、专业对口率高、毕业生满意度高、就业稳定性高，学生自主创业能力强。2009届毕业生当年起点月平均薪酬为2200元，与当年本科毕业生持平；2010届毕业生当年起点月平均薪酬为2661元，高于当年本科毕业生几百元。

（四）职业教育生源向好，高技能人才队伍整体素质提高

就业状况是风向标，职教生就业好，也拉动了生源好。现在，每年都有一些放弃“三本”甚至“二本”的考生上职业技术类院校，究其原因：一是因为容易就业，瞄准用人单位的需求，选择适合自己的专业，毕业上岗不用愁；二是因为高级技工教育属短平快教育（学制短、平均收费低、就业挣钱快），上大学花数万元不一定找到工作，上技工学校，早毕业早工作，成家立业有本钱；三是发展有基础，就业－转岗，工作－学习－终身教育，条条道路通罗马；四是高考落榜生复读需要时间成本、机会成本、心理付出和资金付出，高级技工既能带来预期就业效益，又有日后期待补偿的机会，“面子”与实惠，当代年轻人更愿意选择后者。

B.27

深圳市妇女素质教育培训规划调研报告

彭南玲　钟晓山　刘红娟*

摘　要： 深圳要建设现代化和国际化城市，人口素质是很重要的一个因素。而在人口素质中，妇女的素质又是重中之重。在对深圳各个年龄段、各个阶层以及各种职业的女性的调查中，发现了很多问题。这些问题不仅有可能制约妇女素质的提升，也是影响和谐社会建设中所必不可缺的幸福感提升的因素。在对比考量国内外的状况下，结合深圳妇女素质的现状，提出了一些有针对性的对策和办法，这有助于对妇女发展教育培训规划和政策的制定。

关键词： 深圳市妇女　素质教育　培训规划　调研报告

在深圳提出要建设现代化国际城市及和谐社会的目标和前提下，深圳市妇联适时地提出了制定“深圳市妇女素质教育培训规划（3 年）”要求，明确了提升深圳妇女素质，进行妇女素质培训的目的。在规划的前期，深圳市妇女素质教育培训规划课题组，用了为期 2 个月的时间，走访了市文明办、直属机关工委、市教育局、总工会、市国投教育培训中心、博思公司及有关企事业单位，走访了罗湖、福田、宝安、龙岗、盐田、南山等 6 个区和属下的 10 多个街道、社区及居委会，召开了 15 场座谈会（参与人数 162 人），听取了街道与工作站的汇报，并对 10 多个基层点进行了实地考察和调研，个访了 23 人；发放问卷 5000 份，回收 4563 份，回收率逾 90%。

课题组采用了点与面、定量与定性分析相结合的方法进行了调研与分析，现报告如下。

---

* 彭南玲，深圳市委党校；钟晓山，深圳市委政策研究室；刘红娟，深圳市社会科学院。

一　深圳妇女素质教育培训规划制定的国内外背景

目前，国际上衡量各个国家或地区社会文明进步及综合实力的一项新标准是“性别平等”。这个新标准是20世纪末由联合国提出的，它是以该国、该地区男性的发展水平为参照来衡量同期当地女性的发展水平，并将女性的发展水平作为尺度，来比较国家或地区之间性别平等的程度、综合实力、社会文明进步及可持续发展的水平。而2005年联合国人口报告《平等诺言：男女平等、生育健康和千年发展目标》则把追求男女平等和提高女性地位当作实现其他7个目标的关键。报告说，性别歧视势必阻碍联合国实现到2015年将全球贫困人口减半的目标，“加大对女性的投入具有经济和社会意义。一旦失败，将严重危害下一代人”。

为女性提供更多的从政、教育和经商等机会，将“带来良好的经济发展前景、有助于培养健康有文化的儿童、降低艾滋病传播率和减少家庭暴力发生”。2007年11月，世界经济论坛发表了“2007年度男女平等指数报告”，对覆盖全球90%人口的128个国家进行了分析及排名，中国排名仅在中间，报告指出：在平等接受教育、同工同酬以及健康医疗水平方面，中国男女的差距明显缩小，但在女性担任高级管理人员、在国家政治活动中以及高级官员的数量与男性的差距仍很大。该报告旨在提醒各国政府制定提高妇女地位的政策，激发妇女的潜能，解决人才短缺问题，从而全面提高国家的生产力。这份报告说，如果一个国家不能有效利用人力资源中占了一半的女性资源，它的竞争潜力就无法充分展现。而相关的经济数据都表明，一个国家或地区女性素质的高低与该国家、地区的竞争力密切相关。

二　深圳市妇女教育培训的概况与分析

（一）深圳妇女教育培训工作迈出可喜步伐

在深圳，妇女素质教育培训工作已经逐步展开，仅2007年一年中，由各级妇女组为各类女性群体举办的培训就有8169期106.1万人次，其中，培训机关女干部 170 期 1.06 万人次；培训女职工 6800 期 87.2 万人次；培训社区妇女 458 期 4.65 万人次；培训外来女工 688 期 9.61 万人次；培训失业女性 55 期 1.07 万人次。

1. 持之以恒地开展对妇女干部的培训

（1）把女干部纳入党政干部教育的总体规划进行培训。

（2）女专业技术人员享有同样良好的职业技能、职业道德的培训。如由教育局对在编教师有年均 60 课时的培训、卫生局有社区健康培训，等等。

（3）各级妇联还针对自身特点，加强了妇联干部的能力建设和专业化培训。如对各级妇女干部进行“走出去”培训。如 2007 年赴上海浦东国际培训中心的为期 11 天的“深圳市妇联干部社会工作专题培训班”，共培训人员 121 人次。还有 2007 年 7 月深圳市妇联组织 20 多位阳光妈妈服务项目负责人和社区妇女干部赴港参观、学习社工的知识和经验，进一步提高了妇女对社会工作的认识和承接社会公共事务管理及维护妇女、儿童权益的能力。

2. 重视外来女工培训，办好“女工流动学校”

自 2004 年开始，深圳市各级妇联在全市女工集中的企业和社区创办了外来女工流动学校，对外来女工开展素质教育培训，截至 2007 年底，全市的“外来女工流动学校”已达 273 所，投入资金 70 多万元，基本覆盖全市所有劳务工密集的大型工业区和企业。在此基础上，2007 年 10 月，深圳市各级妇联与深圳市慈善会联合开展了为期一年的合作，慈善会出资资助 200 所流动学校，妇联则系统对外来女工学校采取项目化运作，规范化管理。至今该项目正在顺利进行，为企业女工送课上门，受到广大劳务女工及其企业的欢迎，女工们说：“我们从来没有听过这么精彩的课程，希望你们多来。”而有关企业则纷纷要求增加送课次数。

政府还实施劳务工技能培训补贴政策，深圳职业技能培训打破城乡、性别界限，对户籍员工和劳务工、对男性与女性一视同仁。全市技能人才总量 167 万人，其中，劳务工技能人才就占 49%，女性约占半数。

（二）深圳妇联在培训方面起到重要作用

1. 有完善的组织网络

“哪里有妇女，哪里就有妇联”，目前，全市 56 个街道全部建有妇联，620 个社区成立社区妇工委，各级各类妇女组织达到 20263 个，形成了纵向到底、横

向到边、基本覆盖全市的网络化妇女组织格局。健全的网络结构，为广泛开展妇女教育培训工作奠定了坚实的基础。

2. 有独到的工作方式

关于这一点，深圳市妇联原丽萍副主席是这样总结的："妇联是以无声的爱，默默地滋润，默默地影响着，潜移默化中，把文明、和谐的种子撒下、发芽、生根、开花、结果！"在调研中，我们深深领略到市、区、街道、社区各阶层的妇女干部熟悉、了解妇女，对工作怀有满腔热忱和高度责任心，她们身上闪烁着女性特有的爱，并将这种爱贯穿到培训工作中去。

3. 在妇女培训中树立了品牌及威信

如"阳光妈妈"服务项目、宝安区桃源居社区女子学校、罗湖区幻彩美发美容培训学校、龙岗区的"外来女工流动学校"等。深圳市各级妇联在妇女素质教育培训中所做的工作，得到了全市广大妇女的好评和拥戴。在问卷中，问及最有效的妇女教育培训管理模式时，选择以妇联为主导充分利用各种教育培训资源的答案最多，占了58.6%。

（三）从典型案例看妇女素质教育培训的经验与启迪

1. 案例一：桃源居从提高妇女素质入手，建设和谐社区成效显著

桃源居社区位于深圳宝安西郊，占地面积1.16平方公里，总建筑面积180万平方米，社区规划居住人口5万人，现已入住4.6万人。桃源居社区里原本闲着的妇女很多，她们的消遣方式基本上是打麻将，并且由此引发了不少的家庭纠纷。由于女性在家庭中充当着孩子的母亲、丈夫的妻子、公婆的儿媳等角色，对子女教育、家庭和睦、社会和谐、当代社会、未来社会等方面有重要的影响作用，于是各级妇联与桃源居开发商深圳航空城（东部）公司董事长李爱君合作，决心从提高妇女的素质入手，为建设美满家庭、和谐社区构建坚实的基础。

桃源居女子学校应运而生。中国妇女发展基金会和桃源居开发商联手，专门为桃源居妇女注入1000万元的教育基金。社区建立了奖励机制，凡社区里获得"桃源人家"卡的女性，高中以下文凭的，在完成教育后，凭毕业证可享受相当于全部学费的奖学金；在家待业的，第一次进行上岗培训，拿着职业上岗证，也享受全额奖学金。女子学校于2005年8月开学，在这里，桃源居的妇女们可接受素质教育、学历教育和职业技能培训。从女子学校毕业时，学员们会拿到

"一书多证"，即一个国家认可的毕业证书，以及如英语、电脑等多种技能培训证，大大拓宽了就业面。

随着女性素质的提高，桃源居的学习型家庭、和谐家庭逐步增多，学习型社区、和谐社区渐露雏形。2006年，全国妇联民政部等五部委授予该社区为"全国学习型家庭创建示范社区"。在和谐社区建设方面，也取得了卓越的成效。

（1）从提高妇女素质入手建设和谐社区事半功倍。为建设美满家庭、和谐社区，妇联与开发商合作，从提高妇女素质入手，正是找准了突破口，抓住了纲，纲举目张，美满家庭、和谐社区在桃源居崭露头角。

（2）企业在承担社会责任的同时，创出了自身品牌。开发商深圳航空城（东部）实业有限公司对桃源居社区的教育等公益事业投入大量的资金，已远远超出了一般企业本身的责任，上升到企业公民层面，这正是目前国际社会大力倡导的企业社会责任，开发商不仅顺应了国际潮流，站到了潮头前列，而且其慷慨解囊和辛勤付出，已创出了自身的品牌，不仅令桃源居社区获得了国际国内多项大奖,① 企业自身也可获得丰厚的回报，迈上了可持续发展之路。

（3）慷慨资助教育的星星之火可以燎原。尽管眼下深圳类似桃源居开发商的企业还屈指可数，但是其代表了一种新的发展趋势。美国钢铁巨头慈善事业的开创者卡耐基，在其基金建立之初，捐赠给教育的经费就达560万美元，而当年联邦政府的教育经费仅为500万美元。有人说，卡耐基为美国的慈善业下了一只蛋，盖茨把它孵成了一只鸡，而鸡的饲料就是美国鼓励公益捐赠的税收制度，现在美国的慈善事业已有成千上万只鸡了。深圳可以借鉴美国的经验，通过税收鼓

---

① 桃源居社区获得荣誉：

2007年5月：全国"平安家庭"创建活动优秀示范社区。

2007年：中国绿色示范社区。

2006年12月：获得"全球社区商业示范奖"。

2006年："推动社会发展贡献奖"、"中国健康试点示范社区"、"广东省物业管理示范住宅小区"、"广东省体育示范社区"、"广东省生态示范社区"。

2005年：中国国际花园社区。

2005年：全球理想人居社区奖。

2005年：国际花园社区金奖。

2005年：广东省平安和谐红旗社区。

2004年：影响中国的30大社区。

2003年："广东省住宅示范小区"、"广东省绿色住宅小区"、"深圳市十佳园林式住宅小区"、"深圳最佳名校物业"。

励和舆论导向等政策，引导企业自愿承担社会责任，捐资教育培训等公益事业，让星星之火产生燎原之势。

2. 案例二：女企业家创业成功，回播春风

深圳市幻彩美容美发服务有限公司董事长郭淑芬女士，在深圳市各级妇联的悉心关怀帮助下，历经近20年的努力，从下岗女工起步创业，由一家不足10平方米的个体小理发店发展到今天拥有800多平方米的服务公司和1500多平方米的培训基地，从自己失业到解决约7000人的就业，而且今后仍将源源不断地培训女性，不仅培训她们的就业技能，而且培养她们自强不息、积极进取的精神，勇敢迎接生活的挑战。

1994年，下岗工人郭淑芬创建了“幻彩美发美容有限公司”，逐渐成为深圳美发美容行业的知名企业。面对这一成绩，郭淑芬没有沾沾自喜，在妇联的鼓励下，不断为自己确定新的目标。1997年，深圳市第一家民营美发美容职业培训中心正式创立，也正是在这一年，郭淑芬的事业迈上了新的台阶。公司不仅解决了近百人的就业，而且还为大批失业女性免费培训技能，铺平她们的就业之路。对于家庭经济困难及离异的女性等，郭淑芬承诺，学费一律减半，并且免除她们的住宿费、服装费和实际操作用品费等费用，而残疾人员及特困人员则不仅学费全免，还推荐就业。

为了配合深圳市第三届“关爱行动”，罗湖区妇联推出“女性就业”奖学金，指定郭淑芬的美容美发培训学校为该活动的唯一承办单位，将为300名下岗女工及外来女性提供总额15万元的奖学金，每个学员最低可以获得200元，最高1000元。以鼓励女性树立起“四自”精神，在激烈的市场竞争中重新就业。迄今为止，“幻彩”共培训了近7000人次，实现再就业率达到98%。此外，“幻彩”还为230名失业职工免费培训，让他们实现再就业。

2003年，“幻彩”被授予“巾帼文明示范岗”的称号；2005年“幻彩”又被评估为“深圳市A级职业培训机构”①。谈到自己之所以能够成功，郭淑芬热

① 企业获得的荣誉：历年来先后荣获国家级“巾帼文明示范岗”、省级“青年文明号”、“市A级职业技术培训学校”中共深圳市委、市人民政府授予“文明示范单位”、“十佳先进企业”、“实施再就业优秀私营企业”、“优秀培训机构”，团市委授予“五星级义工”、“学雷锋先进集体”，连年获市劳动局“职业培训系统先进单位”等光荣称号，并树立为行业典范。

郭淑芬获得的荣誉：深圳市第六届“深圳市文明市民”、“先进（生产）工作者”、“三八红旗手”、“劳动模范”等殊荣。

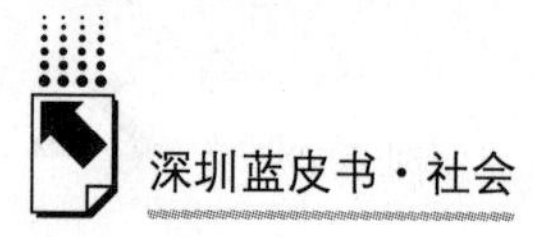

泪盈眶，她认为自己每前进一步，都得到深圳市各级妇联的悉心关怀和帮助，是妇联一步一步将自己领上了成功之路。

长期以来，深圳市各级妇联在日常工作中十分注意发现、帮助、培养女性中的好苗子，让其开花、结果、传播。郭淑芬就是其中之一，她们在成长过程中，也注重不断地播撒爱心，回报社会，让更多的女性得到培训，形成了滚雪球式的良性循环。这种拨亮一盏灯、照亮一大片的做法，值得不断发扬光大。

三　深圳市妇女教育培训存在的主要问题、成因及矛盾

（一）从培训方面看，存在的主要问题

1. 妇女素质培训的经费等资源十分匮乏

一个社区女子学校或“外来女工流动学校”一年经费仅有1000～2000元，年均送课仅约2次。目前，妇联拥有的对妇女培训专项经费只有200万元，就算全部投入到外来女工群体的培训上，400多万女工人均占有仅仅5毛钱。经费筹措与保障已成为建立妇女教育培训体系的首个难点；同时师资、教材、场地等资源也十分欠缺，本来在社区有不少政府投资的教育设施，但分属不同的部门所有，由于缺乏整合培训资源的全市统一政策，业余时间上述资源也难以利用。

2. 专门从事妇女素质教育培训的机构少而散

目前，全市各类专业教育培训机构众多达237家，国有教育机构主要面向政府公务员以及社会高端学历教育和培训课程。其他培训机构成分复杂，大小不等，并且各自为政，分布零散，资质参差不齐，课程交叉，政府投入有多有少，业务开展苦乐不均。总的来说，在市场机制下，提供技能培训机构较多，提供素质培训的机构少；提供单项、短期的培训较多，提供系统、长期的培训少，如深圳国有企业投资教育公司、高校及一些民营、外资培训机构会视市场需求，对高端女性进行单项的、收费颇高的短期培训，而专门从事妇女素质教育培训的机构（尤其是专门面向女性弱势群体的培训机构）几乎没有。

3. 受到培训的人数仍然有限

从问卷AB的结果来看，全市约41.9%的女性从未参加过有关的培训；若从外来女工群体看，按全市现有的273所“外来女工流动学校”来看，即使每年

送课2次，每次要求组织200人参加，每年也仅有约10.92万人次受过素质教育培训，仅约占全市420多万外来女工总数比例2.6%。

4. 妇女素质教育培训体系有待建立完善

问卷AB的结果显示，深圳妇女素质教育培训存在的主要问题为如下几方面。

（1）未形成妇女教育培训体系。这个问题在问卷中的选项所占比例达62.4%，在8个选择项中间排第一。

（2）培训课程缺少系统性与长期性。深圳社会化的培训教育机构多以技能培训为主，而以素质教育为辅。大约90%的培训课程是专业和技能方面的，对于素质培训则少之又少。而素质培训中，以个人艺术修养为主，如琴棋书画等，少有关于人的品格素养、心理素质的培训，以及综合性、系统性的培训。这个问题在问卷中的选项所占比例达57.0%，目前深圳的妇女教育培训，从就业角度、从经济发展的角度来考虑居多，约占90%以上，并且以应急性、实用性、短期性培训为主，而着眼于全面提高妇女素质的长期性、系统性、分人群的培训较少。调查问卷B中反映，深圳市妇女最希望的培训是“素质提升为根本”占了第一位。

（3）缺少分类的量身定做培训教材。这个问题在问卷中的选项所占比例达49.4%，在调研中发现，妇女不同群体对培训需求的差异性较大，而现有的培训课程的设计未能量身定做，收效不佳。基层妇女反映培训脱离实际，有些社区学校举办关于李鸿章的专题讲座，居民了无兴趣。还有一些高职称教师的讲课，理论性较强，居民也不爱听；党政女干部反映党校培训未能推陈出新：一是党校的培训课程死板老套，缺少变化，学员索然无味，不愿意前去学习；二是教育方法的滞后，过于单调拘谨，一般以老师授业为主，缺少互动，更缺少对理念的实践；三是没有将培训解决问题的能力放在重要的位置。因此，要学习管理学的实践课程，改变授课形式，从案例分析入手，讨论，练习，注重培训解决问题能力。此外，问卷反映学生群体应重视生理卫生和性知识教育，调查中逾70%的人支持以上观点，说明该项教育已刻不容缓，应作为大、中、小学的必修课程。

（4）在注重扩大培训面的同时对培训质量的提升不够。妇女素质教育培训不仅要扩大培训面，更要注重培训质量，创出品牌。如调查反映，目前妇女流动学校在不断扩大，但是培训的质量管理与资金的投入跟不上，效果减弱。需要摸索经验，创新方法，使这一工作顺利开展，使流动学校的影响更加扩大。

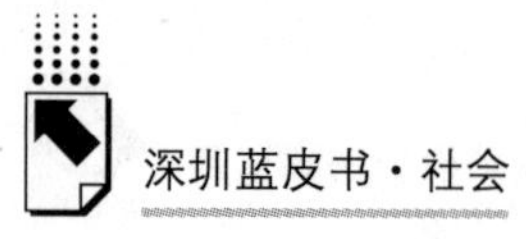

（二）从社会现实情况看，妇女群体存在的焦点问题

1. 女劳务工群体

深圳的外来女工数量庞大，约有400多万人。她们文化素质较低，初中或以下文化程度的占了约70%，已成为深圳整体人口素质中的“短板”。外来女工年龄小、文化低，主要在“三资”、私营企业打工，整日忙于挣钱，培训机会少。她们大多来自农村，从环境较单一的乡村来到情况复杂的大城市，由于社会阅历肤浅、卫生知识欠缺、法律意识薄弱等原因，成为社会转型期最容易受伤害的群体，一是性开放程度普遍高于户籍女性。未婚同居、一夜情、未婚先孕、流产现象屡见不鲜；健康的精神生活匮乏，易受拐骗、心理压力大等情况屡见不鲜，亟须提高综合素质。二是企业教育培训普遍存在重技术轻素质现象。三是工学矛盾突出，外来正规培训项目较难进入企业。问卷AB反映出目前深圳市妇女教育培训资源应投入的主要群体，外来劳务女工的选择排在首位，占55.3%，而劳务女工再社会化所需的素质教育培训课程依次是：安全与权益78.8%、女性生殖与健康70.0%、人际关系与交友65.6%、恋爱与婚姻家庭65.2%、生活中的避险技巧63.7%、立志与成功人生52.0%。

2. 社区女性群体

社区集中了妇女婚姻家庭中的普遍问题，从问卷反映，共性问题即社区女性群体所需的培训依次为：和谐婚姻家庭的诀窍68.7%、亲子教育55.8%、快乐自信的魅力女性47.7%、生活情趣与技艺47.7%、婚姻艺术与家庭文化45%、健康管理与生命质量控制41.6%。另外，从社区不同的女性群体来看，还有以下问题。

（1）一些非户籍人口中的母亲，未能承担起教育子女的角色。在我们的调研中发现，一些非户籍人口家庭中的母亲由于文化偏低，不愿主动进入培训体系（家长学校都难以吸引其参与），其自身及子女极有可能成为社会排斥的边缘群体，为当代及未来社会留下隐患。目前一些青少年逃学、违法事件大多出自这类家庭。

（2）农村城市化后的原住民妇女较难融入现代社会生活。她们文化程度一般在初中以下，大多是家庭妇女，思想比较封闭保守，学习意识淡薄，对现代社会的适应性较差，就业率低，往往对子女“重生养轻教育”，家庭与生活面临各

种不同的矛盾，对于城市化中生活方式不适应，文化学习都属于需要提高却又缺乏学习基础和动力的群体，对常规性的培训教育兴趣不大，在城市发展中缺乏竞争力。这部分人群如素质得不到提升，对深圳实现国际化城市的目标有一定的阻碍作用。从问卷 A、B 反映，城市化变迁中对原住民女性的素质教育培训应着重于女性的角色、价值与修炼 68.2%、健康生活与养生 68.0%、家庭文化与管理 62.7% 等方面的培训。

3. 知识女性群体

她们接受过良好的教育，从事技术、管理、行政等职业，具有较高的薪酬收入和消费能力。作为知识经济时代的新兴群体及社会的中产阶层，是社会结构的重要组成部分，并且在转型社会中将占据越来越重要的位置。她们存在的问题不容忽视。从问卷发现，她们中存在的共性问题排在前三位的有：学习与晋升机会少（66.5%）、生存与竞争压力大（64.6%）、提升素质动力不足（58.5%）。其中各类群体的问题分别如下。

（1）从政女性：由于往往存在晋升难问题，她们参政意识普遍偏低。从问卷反映，认为“培训内容缺少趣味”的，党政机关人员的比例最高达 44.3%，她们作为高素质群体不满足于常规性的培训，最希望在如下方面得到培训：综合素质、压力与心理调适、礼仪、形象与魅力。

（2）专业技术人员：专业技术女性群体的女工程师、女医生、女护士、女教师、女律师、女法官、女会计师、女科学研究工作者，不像公务员群体一样有制度化的素质教育培训机会，但这个群体不仅是社会管理与社会专业技术工作的主体，还是妇女中最有觉悟、文化素质和社会文明程度较高的人群。这个群体，学历和专业水准高，由于转型时期面临着双重角色的压力，长期快节奏、满负荷地工作，人际交往圈日益狭小，人际沟通、恋爱、婚姻、家庭、亲子教育等方面常常遇到困难和问题，家庭事业兼顾，身心较为疲惫。她们最渴望在如下方面得到培训：身心健康与美丽人生 77.9%、沟通与人际关系 77.1%、婚姻与家庭生活 68.7% 等。对这部分群体帮助她们开展有针对性的培训十分必要。这部分人群具有一定经济实力，肯在学习上面花费金钱和精力。因此，提供良好的教育资源和设计好适合的课程，可发掘出市场潜力。

（3）妇女干部：尤其是基层工作的妇女干部，平时工作任务繁杂沉重，学习机会不多。面对社会转型期妇女工作中出现的新问题，如何在工作理念、方式、手段方面进行创新，需要首先加强培训，这部分群体能对妇女教育培训起到引领的作用。她们在提升工作能力方面渴望得到如下培训：团体活动的策划与组织73.3%、沟通与激励69.3%、组织文化与社区文化59.0%。

(4) 女大学生群体：特别是"80后"的女生，有突出的长处，接受新事物快，网络意识强，掌握信息量大；由于多为独生女，又有明显的弱点，对网络的依赖程度大，自我意识颇强、抗挫败及吃苦耐劳能力较差等；对性与爱，道德与责任的意识模糊，她们希望在如下方面得到培训：生理卫生与性教育72.3%，理想信念与道德64.7%，沟通、合作与分享64.5%，心理健康知识61.2%，爱的教育60.1%，美学教育与励志人生53.3%；面对她们，传统的教育方式受到挑战。

（三）焦点问题的成因

按照国际发展的经验，当人均GDP从1000美元向5000美元迈进时，往往是产业结构剧烈变化、社会格局重大调整、利益矛盾不断增加的社会转型期。

1. 深圳率先进入了加速的社会转型期

作为我国改革开放最前沿、经济发展最快的地区之一，至2007年底，深圳的人均GDP达到8815美元，迈进的是加速的社会转型期。相对于国内其他地方，深圳的社会转型的速度和动荡将会更大，深圳的社会系统正在经历着急剧而深刻的变化。

2. 深圳内外与新旧观念碰撞激烈，对家庭和社会和谐影响颇大

深圳是个新兴的移民城市，传统文化及价值观的积淀不深，个人与社会的主导信仰体系和价值体系天生较弱，又最早开放，受外界影响面广；在深圳，八面来风令国内国外思潮碰撞频繁、传统与现代的观念冲突剧烈，社会成员的观念和价值取向迅速地多元分化，一些人道德与责任的意识模糊，社会上的包二奶、婚外情、一夜情屡见不鲜……影响到家庭和社会的和谐，面对新问题，许多女性行为上无所适从，角色上转换困难。

3. 出现新的社会阶层

在社会转型期，社会成员会迅速分化，新的社会阶层、利益群体会出现，社会成员之间的关系错综复杂。随着经济结构的调整，第三产业的壮大，深圳以"白领"为主的中产阶层人数将不断扩大。

4. 深圳人口构成特殊

到2004年底，深圳暂住人口已突破千万，深圳人口问题呈现3个国内之最。

（1）户籍人口与非户籍人口比例倒挂最严重，达1∶6.11。

（2）适龄劳动人口平均文化程度最低。大专以上占20%，高中占35%，初中以下甚至文盲占了45%。外来人口中来自农村的居多，他们文化素质低，缺乏城市生活经验、法制观念和现代公民意识，甚至一些人还没有合法的谋生手段。

（3）女性比例全国最高。女性占深圳人口比例超过50%，其中，非户籍人口中的女性更是占了过半，如在宝安区490万劳务工中，女性占60%以上。

（四）妇女教育培训存在的主要矛盾

1. 国际化城市对妇女素质的高要求，与深圳目前妇女素质的参差不齐的矛盾

目前，国际城市均重视开发女性人力资源，大力提升女性群体的素质，重视女孩、女性的教育，重视培养女性领导人。第三产业的发展，使国际城市女性的大学入学率、就业率持续增加，无论是在公共部门还是私营单位，女性的职位都在提高，男女间的收入差距也在逐步缩小；而且在政界，女性高官逐渐增多，同时女性议员占国会议员总数也在增加，新加坡就超过了20%，瑞典的议会中，女议员的比例高达40%，在1986年，瑞典的32个部长中，一度由女性占据了其中的16席，而在瑞典的对外贸易活动，女性创造的价值占了近60%。国际城市一般都通过立法及设立相应的机构来切实保障女性的权益，如建立了“平等机会委员会”等机构，若女性在受教育、就业等方面受到歧视，打官司一般都能赢。

然而，深圳在“性别平等”方面与国际标准、国际性城市还有相当的距离，根据深圳新闻网2008年2月28日的一项调查，2007年，深圳有女性公务员7939人，占比22%，深圳市局级女领导干部89名，占局级领导干部总数的13.4%，除1个区人大常委会外，深圳市辖六区党委、人大、政府、政协四套班子均配备了1名以上女干部。相比于2006年，深圳局级职务女干部增加27人，增幅为32.93%，达到109人；处级职务女干部增长了6.65%，达到1027人，占比不到13%。这种状况，也制约了女性的从政意愿。

2. 提高妇女素质亟须全社会的鼎力支持，与目前各界对此支持有限的矛盾

由于女性在家庭中充当着孩子的母亲、丈夫的妻子、公婆的儿媳等多种角色，对子女教育、家庭和睦、社会和谐均有重要的影响，在建设和谐社会方面，女性可发挥日益明显的正面作用。但实际上，目前妇女教育培训仍是说多做少，与职业技能培训所投入的资源比较，妇女教育培训只是“小小意思”。

不少发达国家的政府、民间均认为，推动摇篮的手也能推动世界，十分重视女性、母亲的教育培训。而十分遗憾的是，深圳庞大的外来人口中，部分母亲由于种种原因，未能承担起教育子女的角色。她们的子女可能成为社会的边缘群体，为当代社会及未来社会留下隐患，这一点尚未引起足够的重视。

女性素质偏低，正斧削深圳今天及明天的人力资源优势，但是各界对此不够重视。

3. 事关深圳发展大局的妇女素质教育培训，与缺乏权威机构领导和政策导向的矛盾

妇女素质教育培训直接影响深圳构建和谐社会及建设国际化城市的大局，而目前该项工作缺乏全市性的权威领导机构及有力的政策导向。尽管市妇联对这项工作一直在尽心尽力地推进，但要解决全市教育培训资源的筹集与整合、政策制定与平台搭建，单凭市妇联一家的努力，难免力不从心。

4. 各阶层妇女对培训的巨大需求，与培训资源匮乏的矛盾

置身深圳加速的社会转型期，女性在家庭、职业、社会中所感受到的角色困惑与矛盾是前所未有的，大多数女性参与培训的愿望十分迫切。但受传统观念、制度、文化等的制约，对女性素质教育培训的投入相对较少。各个区均反映了培训资金紧缺，资源分散，师资、教材、场地等匮乏的困境。

四　深圳市妇女教育培训的思路与对策建议

（一）深圳市妇女教育培训的思路和目标

深圳市妇女教育培训规划的基本思路是：坚持以人为本的科学发展观，以终身教育为理念，以素质提升为根本，通过全面的教育培训，不断提高女性的思想道德、科学文化及健康体魄的综合素质；让女性充分发挥聪明才智、全面平等地发展，以利于提高深圳总体人力资源的竞争力、建设国际化城市；以利于深圳构建和谐社会，促进经济社会的可持续和公平的发展。

而深圳市妇女教育培训规划的总目标是：促进男女平等基本国策纳入国民教育体系，建设和完善以国民教育为主体、以妇联培训和社会教育为依托的“一体两翼”妇女教育培训体系；形成“政府主导、妇联推动、社会参与、妇女受益”的社会化妇女教育培训工作格局；促进资源整合，创新运作机制，采用分类施教、贴近实际的教学方法、打造妇女素质教育品牌；以社区培训为基础，以高等院校、专业机构为依托，以项目化运作为载体，形成广覆盖、多层次的妇女素质教育培训网络。

（二）通过舆论宣传提高全社会对妇女素质教育培训意义的认识

妇女素质教育培训要顺利开展需要全社会力量的支持，目前一些政府领导和社会界别对妇女教育培训的认识有限，建议加大对其的宣传力度，提高各级领导和社会各界的重视程度，妇联可进一步与宣传媒体联手，通过新闻舆论、大众传媒，在《市民大讲堂》、《论道》栏目、学校教育等在全社会广泛深入开展男女平等基本国策的宣传教育，弘扬先进的性别文化，在主流媒体上策划宣传的专题专版，系统连续报道妇女教育培训的意义。宣传的主要内容如下：①女性对构建和谐社会、培养后一代的重要作用。②深圳妇女素质教育培训的先进案例、特色与成效。③有关国际社会的标准及国际性城市的经验。

（三）健全领导机构，通过制定政策大力整合教育培训资源

1. 健全领导和管理机构

建议在深圳市委、市政府有关的权威部门（如宣传部的文明办）内，设立“国民素质教育领导小组”，将妇女素质教育纳入其中。该领导小组可建立协调机制、定期会议制度、调查研究制度、专家咨询制度等，加强舆论宣传的导向作用，促进有关单位贯彻男女平等基本国策；制定面向妇女素质教育的支持政策，协调社会资源，加大对妇女教育权益的保障力度；推动人大、政协加大督察力度，依法督察妇女教育权益落实情况，加强相关的专题调研，发挥人大女代表、政协女委员参政议政作用，并针对妇女教育培训问题提出议案、建议和对策；在该小组领导下，由市妇联开展妇女素质教育培训工作的推动、策划、联动、管理、督导和考核工作。

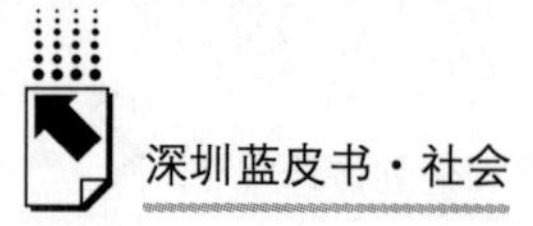

2. 建立社会化协调机制

在“市民素质教育领导小组”领导下，党政干部教育培训、人事局、劳动局、教育局、总工会等部门制订培训计划，推动机关、企业事业、行业协会等单位，组织女干部、女职工开展岗位成才等培训活动。

3. 协调社会资源　促进妇女教育培训

通过政策引导，积极鼓励公共资源、社会教育网络及教育资源为妇女素质教育提供服务，充分利用公共资源与社会资源搭建平台，建立包括高等院校、国有企事业单位、国有教育培训机构、成人院校、党校、电大、夜大、职大、网大、公民办培训机构、家长学校在内的妇女素质教育培训体系，有针对性地分层分类开展妇女素质教育培训。

4. 促进政府制定及完善有关捐资教育等公益事业的税收政策

引导社会各界、企业自愿承担社会责任，积极资助妇女素质教育培训等公益事业。

（四）建立规范化的妇女素质教育培训体系，开展长期的妇女素质教育培训

（1）完善女性终身教育培训体系。将学校、各部门的素质、职能与技能培训和社会化与城市化中的再教育结合起来，完善从学校、工作部门到社会的女性终身教育培训体系。

（2）加强妇女教育、发展研究。进一步发挥科研机构、高校、民间研究协会、深圳市妇女发展研究会和三大妇女研究中心的作用，加强对国际、国内、深圳的妇女教育、发展的调查研究，借鉴国内外经验，为深圳妇女教育培训实践提供理论指导。

（3）筹建深圳女子学院，整合妇联培训资源。以妇女素质教育培训规划为指导，筹建深圳女子学院，以起到妇女素质教育培训的旗舰、基地、引领和服务作用；整合妇联培训资源。进一步完善、发挥妇联系统的外来女工流动学校、社区女子学校、人才培训中心、就业创业培训基地、妇女儿童活动中心等的教育培训功能，在现有的培训机构中挑选典型，进一步培育提高，办出品牌，发挥示范带动作用；继续在社会上发掘类似郭淑芬的“好苗”，培育成长，让其开花、结果、传播。

（4）建立妇女素质教育培训的师资队伍和师资库。建立分群体的多元化、规范化的师资培训队伍及师资库，有条件的可先实施“师资培训计划”。师资队伍可从以下人员中按需择优聘任：国内外相关领域的专家队伍、深圳原各部门拥有的师资队伍、市场化的外聘培训师队伍、妇联系统的内部培训师队伍、社会化的志愿者队伍、励志成功人物宣讲队伍等。

（5）建立妇女素质教育培训教材及课程体系。针对女性的不同群体、不同成长阶段设计培训项目、课程及教材，组织编写各类集科学性、针对性和实用性于一体的培训教材，教材既可有文字课本也可有 VCD、DVD 等电子版本。

（6）创新妇女素质教育培训模式。教育培训提供者从以政府为主向政府及社会参与并举发展，促进妇女素质教育培训进行项目化运作，政府可购买培训机构的服务，如通过委托、招标购买服务；充分发掘社会资源，鼓励合法的志愿者、非政府组织、企业积极提供教育培训服务；在妇女素质教育培训中，探索公益性和市场化相结合的培训新路，如面向女性高层次人群的培训可参照市场价格适当收费，用以补贴面向低层次人群的公益性培训。

（五）多渠道解决妇女素质教育培训的资金来源

深圳总体人口尤其是低素质人口中女性居多的情况既为女性的教育培训带来巨大的压力，又是借此多元化筹集培训资金的有力理据。妇女素质教育培训是一个长期的教育培训工程，如以 400 万外来打工人群（800 万打工者中 53% 是女性）和原住民几十万妇女，以及几十万其他妇女，最少有 500 万妇女，因此，以每年培训 50 万人计，也需要 10 年的培训时间，以每人受到国民素质教育经费 50 元计算，每年也大约需要 2500 万元。需要进一步发挥妇联的“联”字特长，上靠市委、市政府及政府有关部门，联横社会各界，多元化筹集培训资金。采取政府投入、公办民助、社会力量捐资办学、国际项目资助培训等多种方式，形成“财政补贴一点、企业赞助一点、社会机构支持一点、志愿者奉献一点、有条件的个人出资一点”的资金投入及保障的长效机制。妇女素质培训不但要有财政的投入，还要有社会上的基金会支持，政府应以政策引导，鼓励企业尽社会责任，并对投入教育多的企业实行减税制度。同时，以公共资金启动，撬动社会其他资源，用较少的经费来推动较多的经费来进行妇女素质工程的开展。

（六）丰富教育培训形式与载体，教育培训方式从封闭式转向开放式

（1）积极使用电子可视媒体等先进手段。创新学习、培训模式，促进传统的教与学模式的改变。

（2）重视发挥互联网、远程教育等的作用。使学习更加灵活、多样，适应不同个体的需求。一是设立“深圳女性终身学习培训网”，该网可先面对知识女性进行试点，再逐步推广。在网上调查女性的学习需求、发布开设的课程，进行教学、咨询和问答。让知识女性可灵活掌握时间学习。二是可与有关部门联手，在现有的公共网站基础上增加女性教育平台，如在党员干部现代远程教育系统上增设女党员专栏、在社区网站上加入有关女性专栏等。

（3）开发具有信息时代特色、贴近女性需求的课程、教材及教育培训方法。进行教学改革，教学方式可采用专家讲座、案例教学、情景模拟和互动、考察与观摩等；在社区妇女（尤为原住民妇女）的教育中，多采用寓教于乐的舞蹈、音乐、书画、健身等方式集聚人气，在提高艺术素养的同时将素质教育潜移默化地渗入其中。另外，把适合特定人群的教育培训课程办到媒体上来，增加其受众，也就增加了受教育的人数。比如，一些育龄妇女婚育方面的讲座，可以让媒体制作光盘进行播放，增加受教育的几率。

图书在版编目（CIP）数据

深圳社会发展报告. 2011/吴忠，余智晟主编. —北京：社会科学文献出版社，2011. 11
（深圳蓝皮书）
ISBN 978-7-5097-2861-1

Ⅰ. ①深… Ⅱ. ①吴… ②余… Ⅲ. ①社会发展-研究报告-深圳市-2011 Ⅳ. ①D676. 53

中国版本图书馆 CIP 数据核字（2011）第 223373 号

深圳蓝皮书
深圳社会发展报告（2011）

主　　编 / 吴　忠　余智晟
副 主 编 / 马　宏　乌兰察夫（常务）　杨春生　杨立勋　侯伊莎

出 版 人 / 谢寿光
出 版 者 / 社会科学文献出版社
地　　址 / 北京市西城区北三环中路甲 29 号院 3 号楼华龙大厦
邮政编码 / 100029

责任部门 / 皮书出版中心（010）59367127
电子信箱 / pishubu@ ssap. cn
项目统筹 / 周映希
责任编辑 / 周映希　崔力为
责任校对 / 杜若普
责任印制 / 岳　阳
总 经 销 / 社会科学文献出版社发行部（010）59367081　59367089
读者服务 / 读者服务中心（010）59367028

印　　装 / 北京季蜂印刷有限公司
开　　本 / 787mm×1092mm　1/16
印　　张 / 22. 5
版　　次 / 2011 年 11 月第 1 版
字　　数 / 386 千字
印　　次 / 2011 年 11 月第 1 次印刷
书　　号 / ISBN 978-7-5097-2861-1
定　　价 / 69. 00 元

盘点年度资讯 预测时代前程

从“盘阅读”到全程在线阅读

皮书数据库完美升级

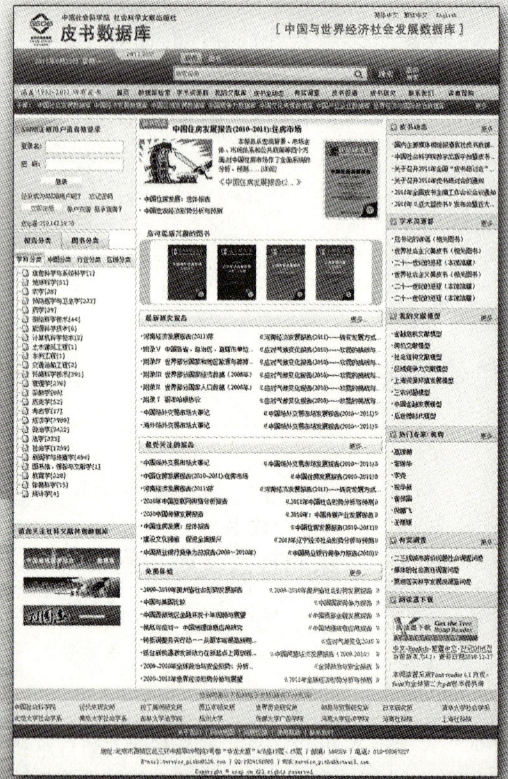

· 产品更多样

从纸书到电子书，再到全程在线阅读，皮书系列产品更加多样化。从2010年开始，皮书系列随书附赠产品由原先的电子光盘改为更具价值的皮书数据库阅读卡。纸书的购买者凭借附赠的阅读卡将获得皮书数据库高价值的免费阅读服务。

· 内容更丰富

皮书数据库以皮书系列为基础，整合国内外其他相关资讯构建而成，内容包括建社以来的700余种皮书、20000多篇文章，并且每年以近140种皮书、5000篇文章的数量增加，可以为读者提供更加广泛的资讯服务。皮书数据库开创便捷的检索系统，可以实现精确查找与模糊匹配，为读者提供更加准确的资讯服务。

· 流程更简便

登录皮书数据库网站www.pishu.com.cn，注册、登录、充值后，即可实现下载阅读。购买本书赠送您100元充值卡，请按以下方法进行充值。

充值卡使用步骤：

第一步

- 刮开下面密码涂层
- 登录 www.pishu.com.cn 点击“注册”进行用户注册

第二步

登录后点击“会员中心”进入会员中心。

第三步

- 点击“在线充值”的“充值卡充值”，
- 输入正确的“卡号”和“密码”，即可使用。

SSDB
社科文献资源库
SOCIAL SCIENCE DATABASE

（本卡为图书内容的一部分，不购书刮卡，视为盗书）

如果您还有疑问，可以点击网站的“使用帮助”或电话垂询010-59367227。